中国政法大学同步实践教学
立体化系列教材

立体刑法诊所

赵天红 ◎ 著

中国政法大学出版社
2022·北京

声　明　1. 版权所有，侵权必究。
　　　　2. 如有缺页、倒装问题，由出版社负责退换。

图书在版编目（CIP）数据

立体刑法诊所/赵天红著. —北京：中国政法大学出版社，2022.8
ISBN 978-7-5764-0485-2

Ⅰ.①立…　Ⅱ.①赵…　Ⅲ.①刑法－研究－中国　Ⅳ.①D924.04

中国版本图书馆CIP数据核字(2022)第134350号

出 版 者	中国政法大学出版社
地　　址	北京市海淀区西土城路 25 号
邮寄地址	北京 100088 信箱 8034 分箱　邮编 100088
网　　址	http://www.cuplpress.com（网络实名：中国政法大学出版社）
电　　话	010-58908435(第一编辑部) 58908334(邮购部)
承　　印	固安华明印业有限公司
开　　本	720mm×960mm　1/16
印　　张	20.25
字　　数	408 千字
版　　次	2022 年 8 月第 1 版
印　　次	2022 年 8 月第 1 次印刷
印　　数	1～4000 册
定　　价	69.00 元

总 序
Total Order

2017年5月3日，习近平总书记考察中国政法大学并发表重要讲话，在讲话中指出："法学学科是实践性很强的学科。法学教育要处理好法学知识教学和法学实践教学的关系。要打破高校和社会之间的体制壁垒，将实际工作部门的优质实践教学资源引进高校。从事法学教育、法学研究工作的同志和法治实际工作部门的同志，要相互交流，取长补短，把法学理论和司法实践更好结合起来。"为进一步贯彻习近平总书记重要讲话精神，全面升级中国政法大学"同步实践教学"模式，展现学校在"同步实践教学"方面的最新、最优成果，学校启动了中国政法大学同步实践教学立体化系列教材的建设。

中国政法大学于2005年率先在全国法学院校中推出"同步实践教学"模式，将法治实务部门的大量优质司法资源"引进来"，让原始卷宗、同步直播的庭审实况及录像进入课堂，融"实践教学"和"理论知识教学"为一体，将"实践教学"贯穿于整个法学人才培养的全过程，同步完成"知识学习"和"职业技能"的培养，同步完成法律"职业意识"和"职业素养"的培养，同步完成"国际视野"和"国情意识"的培养。同步实践教学资源为学校师生了解和观摩实务部门整个运作流程、运用法律知识解决现实问题、实现法学人才培养过程中"学训一体"提供了良好的支撑。学校基于"同步实践教学"模式十几年的探索和实践，积累了丰富的教学资源，梳理这些教学资源并体系化编写教材的时机已经成熟。学校选取了与实务密切相关的四门课程《刑法学》《刑事现场勘查学》《刑事法律诊所》《模拟法庭》，建设首批立体化教材，旨在以立体教材的方式体现"同步实践教学"的相关理念，反映"同步实践教学"最新的教学改革成果。

该系列教材在建设理念上，依托现代信息技术和智慧教学成果，立足于学校卷宗阅览室、庭审录像等已有实践教学资源，以增强法科学生的问题意识、实践意识和国情意识为目标，以纸质教材为基础，以多媒介、多形态、多用途以及多层次的教学资源和多种教学服务为手段，最大限度地实现"知识教学与实践教学"的同步、"知识学习与司法实践、法治发展"的同步、"规范学习与规范应用"的同步、"实体法学习与程序法学习"的同步，以及实务部门对法学教学的全过程参与，而这些同步性、实时性，辅以现代信息技术和智慧教学等手段，又恰恰诠释了这一系列教材中所谓"立体"的含义。四门课程系列教材在此基础上各具自身特点，同时也具有以下共同特色：

一、依托现代信息技术，重构教材体例和内容

2018年4月13日教育部发布了《教育信息化2.0行动计划》，要求积极推进"互联网+教育"，坚持信息技术与教育教学深度融合的核心理念，建立健全教育信息化可持续发展机制，促进教育改革。随着新技术与教师教学课程全方位融合，课堂教学改革的深入，教材编写也应做出相应的改变。

在课堂改革背景下，如何编写与之匹配的现代化教材？信息和网络技术可以帮助我们形成和实现以纸质教材为基础，以多媒介、多形态、多用途及多层次的教学资源和多种教学服务为内容的结构性配套教学出版物的集合。但这种集合不仅仅是各种教学资源的简单堆积，而是需要系统、整体的设计，利用立体教材重塑教学形态或者说重建素材、重塑方法、重组结构：教师要从内容、结构、呈现方式等多方面对教材进行重构，四门课程系列教材在设计上坚持新课程理念，使教学资源的使用更具有教师的个性特点，教师的教学行为更具创新性，教学活动更具有趣味性和启发性，让学生获得更多的体验，使教材成为激发学生学习潜能、引导学生自主探索的有效素材。

比如《立体刑法学》，就以实际判例、庭审录像、司法实务人员与专业教师的同步解析作为训练学生基本技能的基础。通过判例分析、判例比较、控辩审流程等内容使理论教学与实践教学紧密结合，将知识学习融汇于实践学习之中。同时，围绕实际司法过程的需要，引导学生进行判例学习，引导学生解决司法实践中的难题和热点问题，使学生在知识学习的同时可以"随时""随地"获得实践检验知识学习效果的机会，实现将教材和课堂"装进口袋"的效果。

二、立足智慧课堂教学，将课程与教材紧密联系起来

过去课程与教材建设基本上同向并行，现今课程与教材建设迈入相向而行的新阶段，这个新阶段的起点就是大规模在线课程。在四门课程的课堂讲授及资源建设中，教师有意识地将教学内容、教学计划、教学资源与数字化教学支持服务相结合，积累了丰富的智慧教学的实战经验。立体化教材建设同智慧教学、网络教学相衔接，在改革网络教学环境建设的基础上，丰富实践教学和案例教材的网站资源，推动教学手段、教材建设由单一媒体向多媒体化、网络化、现代教育技术先进化转变，全面实现智慧教学在教材建设中的价值体现。

编写教师以开放、动态、立体的教材观为指引，将包含设计、章节、视频、动画、课件、图文、测验、作业、考试、活动等多种资源进行开发整合，融入系列教材编写中，注重课堂内外沟通、学科间联系、知识点融合，在重视知识的传授的同时，更注重过程与方法、情感态度与价值观目标的实现，切实有效地开发并弹性处理教材，引导和促进学生学习方式的转变。让学生能够在教材学习的同时，真实感

受司法全过程，让教材"由死变活""由静变动"，让教材变成"活"的、可以"说话"的"魔法"教材。

三、通过互联网技术平台，打造灵活开放的立体化教材体系

教材编写中引入以"超星"为代表的互联网技术平台，依托虚拟教学平台，以课程教学为中心，借助网络技术、多媒体技术等现代信息技术，满足教学教材的多种需求，最大程度促进学生能力全方面发展。具体来讲，就是由专业技术服务团队帮助学校建设专题教材服务系统，并生成教材章节二维码。课程用户利用微信或超星学习通扫描章节二维码后，会显示当前章节内容和多媒体教材，并可以对学习流程进行控制，进行互动的教学和管理。立体化教材纸质版部分通过二维码拓展内容，而校内资源部分将营造课内与课外、线上与线下、教学与辅学的信息化学习环境，做到通过教学服务平台，利用电脑、手机或平板电脑，为上课的教师和学生提供交流研讨的机会，实现教与学、线上与线下互动，实现由以教师为中心的学习模式向以学生为中心的学习模式的转变。

此外，本套系列教材还定制了访问量统计功能，管理人员可通过此功能查询图书资源中二维码的访问数量，并通过系统记录的访问者的 IP 地址信息，统计全国各省的访问分布情况。

四、突出教材育人功能，践行"一本教材，两种职责"理念

传统教材编写以知识讲解为主，或多或少忽略了教材的引导作用。现今教材作为解决"培养什么人"和"怎样培养人"这一根本问题的重要载体，要求既要传授知识，又要实现价值引领，传递向上、向善的正能量和展现改革创新的时代风采，为法治人才的培养立德铸魂。本着这样的初衷，本系列教材的编写教师在章节设计、案例选择、试题作业及课堂活动等环节适时适宜地体现社会主义核心价值观，润物细无声地传递崇德向善、德法兼修的理念，以充满正能量的鲜活案例鼓舞和激励学生，努力用中国话语表达中国经验，讲好中国故事。让学习者在获得知识及技能的同时，感受到什么是真善美；体会到实体与程序、公平与正义、法律与秩序；学会尊重与平等，增强惩恶扬善、捍卫正义的社会责任感；在大是大非问题上坚守初心，坚定正确的方向，牢固树立"四个自信"。

本系列教材的编写人员均为相关课程优秀的主讲教师，他们耕耘讲台多年，具有丰富的一线教学经验，扎实的学术功底，丰硕的学术成果，教学特点鲜明，深受学生们喜爱。同时，他们深知网络及多媒体技术对课程教学方法、教学模式、教学手段及教学效果的影响，进而对教材编写观的影响。所以，对于建设这样一套开放、动态、立体的新形态教材，他们投入了极大的热忱和精力，进行了细致的设计、推敲和打磨，用智慧心血编著教材。

中国政法大学同步实践教学立体化系列教材根植于法大"同步实践教学"资源，切实、真正地发挥了我校实践教学资源的优势和价值，实现"人无我有""人有我精"的开创性改革和建设，全面落实了同步实践教学理念在教材建设上的要求。它们基于课程教学实践,是中国政法大学法学教学模式的代表性成果之一。教材在取材方面不限于校内资源,当现有的校内资源不能满足教材编写和开发的全部需要时,编写教师会根据教材内容和体例需要,安排现场展示并录制视频资料,从而极大地丰富课程教材资源并提升课程教材资源建设的水平。

中国政法大学同步实践教学立体化系列教材为法学立体教材建设模式和标准做了有益的探索和尝试。本系列教材虽冠以立体化教材之名,但随着信息技术发展与法学各学科教材融合的加强,本系列教材立体化的形式、内容体例等仍处在不断摸索中,有待进一步发展。希望系列教材在当今大数据、人工智能等主导的新技术时代,不断改进完善,发挥教材作为教育教学根本依据的真正立体化功能。

中国政法大学校长 马怀德
2019年9月

目录
Contents

▶ **第一章 刑法诊所概述** 1
第一节 法律诊所的教育理念和教学目标 1
第二节 刑法诊所的教学体系 5
第三节 刑法诊所的教学保障体系 11

▶ **第二章 刑事案件法律咨询** 15
第一节 刑事案件法律咨询的一般方法 15
第二节 刑法诊所常见咨询问题 26
第三节 刑事申诉、信访类案件的咨询 45
第四节 刑事法律援助 50

▶ **第三章 律师会见** 54
第一节 律师会见的作用和基本方法 54
第二节 侦查阶段的会见 57
第三节 审查起诉阶段的会见 65
第四节 审判阶段的会见 71
第五节 律师会见的禁忌 76

▶ **第四章 阅卷** 79
第一节 刑事卷宗的组成 79
第二节 检察官阅卷与审查起诉 80
第三节 律师阅卷 91

第五章 宣布开庭与法庭调查 ... 109
- 第一节 宣布开庭 ... 109
- 第二节 公诉人宣读起诉书 ... 111
- 第三节 法庭发问的诉讼程序规则 ... 112
- 第四节 向被告人发问 ... 115
- 第五节 向证人等其他出庭人员发问 ... 128
- 第六节 举证及质证 ... 145

第六章 法庭辩论 ... 163
- 第一节 法庭辩论的要求和基本技巧 ... 163
- 第二节 公诉人法庭辩论要旨 ... 169
- 第三节 辩护人法庭辩论要旨 ... 172

第七章 刑事控辩法律文书写作 ... 193
- 第一节 概述 ... 193
- 第二节 起诉书的写法 ... 195
- 第三节 公诉意见书的写法 ... 205
- 第四节 辩护词的写法 ... 211

第八章 刑事模拟法庭 ... 225
- 第一节 刑事模拟法庭的教学目标 ... 225
- 第二节 刑事模拟法庭的教学设计 ... 227
- 第三节 一审刑事案件普通程序法庭审理规则 ... 230
- 第四节 模拟法庭模拟示范实例 ... 240

第九章 法律职业伦理 ... 279
- 第一节 导论 ... 279
- 第二节 律师职业伦理 ... 283
- 第三节 检察官职业伦理 ... 303

第一章 刑法诊所概述

第一节 法律诊所的教育理念和教学目标

法律诊所教育（Clinical legal education）是 20 世纪 60 年代美国法学院兴起的一种法学教育模式，被称为"服务学习教学法"，它强调结构化的教学过程，特别是强调以真实的案例为基础来展开教学。由于其借鉴了医学院通过诊所培养实习医生的方式，又被称为临床法学教育。诊所式教学是法学实践教学的重要组成部分，对于提升学生参与法律实践、增强实务技能有很大的推动作用。该教学法是在教师的指导下，引导学生将法律知识应用于真实案件，学生亲自参与案件的办理，在办案过程中培养学生法律实务技能、法律职业人的思维模式和处理问题的方法以及法律职业要求的其他素养和职业能力，最终使学生获得理论知识和实践能力的总体提高。中国的法律诊所课程始创于 20 世纪初，经过 20 多年的发展，已经遍布几乎所有高校法学院的法学教育中，成为法学教育不可或缺的组成部分，并逐步发展为法学教育中最具生命力的实践教学模式之一。

法律诊所因专业设置和教学方向的不同设有不同的名称，从大的方面看，法律诊所以学科专业名称设置，如刑法诊所、行政法诊所、民商法诊所等；从侧重点不同，法律诊所的名称设置也会限于某个专业的某个具体方向或者某个研究的专题，如少年越轨诊所、环境法诊所、婚姻家庭诊所等，虽然诊所名称设置侧重各有不同，培养学生的角度不同，但作为法律诊所课，其共性实为培养学生的法律实践能力。本书所称刑法诊所，是以刑法和刑事诉讼法为依托，融合刑事实体法和刑事程序法的理论和实践，重点培养学生在刑事诉讼过程中作为公诉人和辩护人的实务技能的法律诊所。

一、法律诊所的教育理念

刑法诊所根植于法律诊所教育大背景下，从宏观角度看，刑法诊所的教育理念与法律诊所教育理念并无二致。中国法学教育的目标应当是立足法学教育的特点，为社会培养具有法律职业道德和社会责任心的实用型、创新型和复合型高素质人才。法律人才应具备法律理论的系统知识、法律的道德、法律职业的能力、法律职业的思维方式和一定的社会常识,这就要求法学教育既要注重进行传授理论知识的理论教育,更要根据社会需求加强学生在法律职业技能方面的教育,以真正做到素质教育与法学教学过程的融合。

法律诊所教育课程的目的在于以"真案子、真参与"的方式,将法律应用能力的培养从书本引向实践,是理论与实践相结合的最好方式。同时,学生在参与真实案件处理的过程中可以提升得用法律解决问题的能力,并将所学技能服务于社会。基于此,法律诊所的教育理念主要有以下几个方面:

(一)职业教育理念

为满足中国特色社会主义现代化建设的发展需要,现阶段高校法律人才的培养目标是培养德法兼修的卓越法治人才,要求高校在培养法律人才时要兼顾法学理论知识、相关研究成果和职业能力,目前看,法科院校对学生的培养更侧重在理论知识和学术研究方面,而实务技能有所欠缺。毕业生在就业时缺乏相应的职业技能,难以直接胜任法律职业,因此,应从学术教育逐渐向职业教育方向转变,以适应培养应用型卓越法治人才的需求。

法学是实践性很强的一门学科,法律学习的终极目的是应用于实践,当然,我们不能否认法学研究的重要意义,但是法学研究与法学实践密不可分,法学研究的成果最终也要应用于法律实践,因此,法学教育从一定程度上说就是法律职业教育。一般来讲,学生从法学院毕业到法律实务部门工作,有一个从书本到现实、从理论到实践的转化过程,法律诊所教育模式将这种转换过程提前到法学教育过程中,通过诊所课程提前完成了部分原本只能在法律实务部门才能获取的法律职业技能。

(二)以学生为本的教学理念

与传统法学教育中教师主导教学、学生台下听讲的模式不同,诊所式法学教育将学生置于学习的主体地位,老师在整个教学中的主要作用就是制定教学目标、教学计划和教学内容,有计划地安排学生完成实践教学环节,教师在实践教学环节所扮演的是指导者、观察者、评价者的角色,而不再是知识的主动传授者。由学生主导去处理真实案件,在处理案件的过程中,学习掌握诉讼的进程和办案技能,通过自我学习、自我成长的模式掌握如何了解案情、归纳案件事实,培养学生检索法律、解释法律、分析适用法律的能力,这种教学理念和教学模式,形成以学生为主体、教师为主导的互动关系,以学促学,充分调动学生的学习积极性,实现知识的主动构建。这种教学模式立足于"真案子、真参与"的教学观念,将学生置于真实的案件和法庭情境之中,让学生直接运用法律知识进行分析和解决法律问题,培养学生的法律思维。从法律诊所设置的内容来看,通过法律援助、法律咨询、模拟演练、观摩庭审等课程实训锻炼学生法律应用能力和解决实际问题的能力,"没有真问题,就是假学问",促使学生学以致用,在实践训练中探索法律知识体系的奥秘。法律诊所教学方法的实践性激发了学生的学习兴趣和参与程度，是一种融教师指导与学生实践体验为一体的互动型教学模式。

（三）培育学生的法律职业素养和人文精神

法律诊所教育是培养学生良好职业素养的重要途径。法学教育旨在培养具有高素质的具有实践能力的法律人才，必须关注法学生法学素养的形成。除了基础的知识素养之外，法律专业学生还需要具有坚定的法律信仰和较高的道德素养。法学生作为法律共同体的一员，要用专业的法律知识、法律思维和理性判断捍卫心中的法律信仰。法律诊所为学生提供真实的案例，让学生通过公诉人、辩护人等不同的角色形成对法律职业的角色意识，使学生对法律职业责任和道德产生直观的理解，有利于职业素养的养成。同时法律诊所教育是法学院教师、学生主动向社会履行法律义务的一种方式，通过为社会弱势群体提供免费法律援助，实现服务社会的职能，在培养学生法律职业技能的同时也培养学生的职业道德和社会服务意识，对于法律专业学生人文精神培养具有重要意义。

二、刑法诊所的教学目标

"刑法"作为法律类专业的核心必修课，是一门实践性、应用性非常强的课程，在整个法律专业教育中具有重要地位。根据法律专业培养实践能力强的应用型法律人才的目标设定，刑法教学的最终目的不应局限于仅仅教会学生掌握刑法基础理论，更重要的是培养学生的实案操作能力，即能够运用刑法和刑事诉讼法知识分析、解决实践中的具体案件。

传统的刑法教学更加注重于对刑法理论和法律条文的讲解，缺乏对学生实践操作能力的培养。诊所式教学法可以实现教师和学生的良性互动，通过对真实案件的操作，激发学生的学习兴趣，促使学生理性而深入地运用刑事法律思维解决实践中真实的刑事案件，切实培养学生将理论与实践相结合解决问题的能力。同时，教师通过对学生实案处理过程的评估，将能够及时发现学生在学习中的不足以及实务操作中的个体差异，从而实现更具针对性和个性化的指导和教学。

总体来讲，刑法诊所是实践教学模式的体现，目的在于在扎实理论的基础上培养学生的实务技能，培养学生在司法实践中解决问题的能力，为此，刑法诊所重点培养学生作为辩护律师和公诉人在司法实务工作中的听、说、读、写能力。

（一）听

所谓"听"，是专业法律人士获取案件信息的一种常见的途径，通常来讲，通过"听"来获取案件信息的主体包括承办案件或提供法律咨询的律师、检察官和法官。用语言表述案情、传递案件信息的主体主要是案件当事人或当事人家属，当然还包括承办案件的律师、检察官在法庭上发表意见。基于承办案件的第一层次的需求，刑法诊所培养学生"听"的技能，主要侧重于培训作为律师如何倾听来自于案件当事人或当事人家属对案件的陈述，这是接待当事人的基本技能。

1. 听案件犯罪嫌疑人、被告人的家属陈述案情。律师最初接触一个刑事案件进行法律咨询，大多数来自于犯罪嫌疑人、被告人的家属，此时，犯罪嫌疑人、被告人大多处于被羁押状态，家属对于案件的了解不多，能够提供给律师的信息有限，其对案件的陈述限于只言片语和道听途说，有些情况下还存在"猜"的成分，所以，律师在接待这一类当事人时，尤其要注意从细枝末节的信息中发现案件事实。

2. 听案件犯罪嫌疑人、被告人本人的陈述。犯罪嫌疑人、被告人是案件直接的当事人，他们对于案件事实的陈述最直接、最具体，但是，由于大部分当事人都不是法律专业人士，基于自身利益的角度，对于案情的陈述往往不得要领，有的时候过分关注细节和对自己有利的地方，表达过于情绪化，而没有从客观的角度陈述案情；有的时候忽略了在法律上与定罪和量刑有重要关系的情节，为此，做好法律咨询的第一步，就是学会如何去"听"，从"听"的过程中找出有用的案件细节，抓住重点为分析案件做好准备。

（二）说

所谓"说"，是用法律的思维方式和逻辑结构，将案件事实和法律分析用合适的语言和方式说出来。如何"说"、怎么"说"、"说"什么、"说"给谁听等这些问题在"说"的时候要特别关注。作为法律工作者，"说"案子是经常要做的工作，但是，在不同的场合、面对不同的倾听对象，说的方法会有所不同。

1. 说给当事人听。这里所说的"当事人"，包括犯罪嫌疑人、被告人本人以及他们的家属，如果律师办理尚未审结的案件，不管是在哪一个诉讼阶段，一般情况下都要跟他们"说"。如果律师尚未接受委托，当事人希望听到咨询律师/学生对案件的定性分析和对未来案件走向的分析；如果律师接受委托进入刑事案件的代理阶段，犯罪嫌疑人、被告人希望听到律师对案件的看法以及相关诉讼程序的规定，家属希望听到犯罪嫌疑人、被告人在看守所里的情况，甚至希望听到与案件相关的细节，如证人证言的情况等。对此，律师"说"什么、怎么"说"就非常值得关注。那么到底怎么"说"呢？首先，要用通俗的语言，而非法言法语去"说"，除非你的当事人也是法律专业人士；其次，要慎重选择"说"的内容。哪些话可以说，哪些话不能说，需要慎重考虑。比如，不能对当事人承诺案件处理结果，不能透露不可以被当事人知道的信息，不能在犯罪嫌疑人、被告人和家属之间传递可能影响案件的信息，等等。

2. 说给法律同行听。说给法律同行听，通常有两种情况，一是律师在办理刑事案件过程中，向办案单位的承办人"说"自己对案件的处理意见，包括在法庭上发表辩护意见，希望通过自己的"说"，向办案机关阐明自己的观点，并得到认可；二是与自己的同行讨论案件或者向上级汇报案件，这两种情况有一个共性，就是听众是懂法律并具备一定法学基础的，所以，"说"的内容要条理清晰、直奔主题，对于案件事实的描述要与法律规定密切相关，对于案件定性的分析要以法律事实为基础且紧扣法律条文和法学理论，如果有需要特别解决和关注的争议焦点，要有所侧重。说给法律同行听，尤其是汇报案件，还需要培养的一个重要能力，即在相对确定的时间内，用简洁的语言完整描述案件事实并阐明自己观点的能力，时间性和条理性在汇报案件时尤其需要关注。

（三）读

所谓"读"，作为法律工作者，通常是读文献、读法律法规、读案例、读案卷的能力，在具体案件处理中最主要的就是"读"案卷材料，其次是"读"与案件相关的文献、法律法规及案例等。

1. 读卷宗。阅读案卷材料是办理刑事案件必须要掌握的一个技能，也是审查案件证据、寻找案件瑕疵、确定案件定性的重要途径，读好案卷，需要有严密的逻辑思维能力、认真细致地发现问题的能力以及从现有案卷中寻找案件突破口的能力。阅卷对于检察官而言是审查是否作出起诉决定以及如何起诉的重要依据，对于辩护人而言是寻找辩点的必经途径。因此，阅卷能力和阅卷技巧是刑法诊所培养学生的目标之一。

2. 读法律法规和案例。办理案件离不开法律法规，离不开指导性案例和其他相关参考案例，以合适的方式进行法律检索，并将检索到的法律法规等文件和案例用于办案实践，是法律专业学生的必修课。

（四）写

所谓"写"，在刑事诉讼中，主要是指撰写诉讼过程中的法律文书以及其他案件分析报告。作为刑法诊所学生的培养目标之一，"写"的能力在很大程度上是其他能力的最终体现。公诉人、辩护人通过撰写法律文书，形成审查报告、起诉书、公诉意见、辩护词等文书，体现对案件事实和法律的判断。文书不仅仅是控辩思想的体现，也是诉讼程序开始、进行和结束的标志。对于学生"写"的能力的培养，要结合其他三个方面的能力培养同步进行且互相衔接。

第二节 刑法诊所的教学体系

教学体系，是指在一定理念指引下建立起来的一整套教学模式，包括但不限于教学目标、教学内容、教学方法以及教学评价等几方面的内容。刑法诊所的教学体系与刑法诊所的教学目的密切相关，具体来说，刑法诊所的教学体系重点关注以下内容。

一、刑法诊所的教学内容

（一）刑法诊所教学内容的设计依据

刑法诊所最合适的教学内容是什么，教学内容的设计依据是什么，一直是自刑法诊所在中国法学院校诞生以来老师们讨论最多的话题，也是至今一直没有定论的话题。其主要原因在于中国的刑事诉讼制度与最初形成于法律诊所课程体系的美国在刑事诉讼制度上存在差异。

我们都知道，诊所式教学模式来源于美国，中国的法律诊所教育模式也是以美国诊所教育模式为基础作为其开端，根据美国法律诊所教育协会（CLEA）对诊所教育的定位，其倡导将法律诊所作为律师教育的基础内容[1]。因而有论者将中国的法律诊所课程授课内容限定为"律师实务"，这一观点是值得商榷的。造成这种误读的根结在于中美两国法律职业体系存在着实质性差异。在美国，通常以"Prosecutor"一词泛指广义上的"检察官"。而实际上，不同的州对于"检察官"这一头衔的称呼却差异万千，例如在密苏里州称为"City Attorney"；在印第安纳州、俄亥俄州以及密歇根州则以"Prosecuting Attorney"为名称；也有许多的州选择"District Attorney"，其中包括纽约州、宾夕法尼亚州以及德克萨斯州等。而"Attorney"一词正是律师的意思，从字面含义来看，上述各州对检察官的称呼完全可以直译为"政府律师"，而就这点从技术上而言是没有任何问题的，因为在美国成为检察官的先决条件之一就是成为律师[2]。同样地，美国的法官遴选通常要求具有一定的法律职业经验[3]，律师协会对协会中律师的法官任职资格审查与推荐是美国法官选任的重要来源[4]。可见，在美国，无论是检察官抑或是法官，大多是从律师队伍中遴选出来的。律师（lawyer）可以说是法律共同体中的基础性身份，而美国的法律职业体系呈现出一种纵向梯度性与进阶性特征。相对应的，我国法律职业体系则呈现出一种横向平行性的特征，即在大学阶段经过普通法律教育就可以成为进入检察官、法官等法律职业的"直通车"。在我国的法律职业语境下，基础的法律学科教育对未来职业的选择面向是多样的，律师并非作为一种入门基础性的法律职业存在。因此，我国法律诊所课程之设定，自然不应以"律师实务"为限。我们在法律诊所教育过程中需要借鉴的是来自于诊所课的教学理念和教学模式，而对于教学内容的体系设计要以中国的现行刑事诉讼制度为基础，立足于中国现行的法律制度和法律实践，既体现诊所式教学的特点，又能结合现行《刑法》[5]《刑事诉讼法》《律师法》的规定，同时实现法律诊所法律援助、服务社会的目的。在中国的刑事诉讼程序中，体现美国"Attorney"职业特点的"律师"应包括公诉人和辩护律师，因而，中国式刑法诊所课程

---

[1] "CLEA exists to advocate for clinical legal education as fundamental to the education of lawyers." https://www.cleaweb.org/.

[2] American Bar Association Standards for Criminal Justice - Prosecution Function (3rd edition) §3-2.1.

[3] "Guidelines of Reviewing Qualifications of the Candidates for State Judicial Office", American Bar Association Judicial Administration Division.

[4] "Judicial elections, if fair and open, could be an essential forum for society to discuss and define the attributes of judicial excellence and to find ways to discern those qualities in the candidates. The organized bar, the legal academy, public advocacy groups, a principled press, and all the other components of functioning democracy must engage in this process." Concurring Opinion of Mr. Justice Kennedy in *New York State Bd. of Elections v. Lopez Torres*, 552 U.S. 196, 212 (2008).

[5] 即《中华人民共和国刑法》，为方便表述，本书涉及我国法律均省去"中华人民共和国"，全书统一，不再赘述。

应结合中国的刑事诉讼模式,将授课内容定位为培养公诉人和辩护人的基本技能的课程。

(二)刑法诊所的教学内容

契合中国刑事诉讼体系和刑法诊所教学内容设计理念,本书体系设计刑法诊所的教学内容以法律诊所基本教学理念为本,以中国刑事诉讼的基本模式为基础,以下几个方面作为教学内容设计的考虑因素:

第一,充分结合法律诊所教学特点和教学模式。通常来讲,法律诊所教学模式首先要体现"诊所"的特点,即浸入式教学,让学生直接接触当事人,浸入到司法实践中去解决实际问题,强调学生的深层参与;其次,要体现学徒工式的学生跟师学习模式,由教师在具体案件中实地指导。在这种情况下,既需要有教师面向全体学生的实务基础知识的课堂讲解,也需要有针对具体案件处理的手把手式的教学,在"实战"中指导。因此,从这个角度看,刑法诊所的教学内容设计应以讲解、模拟到实战的进程展开。培养学生的实践操作能力,是诊所式教学在课堂教学运用的前提和基础,教师应根据教学内容确定每个章节的实务技能培养目标。只有教学目标正确,课堂组织和教学内容的选择才具有方向性,教学活动才能有序地开展。

第二,以刑事诉讼基本流程为主线设计教学内容。结合刑事诉讼基本流程的刑法诊所教学特点,应该是以检察官和律师的职业活动为主线,以法庭审判流程为重点,教学内容涉及刑事诉讼程序中的审查起诉、法庭审理中的法庭调查和法庭辩论相关内容,同时辅以刑法诊所学生进行法律援助时的法律咨询技能培训。在这样的教学设计中,学生可以对刑事诉讼流程有一个更加全面和细节化的认知,既有利于从整体上对诉讼流程进行把握,又有助于学生发现不同法律职业之间的区别,进而帮助其认清自己未来的职业方向。

第三,考虑到学生的现有知识储备和实践能力。刑法诊所的教学内容需要考虑到学生的现有知识储备和实践能力,既不能过于复杂,导致学生因没有足够的知识储备而感到无所适从;也不能过于简单,使学生失去学习的新鲜感和好奇心。同时,还要综合考虑《刑事诉讼法》及《法律援助法》对于学生参加法律援助许可的范围等,考虑现实条件下学生力所能及地进行法律援助的方向。刑法诊所的课程设计对于学生的要求为已经修完刑法、刑事诉讼法等主要刑事法律专业课程,具有进行刑事法律援助和开展刑事诉讼的基本专业知识,这些学生对法律实践有着较高的积极性,迫切希望将自己所学法律知识应用于司法实践,提供法律援助或者进行模拟刑事诉讼活动可以让他们感受到学习法律的意义和价值。

第四,兼顾对公诉人和辩护人的诉讼活动的规范指引。刑法诊所重点培养学生在刑事诉讼中担任公诉人和辩护人的基本职业技能,但是在培养技能的同时,不能忽视的一点就是从最初即对学生规范意识进行培养,在所有的诉讼环节遵守相应的诉讼规范和职业纪律规范。刑事诉讼的特殊性使其对于法律专业人员在从事相关业务时对于诉讼规范和法律职业道德有着较高的标准和要求,具体的标准和规范既体现在《刑事诉讼法》和刑事诉讼规则的相关司法解释中，也体现在上述人员的基本职业规范。

基于此，本书认为，刑法诊所的教学内容应以中国刑事诉讼（一审）为主线，辅以与刑事法律援助相关的法律咨询内容，以培养学生参与刑事诉讼的实务技能为根本，兼顾学生理论知识的基础。内容注重对学术实务技能的培养，跟随刑事案件一审普通程序进程，同时配合模拟法庭实务教学，关注教学过程的实务性和可操作性。

鉴于以上原因，本书的内容设计主线包括五个部分。

1. 刑法诊所学生日常的免费法律咨询活动。其一，在法律援助律师的指导和陪同下到律师事务所或其他法律援助机构为当事人提供无偿法律咨询服务。其二，学生在学校刑法诊所的常设办公室接待到刑法诊所来访的当事人进行无偿法律咨询服务，必要时由学校刑法诊所教师参与指导。刑法诊所学生的日常法律咨询活动是诊所学生进行法律援助的重要组成内容，也是锻炼学生接触社会、接触真实案件的途径。在这个部分，本书将以刑法诊所教学实践中最常出现的法律咨询类型和问题为基础进行讲解，内容既包括咨询的方法，也包括实务中常见类型咨询的基础知识。

2. 以一审刑事案件普通程序为中心，主要以开展模拟法庭所需相关技能为方向，讲解从庭前准备的会见、阅卷到庭审过程中的发问、举证质证、法庭辩论等方面的技能，其中既包括公诉人提起公诉、参与庭审支持公诉的实务技能，也包括辩护人如何行使辩护权的技能。

3. 讲解一审刑事案件普通程序模拟法庭的庭审规则和实操要求，该部分内容是在学生已经掌握公诉人和辩护人各基本技能的基础上，综合法庭审理的规则和特点，集中进行完整模拟庭审组织和规则的讲授。

4. 讲解一审刑事案件普通程序中最常使用的法律文书写作方法。包括审查报告、起诉书、公诉意见书和辩护词的写法。

5. 公诉人和辩护人的法律职业伦理。法律职业伦理，是在培养法学院学生时必须要关注的问题。当学生完成在校学习走向社会、走向法律工作岗位时，法律职业伦理是伴随其法律职业生涯终生的规范，教材在这个部分分别从检察官、律师的不同职业身份并结合相关法律法规对于法律职业伦理问题进行详细讲解。

二、刑法诊所的教学方法

刑法诊所课程是一种以真实的刑事案件作为样本展开的实务技能教育，其教学方法与刑法诊所的教学目的和教学理念密切相关，诊所式教学采用浸入式教学法，使学生尽可能多地接触到司法实践，让学生用"望闻问切"的方式直接介入案件，为案件的当事人提出具体的处理意见，并提供切实的法律帮助。刑事法律诊所课程注重以"真案件、真参与"为特色，在现行法律规定许可的范围内，为学生提供更多参与司法实务的便利条件，在因法律规定的障碍无法参加真实庭审时，由校内教师和实务教师根据真实案件设计案卷材料，进行贴合实践的模拟庭审演练。

与其他传统实践课程相比，刑法诊所的教学方法不再局限于以庭审程序为主线的简单梳理，而是分模块、全方位、多层次地对教学内容进行设计和编排，给学生以足够的广度和深度，促使学生自我成长。在授课内容上，该诊所课程包括知识教育与诊所实践两部分：知识教育部分侧重于讲授刑事辩护与证据分析的基本技能与方法，诊所实践重在通过真实案件锻炼学生活学活用法律知识的实践能力。实现了从"学生毕业后到工作岗位自己进行摸索学习"到"在校期间就开始跟随实务教师进行演练"的转变。学生既可以既模拟完成公诉人的基本工作，也可以通过模拟或实际参与律师办案工作，了解法律规则在现实生活中的实际运行状况，培养获得公诉人和辩护律师应当具有的基本执业技能和职业伦理规则。

刑法诊所的具体教学方法包括：

（一）教师指导下的法律援助活动

根据我国《刑事诉讼法》和《法律援助法》的规定，法学专业学生可以作为法律援助志愿者为当事人提供法律咨询、代拟法律文书等法律援助活动，但没有律师执业证书的学生不能担任刑事诉讼中的辩护人和诉讼代理人。因此，进行法律咨询和代书，是刑法诊所学生接触真实案件当事人及其家属，为其提供法律帮助的主要方式。在此过程中，学生是咨询的主体，学生组成法律援助小组，直接面对未被采取强制措施的犯罪嫌疑人、被告人、已经服刑完毕的罪犯或其家属，提供法律咨询服务，教师仅在必要时对学生进行专业指导。这样的教学模式既可以培养学生独立处理法律问题的能力，也可以培养学生的社会公益心、责任感。

（二）刑事诉讼主要阶段的模拟演练

囿于我国现行《刑事诉讼法》没有给予未取得律师执业执照的学生以特殊执业权限，学生不能担任辩护人；同时，作为公诉人在刑事诉讼中具有国家公诉人的特殊地位，学生亦不能成为真实案件的公诉人，因此，刑法诊所课程中的模拟演练为实践教学体系的重要组成部分。作为刑事案件模拟演练、案卷材料模拟演练的基础，一个符合诊所实践教学要求的案卷材料应该具有如下特征：其一，案卷材料的基础是来自司法实践的真实卷宗，在进行脱密处理之后由教师进行适当加工，但要尽量保持"原汁原味"；其二，选取的案件应符合学生的特点，不能过于复杂，也不能过于简单；其三，案件要具有一定的争议性，有较为明确的争议焦点，使模拟演练的控辩双方都有辩论的余地。

模拟演练可以根据课程的进度分阶段进行，具体来说，是以一个公诉案件的检察官和律师的主要诉讼活动为主线，以辩护律师的执业活动为基准点展开，演练过程既包括律师在侦查阶段、审查起诉阶段、审判阶段的辩护工作，也包括公诉人审查起诉、提起公诉和参与庭审的活动，在一审诉讼阶段的模拟庭审环节，还包括法官组织庭审的活动。每个环节不同角色的不同执业技能进行分阶段讲授与模拟演练，如侦查阶段的律师会见、庭审阶段的法庭发问和举证质证等环节均分别进行，当所有诉讼过程的环节均完成讲授和模拟演练之后，以一个完整的模拟法庭结束全部演练。为了便于学生了解全部诉讼流程，体现诊所课程"学生为主体"的教学理念，庭审的组织活动也由学生完成，即由学生模拟法官主持庭审。

诊所式教学法需要教师根据教学目的选取不经过任何加工，具有典型性、针对性的真实案件，以期在有限的教学实践内培养学生学习、运用多种实务操作技能来解决实际问题的思路和方法，并能够举一反三地运用于以后的司法实践中。刑法诊所职业技能的培训，以刑事诉讼的主要阶段即法庭审理为中心，以辩护律师的职业活动为基准点进行模拟训练。模拟训练让学生充分融入律师介入诉讼的全过程，这个过程以律师活动为中心，但不仅仅模拟辩护律师的职业活动，还包括公诉人的职业活动，并辅之以法官组织庭审活动。在模拟训练课程中，教师通过模拟卷宗，引导学生站在不同角度上去分析、理解问题，通过不同的角色扮演，激发灵感，进行思辨提出创造性的观点，最大限度地发挥学生的主观能动性，在此基础上由教师根据多元评价体系进行综合评价。在模拟课堂教学过程中，教师会频繁地提出作为一名律师所必须面对的诸多复杂的问题，让学生独立思考并提出解决方案，从而提高学生独立思考问题、解决问题的能力。对于有争议性的案件，应积极引导学生结合相关法律条文和实案做进一步的分析与思考。对于模拟过程中的程序上的问题，也应鼓励学生多方参与。通过这样的一系列模拟演练，让学生从书本走向实践，切身体会作为公诉人、辩护人和法官的具体工作，为将来从事司法实务工作打下基础。

（三）自主学习与庭审观摩有效结合

法律诊所教学活动除教师组织的教学活动之外，还增加了自主学习与庭审观摩相结合的实践活动，具体做法是由教师选定适合教学的案件，学生旁听庭审，通过旁听庭审过程实现观摩学习的目的。旁听庭审的路径主要有三个：其一，由教师联系适合学生旁听的案件并组织学生一起到法院的庭审现场进行旁听；其二，在学校的庭审直播教室连线正在审理案件的某法院，学生直接在学校教室旁听直播；其三，由教师在"庭审直播网"选取案件，学生在网上自行观看。不管是哪一种庭审观摩方式，有一点是共同的，即所有同学观看的案子均由教师指定引领，庭审结束后，老师组织学生对庭审案件进行点评，包括控辩审三方的表现以及对可能判决结果的预测，其中点评内容包括结合控辩审三方的实务技能展开，由学生找出各方在庭审中的优点和不足，通过真实的庭审，从实体上和程序上对学生进行全方位、多角度的培训。

（四）校内任课教师与校外实务导师指导相结合

对诊所学生实务技能的培养方式决定了对学生的指导少、很有实务导师师的参与，尤其在模拟演练过程，需要校内任课教师与校外实务导师共同完成，真正体现诊所课程"手把手""师徒式"的教学方式。根据教学进程，校内任课教师聘请律师或者检察官加入诊所课程中，带领学生完成模拟训练。

三、教学评价和考核体系

刑法诊所的课程考核既是学生们普遍关心的问题，也是评价诊所课程教学效果的重要指标体系。一门课程的考评方法，要与这门课程的教学方式密切相关，不能脱离课程本身的特点来确定考核体系。传统的刑法理论课教学成绩评价一般在学期末采用书面闭卷考试的方式进行。考试题型一般包括选择题、简答题、论述题和案例分析题，以重点考察学生识记能力的题型和考察学生案件分析能力的题型为主。

将诊所式教学法引入刑法实务教学后，其成绩评价模式应当与传统的刑法理论课评价模式有所区别，即从刑法诊所的实践性和开放性的角度出发，将成绩评价从静态的、一元的期末笔试变为贯穿刑法实务教学始终的多元化考核模式。在考核评价的主体方面，鉴于刑法诊所是以学生为主体，由校内任课教师和校外实名导师共同指导学生上课的教学模式，学生在课程学习中，有时担任实践者的角色，有时担任观察员、点评者的角色，因此，刑法诊所课的考核，应由校内任课教师、校外实践导师和学生共同完成，形成一个多方位、多角度的考核体系，有利于全面客观地反映被考核者在课程学习中的真实表现。在考核内容方面，法律诊所实践教学的评价体系包括专业知识评价、实践能力评价和职业素养评价，通过多元、综合的考核内容实现过程评价和结果评价的统一。其中专业知识评价，应当以学生对实体法运用的准确性和熟练掌握法庭审判程序和诉讼规则为内容；对实践能力评价，应当以学生的法律事实甄别与重构、法律检索、法律文书写作、证据调查与质证和法庭陈述与辩论能力等多方面进行考察；对职业素养的评价则主要包括法律解释运用、法律思维、法治信仰和职业伦理等。总体来说，刑法诊所的课程评价不仅仅以一次考试为标准，而是更注重学生的平时表现和综合能力。多元的评价主体和阶段性考核方式，如教师评价、学生自评和学生互评和多元的评价体系将成为刑法诊所课程考核的主要方法。

第三节　刑法诊所的教学保障体系

法律诊所课程作为培养学生实务技能常设课程，必须要有一个切实可行的教学保障体系。学校教务部门对诊所课程的支持力度在一定程度上会影响整个课程的质量，影响学生和老师的参与积极性。所以，开好诊所课程的第一步就是建立教学保障体系。具体来说，必须关注以下几个方面：

一、学校的课程设置

在中国，诊所教育是法学实践课程的典型代表，作为诊所教育的教学保障，首先需要学校的支持，从课程设置到授课时数以及在多人授课的情况下教学工作量的认定等问题都需要学校从政策上加以支持。

（一）课时

目前，中国高校中开设的诊所课程有不同的课程定位，有的是必修课，有的是选修课，有的是实践课，还有的与模拟法庭授课结合在一起，有的诊所课程上课时间可以折抵专业实习，鉴于此，诊所课的不同定位，决定了授课的课时数会有所不同。从刑法诊所课的授课内容和体例上看，一套完整的课程体系应该至少是一个学期，每周一次课，每次4~5个课时，才能有效地将理论讲授和学生实践结合在一起。

（二）授课对象

由于法律诊所是对学生所学基础专业知识灵活运用的实地检验与训练，因此课程设置最好是安排在刑法、刑事诉讼法等基础课程之后。同时，为了实现教学目的，法律诊所应该控制课堂规模，上课人数应该控制在30人左右。只有保持"小而精"，才能更好地推行模拟演练等形式的实践性教学，为每一个学生创造全程演练、全程参与、全程体验所有刑事诉讼环节的机会。

（三）老师的教学工作量的计算方式

一个效果良好的诊所课的授课模式应该具有较高的师生比，一个课堂分成几个小组分别由教师进行指导，在刑法诊所的课堂上，至少要分成控方组和辩方组，如果有条件的，控辩双方都可再分组，为此，一个课堂至少同时要有两名教师授课。如果按照普通课程两个老师接力授课，每个人按照各一半的教学工作量计算的话，在一定程度上会影响教师的工作积极性，对教师来说，诊所课常常给人留下"费力不讨好"的印象，教师不仅在课堂上要指导学生，在课堂外还需要做大量的准备工作。为保证诊所课长期高质高效地开展下去，学校应该在制度上给予支持，从教师的实际教学工作量出发，按照教师在课堂上的实际付出时间计算工作量较为合适。

二、师资队伍建设

作为一个以法学实践为主要内容的课程，刑法诊所课程对于教师的基本要求是有法学实践经验。诊所课重在实践演练，仅有理论知识而无司法实践经验无法胜任刑法诊所的教学工作，法律诊所的开展更是需要实现教学师资方面的资源整合。因此，刑法诊所课程的任课教师可以由两部分组成：一是学校在职在编教师，具有兼职律师执业经历或者在司法实务部门挂职经历；二是在司法实务部门工作的现职检察官和律师，学校可以根据诊所实践教学的需要，聘请优秀的校外实践导师与学校在编教师共同授课，实现理论和实践的完美结合。

三、充足的案源

诊所课训练学生的实务能力，同时为当事人提供法律援助，从这两个方面出发，稳定的案源是诊所实务教学的基本保障，没有案源，只做空洞的理论讲解，将会回到一般理论课"老师讲、学生听"的老路上。刑法诊所的案源应主要关注以下几个方面：

（一）真实案源

所谓"真实案源"，包括真实的现场咨询实例和真实的刑事案件。根据《刑事诉讼法》的规定，除犯罪嫌疑人、被告人的监护人、亲友以及人民团体或者犯罪嫌疑人、被告人所在单位推荐的人外，只有持有律师执业证书的人才有资格担任犯罪嫌疑人、被告人的辩护人，而尚未毕业的在校学生即便取得了律师执业资格，也无法取得律师执业证书，因而无法作为辩护人行使辩护权。因此，作为诊所学生从事刑事法律援助，最主要的"真实案源"就是进行咨询类的法律援助。目前看来，到法律援助中心或者到刑法诊所进行咨询的当事人包括未决案件犯罪嫌疑人、被告人的家属，刑事案件的被害人，已决案件正在服刑人的家属或刑满释放的罪犯本人等。这些案件的咨询是刑法诊所"真实案源"的主要来源。

（二）设计的案件

刑法诊所进行刑事诉讼技能的讲解与培训，教师根据课堂讲解进度的需求，寻找合适的真实案件是非常重要的工作，如果能够有特别合适的案件自然完美，但是，在实践中，大多数的案件并不能适应所有教学环节的需要，为此，需要诊所课的教师根据教学环节并结合真实案件进行适当加工，甚至要将多个案子的重要细节编写到一个案件中去，形成具有代表性的改编版"真实案例"，经过设计的案件既符合案件真实，又贴近教学特点，在一定程度上往往是刑法诊所课程中运用最多的案件，授课教师根据诊所课的特点和教学环节结合真实案件改编案件、建立适合刑法诊所要求的案例库，是刑法诊所教学的重要组成部分。

（三）真实的案卷材料

刑法诊所的学生不能直接担任真实案件的辩护人，但不等于教学中不需要真实的案件材料，诊所课的学生如果不能接触真实的案件，诊所课也就失去了生命力。真实的案卷材料可能来自两个地方，一是在法律咨询中咨询者提供的材料，主要是证明自己主张的证据材料，但这个不是完整意义上的卷宗；二是完整的刑事卷宗，即侦查机关在侦查过程中和检察机关在审查起诉阶段形成的包括案件的诉讼程序和诉讼证据等相关材料的卷宗，以完整的真实卷宗作为教学材料可以使学生全面了解、还原刑事诉讼过程，"原汁原味"的卷宗材料必不可少。

（四）设计合理的教学方法

在设计过程中，要正确处理诊所式教学法与传统理论讲授法之间的关系。在传统的理论教学法中，教师主要通过课上单向讲授刑法理论知识的方式进行教学。诊所式教学法主要通过学生自己的思考、判断以亲身参与到实际案件之中的方式来进行。同时要注意，诊所式教学法因其实际操作性较强，延展性也随之提高，教师和学生之间的有效沟通如果只局限在课内的话，可能会导致一些重要问题的处理延误。

刑法诊所的课程与其他普通理论课程的教学目的不同，其以实务培训为主要目的，教学方法的设计也要结合刑法诊所的教学目的展开。诊所式教学在运用过程中应以学生为主体，教师应通过沟通时效性强的通信方式，及时关注与了解学生的实践活动，从而在学生遇到疑难案件或出现明显的纰漏和偏差时，能及时进行简单、必要的指导与纠正，实现诊所式教学法从课上到课下的延伸。

一个合理的刑法诊所教学方法的设计要兼顾教师的指导和学生的演练，兼顾基本理论的指导和实务教学，兼顾校内导师和校外实务导师的衔接、兼顾模拟演练和为当事人解决实际问题等，所以，合理的教学方案的产生需要教师团队从设计、寻找合适的案件到指导的方式等方面结合学生和课程的学时进行精心设计。

四、校外合作平台建设

法律诊所教育是一种职业化训练，重在培养和锻炼学生的实践能力，其教学课程的设置需要与实务部门建立联合培养平台。校外合作平台是法学教育实践教学的重要补充，是推动学校理论教学和社会实践工作的重要桥梁。二者开展多元化和多层次交流互动，具有资源共享、取长补短的天然优势。一方面校外合作平台能够为法学教育提供丰富而鲜活的案例，学校通过加强与法院、检察院、律师事务所、法律援助中心等机构的合作，由实务部门为实训教学提供典型案例、裁判文书、司法解释、指导性文件等重要教学素材，能够激发学生对案例进行研讨。另一方面通过建设校外合作平台，能够为学生接触实务搭建良好的渠道。例如可以通过组织庭审观摩，学生可以到法院旁听现场庭审全过程，让学生身临其境，感受司法氛围。同时还有利于多元化教学团队建设，可以聘请实务部门的法官、检察官、律师承担法律诊所教学工作，通过校外指导教师的讲解与指导，让学生了解检察官如何办理案件以及律师实务中如何会见当事人，如何调查取证，如何辩护等。同时，这样的方式还可以扩大案源获取范围，稳定案件获取数量。高校还可以通过在互联网注册专业刑事法律援助网站，申请刑事法律微信公众号等形式来拓展案源，让学生在实务经验丰富的教师的指导、引导下，分析、处理社会上各类错综复杂的刑事案件。

第二章

刑事案件法律咨询

刑法诊所的教学和实践活动之一，就是教师采用浸入式教学方法，指导学生接待当事人，为当事人提供法律咨询。法律咨询是法律专业学生必须掌握的一项基本专业技能，也是未来从事法律工作的基础。借助法律诊所课程，为当事人提供法律咨询，是学生们直接接触法律实务工作的重要方式之一。通过法律咨询，学生们将所学的刑法、刑事诉讼法和其他专业的理论知识运用于司法实践，既有利于巩固学生的法学专业知识，也可以通过法律咨询锻炼学生解决问题的能力、语言表达能力和与人沟通的能力，同时，法律咨询作为法律援助服务的重要内容，体现出法律工作服务社会的本质需要，是培养法律人社会责任感的有效途径。在法律咨询过程中，学生不仅要面对犯罪嫌疑人、被告人、已决犯以及他们的家属，还可能面对被害人及其家属，不仅要回答受援者关于罪名、罪状、法定刑、故意过失、共同犯罪等实体性事项的问题，还要就诉讼流程、强制措施、期限等程序性事项进行解答，在一定情况下，还可能承担心理疏导的工作。因此，法律咨询看似简单，实际上是对学生综合能力的培养和锻炼。如何像一名律师一样接待案件当事人、如何准确判断当事人面临的问题、如何解读当事人对案件事实的叙述和提交的案件资料等等，都是在实践教学中需要重点提升和锻炼的技能。

刘桂明老师曾说过："法律咨询是律师的一项基本功，也是一门听说读写的艺术。对律师而言，如何凝神倾听，怎样条分缕析，如何变复杂为简单，怎样变被动为主动，既是树立当事人信心的关键，更是建立当事人信任的基础。"因此，刑法诊所的第一课，就从法律咨询开始。

第一节 刑事案件法律咨询的一般方法

刑法诊所课程中的法律咨询，是指在教师的指导下，由学生为到刑法诊所寻求法律帮助的未被羁押的犯罪嫌疑人、被告人、刑罚已经执行完毕的罪犯、被害人或者其他因涉刑事相关事项需要咨询的当事人及其亲属提供咨询意见的一种法律援助活动。囿于诊所学生的身份和诊所课程的特点,学生不能在羁押场所为当事人提供咨询活动,因此,本章讲解的刑事案件的法律咨询仅限于针对处于未被羁押状态的当事人,对于已经被羁押的犯罪嫌疑人、被告人的法律咨询,是辩护律师在刑事诉讼过程中工作环节的一部分,具体内容将在本书第三章"律师会见"中讲解。

一、接待当事人的基本程序

刑法诊所接待当事人进行法律咨询,需要根据诊所教学活动的特点,按照以下程序进行。

(一)组成法律咨询小组

刑法诊所学生进行的法律咨询为免费服务,按照诊所学生规模和案件的难易程度,首次接待当事人一般由两人以上进行为宜,必要时也可以组成的3~5人的小组进行。接待当事人的同学可以进行适当的分工。其中一名或两名同学作为主接待人与当事人交谈,另一名同学做好接待笔录以及咨询协助工作,辅助接待人完成咨询,查找、梳理相关的法律、法规、司法解释和指导判例,制作简要发问提纲等。其中案情复杂的,接待小组的规模可适当扩大,必要时,也可以申请指导老师加入咨询团队,共同探讨案件,提供咨询意见。

(二)向当事人了解咨询的案件情况

1. 当事人咨询的刑事法律问题的类别。明确咨询的案件是一般性法律咨询还是正在诉讼过程中。
2. 来访者与当事人的身份关系。明确来访者的身份是当事人本人还是其家属。
3. 案件目前的诉讼阶段。明确案件是处于侦查阶段、审查起诉阶段、一审阶段、二审阶段、死刑复核阶段或者申诉阶段。
4. 犯罪嫌疑人、被告人或申诉人涉嫌的罪名,目前是否被羁押。
5. 咨询者咨询的内容和具体"诉求"。
6. 咨询者是否可以提供所涉案件的卷宗材料等。

(三)制作接待笔录和留存案件材料

为当事人提供法律咨询,一般在刑法诊所的法律援助办公室进行,为保证接待过程的顺畅和有效,也为了将接待咨询过程存档和便于后续咨询工作的延续和展开,接待当事人要制作接待笔录,在征得当事人同意的情况下留存相关案件材料复印件,必要的时候进行录音、录像。

(四)制作咨询分析报告

咨询分析报告,是在法律咨询结束后,对于案件情况较为复杂,当事人提供了相应的案件材料,需要针对案件具体情况进行分析并得出专业意见的咨询所作出的书面报告。咨询分析报告有两个类型:其一,作为专业咨询意见提供给当事人的报告。出具此种类型的报告需要当事人提供较为完整的案件材料,咨询小组经过充分的分析论证,必要时由指导教师进行审阅后提供给当事人的对案件性质等问题作出的专业性报告;其二,作为刑法诊所实践教学讨论案例存档的报告。该类型报告需记录案件基本事实讨论过程、案件的争议焦点以及最后的处理意见,如有不同意见的亦应全部记录。对于简单的法律咨询,只需制作接待笔录,无需制作咨询分析报告。

二、接待咨询笔录的制作

接待、笔录要全面反映诊所学生接待的当事人的基本情况、当事人咨询的内容和基本"诉求"、案件接待的进展和当次接待的处理结果等内容。刑法诊所学生在诊所法律援助中心接待当事人提供法律咨询,往往由不同的学生分时间段在诊所完成。咨询可能是由一个固定的小组接待一个当事人,该当事人如果第二次来访仍然由该小组进行接待,也可能是咨询小组在诊所值班时随机接待当事人,此时,为避免同一案件的当事人第二次来访时,新接手案件咨询的学生重复基础问询工作,每一次法律咨询均应该作好接待咨询备查,对于案件复杂,由咨询小组出具、咨询分析报告的,报告的结论应记录在笔录中,报告全文作为附件存档。

【接待咨询笔录主要内容】

时间:××年××月××日
地点:××大学刑法诊所办公室
来访人:×××
来访人与案件当事人的关系:本人/亲属(亲属关系的写明具体关系)
联系方式:
身份证信息:
案件所处阶段:
接待咨询人:
咨询的案件事实概述:
当事人提供的证据材料:
本次咨询人提供的具体咨询意见:
是否存在未完成询问事项:
是否约定下次咨询时间:
是否提供律师事务所或法律援助机构进行对接及对接律师:

咨询人签字:_____
××年××月××日

【接待咨询笔录示例】

××大学刑法诊所接待咨询笔录

时间：××年××月××日
地点：××大学刑法诊所办公室
来访人：××
来访人与案件当事人的关系：本人/亲属（亲属关系的写明具体关系）
联系方式：
身份证信息：（以上个人信息，不愿透露身份者可以选择不填）
案件所处阶段：
接待咨询人：

接待人：您好，我是××大学刑事法律诊所的××同学。请问您有什么事需要帮助吗？是为自己的事情咨询，还是代他人咨询？

当事人：我是帮亲友咨询的，我的亲属×××可能涉嫌×××罪名，现在被羁押在××看守所，我们很着急，也很担心他（她）。

接待人：办案机关有无向你们送达有关程序性法律文书，比如刑事拘留通知书或者逮捕通知书？

当事人：（出具相关文书）

接待人：（根据相关文书，了解犯罪嫌疑/被告人×××涉嫌罪名、羁押场所、办案机关、所采取的刑事强制措施及其期限）

请您不要着急，先简单介绍一下您了解的情况。

当事人：（简述案件情况）

【笔录要点】

1. 当事人在简述基本情况时，接待人和记录人应该注重聆听，把握住重点问题，并善于引导、充分了解提出的问题及与案情有关的、涉及定罪量刑的证据、事实。

2. 在听取介绍时将案件的主要节点和事实进行记录，厘清关键点，为下一步有针对性的提问打下基础。

接待人：听完您的讲述后，我对基本案情有了简单的了解。不过有几个重要的问题需要向您核实一下。（提问）

当事人：（回答）

【笔录要点】

需要从实体、程序、事实、证据等层面核实相关问题。程序方面可以针对犯罪嫌疑人所处的诉讼阶段进行提问，实体层面主要针对与定罪和量刑有关的法律事实进行提问，此处的提问重点应集中在法律事实的确定上。

接待人：现在根据您的陈述以及您对我所提问题的回答，我对这个案件的分析如下：

【笔录要点】
主要从有罪无罪、罪轻罪重、量刑轻重以及诉讼程序等方面进行解答

1. 犯罪嫌疑人/被告人×××实体上无罪，依法不构成涉嫌的罪名及理由；或者犯罪嫌疑人/被告人×××程序（证据）上无罪，涉嫌罪名因证据不足而指控不能成立及其理由。

2. 犯罪嫌疑人/被告人×××构成××罪名（重罪）是有争议的，因为我国《刑法》及相关司法解释规定，××罪名（重罪）的构成要件如下：……基于此，我认为涉嫌构成××罪名（轻罪）。

3. 犯罪嫌疑人/被告人×××涉嫌的罪名可能成立，但根据其在案件中的地位和作用，可以认定×××（是/否）构成从犯、胁从犯，（有/无）自首、立功、坦白等情节，（是/否）存在犯罪预备、未遂、中止等犯罪停止形态，可以从轻、减轻甚至免除处罚。

以上是我根据您的陈述，结合案件的证据、事实以及刑事法律规定，作出的初步解答，当然，在没有看到相关证据之前，我们的咨询仅局限在您陈述的案件事实范围内，请问您听明白了吗？

当事人：听明白了。您的解答很细致、认真，非常具有专业水准。

接待人：您是否还有其他问题？

当事人：我还想问一下我的亲属×××在被判决前会被关多长时间？我可以见他（她）吗？

接待人：按照我国《刑事诉讼法》的规定，一般情形下刑事案件大致要经过3个阶段：侦查阶段、审查起诉阶段和审判阶段。其中，在侦查阶段，刑事拘留最长时间是37天，在此期间，侦查机关会呈请检察机关批准逮捕。如果您亲属被逮捕，那么您亲属在逮捕后的羁押期限一般是2个月。如果没有延长羁押期限，2个月后会侦查终结，侦查机关会将案件材料移送检察机关审查起诉。检察机关的审查起诉期限一般是45天，如果认为证据不足，可能会退回公安机关补充侦查，退回补充侦查以两次为限，每次补充侦查的时间为1个月。检察机关审查证据材料后，认为涉嫌犯罪证据充分，会将案件移送法院起诉。一审法院的审理期限一般为自立案之日起3个月。在生效的刑事判决作出之前，您作为亲属无权探视，但是辩护律师可以会见。

当事人：经过您的耐心解答，我对办案阶段有了大体的了解。如果我申请法律援助或者聘请社会律师为我亲属辩护的话，律师能帮我们做什么事情？

接待人：在上述刑事案件的三个不同阶段，辩护律师可以从事不同的辩护工作，包括但不限于律师会见、申请变更强制措施、调查取证、出庭辩护等。具体来说，律师的辩护工作包括以下内容：

在侦查阶段，辩护律师接受委托后的首要工作是会见当事人，了解案情，并告

知涉嫌犯罪的法律规定、司法解释以及办案程序和期限，并询问是否有刑讯逼供等非法取证的情形。同时，辩护人将及时联系办案机关，了解犯罪嫌疑人涉嫌的罪名、案件有关情况以及采取强制措施的情况。必要时向办案机关申请取保候审。另外，辩护律师会紧密跟踪案件进展，争取提出不予批捕的法律意见、申请羁押必要性审查、提出变更强制措施的建议等。

在审查起诉阶段，辩护律师可以在阅卷之后依据案件事实、证据和相关法律向审查起诉的检察机关提出无罪、罪轻、轻罪的辩护意见，如果认罪认罚的，可以与检察机关进行量刑协商，并在律师在场见证的情况下由犯罪嫌疑人/被告人签署认罪认罚具结书。

在审判阶段，辩护律师会作为辩护人出席庭审履行职责，根据案件事实、证据和相关法律，进行无罪、罪轻或轻罪辩护。

当事人：谢谢您耐心的解答，现在我明白律师在不同阶段具体做的工作。我还想问个问题，听说律师和"公检法"的关系都很不错，能否通过关系帮我们把人弄出来？

接待人：您所说的"把人弄出来"指把人从看守所释放出来吗？从法律规定和律师行使辩护权的层面，律师可以通过工作争取撤销案件、不予逮捕、取保候审、不起诉、无罪释放、判处缓刑等方式实现，这跟案件所处的诉讼阶段、案件事实和证据有关，需要律师依据事实和法律提供专业化法律服务，依靠辩护经验、案件事实等专业技能维护当事人的合法权益，不能通过"走关系"违法办案方式"把人弄出来"。律师是法律服务的提供者，不是法律秩序的破坏者，专业技能才是辩护的根本。另外，任何动用社会资源和社会关系，通过权钱交易等不法方式把人弄出来的行为，都是违反我国《刑事诉讼法》《律师法》的有关规定的，作为律师，不能通过实施以上违法违规的行为来满足你们的需求。

当事人：好的，我明白了。最后请问，如果我请律师，我的亲属×××能被认定为无罪吗？

接待人：根据我国《刑事诉讼法》的规定，任何人未经人民法院判决之前都是无罪的，您亲属是否有罪，最终应当由人民法院审理后才能确定。一个刑事案件最终的处理结果取决于很多因素的综合作用，需要立足于案件的事实和相关的法律，也需要当事人和律师的共同努力。在案件办理过程中也可能会遇到诸多不确定因素，进而导致案件出现证据等方面的变化，律师只能让办案的过程、提供的法律服务尽量完善乃至完美，从而达到良好的辩护效果，实现当事人合法权益最大化。按照《律师法》和《律师执业行为规范》的要求，律师不得向委托人承诺办案结果。

当事人：感谢您的热心解答，我对本次咨询服务非常满意。再见！

当事人签字：_____

××年××月××日

三、咨询分析报告

咨询分析报告是在根据当事人提供的案件材料,并通过来访、电话或邮寄等方式了解案情的基础上,法律诊所学生根据事实和法律对咨询的案件所作出的书面解答。

咨询分析报告由刑法诊所学生起草,以刑法诊所的名义出具,意见的具体内容针对咨询者提出的咨询事项进行分析并提出结论性意见,该意见以当事人提供的案件材料和对事实的陈述为基础,以咨询者咨询的内容为回答方向,就事论事,由当事人对提供材料的真实性和陈述的案件事实负责,刑法诊所学生不负责调查取证,咨询意见不具有法律约束力。一般来说,咨询分析报告主要针对案件的法律适用提出意见,在某些情况下,具体的处理方案还可以包括推荐法律援助机构或愿意提供法律援助的律师。

咨询分析报告的写法如下[1]:

1. 首部。

(1) 标题:标题可以用"××大学刑法诊所法律意见书"的形式,或者直接在标题里写明咨询事项,如"关于李××涉嫌非法经营罪的法律意见书"。

(2) 编号:由法律诊所学生根据其所在法律诊所的管理制度和方法编制填写。应写明年度、法律诊所简称、文书简称、序号。如"(2020)刑诊意字第15号"。

(3) 主送对象:即咨询者,根据具体咨询对象的名称书写,如果咨询者是个人,则写明咨询者的名字,如果是单位,则写明咨询者的单位名称,如果咨询者不是案件的被告人或犯罪嫌疑人,主送对象要写来诊所咨询的人,而不是案件的直接当事人,同时,要写清该咨询人与案件当事人的关系,具体事项要在后面的正文部分有所交代。

(4) 咨询分析报告依据的材料:即咨询者提供的案件有关的材料,这是法律诊所出具咨询分析报告的依据,在咨询分析报告中要逐一列出咨询者提供的案件材料。因为材料的多寡会影响咨询分析报告的结论。

2. 正文。正文部分是咨询分析报告的核心部分,具体应包括以下五项内容:

(1) 本案当事人。这里的当事人,是指刑事案件中的犯罪嫌疑人、被告人、被害人、申诉人,可能和咨询人一致,也可能不一致,如案件的被告人家属来诊所咨询家人涉嫌犯罪的情况,此时,在首部的咨询人为被告人家属,当事人为真正涉案的被告人,有同案犯的,即便其本人或家属没有来咨询,但为了说明案情,也要在这里一并列明。

(2) 委托人提供的案件材料。

(3) 案件事实。案件事实是作出咨询分析报告的基础,必须认真对待。案件事

---

[1] 部分内容参考许身健主编:《法律诊所》,中国人民大学出版社2014年版,第92~95页。

实的形成要根据咨询者的口头或书面陈述以及他们所提供的案件材料归纳整理，在咨询的过程中，学生们要尽可能多地从咨询者口中获取有用信息，进行归纳整理，并且有条理、有重点，准确、完整、周密地将其表述出来，为进行法律分析做好准备。

（4）法律分析。法律分析是咨询分析报告最主要的部分，学生在确定案件事实的基础上，通过运用所学法律知识对案件进行分析。法律分析的内容包括诉讼程序方面的，如上诉、申诉等程序方面的，也包括实体法层面的分析，如根据案件事实和证据以《刑法》及相关司法解释为依托展开法律分析。法律分析的过程中，还可以通过查询指导案例或其他生效刑事判决，寻找类似案件的处理结果，为法律分析提供帮助。

（5）解决方案。解决方案，包括建议、措施、对策等内容，法律诊所的学生们要在这一部分根据上面的事实和法律分析突破焦点问题，得出结论，并为下一步的行动提出具体的意见和建议。如："根据分析，认为行为构成某罪，原审判决认定事实清楚、证据确实充分，不建议进行申诉"等。还可以写成"根据现有证据材料，被害人可以向检察院建议提起附带民事诉讼"，或者"建议向当地法律援助中心提起法律援助申请"。总之，解决方案要带有结论的性质，也要有具体的行动方向建议。

3. 尾部。尾部应写明以下三部分内容：

（1）声明。声明大多是固定的格式化语言，一是本法律意见仅根据当事人陈述内容和提供的现有资料作出；二是咨询分析报告仅做参考之用；三是咨询分析报告不得作为证据使用。

（2）署名。刑法诊所学生出具的咨询分析报告不具有法律效力，无须加盖公章，仅写明刑法诊所的名称和承办案件的学生姓名即可。

（3）成文日期。刑法诊所学生出具的法律意见书的时间，应为指导教师审定咨询分析报告的时间。

【咨询分析报告示例】

关于李××非法经营案申诉的法律意见书

（××××）刑诊意字第××号

××大学刑事法律诊所接受李××非法经营案中李××的委托，就已经生效的××号刑事判决书认定其行为构成非法经营罪申诉事宜提出咨询意见，××大学刑事法律诊所接受委托后，全面听取了李××对案件事实的陈述、审查了李××提供的×份证据材料，现依据事实和法律提出如下意见供参考。

一、本案当事人

被告人李××

二、委托人提供的案件材料
1. ××人民检察院××号起诉书
2. ××人民法院作出的××号一审刑事判决书
3. ××人民法院作出的××号二审刑事判决书
4. 李××与××大学刑事法律诊所谈话笔录
5. ××证据材料清单
……

三、案件基本事实

四、法律分析

五、解决方案

根据上述分析，本刑法诊所认为，李××非法经营一案在事实认定和法律适用方面均存在一定问题，根据李××提供的现有资料分析，李××的行为不构成非法经营罪。因此，建议李××进一步咨询专业律师，并开展申诉工作。

六、声明

本法律意见书基于委托人××对案件事实的陈述以及意见书列明的案件资料复印件基础上作出，刑法诊所对上述材料的真实性和客观性不承担任何责任。

本法律意见书仅供委托人参考。

××大学刑事法律诊所
××××年××月××日

四、与当事人沟通的方式方法

所谓"沟通"，是人与人之间、人与群体之间思想与感情的传递和反馈过程，沟通的方式不仅包含口头语言和书面语言，也包括肢体语言等，沟通的基本结构包括信息、反馈、通道三个方面，缺少任何一方都不能完成沟通。法律诊所的学生在进行法律咨询时主要的沟通方式是语言沟通，在进行沟通时，应以自信的态度积极地询问、倾听，适时地提示对方进行发问，及时找出问题的关键并给出明确的咨询意见是在沟通时，不仅要关注法律总是，还要体谅当事人所处的境地，彼此尊重，以达到更好的咨询效果。

进行法律咨询，通常来讲，是根据"一听二问三回答"的步骤进行。

（一）善于倾听——准确判断当事人面临的问题

一个好的律师要具备"听说读写"四项技能，其中"听"是四项技能之首，所谓"听"，就是在与当事人谈话的过程中，认真仔细聆听当事人对案情的陈述，从听的过程中找出案件的蛛丝马迹，发现案件事实。在最初接待当事人时，要给予他们充分的说话机会，使他们可以全面、完整地陈述案件事实，这一方面是基于法律援助的学生全面了解案情的需要，另一方面也是对当事人的尊重。我们可以把法律咨询抽象为一个"判断问题→收集信息→提出解决方案→实施解决方案"的复杂过程。尤其是对涉及复杂事实和当事人的刑事案件提供咨询时,可能上述过程需要循环往复才能通向成功。

提供法律咨询时,挖掘当事人前来咨询的原因是我们首先要进行的工作。要想了解当事人面临的是什么问题,倾听是提供咨询的前提和基础,学会倾听更是一个律师最基本的素质和涵养。有这样一些咨询者,常年进行案件申诉无果,到刑法诊所进行咨询,学生们认真倾诉来访者的委屈、不幸和痛苦,即使诊所学生最终没有给出令当事人满意的解决问题的回答,仅仅是去倾听,当事人就已经对同学们由衷感激了。为什么?因为大多数咨询者尤其是问题长期不能解决的咨询者,他们需要有人倾听他们的意见以得到情绪的释放。因此,初次接待与提供咨询,首先要做的就是充分听取咨询者的陈述,了解当事人所面临的问题,从当事人的陈述中寻找重要线索,力求提出有建设性的解决方案。具体而言,学生们接待当事人、提供法律咨询时,应当注意倾听以下情况:

1. 这是否属于刑事法律问题?是一个什么样的刑事问题?
2. 当事人与犯罪嫌疑人、被告人或被害人的关系。
3. 犯罪嫌疑人、被告人或被害人的基本情况、涉案罪名、涉案情况。
4. 犯罪嫌疑人或被告人目前所处的诉讼阶段,是否被羁押。
5. 当事人已经为案件做过哪些工作,是否已经向专业律师进行过咨询或者委托辩护人、诉讼代理人。
6. 其他需要了解的情况。

需要注意的是,在首次咨询时,当事人经常会问及一些非法律性质的问题,例如"如何保证胜诉""怎样疏通关系""如何通过互联网、传媒等扩大事件影响"等。在这种情况下,学生们不能敷衍推托,而应当坚持执业操守,从事实和法律层面上为当事人进行客观准确的分析,对家属试图"送礼""闹事"等行为进行提醒,明确告知其行为的违法性和可能带来的法律风险。

(二)适当提问——全面收集有价值的信息

在完成法律咨询的首个阶段——认真倾听并准确判断当事人所面临的问题后,在着手考虑针对该问题的方案之前,还需要经过一个阶段,即收集解决问题所需要的信息和证据,如果当事人随身携带了相关证据和文书,应认真查看。收集案件信息可以通过询问当事人、与当事人进行深入对话和探讨的方式进行。

由于受到案件复杂程度的困扰和专业知识的匮乏,当事人陈述案件事实通常是没有条理的,甚至不能自主完整地把案件事实呈现出来,或者在讲述的时候抓不住重点,未能涉及该刑事法律问题的核心细节、要素,或者错误地使用法律术语、错误地选择所要适用的法律依据,甚至错误地表述其咨询目的。当事人的首次陈述,是一种呈现案件"原生态"的状态,因此我们要进行针对性地发问,以收集解决问题所需要的信息和证据。

全面收集有价值的信息，需要在当事人"原生态"陈述案情的基础上，进行有选择地听和有选择地问。真正的刑辩律师也只有在把握问题的来龙去脉以后，才会有条理地解答。所以在咨询时应以"我"为主，通过提出假定问题、开放式问题、试探性问题等方式全面收集案件情况。例如在当事人咨询交通肇事罪的刑法问题时，可以提问："能告诉我车祸的具体情况吗？""能给我看一下公安机关出具的事故责任认定书吗？""车祸发生后你做了什么？"引导当事人进一步介绍案件情况，并使他明白哪些是具有法律意义的、必须重点介绍的问题。在深入对话和探讨的过程中，学生们还可以用适时插话、提示等方式引导当事人叙明自己所提的问题，直到认为完全了解案件事实为止。在仔细聆听当事人陈述的过程中，学生要做好记录，对当事人没有全面陈述但对于判断案情有关键意义的相关要点问题列一个发问清单，在当事人陈述完毕后进行发问，为下一步对案情的判断和提供咨询意见做准备。

（三）全面解答——给当事人一个合理的解决方案

在完成了信息收集、全面了解情况后，学生可以尝试结束询问阶段，进而对当事人的问题进行简要归纳。这种归纳可以是简要地核实所听取的案情，同时试着归纳案件中的争议问题。学生可以先把咨询者刚才叙述的案情重复一遍，并且每说完一个环节时，要询问对方"是不是这样""我的理解是否正确"。这样可以保证所听所问的案情是准确的，为后续提供咨询打下良好的基础。

当简要归纳环节进行完毕并得到对方的认可后，相信大部分情况下，学生们已经有了清晰的认识并形成了初步的方案，此时要做的就是运用专业知识给咨询者进行解答。解答的内容要全面、具体，解答的意见应既包括程序方面的，也包括实体方面的。在解答的过程中要根据在总结案情时归纳出的争议重点条分缕析、言简意赅地解答，尽量站在普通民众的角度，用对方能够理解的语言，立足于现行刑事法律和司法解释等进行解答。在案件事实和法律适用方面存在多种可能性的，可以分别提出解决方案，并和对方就每个解决方案进行对比判断，研究每一种方案可能产生的法律后果。

如果案情比较简单，可以即时进行解答；如果案情复杂，咨询的学生难以即时对案件作出全面分析，可以在征得当事人同意的基础上，留取案件相关证据的复印件，待与其他同学和老师沟通讨论后，与当事人另约时间再作出解答。如果经过倾听和询问后，学生认为对方所咨询的问题属于自己不熟悉的领域，或者超越了自己的能力范围，切忌敷衍，也不要盲目拒绝。法律工作者并不是万能的，遇到这种情况也很常见，我们完全可以坦诚地告诉当事人："对不起，这个问题我还不能马上回答你，能不能等我查阅相关资料、请教老师或专业人士以后再来解答。"很多学生可能会有所顾虑，这样做会不会让当事人怀疑自己的能力，实际上，真正明事理的当事人绝不会因为你的坦诚而看低你的专业素养，相反，会感动于你的认真负责，对你更加信任。

（四）接待当事人的其他细节问题

1. 着装和形象。在当事人心目中，对向其提供法律咨询的学生的期待与对律师的期待是基本相同的，作为一名法律工作者，我们需要对自己的衣着形象进行必要的修饰——当事人带着问题和希望来到你面前时，他可不愿意看到一个衣冠不整、态度随意、举止浮躁的人。所以，在接待当事人时尽量穿着正装，即使不能做到一定穿正装，也要做到仪表整洁，举止得体。

2. 为当事人提供轻松和谐的咨询环境。当事人来到咨询室时，要尽量保证接待室的安静整洁、相对独立无打扰，让当事人谈起案情来身心愉悦并且没有思想顾虑；当事人落座后，为他倒一杯水并送到他的手中进行一些礼貌性的问候等，这些都会让当事人有一种亲切和安心的感觉。在切入正题之前，可以根据对方的意愿进行适时的闲聊，让对话者比较轻松和无防备地进入交谈状态，过少的交谈和交流，会给对方一种冷淡、呆板、缺乏人情味的不良印象；但过多的闲聊又会浪费时间，降低对方的信任感。因此交谈的时间应根据当事人的状态进行调整。如果对方比较压抑和紧张，可以多聊几句以缓解他的不安；如果对方表现平静或者迫切询问，那么可以直接进入正题。

3. 对当事人适时的关切。来到刑法诊所咨询的当事人往往是已经在其他机关碰过"钉子"，案件长时间无法解决，来到刑法诊所咨询可能是他们能想到的最后一个地方。此时，刑法诊所的学生在为其提供法律帮助的同时，可以适时地表达出对他们遭遇的同情和理解。对于办案机关对案件的法律适用没有问题，但当事人仅仅是因"咽不下这口气"等心态进行申诉时，学生们在解释清楚法律问题时，还可以适当地对当事人进行心理疏导。

（五）遵守保密义务

保密义务是作为法律工作者应当履行的义务，遵守保密义务也是在刑法诊所开课第一天就应该向学生强调意识。在法律诊所学习过程中，学生有机会接触到真实的案件材料，应该树立保密意识。法律诊所的学生虽然不是以律师的身份执业，但其从事的法律援助工作类似于律师工作，因此，应遵守《律师法》和《律师执业行为规范》等相关法律法规的规定。学生的保密义务是建立信任关系的基础，贯穿于办案始终，保密的观念应深植于法律诊所学生头脑中，在法律咨询时也应该时时注意遵守保密义务。

第二节　刑法诊所常见咨询问题

一、诉讼程序和当事人权利方面的咨询

诉讼程序方面的咨询，首先要向前来咨询的人问清楚犯罪嫌疑人、被告人所处的诉讼阶段，根据诉讼阶段的不同，给出诉讼程序方面的咨询意见。对于程序方面的咨询，主要应集中在不同诉讼阶段犯罪嫌疑人、被告人的权利义务解释、诉讼程序和诉讼期间的法律规定等方面。以下内容为当事人进行咨询时经常涉及的法律问题，应做好知识储备。

（一）法定期间的规定[1]

法定期间，是指法律明确规定的诉讼时间期限。

期间以时、日、月计算。期间开始的时和日不算在期间以内。法定期间不包括路途上的时间。上诉状或者其他文件在期满前已经交邮的，不算过期。期间的最后一日为节假日的，以节假日后的第一日为期满日期，但犯罪嫌疑人、被告人或者罪犯在押期间，应当至期满之日为止，不得因节假日而延长。

刑法诊所法律咨询中常见法定期间规定如下：

1. 强制措施期间。对犯罪嫌疑人、被告人拘传持续的时间最长不得超过24小时。对犯罪嫌疑人、被告人取保候审最长不得超过12个月；监视居住最长不得超过6个月。拘留或逮捕犯罪嫌疑人、被告人后，除有碍侦查或者无法通知的情形以外，拘留或者逮捕机关应当在24小时以内把拘留或逮捕的原因和羁押处所通知到被拘留人或被逮捕人的家属或所在单位；应当在24小时内对被拘留人或被逮捕人进行讯问。公安机关对被拘留人认为需要逮捕的，应当在拘留后的3日内提请人民检察院审查批准，特殊情况下可以将提请审查批准的时间延长1~4日；对于流窜作案、结伙作案、多次作案的重大嫌疑人员，提请审查批准逮捕的时间可以延长至30日。人民检察院在接到公安机关提请批准逮捕书后，应当在7日内作出批准或不批准逮捕的决定。人民检察院自行侦查的案件中，对被拘留人需要逮捕的，应当在拘留14日内作出决定，特殊情况下，决定逮捕的时间可以延长1~3日。人民检察院对监察机关移送审查起诉的案件，犯罪嫌疑人被留置的，应当先行拘留，拘留后10日作出是否逮捕、取保候审或监视居住的决定，特殊情况下作出决定的期限可以延长1~4日。

2. 与聘请律师、委托辩护人、诉讼代理人有关的期间。犯罪嫌疑人在被侦查机关第一次讯问或者采取强制措施之日起，有权委托辩护人；在侦查期间，只能委托律师作为辩护人。被告人有权随时委托辩护人。公诉案件被害人及其法定代理人或近亲属、附带民事诉讼当事人及其法定代理人自案件移送审查起诉之日起有权委托诉讼代理人；侦查机关在第一次讯问犯罪嫌疑人或者对犯罪嫌疑人采取强制措施的时候，应当告知犯罪嫌疑人有权委托辩护人；人民检察院自收到移送审查起诉的材料之日起3日以内，应当告知犯罪嫌疑人有权委托辩护人；应当告知被害人及其法定代理人或近亲属有权委托诉讼代理人。自诉案件的被告人有权随时委托辩护人；自诉人及其法定代理人、附带民事诉讼的当事人及其法定代理人有权随时委托诉讼代理人。人民法院自受理自诉案件之日起3日以内，应当告知被告人有权委托辩护人；应当告知自诉人及其法定代理人、附带民事诉讼的当事人及其法定代理人有权

---

[1] 易延友：《刑事诉讼法：规则、原理、应用》，法律出版社2019年版，第266~270页。

委托诉讼代理人。

3. 侦查羁押的期间。对犯罪嫌疑人逮捕后的侦查羁押期限不得超过 2 个月。案情复杂、期限届满不能终结的案件,可以经上一级人民检察院批准延长 1 个月。对交通十分不便的边远地区的重大复杂案件、重大的犯罪集团案件、流窜作案的重大复杂案件,由于犯罪涉及面广且取证困难的重大复杂案件,在上述期限内不能侦查终结的,经省、自治区、直辖市人民检察院批准或者决定,可以再延长 2 个月。对犯罪嫌疑人可能被判处 10 年有期徒刑以上刑罚,按照前述规定延长 2 个月期限届满仍不能侦查终结的,经省、自治区、直辖市人民检察院批准或者决定,可以再延长 2 个月。因为特殊原因,在较长时间内不宜交付审判的特别重大复杂的案件,由最高人民检察院报请全国人民代表大会常务委员会批准延期审理。

4. 审查起诉期间。人民检察院对公安机关、监察机关移送审查起诉的案件,应当在 1 个月以内作出决定;重大复杂的案件,可以延长 15 日。根据 2019 年《人民检察院刑事诉讼规则》第 346 条和第 348 条规定,退回监察机关补充调查、退回公安机关补充侦查的案件,均应当在 1 个月以内补充调查、补充侦查完毕。补充调查、补充侦查以 2 次为限;人民检察院在审查起诉中决定自行侦查的,应当在审查起诉期限内侦查完毕。

5. 对不起诉决定的申诉期间。被害人如果不服人民检察院作出的不起诉决定,可以在收到决定书后 7 日以内向上一级人民检察院提出申诉。被不起诉人如果对于人民检察院因"犯罪情节轻微,依照刑法规定不需要判处刑罚或者免除刑罚"而作出的不起诉决定不服,可以自收到决定书后 7 日以内向人民检察院申诉。

6. 一审程序期间。人民法院应当在开庭 10 日以前将人民检察院的起诉书副本送达被告人;应当在开庭 3 日以前将开庭时间、地点通知人民检察院;将传票、通知书最迟在开庭 3 日以前送达当事人、辩护人、诉讼代理人、证人、鉴定人和翻译人员。公开审判的案件,在开庭 3 日以前先期公布案由、被告人姓名、开庭时间和地点。在法庭审判过程中,检察人员发现提起公诉的案件需要补充侦查,提出建议经法庭同意延期审理的,人民检察院应当在 1 个月以内补充侦查完毕。人民法院当庭宣告判决的,应当在 5 日以内将判决书送达当事人和提起公诉的人民检察院;定期宣告判决的,应当在宣告后立即将判决书送达当事人和提起公诉的人民检察院。人民法院审理公诉案件,应当在受理后 2 个月以内宣判,最迟不得超过 3 个月。对可能判处死刑的案件或者附带民事诉讼案件以及有《刑事诉讼法》第 158 条规定情形之一的案件,经上一级人民法院批准,可以延长 3 个月。因特殊情况还需要延长的,报请最高人民法院批准。

适用普通程序审理的被告人被羁押的自诉案件,适用与公诉案件相同的审判期限。适用普通程序审理的被告人未被羁押的自诉案件,应当在受理后 6 个月内宣判。

适用简易程序审理的案件,应当在受理后 20 日内审结;对可能判处的有期徒刑超过 3 年的,可以延长至一个半月。适用速裁程序审理的案件,人民法院应当在受理后 10 日以内审结；对可能判处有期徒刑超过 1 年的，审结的期限可以延长至 15 日。

7. 上诉抗诉期间。不服第一审判决的上诉和抗诉的期限为 10 日；不服第一审裁定的上诉和抗诉的期限为 5 日。被害人及其法定代理人不服地方各级人民法院第一审判决的，自收到判决书后 5 日以内，有权请求人民检察院提出抗诉。人民检察院自收到被害人及其法定代理人的请求后 5 日以内，应当作出是否抗诉的决定，并且答复请求人。

8. 二审程序期间。上诉人通过原审人民法院提出上诉的，原审人民法院在 3 日以内将上诉状连同案卷、证据移送上一级人民法院，同时将上诉状副本送交同级人民检察院和对方当事人。上诉人直接向第二审人民法院提出上诉的，第二审人民法院应在 3 日以内将上诉状交原审人民法院送交同级人民检察院和对方当事人。第二审人民法院对于人民检察院依照上诉程序提出抗诉的案件或者开庭审理的公诉案件，应当在决定开庭审理后及时通知人民检察院查阅案卷。第二审人民法院受理上诉、抗诉案件，应当在 2 个月以内审结。对可能判处死刑的案件或者附带民事诉讼案件以及有《刑事诉讼法》第 158 条规定情形之一的案件，经省、自治区、直辖市高级人民法院批准或决定，可以延长 2 个月；因特殊情况还需要延长的，报请最高人民法院批准。最高人民法院受理上诉、抗诉案件的审理期限，由最高人民法院决定。

9. 再审程序期间。人民法院按照审判监督程序重新审判的案件，应当在作出提审、再审决定之日起 3 个月以内审结，需要延长期限的，不得超过 6 个月。接受抗诉的人民法院按照审判监督程序审判抗诉的案件，审理期限适用上述规定；对需要指令下级人民法院再审的，应当自接受抗诉之日起 1 个月内作出决定，下级人民法院审理案件的期限适用上述规定。

10. 死刑执行期间。下级人民法院接到最高人民法院执行死刑的命令后，应当在 7 日以内交付执行。

11. 变更执行的监督期间。人民检察院认为暂予监外执行不当的，应当自接到通知之日起 1 个月以内将书面意见送交决定或者批捕暂予监外执行的机关；决定或者批准暂予监外执行的机关接到人民检察院的书面意见后，应当立即对该决定进行重新核查。人民检察院认为人民法院减刑、假释的裁定不当，应当自收到裁定书副本后 20 日以内，向人民法院提出书面纠正意见。人民法院应当在收到纠正意见后 1 个月以内重新组成合议庭进行审理，作出最终裁定。

12. 申请恢复期间的期间。当事人由于不能抗拒的原因或者有其他正当理由而耽误期限的，在障碍消除后 5 日以内，可以申请继续进行应当在期满以前完成的诉讼活动。

13. 特殊情况的期间的计算。针对诉讼过程中可能出现的一些特殊情况，《刑事诉讼法》规定了特殊情况下诉讼期间的计算：①在侦查期间，发现犯罪嫌疑人另有重要罪行的，自发现之日起依照《刑事诉讼法》第 156 条的规定重新计算侦查羁押期限。犯罪嫌疑人不讲真实姓名、住址，身份不明的，侦查羁押期限自查清身份之日起计算，但是不得停止对其犯罪行为的侦查取证。②对于补充侦查的案件，补充侦查完毕移送人民检察院后，人民检察院重新计算审查起诉期限。③人民检察院审查起诉的案件，改变管辖的，从改变后的人民检察院收到案件之日起计算审查起诉期限。④人民法院改变管辖的案件，从改变后的人民法院收到案件之日起计算审理期限。⑤人民法院审判案件过程中，人民检察院补充侦查的案件，补充侦查完毕移送人民法院后，人民法院重新计算审理期限。⑥适用简易程序转为普通程序审理的案件，审理期限应当从决定转为普通程序之日起计算。

（二）取保候审

取保候审，是公安机关、人民检察院和人民法院对未被羁押的犯罪嫌疑人、被告人，为防止其逃避侦查、起诉和审判，责令其提出保证人或者交纳保证金，保证在一定期限内随传随到的强制措施。

1. 取保候审的适用对象。取保候审的适用对象为符合以下条件的犯罪嫌疑人、被告人：①可能判处管制、拘役或者独立适用附加刑的；②可能判处有期徒刑以上刑罚，采取取保候审不致发生社会危险性的；③患有严重疾病、生活不能自理，怀孕或者正在哺乳自己婴儿的妇女，采取取保候审不致发生社会危险性的；④羁押期限届满，案件尚未办结，需要采取取保候审的。

2. 取保候审的申请与决定。

（1）取保候审的申请。被羁押或者监视居住的犯罪嫌疑人、被告人及其法定代理人、近亲属或者辩护人可以向公安机关、人民检察院或人民法院申请取保候审。

（2）取保候审的决定。公安机关、人民检察院和人民法院可以依职权主动采取取保候审，也可以根据犯罪嫌疑人及其委托的人的申请采取取保候审。对被告人采取、撤销或者变更强制措施的，由院长决定；决定继续取保候审的，可以由合议庭或者独任审判员决定。前述机关决定对犯罪嫌疑人取保候审的，应当制作取保候审决定书，载明取保候审开始的时间、保证方式、被取保候审人应当履行的义务和应当遵守的规定。取保候审最长期限为12个月。

3. 取保候审的保证。

（1）保证人保证：是公安机关、人民检察院或者人民法院责令犯罪嫌疑人、被告人提出保证人并由保证人出具保证书，保证被保证人在取保候审期间不逃避或妨碍侦查、起诉和审判，并随传随到的一种保证方式。保证人应符合以下条件：①与本案无牵连；②有能力履行保证义务；③享有政治权利，人身自由未受到限制；④有固定的住处和收入。

（2）保证金保证：是公安机关、人民检察院或者人民法院责令犯罪嫌疑人、被告人交纳保证金并出具保证书，保证被保证人在取保候审期间不逃避或妨碍侦查、起诉和审判，并随传随到的一种保证方式。

采取保证金保证方式的，人民检察院可以根据犯罪嫌疑人的社会危险性，案件的性质、情节，可能判处刑罚的轻重，犯罪嫌疑人的经济状况等，责令犯罪嫌疑人交纳 1000 元以上的保证金。对于未成年犯罪嫌疑人，可以责令交纳 500 元以上的保证金。

4. 被取保候审人的义务。被取保候审的犯罪嫌疑人、被告人在取保候审期间应遵守的义务如下：①未经执行机关批准不得离开所居住的市、县；②住址、工作单位和联系方式发生变动的，在 24 小时内向执行机关报告；③在传讯的时候及时到案；④不得以任何形式干扰证人作证；⑤不得毁灭、伪造证据或者串供。

人民检察院作出取保候审决定时，还可以根据犯罪嫌疑人涉嫌犯罪的性质、危害后果、社会影响，犯罪嫌疑人、被害人的具体情况等，有针对性地责令其遵守以下一项或者多项规定：①不得进入特定的场所；②不得与特定的人员会见或者通信；③不得从事特定的活动；④将护照等出入境证件、驾驶证件交执行机关保存。

（三）监视居住

监视居住，是指公安机关、人民检察院和人民法院责令未被逮捕的犯罪嫌疑人、被告人在诉讼过程中，未经批准不得离开住处或制定的居所，并对其行动加以监视的一种方法。[1]

1. 监视居住的适用对象。

（1）人民检察院对于符合逮捕条件，具有下列情形之一的犯罪嫌疑人、被告人，可以监视居住：①患有严重疾病、生活不能自理的；②怀孕或者正在哺乳自己婴儿的妇女；③系生活不能自理的人的唯一扶养人；④因为案件的特殊情况或者办理案件的需要，采取监视居住措施更为适宜的；⑤羁押期限届满，案件尚未办结，需要采取监视居住措施的。

（2）符合取保候审条件，但犯罪嫌疑人、被告人不能提出保证人，也不交纳保证金的人。

2. 监视居住的决定与执行。

（1）有权作出监视居住的决定的机关。公安机关、人民检察院和人民法院有权作出监视居住决定。在指定的居所执行监视居住，除无法通知的以外，执行机关应当在执行监视居住后 24 小时以内，将指定居所监视居住的原因通知被监视居住人的家属。

（2）监视居住的执行机关为公安机关。

（3）监视居住的执行场所。监视居住应当在犯罪嫌疑人、被告人的住处执行；无固定住处的，可以在指定的居所执行。对于涉嫌危害国家安全犯罪、恐怖活动犯罪，在住处执行可能有碍侦查的，经上一级公安机关批准，可以在指定的居所执行，但不得在羁押场所、专门的办案场所执行。

指定居所监视居住的，不得要求被监视居住人支付费用。

---

[1] 易延友：《刑事诉讼法：规则、原理、应用》，法律出版社 2019 年版，第 347 页。

3. 被监视居住人应遵守的义务。被监视居住的犯罪嫌疑人、被告人应当遵守以下规定：①未经执行机关批准不得离开执行监视居住的处所；②未经执行机关批准不得会见他人或者通信；③在传讯的时候及时到案；④不得以任何形式干扰证人作证；⑤不得毁灭、伪造证据或者串供；⑥将护照等出入境证件、身份证件、驾驶证件交执行机关保存。

被监视居住的犯罪嫌疑人、被告人违反前述规定，情节严重的，可以予以逮捕；需要予以逮捕的，可以对犯罪嫌疑人、被告人先行拘留。

执行机关对被监视居住的犯罪嫌疑人、被告人，可以采取电子监控、不定期检查等监视方法对其遵守监视居住规定的情况进行监督；在侦查期间，可以对被监视居住的犯罪嫌疑人的通信进行监控。

4. 监视居住的期限与刑期折抵。

（1）监视居住的期限。监视居住的最长期限不得超过 6 个月。监视居住的期限应当自执行监视居住决定之日起计算，并告知犯罪嫌疑人。公安机关决定对犯罪嫌疑人监视居住，案件移送人民检察院审查起诉后，对于需要继续监视居住的，人民检察院应当依法重新作出监视居住决定，并对犯罪嫌疑人办理监视居住手续。监视居住的期限应当重新计算并告知犯罪嫌疑人。

（2）刑期折抵。指定居所监视居住的期限应当折抵刑期，其中被判处管制的，监视居住 1 日折抵刑期 1 日。被判处拘役、有期徒刑的，监视居住 2 日折抵刑期 1 日。

（四）犯罪嫌疑人、被告人的诉讼权利

犯罪嫌疑人、被告人的诉讼权利在《刑事诉讼法》中有全面规定，在咨询的过程中，以下相关问题会被经常提及。

1. 自行辩护或者委托辩护人辩护的权利。《刑事诉讼法》第 34 条规定，犯罪嫌疑人自被侦查机关第一次讯问或者采取强制措施之日起，有权委托辩护人；在侦查期间，只能委托律师作为辩护人。对法律援助机构指派律师为被告人提供辩护，被告人的监护人、近亲属又代为委托辩护人的，应当听取被告人的意见，由其确定辩护人人选。选择辩护人的权利属于被告人诉讼权利的范畴。

2. 获取法律援助的权利。犯罪嫌疑人、被告人获取法律援助的权利是刑事诉讼中保护他们权益的重要方面，我国《刑事诉讼法》、《律师法》和《法律援助法》对于犯罪嫌疑人、被告人获取法律援助的权利均作了明确规定。

《法律援助法》第 25 条规定：“刑事案件的犯罪嫌疑人、被告人属于下列人员之一，没有委托辩护人的，人民法院、人民检察院、公安机关应当通知法律援助机构指派律师担任辩护人：（一）未成年人；（二）视力、听力、言语残疾人；（三）不能完全辨认自己行为的成年人；（四）可能被判处无期徒刑、死刑的人；（五）申请法律援助的死刑复核案件被告人；（六）缺席审判案件的被告人；（七）法律法规规定的其他人员。其他适用普通程序审理的刑事案件，被告人没有委托辩护人的，人民法院可以通知法律援助机构指派律师担任辩护人。"

除此之外,《全国刑事法律援助服务规范》规定,有下列情形之一的,应该为其指定法律援助:①有证据证明犯罪嫌疑人、被告人属于一级或者二级智力残疾的;②共同犯罪案件中,其他犯罪嫌疑人、被告人已委托辩护人的;③人民检察院抗诉的;④案件具有重大社会影响的案件。

3. 获得法律帮助的权利。人民法院、人民检察院、公安机关应当保障值班律师依法提供法律帮助,告知没有辩护人的犯罪嫌疑人、被告人有权约见值班律师,法律援助机构可以在人民法院、人民检察院和看守所等场所派驻值班律师,依法为没有辩护人的犯罪嫌疑人、被告人提供法律援助。

4. 使用本民族语言文字的权利。《刑事诉讼法》规定,各民族公民都有用本民族语言文字进行诉讼的权利。人民法院、人民检察院和公安机关对于不通晓当地通用的语言文字的诉讼参与人,应当为他们翻译。在少数民族聚居或者多民族杂居的地区,应当用当地通用的语言进行审讯,用当地通用的文字发布判决书、布告和其他文件。

5. 申诉控告权。诉讼参与人对于审判人员、检察人员和侦查人员侵犯公民诉讼权利和人身侮辱的行为,有权提出控告。

6. 申请回避的权利。当事人及其法定代理人如果发现审判人员、检察人员、侦查人员有下列情形之一的,可以请求他们回避:①是本案的当事人或者是当事人的近亲属的;②本人或者他的近亲属和本案有利害关系的;③担任过本案的证人、鉴定人、辩护人、诉讼代理人、翻译人员、勘验人员的;④与本案的辩护人、诉讼代理人有夫妻、父母、子女或者兄弟姐妹关系的;⑤与本案当事人有其他利害关系,可能影响公正处理案件的。

审判人员违反规定,具有下列情形之一的,当事人及其法定代理人有权申请其回避:①违反规定会见本案当事人、辩护人、诉讼代理人的;②为本案当事人推荐、介绍辩护人、诉讼代理人,或者为律师、其他人员介绍办理本案的;③索取、接受本案当事人及其委托人的财物或者其他利益,或者要求当事人及其委托人报销费用的;④接受本案当事人及其委托人的宴请,或者参加由其支付费用的活动的;⑤向本案当事人及其委托人借用款物的;⑥有其他不正当行为,可能影响公正审判的。

7. 上诉权。被告人、自诉人和他们的法定代理人,不服地方各级人民法院第一审的判决、裁定,有权用书状或者口头向上一级人民法院上诉。被告人的辩护人和近亲属,经被告人同意,可以提出上诉。

8. 饮食休息权。拘传被告人,持续的时间不得超过 12 小时;案情特别重大、复杂,需要采取逮捕措施的,持续的时间不得超过 24 小时。不得以连续拘传的形式变相拘禁被告人。应当保证被拘传人的饮食和必要的休息时间。

9. 核对笔录权。讯问笔录应当交犯罪嫌疑人核对,对于没有阅读能力的,应当向他宣读。如果记载有遗漏或者差错,犯罪嫌疑人可以提出补充或者改正。犯罪嫌疑人承认笔录没有错误后，应当签名或者盖章。侦查人员也应当在笔录上签名。犯罪嫌疑人请求自行书写供述的，应当准许。必要的时候，侦查人员也可以要求犯罪嫌疑人亲笔书写供词。

10. 获得起诉书副本的权利。人民法院决定开庭审判后，应当确定合议庭的组成人员，将人民检察院的起诉书副本至迟在开庭 10 日以前送达被告人及其辩护人。

11. 反诉权（公诉转自诉案件除外）。自诉案件的被告人在诉讼过程中，可以对自诉人提起反诉。反诉适用自诉的规定。

12. 申请变更、解除强制措施权。被告人及其法定代理人、近亲属或者辩护人申请变更、解除强制措施的，应当说明理由。人民法院收到申请后，应当在 3 日以内作出决定。同意变更、解除强制措施的，应当依照最高人民法院《关于适用〈中华人民共和国刑事诉讼法〉的解释》规定处理；不同意的，应当告知申请人，并说明理由。

13. 参加法庭审理过程中的权利。

（1）对与定罪、量刑有关的事实、证据进行调查、辩论的权利。

（2）申请法院排除非法证据的权利。当事人及其辩护人、诉讼代理人有权申请人民法院对以非法方法收集的证据依法予以排除。申请排除以非法方法收集的证据的，应当提供相关线索或者材料。

（3）申请法庭通知有专门知识的人出庭。公诉人、当事人和辩护人、诉讼代理人可以申请法庭通知有专门知识的人出庭，就鉴定人作出的鉴定意见提出意见。

（4）申请证人出庭、重新鉴定或勘验的权利。法庭审理过程中，当事人和辩护人、诉讼代理人有权申请通知新的证人到庭，调取新的物证，申请重新鉴定或者勘验。

（5）审判长在宣布辩论终结后，被告人有最后陈述的权利。

14. 被害人及自诉人的权利。

（1）请求抗诉权。被害人及其法定代理人不服地方各级人民法院第一审判决的，自收到判决书后 5 日以内，有权请求人民检察院提出抗诉。人民检察院自收到被害人及其法定代理人的请求后 5 日以内，应当作出是否抗诉的决定并且答复请求人。

（2）委托诉讼代理人的权利。公诉案件的被害人及其法定代理人或者近亲属，附带民事诉讼的当事人及其法定代理人，自案件移送审查起诉之日起，有权委托诉讼代理人。自诉案件的自诉人及其法定代理人，附带民事诉讼的当事人及其法定代理人，有权随时委托诉讼代理人。

人民法院自受理自诉案件之日起 3 日内，应当告知自诉人及其法定代理人、附带民事诉讼当事人及其法定代理人，有权委托诉讼代理人，并告知如果经济困难的，可以申请法律援助。

二、刑事实体法方面的咨询

刑事实体法方面的咨询，主要解答犯罪嫌疑人、被告人或申诉人是否构成犯罪、涉嫌罪名和量刑的咨询，应在与当事人进行充分沟通并全面了解案件事实的基础上，结合涉嫌犯罪的刑事实体法规定和案件证据进行解答。

1. 关于案件定性的咨询意见。主要涉及行为人的行为是否构成犯罪或者对涉嫌的罪名定性是否准确的问题。对于涉嫌罪名提供咨询时，需要认真研读证据资料和当事人的陈述，结合《刑法》和相关司法解释的规定谨慎提出咨询意见，尤其是对案件的现有证据进行分析时，要考虑案件证据的完整性和当事人对案件事实陈述局限性的特点，不应在证据不完整的情况下做出确定性判断。

2. 关于量刑的咨询意见。对于量刑的咨询意见应在罪名确定的情况下进行。首先要全面分析案件的证据材料，区分定罪情节和量刑情节，避免重复评价，然后根据案情判断该行为属于法定刑的哪个量刑幅度，如涉案金额、行为给被害人造成的人身损伤程度、犯罪情节、行为给社会和他人造成的损失的大小、行为的次数等；同时，行为人自身的人身危险性和主观恶性以及犯罪后自首、立功等情节也是作出量刑建议的考虑因素。在做量刑意见的咨询时，除了依据《刑法》关于涉嫌罪名的规定和与之相关的司法解释以及人民法院量刑指导意见外，已经判决的类似的司法案例也可以作为参考。量刑意见的咨询一般不建议给出精准的意见，可以在一定量刑幅度内提供参考意见。

以下表格结合最高人民法院、最高人民检察院《关于常见犯罪的量刑指导意见（试行）》、最高人民法院《关于常见犯罪的量刑指导意见（二）（试行）》以及其他相关司法解释中常见量刑情节的适用及量刑建议整理。

（1）常见量刑情节的适用。

表 2-1　常见量刑情节

量刑情节	基准刑调整比例	其他参考因素
已满12周岁不满16周岁（12≤X<16）	减少基准刑的30%~60%	对于未成年人犯罪，综合考虑未成年人对犯罪的认知能力、实施犯罪行为的动机和目的、犯罪时的年龄、是否初犯、偶犯、悔罪表现、个人成长经历和一贯表现等情况，应当予以从宽处罚
已满16周岁不满18周岁（16≤X<18）	减少基准刑的10%~50%	同上
未遂犯	可以比照既遂犯减少基准刑的50%以下	综合考虑犯罪行为的实行程度、造成损害的大小、犯罪未得逞的原因等情况

续表

量刑情节	基准刑调整比例	其他参考因素
从犯	予以从宽处罚，减少基准刑的20%～50%；犯罪较轻的，减少基准刑的50%以上或者依法免除处罚	综合考虑其在共同犯罪中的地位、作用等情况
自首	可以减少基准刑的40%以下；犯罪较轻的，可以减少基准刑的40%以上或者依法免除处罚	综合考虑自首的动机、时间、方式、罪行轻重、如实供述罪行的程度以及悔罪表现等情况，但恶意利用自首规避法律制裁等不足以从宽处罚的除外
坦白	如实供述自己罪行的，可以减少基准刑的20%以下；如实供述司法机关尚未掌握的同种较重罪行的，可以减少基准刑的10%～30%；因如实供述自己罪行，避免特别严重后果发生的，可以减少基准刑的30%～50%。	综合考虑如实供述罪行的阶段、程度、罪行轻重以及悔罪程度等情况，确定从宽的幅度
当庭自愿认罪	可以减少基准刑的10%以下	根据犯罪性质、罪行轻重、认罪程度以及悔罪表现等情况确定，依法认定自首、坦白的除外
立功	一般立功的，可以减少基准刑的20%以下；重大立功的，可以减少基准刑的20%～50%；犯罪较轻的，减少基准刑的50%以上或者依法免除处罚	综合考虑立功的大小、次数、内容、来源、效果以及罪行轻重等情况，确定从宽的幅度
退赃、退赔	可以减少基准刑的30%以下	综合考虑犯罪性质、退赃、退赔行为对损害结果所能弥补的程度、退赃、退赔的数额及主动程度等情况，抢劫等严重危害社会治安犯罪的应从严掌握
积极赔偿被害人经济损失并取得谅解	可以减少基准刑的40%以下	综合考虑犯罪性质、赔偿数额、赔偿能力以及认罪、悔罪程度等情况，抢劫、强奸等严重危害社会治安犯罪的应从严掌握

续表

量刑情节	基准刑调整比例	其他参考因素
积极赔偿但没有取得谅解	可以减少基准刑的30%以下	从严掌握情形同上
没有赔偿，但取得谅解的	可以减少基准刑的20%以下	从严掌握情形同上
达成刑事和解协议	可以减少基准刑的50%以下；犯罪较轻的，可以减少基准刑的50%以上或者依法免除处罚	综合考虑犯罪性质、赔偿数额、赔礼道歉以及真诚悔罪等情况
累犯	增加基准刑的10%~40%，一般不少于3个月	应当综合考虑前后罪的性质、刑罚执行完毕或赦免以后至再犯罪时间的长短以及前后罪罪行轻重等情况
有前科	可以增加基准刑的10%以下	综合考虑前科的性质、时间间隔长短、次数、处罚轻重等情况，但前科犯罪为过失犯罪和未成年人犯罪的除外
犯罪对象为未成年人、老年人、残疾人、孕妇等弱势人员	可以增加基准刑的20%以下	综合考虑犯罪的性质、犯罪的严重程度等情况
在重大自然灾害、预防、控制突发传染病疫情等灾害期间故意犯罪的	可以增加基准刑的20%以下	从严掌握情形同上

（2）交通肇事罪。

表2-2 交通肇事罪量刑幅度

量刑情节	量刑起点
致人重伤、死亡或者使公私财产遭受重大损失	3年以下有期徒刑、拘役

续表

量刑情节	量刑起点
交通运输肇事后逃逸或者有其他特别恶劣情节	3年~7年有期徒刑
因逃逸致一人死亡	7年~10年有期徒刑

在量刑起点的基础上，根据事故责任、致人重伤、死亡的人数或者财产损失的数额以及逃逸等其他影响犯罪构成的犯罪事实增加刑罚量，确定基准刑。

（3）故意伤害罪。

表2-3 故意伤害罪量刑幅度

量刑情节	量刑起点
致一人轻伤	2年以下有期徒刑、拘役
致一人重伤的	3年~5年有期徒刑
以特别残忍手段故意伤害致一人重伤，造成六级严重残疾	10年~13年有期徒刑（依法应当判处无期徒刑以上刑罚的除外）

在量刑起点的基础上，根据伤害后果、伤残等级、手段残忍程度等其他影响犯罪构成的犯罪事实增加刑罚量，确定基准刑。

故意伤害致人轻伤的，伤残程度可以在确定量刑起点时考虑，或者作为调节基准刑的量刑情节。

（4）强奸罪。

表2-4 强奸罪量刑幅度

量刑情节	量刑起点
强奸妇女一人	3年~6年有期徒刑
奸淫幼女一人	4年~7年有期徒刑
强奸妇女、奸淫幼女情节恶劣	10年~13年有期徒刑（依法应当判处无期徒刑以上刑罚的除外）
强奸妇女、奸淫幼女三人	10年~13年有期徒刑（除外情形同上）
在公共场所当众强奸妇女	10年~13年有期徒刑（除外情形同上）
二人以上轮奸妇女	10年~13年有期徒刑（除外情形同上）
奸淫不满十周岁的幼女或者造成幼女伤害的	10年~13年有期徒刑（除外情形同上）

续表

量刑情节	量刑起点
强奸致被害人重伤或者造成其他严重后果	10 年~13 年有期徒刑（除外情形同上）

在量刑起点的基础上，可以根据强奸妇女、奸淫幼女情节恶劣程度、强奸人数、致人伤害后果等其他影响犯罪构成的犯罪事实增加刑罚量，确定基准刑。强奸多人多次的，以强奸人数作为增加刑罚量的事实，强奸次数作为调节基准刑的量刑情节。

（5）非法拘禁罪。

表 2-5 非法拘禁罪量刑幅度

量刑情节	量刑起点
犯罪情节一般	1 年以下有期徒刑、拘役
致一人重伤	3 年~5 年有期徒刑
致一人死亡	10 年~13 年有期徒刑
具有殴打、侮辱情节的	可以增加基准刑的 10%~20%
国家机关工作人员利用职权非法扣押、拘禁他人	可以增加基准刑的 10%~20%

在量刑起点的基础上，可以根据非法拘禁人数、拘禁时间、致人伤亡后果等其他影响犯罪构成的犯罪事实增加刑罚量，确定基准刑。非法拘禁多人多次的，以非法拘禁人数作为增加刑罚量的事实，非法拘禁次数作为调节基准刑的量刑情节。

（6）抢劫罪。

表 2-6 抢劫罪量刑幅度

量刑情节	量刑起点
抢劫一次	3 年~6 年有期徒刑
入户抢劫	10 年~13 年有期徒刑（依法应当判处无期徒刑以上刑罚的除外）
在公共交通工具上抢劫	10 年~13 年有期徒刑（除外情形同上）
抢劫银行或者其他金融机构	10 年~13 年有期徒刑（除外情形同上）
抢劫三次或者抢劫数额巨大	10 年~13 年有期徒刑（除外情形同上）
抢劫致一人重伤	10 年~13 年有期徒刑（除外情形同上）
冒充军警人员抢劫	10 年~13 年有期徒刑（除外情形同上）

续表

量刑情节	量刑起点
持枪抢劫	10年~13年有期徒刑（除外情形同上）
抢劫军用物资或者抢险、救灾、救济物资	10年~13年有期徒刑（除外情形同上）

在量刑起点的基础上，可以根据抢劫情节严重程度、抢劫次数、数额、致人伤害后果等其他影响犯罪构成的犯罪事实增加刑罚量，确定基准刑。

（7）盗窃罪。

表2-7 盗窃罪量刑幅度

量刑情节	量刑情节
达到数额较大起点或2年内三次盗窃、入户盗窃、携带凶器盗窃、扒窃	1年以下有期徒刑、拘役
达到数额巨大起点或者有其他严重情节	3年~4年有期徒刑
达到数额特别巨大起点或者有其他严重情节	10年~12年有期徒刑（依法应当判处无期徒刑的除外）

在量刑起点的基础上，可以根据盗窃数额、次数、手段等其他影响犯罪构成的犯罪事实增加刑罚量，确定基准刑。多次盗窃，数额达到较大以上的，以盗窃数额确定量刑起点，盗窃次数可作为调节基准刑的量刑情节；数额未达到较大的，以盗窃次数确定量刑起点，超过三次的次数作为增加刑罚量的事实。

（8）诈骗罪。

表2-8 诈骗罪量刑幅度

量刑情节	量刑起点
达到数额较大起点	1年以下有期徒刑、拘役
达到数额巨大起点或者有其他严重情节	3年~4年有期徒刑
达到数额特别巨大起点或者有其他特别严重情节	10年~12年有期徒刑（依法应当判处无期徒刑的除外）

在量刑起点的基础上，可以根据诈骗数额等其他影响犯罪构成的犯罪事实增加刑罚量，确定基准刑。

(9) 抢夺罪。

表 2-9　抢夺罪量刑幅度

量刑情节	量刑起点
达到数额较大起点或者 2 年内三次抢夺	1 年以下有期徒刑、拘役
达到数额巨大起点或者有其他严重情节	3 年~5 年有期徒刑
达到数额特别巨大起点或者有其他特别严重情节	10 年~12 年有期徒刑（依法应当判处无期徒刑的除外）

在量刑起点的基础上，可以根据抢夺数额、次数等其他影响犯罪构成的犯罪事实增加刑罚量，确定基准刑。多次抢夺，数额达到较大以上的，以抢夺数额确定量刑起点，抢夺次数可作为调节基准刑的量刑情节；数额未达到较大的，以抢夺次数确定量刑起点，超过三次的次数作为增加刑罚量的事实。

(10) 敲诈勒索罪。

表 2-10　敲诈勒索罪量刑幅度

量刑情节	量刑起点
达到数额较大起点或者 2 年内三次敲诈勒索	1 年以下有期徒刑、拘役
达到数额巨大起点或者有其他严重情节	3 年~5 年有期徒刑
达到数额特别巨大起点或者有其他特别严重情节	10 年~12 年有期徒刑

在量刑起点的基础上，可以根据敲诈勒索数额、次数、犯罪情节严重程度等其他影响犯罪构成的犯罪事实增加刑罚量，确定基准刑。多次敲诈勒索，数额达到较大以上的，以敲诈勒索数额确定量刑起点，敲诈勒索次数可作为调节基准刑的量刑情节；数额未达到较大的，以敲诈勒索次数确定量刑起点，超过三次的次数作为增加刑罚量的事实。

(11) 妨害公务罪。

表 2-11　妨害公务罪量刑幅度

量刑情节	量刑起点
妨害公务罪	2 年以下有期徒刑、拘役

在量刑起点的基础上，可以根据妨害公务造成的后果、犯罪情节严重程度等其他影响犯罪构成的犯罪事实增加刑罚量，确定基准刑。

(12) 聚众斗殴罪。

表 2-12 聚众斗殴罪量刑幅度

量刑情节	量刑起点
犯罪情节一般	2 年以下有期徒刑、拘役
聚众斗殴三次	3 年~5 年有期徒刑
聚众斗殴人数多，规模大，社会影响恶劣	3 年~5 年有期徒刑
在公共场所或者交通要道聚众斗殴，造成社会秩序严重混乱	3 年~5 年有期徒刑
持械聚众斗殴	3 年~5 年有期徒刑

在量刑起点的基础上，可以根据聚众斗殴人数、次数、手段严重程度等其他影响犯罪构成的犯罪事实增加刑罚量，确定基准刑。

(13) 寻衅滋事罪。

表 2-13 寻衅滋事罪量刑幅度

量刑情节	量刑起点
寻衅滋事一次	3 年以下有期徒刑、拘役
纠集他人三次寻衅滋事（每次都构成犯罪），严重破坏社会秩序	5 年~7 年有期徒刑

在量刑起点的基础上，可以根据寻衅滋事次数、伤害后果、强拿硬要他人财物或任意损毁、占用公私财物数额等其他影响犯罪构成的犯罪事实增加刑罚量，确定基准刑。

(14) 走私、贩卖、运输、制造毒品罪。

表 2-14 走私、贩卖、运输、制造毒品罪量刑幅度

量刑情节	量刑起点
鸦片 1 千克，海洛因、甲基苯丙胺 50 克或者其他毒品数量大	15 年有期徒刑（依法应当判处无期徒刑以上刑罚的除外）
鸦片 200 克，海洛因、甲基苯丙胺 10 克或者其他毒品数量较大	7 年~8 年有期徒刑
鸦片不满 200 克，海洛因、甲基苯丙胺不满 10 克或者其他少量毒品	3 年以下有期徒刑、拘役（情节严重的，3 年~4 年有期徒刑）

续表

量刑情节	量刑起点
利用、教唆未成年人走私、贩卖、运输、制造毒品	增加基准刑的10%~30%
向未成年人出售毒品	增加基准刑的10%~30%
毒品再犯	增加基准刑的10%~30%
受雇运输毒品	减少基准刑的30%以下
毒品含量明显偏低	减少基准刑的30%以下
存在数量引诱情形	减少基准刑的30%以下

在量刑起点的基础上，可以根据毒品犯罪次数、人次、毒品数量等其他影响犯罪构成的犯罪事实增加刑罚量，确定基准刑。

（15）危险驾驶罪。危险驾驶罪的量刑起点：1个月至6个月拘役。

对于醉酒驾驶机动车的被告人，应当综合考虑被告人的醉酒程度、机动车类型、车辆行驶道路、行车速度、是否造成实际损害以及认罪悔罪等情况，准确定罪量刑。对于情节显著轻微危害不大的，不予定罪处罚；犯罪情节轻微不需要判处刑罚的，可以免予刑事处罚。

（16）非法吸收公众存款罪。

表2-15 非法吸收公众存款罪量刑幅度

量刑情节	量刑起点
犯罪情节一般	1年以下有期徒刑、拘役
达到数额巨大或者有其他严重情节	3年~4年有期徒刑
达到数额特别巨大或者有其他特别严重情节	10年~12年有期徒刑（依法应当判处无期徒刑的除外）
在提起公诉前积极退赃退赔，减少损害结果发生	减少基准刑的40%以下

续表

量刑情节	量刑起点
在提起公诉前积极退赃退赔，减少损害结果发生，犯罪较轻	减少基准刑的40%以上或者依法免除处罚

在量刑起点的基础上，可以根据非法吸收存款数额等其他影响犯罪构成的犯罪事实增加刑罚量，确定基准刑。

（17）集资诈骗罪。

表2-16　集资诈骗罪量刑幅度

量刑情节	量刑起点
达到数额较大	3年~4年有期徒刑
达到数额巨大或者有其他严重情节	7年~9年有期徒刑（依法应当判处无期徒刑的除外）

（18）信用卡诈骗罪。

表2-17　信用卡诈骗罪量刑幅度

量刑情节	量刑起点
达到数额较大	2年以下有期徒刑、拘役
达到数额巨大或者有其他严重情节	5年~6年有期徒刑（依法应当判处无期徒刑的除外）
达到数额特别巨大或者有其他特别严重情节	10年~12年有期徒刑（依法应当判处无期徒刑的除外）

在量刑起点的基础上，根据集资诈骗数额等其他影响犯罪构成的犯罪事实增加刑罚量，确定基准刑。

（19）职务侵占罪。

表2-18　职务侵占罪量刑幅度

量刑情节	量刑起点
达到数额较大	1年以下有期徒刑、拘役
达到数额巨大	3年~5年有期徒刑
达到数额特别巨大	10年~12年有期徒刑

在量刑起点的基础上，可以根据职务侵占数额等其他影响犯罪构成的犯罪事实增加刑罚量，确定基准刑。

3. 证据分析。法律咨询的根基和关键是案件证据，但在法律咨询过程中，当事人能够提供的证据有限。究其原因，一是不懂如何找证据，二是无法取得证据，三是根本就没有证据。针对这三种情况，要结合案情区别对待。对于不懂如何找证据，不懂什么是对案件有用的证据的当事人，可以通过咨询中获得的案件线索，引导当事人通过正当渠道取得案件证据；对于无法取得证据和根本没有证据的当事人，要通过释法告知当事人证据在案件证明中的作用，以及缺乏证据情况下可能面临的法律后果。

对于案件证据比较完整的当事人咨询时，学生应充分利用证据理论，全面分析案件。一是从单一证据的审查判断来看，据以定案的关键证据是否符合证据的真实性、合法性和相关性要求；二是从全案证据的综合分析来看，在案证据之间是否存在矛盾、无法相互印证的情形；三是如果从排除合理怀疑的角度来看，是否能够形成有效的内心确信，如果不能就应当坚持疑罪从无；四是仅有被告人供述的情况下，没有其他在案证据能够相互印证，也应该坚持疑罪从无。

第三节 刑事申诉、信访类案件的咨询

刑事申诉、信访类案件的咨询，是刑法诊所进行法律咨询时经常遇到的问题，但由于申诉、信访问题类案件比较特殊，学生在《刑法》《刑事诉讼法》的学习过程中用到的不多，导致这方面的知识会有所欠缺，本节重点对刑事申诉、信访类案件的程序规定以及接待当事人的方法进行讲解。

一、刑事申诉检察

刑事申诉检察，是人民检察院依法办理刑事申诉、国家赔偿和刑事被害人救助案件的职能活动，是检察机关法律监督职能的重要组成部分，是司法救济程序的重要环节，承担着权利救济保障、司法活动监督、自身执法监督、社会矛盾化解等多重职能。

随着有关法律的修改和检察改革的深入，刑事申诉检察职责不断拓展，具体来说，刑事申诉检察主要包括以下几个方面：

1. 受理、审查和复查不服人民检察院刑事诉讼终结处理决定的申诉案件，依法作出维持或者纠正的决定。

2. 受理、审查和复查不服人民法院生效刑事裁判的申诉案件，对确有错误的依法提出抗诉或再审检察建议并出席再审法庭，监督纠正刑事审判监督程序中的违法行为。

3. 统一办理人民检察院作为赔偿义务机关的刑事赔偿案件,对人民法院赔偿委员会刑事赔偿决定、民事行政诉讼赔偿决定和人民法院生效行政赔偿裁判依法进行监督。

4. 对有关刑事被害人或其近亲属进行救助。

二、申诉案件的类型和管辖

(一) 人民检察院刑事申诉检察部门管辖的刑事申诉案件

1. 不服人民检察院因犯罪嫌疑人没有犯罪事实,或者符合《刑事诉讼法》第16条规定情形而作出的不批准逮捕决定的申诉。

2. 不服人民检察院不起诉决定的申诉。

3. 不服人民检察院撤销案件决定的申诉。

4. 不服人民检察院其他诉讼终结的刑事处理决定的申诉。

5. 不服人民法院已经发生法律效力的刑事判决、裁定的申诉。

6. 上述情形之外的其他与人民检察院办理案件有关的申诉,不适用《人民检察院办理刑事申诉案件规定》,按照《人民检察院刑事诉讼规则》等规定办理。

(二) 由人民检察院相关职能部门处理的申诉案件

1. 不服人民检察院因事实不清、证据不足,需要补充侦查而作出的不批准逮捕决定的。

2. 不服人民检察院因虽有证据证明有犯罪事实,但是不可能判处犯罪嫌疑人徒刑以上刑罚,或者可能判处徒刑以上刑罚,但是不逮捕不致发生社会危险性而作出的不批准逮捕决定的。

3. 不服人民检察院因应当逮捕的犯罪嫌疑人患有严重疾病、生活不能自理,或者是怀孕、正在哺乳自己婴儿的妇女,或者系生活不能自理的人的唯一扶养人而作出的不批准逮捕决定的。

4. 不服人民检察院作出的不立案决定的。

5. 不服人民检察院作出的附条件不起诉决定的。

6. 不服人民检察院作出的查封、扣押、冻结涉案款物决定的。

7. 不服人民检察院对上述决定作出的复议、复核、复查决定的。

不服人民法院死刑终审判决、裁定尚未执行的申诉,由人民检察院监所检察部门办理。

(三) 基层人民检察院管辖的刑事申诉案件

1. 不服本院诉讼终结的刑事处理决定的申诉。

2. 不服同级人民法院已经发生法律效力的刑事判决、裁定的申诉。

(四) 分、州、市以上人民检察院管辖的刑事申诉案件

1. 不服本院诉讼终结的刑事处理决定的申诉,另有规定的除外。

2. 不服同级人民法院已经发生法律效力的刑事判决、裁定的申诉。

3. 被害人不服下一级人民检察院不起诉决定,在收到不起诉决定书后7日以内

提出的申诉。

4. 不服原处理决定、判决、裁定且经过下一级人民检察院审查或者复查的申诉。

上级人民检察院在必要时，可以将本院管辖的刑事申诉案件交下级人民检察院办理，也可以直接办理由下级人民检察院管辖的刑事申诉案件。

三、申诉引起再审的事由

刑事再审程序中的申诉，是指当事人及其法定代理人、近亲属，对已经发生法律效力的判决、裁定不服而向人民法院或者人民检察院提出的对案件进行重新审查和处理的诉讼请求。对于申诉是否可以引起再审的判断，要严格依据现行《刑事诉讼法》的规定，全面细致地为当事人进行解释。申诉引起再审的事由包括以下几个方面：

1. 原判决、裁定认定事实、适用法律确有错误致裁判不公，或者原判决、裁定的主要事实依据被依法变更或者撤销的。此处的"新证据"，是指原判决、裁定生效后新发现的证据；原判决、裁定生效前已经发现，但未予收集的证据；原判决、裁定生效前已经收集，但未经质证的证据；原判决、裁定所依据的鉴定意见勘验、检查等笔录或者其他证据被改变或否定的。

2. 认定罪名错误且明显影响量刑的。

3. 量刑明显不当的。

4. 据以定罪量刑的证据不确实、不充分，或者主要证据之间存在矛盾，或者依法应当予以排除的。

5. 有新的证据证明原判决、裁定认定的事实确有错误，可能影响定罪量刑的。

6. 违反法律关于追诉时效期限的规定的。

7. 违反法律规定的诉讼程序，可能影响公正审判的。

8. 审判人员在审理案件的时候有贪污受贿、徇私舞弊、枉法裁判行为的。

在进行申诉案件的法律咨询的过程中，要注意对上述申诉引起再审事由的审查，向当事人充分解释说明申诉受理的法律规定，如果符合上述条件，可以帮助当事人梳理案情和证据。对于明显不符合申诉条件的案件，从事实和法律层面做详细解读，排解申诉人因对法律的误读而产生的极端情绪。

四、刑事案件申诉的审查和处理

（一）申诉的一般程序

1. 申诉由终审人民法院审查处理。

2. 第二审人民法院裁定准许撤回上诉的案件，申诉人对第一审判决提出申诉的，可以由第一审人民法院审查处理。

3. 上一级人民法院对未经终审人民法院审查处理的申诉，可以告知申诉人向终审人民法院提出申诉，或者直接交终审人民法院审查处理，并告知申诉人；案件疑难、复杂、重大的，也可以直接审查处理。

4. 对于未经终审人民法院及其上一级人民法院审查处理，直接向上级人民法院申诉的，上级人民法院应当告知申诉人向下级人民法院提出。

5. 对死刑案件的申诉，可以由原核准的人民法院直接审查处理，也可以交由原审人民法院审查。

（二）立案审查决定期限

人民法院对立案审查的申诉案件，应当在 3 个月内作出决定，至迟不得超过 6 个月。

（三）申诉人对驳回申诉不服的处理程序

1. 申诉人对驳回申诉不服的，可以向上级人民法院申诉。上一级人民法院经审查认为申诉不符合刑诉法规定条件的，应当说服申诉人撤回申诉，对仍然坚持申诉的，应当驳回或者通知不予重新审判。

2. 当事人及其法定代理人、近亲属认为人民法院已经发生法律效力的刑事判决、裁定确有错误，向人民检察院申诉的，由作出生效判决、裁定的人民法院的同级人民检察院刑事申诉检察部门受理，并依法办理。

3. 当事人及其法定代理人、近亲属直接向上级人民检察院申诉的，上级人民检察院可以交由作出生效判决、裁定的人民法院的同级人民检察院受理；案情重大、疑难、复杂的，上级人民检察院可以直接受理。

4. 当事人及其法定代理人、近亲属对人民法院已经发生法律效力的判决、裁定的申诉，经人民检察院复查决定不予抗诉后继续提出申诉的，上一级人民检察院应当受理。

5. 对不服人民法院已经发生法律效力的刑事判决、裁定的申诉，经两级人民检察院办理且省级人民检察院已经复查的，如果没有新的事实和理由，人民检察院不再立案复查。但原审被告人可能被宣告无罪的除外。

五、刑事类信访案件咨询

刑事类信访，是指信访人采用书信、电子邮件、传真、电话、走访等形式，向人民检察院反映情况，提出建议、意见或者控告、举报和申诉，依法由人民检察院处理的活动。信访人，是指采用书信、电子邮件、传真、电话、走访等形式，反映情况，提出建议、意见或者控告、举报和申诉的公民、法人或者其他组织。

（一）人民检察院受理的信访事项

1. 反映国家工作人员职务犯罪的举报。

2. 不服人民检察院处理决定的申诉。

3. 反映公安机关侦查活动存在违法行为的控告。

4. 不服人民法院生效判决、裁定的申诉。

5. 反映刑事案件判决、裁定的执行和监狱、看守所、劳动教养机关的活动存在违法行为的控告。

6. 反映人民检察院工作人员违法违纪行为的控告。

7. 加强、改进检察工作和队伍建设的建议和意见。

8. 其他依法应当由人民检察院处理的信访事项。
（二）人民检察院信访事项的管理和管辖
信访管理工作遵循属地管理、分级负责，谁主管、谁负责，依法、及时、就地解决问题与教育疏导相结合的原则，把矛盾纠纷化解在基层，解决在当地。
信访事项的管辖规定如下：
1. 各级人民检察院受理应当由本院管辖的控告、举报和申诉，以及信访人提出的建议和意见。
2. 上级人民检察院受理信访人不服下级人民检察院信访事项处理意见提出的复查请求。
3. 上级人民检察院认为有必要时，可以直接受理由下级人民检察院管辖的信访事项，也可以将本院管辖的信访事项在受理后交由下级人民检察院办理。
4. 信访事项涉及多个地区的，由所涉及地区的人民检察院协商管辖。对于管辖权有争议的，由其共同的上一级人民检察院指定管辖。
（三）人民检察院对信访的办理
人民检察院办理信访事项，经调查核实按照以下原则处理：
1. 事实清楚，符合法律政策规定的，应当支持。
2. 信访人提出的建议和意见，有利于改进工作的，应当研究论证并予以采纳。
3. 缺乏事实根据或者不符合法律政策规定的，不予支持，并向信访人做好解释疏导工作。
信访人对人民检察院处理意见不服的，可以依照有关规定提出复查请求。人民检察院收到复查请求后应当进行审查，符合立案复查规定的应当立案复查，不符合立案复查规定的应当书面答复信访人。
（四）信访违法行为的处理
依照国家有关规定到指定地点反映诉求，做到依法有序信访。对于信访人的下列行为，人民检察院应当进行劝阻、批评或者教育；对于劝阻、批评或者教育无效的，应当移送公安机关依法处理：
1. 在人民检察院办公场所周围非法聚集、围堵、冲击人民检察院，拦截公务车辆、堵塞、阻断交通，影响正常办公秩序的。
2. 携带危险物品、管制器具的。
3. 侮辱、殴打、威胁检察人员，或者非法限制检察人员人身自由的。
4. 在信访接待场所滞留、滋事，故意破坏信访接待场所设施，或者将生活不能自理的人弃留在信访接待场所的。
5. 煽动、串联、胁迫、以财物诱使、幕后操纵他人信访或者以信访为名借机敛财的。
对于信访人捏造歪曲事实、诬告陷害、诽谤他人，构成犯罪的，应当依法追究刑事责任；尚不构成犯罪的，应当移送主管机关处理。

六、申诉、信访类案件咨询的基本方法

来刑法诊所咨询的涉申诉、信访类案件的当事人大致可以分为以下几种类型：

（一）对于申诉、信访的程序不清

对于初次准备进行申诉、信访当事人来说，大多对于申诉、信访的程序不清楚，只是简单地希望向上级"告状"，至于如何"告状"，程序如何，如何把事情说清楚，并不了解。对于这类当事人，应在全面了解当事人的"诉求"和案件事实的基础上，进行有针对性的咨询。一般来说，可以遵循以下步骤完成：

第一，确定当事人想要"告状"的事是属于哪一类申诉、信访类案件；

第二，帮助当事人理清案件的证据和事实；

第三，按照规定确定申诉信访的机关是哪个机关；

第四，作出具体的咨询意见。

（二）当事人想要申诉的案件没有事实和法律依据支撑

有些当事人对于案件的处理结果不满，希望得到"上级部门"的支持，但是当事人的所有陈述没有证据支撑，或者事隔多年，按照相关法律规定不属于由申诉、信访立案的范围，对此，要对当事人进行充分的法律说理和解释。

（三）案情内容简单，相关机构处理结果得当，当事人申诉上访的主要原因与法律无关

有些当事人常年上访，相关部门已经作出了处理意见，且处理结果并无不妥，或者案情简单，争议不大，当时人仅仅因为要与对方当事人"争一口气"而多年申诉上访，对于这类当事人更需要的是心理疏导和人文关怀。

第四节 刑事法律援助

一、诊所教育参对刑法法律援助的重要意义

（一）法律援助全覆盖的重要需求

2017年，党的十九大报告指出，中国特色社会主义进入新时代，我国社会主要矛盾已经转化为人民日益增长的美好生活需要和不平衡不充分的发展之间的矛盾。为了更好地满足人民群众日益增长的美好生活需求及中国特色社会主义法治体系建设的现实需要，保证刑事案件中犯罪嫌疑人、被告人的权利受到侵害时能够获得及时有效的法律援助，2017年10月11日，最高人民法院、司法部联合印发了《关于开展刑事案件律师辩护全覆盖试点工作的办法》，2017年10月，刑事案件律师辩护全覆盖试点工作在北京正式启动，开启了刑事案件律师辩护全覆盖的实践。2018年，律师辩护全覆盖工作推广至全国，刑事案件律师辩护全覆盖的制度实践正式步入高潮。2022年1月，《法律援助法》正式生效，刑事法律援助需求在近几年急速上升，在一些律师资源短缺的地区，刑事法律援助甚至存在缺口，让具有法律专业知识的

在校大学生加入到法律援助队伍中来，不仅仅可以解决部分地区律师资源短缺的问题，还可以从整体上分出一部分较为简单的法律援助工作，扩大参与法律援助工作的人员范围，使更多的受援人受益。同时，积极参与法律援助也是时代赋予法律专业学生的光荣使命与责任。

（二）实践教学的迫切需要

法学实践教学，重点在实践，其中重要的是让学生走入案件当中，亲自办理案件。将刑事法律援助与高校刑法学教学相结合，推荐法律专业学生参与刑事法律援助活动，探索法律援助学生志愿者模式具有重要意义：一是组织法律专业学生参与刑事法律援助，形成多元化的法律援助提供主体，扩大援助者队伍，使更多受援人受益；二是促进了法学教学方式的改革。将法律专业学生引入法律援助队伍，可以扩大实践教学的范围，改变以往开展的普法活动、模拟法庭等实践活动不够深入、模式单一的法律教学形式，通过法律援助能够接触到真实的实务案例，锻炼学生法律应用能力和解决实际问题的能力，促使学生学以致用，在实务工作中探索刑法知识体系的奥秘；三是有利于对学生社会责任感和参与社会公益事业的精神的培养。为没有律师的犯罪嫌疑人提供刑事法律援助是程序正义和实体正义的体现，促使学生在校期间即养成良好法律职业习惯。

二、刑法诊所学生参与刑事法律援助的实践内容和现实困境

（一）刑法诊所学生参与刑事法律援助的主要方式

借助刑法诊所教育，接待当事人并为其提供法律咨询，是法律专业学生直接接触法律实务的重要方式。刑法诊所教学中，目前通行的援助形式有四种：一是诊所学生到学校成立的法律援助中心值班，开展线下法律援助工作。法律援助工作的内容主要是提供法律咨询，包括电话咨询、邮件咨询及来访咨询，咨询内容涉及各个方面。二是进行线上法律咨询活动。在互联网快速发展的情况下，诊所学生可以通过网络进行各种形式的线上公益法律咨询活动。如开设公众号发布专题法律知识，创设专属邮箱接收法律服务需求信息等等，学生在接收到法律咨询需求邮件后与受援人进行线上咨询。三是诊所学生到公共场所为不特定的群体开展现场法律咨询。四是代写文书。总体来说，目前刑法诊所的学生开展法律援助活动以不同形式的法律咨询为主，代写文书次之，就法律咨询而言，多为羁押场所之外，对于犯罪嫌疑人或被告人帮助有限。

（二）刑法诊所学生参与刑事法律援助的现实困境与发展建议

目前，大部分法律专业学生具有相应的专业水平和素质，参与社会事务的积极性较高，具有很强的责任心，是参与刑事法律援助优异的后备和辅助力量。但是，由于我国现行《刑事诉讼法》和《法律援助法》的相关规定，没有取得律师执业证书的学生不能担任辩护人，学生无法以辩护人的身份参与刑事法律援助辩护，学生参与刑事法律援助多以咨询为主，接触件数量有限。

《法律援助法》对于学生参与法律援助作了方向性指引，其中第8条规定，国家鼓励和支持群团组织、事业单位、社会组织在司法行政部门指导下，依法提供法律援助。第17条规定，国家鼓励和规范法律援助志愿服务；支持符合条件的个人作为法律援助志愿者，依法提供法律援助。高等院校、科研机构可以组织从事法学教育、研究工作的人员和法学专业学生作为法律援助志愿者，在司法行政部门指导下，为当事人提供法律咨询、代拟法律文书等法律援助。由此可见，目前国家以立法的方式确定了学生在司法行政部门指导下，可以进行为当事人提供法律咨询、代拟法律文书等法律援助活动。但是，目前组织学生大规模地参与刑事法律援助缺乏平台支撑，学生自发成立的社团组织，在组织学生参与法律援助方面具有局限性，指导学生参与法律援助的教师数量不足、投入不够，缺乏整体规划，难以保持连续性。

鉴于《法律援助法》已经对学生进行法律援助活动进行了方向性规定，对于法律援助志愿服务持鼓励和规范的态度，法律诊所教学可以进一步扩展学生进行法律援助的范围，一方面，继续保持课程与校内组建的法律援助中心紧密结合的法律援助方式，另一方面，可以与各地市县级法律援助中心合作，指派学生在老师的带领和指导下充实到法律援助值班工作站，为处于困境中的犯罪嫌疑人、被告人等提供法律咨询。这种方式的最大特点是使学生能够通过真实的法律援助工作，在为法律援助工作拓宽援助渠道的同时，也为学生提供一个在校外接触社会并参与案件的机会，在实践中培养学生的法律执业技能，提高学生的职业道德修养。法律诊所作为高等院校发展较为成熟的课程，具有可持续运行的特点，能够有效地在提供法律援助、维护弱势群体权益上发挥更广泛、更显著的作用。

三、刑法诊所学生参与刑事法律援助的配套与保障机制

诊所学生参与刑事法律援助工作，应充分考虑到受援群体的特点，既要实现法律援助的目的，也要考虑援助的专业性和学生的安全。

（一）建立专职教师指导制度

法律诊所老师应具有专业的法学理论和实践知识，能够有效地为学生开展法律援助工作提供指导和帮助，建议指导老师采用聘任形式，提高指导老师参与的积极性。指导老师可以组织学生就案件的争议焦点进行争辩，明确案件辩护方向。同时，考虑到刑事案件的办理的特殊性，不能盲目扩大学生的案件参与范围，应在保障学生安全的范围内开展援助工作。因此，在诊所教育中指导老师需要时刻关注案件的具体情况并进行风险评估。

（二）完善法律援助中心业务培训制度

法律诊所教育的实践内容之一是在法律援助中心提供法律咨询服务。法律援助中心需要加强对学生的业务培训和指导，建立岗前培训制度，明确学生在法律援助中享有的权利和义务，也要为其提供业务指引，在学生独立为当事人提供法律援助之前，组织开展关于值班律师职责、服务内容、执业纪律、刑法、刑事诉讼法律知识方面的业务培训，规范学生法律援助活动，以提高学生业务水平和综合能力。法律援助中心需要鼓励、支持和引导学生力量的参与，为其搭建成长的平台。

（三）健全组织和管理体系

法律诊所作为法科生参与法律援助的载体，其本身的特质会克服普通学生组织模式下的管理随意性、人员流动性等问题，确保法律援助的长期性与稳定性，其管理水平会直接影响刑事法律援助的质量。完善遴选机制，选拔专业素质高、业务责任心强的学生参与法律援助工作是提高法律援助质量的重要前提。要摸索建立包括组织成员管理、法律咨询项目考核等内容的管理制度，让组织运行的各个方面有规可依。

（四）建章立制以规范程序，保证服务质量

保证法律援助的服务质量，使高校法律援助走向制度化、规范化，就要做好建章立制工作。在刑事法律援助的各个环节上，法律诊所应尝试探索建立相应的规章制度，比如，接待当事人规范指引、集体讨论制度、归档制度、听取受援助人反馈意见制度等。提供法律咨询需要严格按照刑事诉讼程序参与办理案件，遵守统一的办案规程，采用统一的案卷归档形式，规范化办案，提高服务工作质量，同时，也要对学生作出的法律咨询报告质量严格把关。

（五）建立培养评价体系

建立正向激励制度。法律诊所将法律援助纳入学生教学实践环节和相应的考核体系，在课程结束后可以通过实习鉴定的形式对学生做出学业评价，将实施援助的形式、种类、提供援助的人数、志愿者参加集体活动的次数和服务质量等纳入考评体系当中。对在法律援助工作中取得显著成绩的志愿者，可以由政府法律援助机构和高等院校给予表彰和奖励，更大程度激发学生的参与热情，这有利于充分发挥学生的专业素养和技能，进一步保障法律诊所参与法律援助运作与发展。

【本节参考法律文件】

1. 《中华人民共和国刑事诉讼法》
2. 《中华人民共和国法律援助法》
3. 最高人民法院《关于适用〈中华人民共和国刑事诉讼法〉的解释》
4. 《人民检察院办理刑事申诉案件规定》（2020年5月19日通过）
5. 《最高人民检察院关于加强和改进刑事申诉检察工作的意见》
6. 《最高人民检察院关于办理不服人民法院生效刑事裁判申诉案件若干问题的规定》
7. 最高人民法院、最高人民检察院《关于常见犯罪的量刑指导意见（试行）》
8. 《最高人民法院关于常见犯罪的量刑指导意见（二）（试行）》
9. 《人民检察院刑事诉讼规则》
10. 《最高人民法院关于适用〈中华人民共和国刑事诉讼法〉的解释（2021）》
11. 《人民检察院信访工作规定》

第三章

律师会见

律师会见，是律师行使辩护权的第一步，也是律师辩护的基础。司法实务当中，为犯罪嫌疑人、被告人进行辩护的主要是律师，律师如何会见、会见过程中有哪些注意事项、律师会见能做什么、律师会见有什么禁忌等，都是需要关注的问题。根据我国《刑事诉讼法》的规定，犯罪嫌疑人自被侦查机关第一次讯问或者采取强制措施之日起，有权委托辩护人，辩护律师可以同在押的犯罪嫌疑人、被告人会见和通信，即律师会见始于侦查阶段并贯穿于整个刑事诉讼过程。但由于不同诉讼阶段律师辩护的任务和重点不同，故本章将以不同的诉讼阶段为基础，分别讲解侦查阶段、审查起诉阶段和审判阶段的律师会见技能。

第一节 律师会见的作用和基本方法

一、律师会见的作用

在刑事诉讼中，律师会见的目的是保障犯罪嫌疑人、被告人在刑事诉讼中实现其诉讼权利。刑事诉讼中，犯罪嫌疑人、被告人处于被动地位，尤其在被羁押状态时其诉讼权利的行使受到一定限制。律师会见，为其提供法律帮助，了解涉嫌罪名和案件事实，提供无罪、轻罪或罪轻辩护，当权利受到侵害时，还可以代理申诉、控告，弥补犯罪嫌疑人、被告人自身辩护能力的不足。

具体来说，律师会见的作用主要有五个方面：

第一，确认委托、建立信任。委托辩护律师是犯罪嫌疑人、被告人的权利，大多数情况下，犯罪嫌疑人和被告人需要委托律师时都处于被羁押状态，因此，委托律师常常由犯罪嫌疑人或被告人的亲友完成，律师在未征得犯罪嫌疑人或被告人同意的情况下，不能当然认为辩护关系成立，律师在会见时，首先要做的就是确认委托关系成立，建立和当事人的信任关系，否则后面的辩护工作无法进行。

第二，了解案情。在律师行使辩护权的过程中，了解案情主要通过阅卷和会见完成。会见是了解案情的重要途径，尤其在审查起诉阶段之前，律师不能阅卷，此时，会见犯罪嫌疑人就成了律师了解案情最为重要的途径，只有了解案情，才能有的放矢地进行辩护，才能为后续的辩护工作打下基础。

第三，为犯罪嫌疑人、被告人提供法律咨询。法律咨询的内容包括涉嫌犯罪的成立条件及量刑规则、具体案件的法律意见、诉讼程序以及庭审程序等。

第四，制定诉讼策略。在了解案情的基础上，与犯罪嫌疑人、被告人沟通，通过律师的专业知识制定最佳诉讼策略。

第五，心理疏解。犯罪嫌疑人、被告人涉嫌犯罪后，往往都存有紧张、烦躁和对未来不确定结果的恐惧心理，而在生效判决作出前，辩护律师几乎是唯一可以与犯罪嫌疑人、被告人接触见面并为其提供心理疏解的人，虽然这不是《刑事诉讼法》规定的律师必须完成的工作，但是，心理疏解对于当事人来说非常必要，也有利于律师与当事人建立信任关系，这对律师出色完成辩护任务也具有重要作用。

二、律师会见的方法

律师会见是律师向犯罪嫌疑人、被告人了解案情的重要途径，是律师制定辩护策略的基础，同时也是律师与犯罪嫌疑人、被告人思想互动的过程。在了解案情时可以采取以下办法：

（一）询问案情

犯罪嫌疑人、被告人受自身条件及法律知识的限制，其对事实的陈述往往不能抓住重点，尤其是一些在法律上具有重大意义的情节，往往被犯罪嫌疑人、被告人忽视，故需要律师进行询问核实。一般询问的方式分为三种：

1. 开放式。对于开放式，律师无需对犯罪嫌疑人、被告人如何回答问题进行指导，也不预期从犯罪嫌疑人、被告人的回答中必然获得信息，犯罪嫌疑人、被告人可以自由回答。开放式常运用于会见的最初阶段，是为了最大限度地获取信息。例如："你的个人情况如何？""事情的经过是怎样的？""事情过后你又做了什么？"这种方式有助于了解案件事实的全貌。

2. 引导式。引导式具有一定目的性，或为了确定案件事实的关键问题，或为了补充犯罪嫌疑人、被告人陈述中的遗漏，或为了理清犯罪嫌疑人、被告人陈述中前后矛盾的内容等。这类问题的答案是限定的。引导式常在犯罪嫌疑人、被告人全面陈述之后进行。例如："王某某倒地受伤后，你做了什么？""2019年1月以后你和对方有过联系吗？""这批货物你是如何处理的？""在这次冲突之前，你和被害人之间还发生过其他矛盾吗？"这种方式有助于提示犯罪嫌疑人、被告人确定一些事实。

3. 封闭式。封闭式一般适用于询问核实重要问题，律师也希望得到确定的答案，因此犯罪嫌疑人、被告人需要明确予以回答。这类问题的答案是确定的，例如，"对"或"不对"，"有"或"没有"。封闭式的提问常在犯罪嫌疑人、被告人全面陈述之后进行，例如："你和被害人之间是恋爱关系吗？""你听见呼喊声的时候是几点？""9月9日那天你是走哪条路上班的？""当时除了张三以外，还有谁在场？"这种询问方式有助于了解、确定案件事实的一些具体细节。

以上三种询问方式各有侧重，需要综合运用于询问犯罪嫌疑人、被告人之中。

（二）学会倾听

1. 认真倾听。一般来讲，犯罪嫌疑人、被告人通常不具备专业的法律知识背景，内容可能会漫无边际，因此需要律师认真倾听，抓住犯罪嫌疑人、被告人谈话要点。在会见过程中，律师需要积极参与到犯罪嫌疑人、被告人的谈话之中，不仅需要听懂犯罪嫌疑人、被告人陈述的事实，还要在此基础上给予犯罪嫌疑人、被告人积极的反馈，进行眼神的互动，还可以用一些肢体语言表示对犯罪嫌疑人、被告人的同情和理解。

2. 全面倾听。了解案情的第一个途径，就是倾听犯罪嫌疑人、被告人的陈述，他们是案件的亲历者，对于案件事实最有发言权，律师最初接触案件时要全面倾听，以一个案外人的身份倾听案件的每一个细节，从他们对案件的陈述中寻找蛛丝马迹，不漏掉任何一个细节。律师良好的倾听能力与交谈能力同等重要。在会见中律师需要控制好自己，不要轻易打断犯罪嫌疑人、被告人对案情的陈述，尤其在第一次会见时，应当在时间允许的情况下允许犯罪嫌疑人、被告人用自己的表达方式来陈述案件。学会倾听是律师与犯罪嫌疑人、被告人建立信赖合作关系的基础。

例如，被告人因与其同在一个工地工作的工友发生矛盾，工友在大庭广众之下言语侮辱被告人，被告人情急之下拿起手边建筑工地的钢管向被害人砸去，恰好打中被害人头部，被害人应声倒地，头部流出大量鲜血，后确定死亡。对于这样一起案件，几乎没有什么辩点，被告人也很沮丧，觉得自己杀人偿命，一定会被判处死刑，会见中情绪低落。辩护人在与被告人交谈中，问起被告人是从哪里被公安局抓获的，被告人说，自己眼见打死人了，应该承担责任，也很自责，就坐在原地抽烟，他知道其工友打电话报警也没有离开，等警察来了之后直接把他带走了。这个细节恰恰是可以构成"自动投案"的情节，律师后来以此作为辩护要点，成功为被告人做了从轻处罚的辩护。

3. 有目的地倾听。受社会背景、教育程度的限制，部分犯罪嫌疑人、被告人在叙述案情过程中并不能有效抓住案情重点，有时候不分主次、思维混乱，这就需要律师在与犯罪嫌疑人、被告人会见的过程中有目的地倾听，依据掌握的法律知识抓住案件事实重点问题，提取有价值的信息。任何案件都包含三个层面的事实，即原因、过程和结果。对于重要的细节问题还要进行重复提问，并且可以适时地向犯罪嫌疑人、被告人总结确认，这有利于对案件情况作出准确判断，为下一步工作打好基础。

（三）合理引导

律师全面了解案情，并不是没有原则地一味简单被动地倾听，在倾听的基础上，还要有合理的引导，毕竟大多数犯罪嫌疑人、被告人不懂法律，陈述事实还会受到表达能力、文化程度、主观态度等因素的影响，不知道其所陈述的案情哪些是对案件的定性和量刑有意义，哪些是细枝末节、没有意义的，有的人甚至还因为某些心理因素，不愿意讲述犯罪事实。此时，就需要律师引导犯罪嫌疑人、被告人，从他们已经陈述的事实中寻找有用信息并以此为线索加以引导，发掘信息。

例如，被告人甲因被刑讯逼供被迫承认自己与兄弟乙在其家中卫生间杀人分尸，根据这个口供及其他证据，法院判决被告人及其兄弟故意杀人罪成立，判处死刑缓期二年执行。在服刑期间，兄弟二人一直在喊冤申诉，但缺乏强有力的证据。辩护人在会见被告人时注意到了"兄弟二人在卫生间杀人分尸"的情节，于是主动向被告人甲询问他们家的卫生间面积有多大。经过询问发现，这个卫生间只有3平方米，根本无法容纳两个人同时进去分尸，辩护人到实地调查，拍了现场照片，原来的"供述"不攻自破。在此，律师根据自己的辩护工作经验和专业知识，引导被告人说出了重要案件事实。

第二节　侦查阶段的会见

根据《刑事诉讼法》的规定："犯罪嫌疑人自被侦查机关第一次讯问或者采取强制措施之日起，有权委托辩护人；在侦查期间，只能委托律师作为辩护人……"这就意味着：其一，在侦查阶段，只有律师才能作为辩护人介入到案件中，其他任何人都不能行使会见权；其二，律师会见的时间自犯罪嫌疑人被侦查机关第一次讯问或者采取强制措施时起，包括犯罪嫌疑人或者其亲友委托辩护人后的任何时间均可以进行，但是危害国家安全犯罪、恐怖活动犯罪案件，在侦查期间辩护律师会见在押的犯罪嫌疑人，应当经侦查机关许可，上述案件，侦查机关应当事先通知看守所。在此阶段，辩护律师可以为犯罪嫌疑人提供法律帮助，代理申诉、控告，申请变更强制措施，向侦查机关了解犯罪嫌疑人涉嫌的罪名和案件有关情况，提出意见，但没有阅卷权。

律师会见犯罪嫌疑人，包括犯罪嫌疑人处于被羁押、被取保候审和被监视居住三种状态，对于未被采取强制措施的犯罪嫌疑人，不需要经过批准，所以，本节主要讲解会见被羁押的犯罪嫌疑人的问题。

一、会见前的准备和注意事项

侦查阶段的会见，是犯罪嫌疑人被采取强制措施后首次与侦查机关之外的"外界"接触。大部分犯罪嫌疑人是初次犯罪，首次犯罪进入看守所，不了解相关法律规定，律师是他们唯一可以见到的能够为其提供法律帮助的人，因此，侦查阶段的会见尤其重要。

在会见前，律师应做如下准备：

1. 会见前，通过犯罪嫌疑人的亲友和其他途径充分了解犯罪嫌疑人的身份情况和涉嫌罪名的事实情况。

2. 掌握涉嫌罪名的法律和相关司法解释的规定，包括刑事诉讼期间和诉讼程序的规定,犯罪的成立条件以及法定量刑规定。

3. 熟悉犯罪嫌疑人的权利义务规定,在会见时根据犯罪嫌疑人的具体情况进行阐释。

4. 准备会见提纲,对于要问的问题和需要向犯罪嫌疑人告知的问题一一列明,防止遗漏。

5. 准备好会见犯罪嫌疑人的相关文件,具体包括:①律师事务所出具的律师会见在押犯罪嫌疑人、被告人专用介绍信;②律师本人的律师执业证及复印件;③委托人签署的委托书或者法律援助公函;④委托人与犯罪嫌疑人、被告人之间的亲属关系证明。

二、会见的主要工作内容

(一)与犯罪嫌疑人确认委托关系

侦查阶段第一次会见在押犯罪嫌疑人,首先要做的就是确定与犯罪嫌疑人的委托关系。一般来讲,犯罪嫌疑人在押期间,往往都是由犯罪嫌疑人的亲友代为委托律师,所以,律师见到犯罪嫌疑人后首先要做的就是确认委托关系,取得犯罪嫌疑人的信任。对此,律师可以从两个方面进行:其一,说明委托人是谁,如果委托人是犯罪嫌疑人的亲友,是他信任的人,则其对于律师的信任有了一个基础;其二,介绍自己的情况,包括自己的姓名、所在的律师事务所,自己从事刑事辩护的经验和办理过的成功案件等,让犯罪嫌疑人在业务能力上对律师产生信任。确定委托关系后,要请犯罪嫌疑人在授权委托书上签字。如果不同意委托,应当记录在案并让其签字确认。

(二)询问犯罪嫌疑人的身体情况

询问犯罪嫌疑人的身体情况主要有以下目的:其一,表示对委托人的关心,取得信任;其二,询问犯罪嫌疑人的身体情况是否适合继续羁押,是否因身体健康原因需要为其办理取保候审。

(三)了解案情

了解案情是律师会见的主要任务,主要包括以下几个方面:

1. 了解犯罪嫌疑人的基本情况。如是否达到涉嫌犯罪承担刑事责任的年龄、是否为75周岁以上的人、是否为怀孕(流产)或者哺乳期的妇女、精神状况是否正常、是否为限制刑事责任能力人,如果涉嫌犯罪为特殊主体犯罪,还需要了解其是否具有相应的主体身份。

2. 询问犯罪嫌疑人基本犯罪事实。首先要明确的是犯罪嫌疑人是否实施了涉嫌犯罪行为,如果确有实施,则需要问清楚实施行为的具体情况,包括犯罪的时间、地点、方法、手段、目的、动机、结果等,通过上述因素来分析判断行为是否构成犯罪以及是否需要进一步调查取证,如果多人实施犯罪,还需明确委托人在共同犯罪中的地位、作用。如果犯罪嫌疑人没有实施犯罪行为或行为可能具有违法阻却事由,则应详细记录并做好下一步的辩护准备。

3. 询问犯罪嫌疑人是否存在证明其罪轻或者是否具有法定的从轻、减轻、免除刑事责任的情形，如是否为预备犯、未遂犯、从犯、胁从犯，是否具有自首、坦白、立功、重大立功表现，是否为被教唆的人而没有犯被教唆的犯罪等。

4. 询问犯罪嫌疑人被侦查机关讯问的次数和内容。

5. 询问被采取强制措施的法律手续是否完备，程序是否合法。

6. 询问被采取强制措施后犯罪嫌疑人的诉讼权利是否得到保障。如是否受到刑讯逼供、是否遭受超期羁押、是否被告知诉讼期间的权利义务等。

（四）向犯罪嫌疑人提供涉嫌罪名的法律规定和诉讼期间的权利义务方面的法律咨询

具体包括：

1. 告知犯罪嫌疑人涉嫌罪名的成立条件、法定刑以及就犯罪嫌疑人的具体犯罪事实可能判处刑罚的量刑档次。如果涉及从轻、减轻处罚情节的，要告知相应的法律规定。

2. 告知犯罪嫌疑人享有申请侦查人员回避权、辩护权、申请申诉和控告的权利，核对讯问笔录，在确认无误后签字等权利。

3. 告知犯罪嫌疑人《刑事诉讼法》关于强制措施适用的条件、期限、适用程序的法律规定。

4. 告知犯罪嫌疑人《刑法》中关于自首、坦白、立功的法律规定。

（五）制作会见笔录并让犯罪嫌疑人签字确认

会见要制作会见笔录，将犯罪嫌疑人与律师的交流情况做如实记录，并请犯罪嫌疑人在会见笔录上签字，将笔录存入律师档案，为后续辩护做准备。

（六）心理疏导、转达亲友的问候及询问生活需求

会见的最后一个任务是对犯罪嫌疑人进行人文关怀。通常来讲，犯罪嫌疑人被采取强制措施后，普遍会有一种紧张不安以及对未来判决结果不确定的焦虑情绪，还有因为实施犯罪后对家人的担心和愧疚情绪。在侦查阶段唯一可以与犯罪嫌疑人见面交流的就是律师，所以律师在会见时可以适当地对犯罪嫌疑人进行心理疏导并适时转达亲友对其的问候，当犯罪嫌疑人有生活需求时也可以一并询问并转达给家属。

四、会见笔录

制作会见笔录是律师会见犯罪嫌疑人时必须要做的一项工作，制作会见笔录既是完成侦查阶段辩护工作的一项记录凭证，也为审查起诉、审判阶段的工作打好基础，有时也可以作为侦查阶段提交辩护意见的附件之一。

会见笔录记载的主要事项包括三大组成部分：①会见的时间、地点、会见人、犯罪嫌疑人、记录人等基本信息；②会见的主要谈话内容；③犯罪嫌疑人签字。

侦查阶段第一次会见犯罪嫌疑人的笔录范本如下：

【文书范本】[1]

××律师事务所会见笔录

会见时间：　　　　　　　　　会见地点：
会见律师：　　　　　　　　　记录人：
被会见人：

一、告知被会见人律师身份确认委托关系

律师：您好，您是××吗？我是某某律师事务所的张律师，根据《中华人民共和国刑事诉讼法》和《中华人民共和国律师法》的相关规定，接受您亲属××的委托，担任您侦查阶段的辩护人，为您提供法律咨询、代理申诉、控告，申请变更强制措施。您是否同意？如果同意，请在授权委托书上签字确认。

犯罪嫌疑人：同意。

二、了解被会见人的基本情况

律师：××是您的真实名字吗？有无曾用名？

犯罪嫌疑人：……

律师：请问您的民族、党派、文化程度是什么？是否为人大代表或者政协委员？

犯罪嫌疑人：……

律师：请您说一下出生年月日？（核对犯罪嫌疑人的出生日期是否与相关材料记载相符）

犯罪嫌疑人：……

律师：您现在身体情况怎么样？有无疾病精神病史？（如果系女性当事人，可以询问是否怀孕）

犯罪嫌疑人：……

律师：您之前是否受过行政处罚或刑事处罚？如果有犯罪前科，那么被刑事处罚的罪名是什么？刑期有多久？什么时间被释放？

犯罪嫌疑人：……

三、了解涉嫌罪名以及被采取强制措施的情况

律师：您因涉嫌什么罪名被刑事拘留或逮捕？

犯罪嫌疑人：……

律师：您是自己主动投案的，还是侦查人员将你抓获归案的？

犯罪嫌疑人：……

律师：您是在什么时间、什么地点被抓获的？当时周围有无其他人员？

犯罪嫌疑人：……

律师：您是什么时间被拘留或逮捕的？是否收到拘留或逮捕通知书？

---

[1] 王亚林：《精细化辩护：标准流程与文书写作》，法律出版社2017年版，第46~50页。

犯罪嫌疑人：……

律师：您是哪一天被送进看守所的？进看守所前有无进行体检？

犯罪嫌疑人：……

四、告知被会见人的人身权利及诉讼权利，以便了解以上权利是否受到侵犯

律师：根据《刑事诉讼法》的规定，在侦查期间你享有以下权利：

（1）对于公安机关及其侦查人员侵犯您诉讼权利和人身权利的行为，有权提出申诉或者控告。

（2）对于侦查人员、鉴定人、记录人、翻译人员有下列情形之一的，有权请求回避：①是本案的当事人或者是当事人的近亲属的；②本人或者他的近亲属和本案有利害关系的；③担任过本案的证人、鉴定人、辩护人诉讼代理人的；④与本案当事人有其他关系，可能影响公正处理案件的。

（3）在接受传唤、拘传、讯问时，有权要求饮食和必要的休息时间。

（4）对于采取强制措施超过法定期限的，有权要求解除强制措施。

（5）有权拒绝回答与本案无关的问题，在接受讯问时有权为自己辩解。

（6）核对讯问笔录的权利，笔录有遗漏或者差错可以提出补充或改正，否则拒绝签字。

（7）未满18周岁的犯罪嫌疑人在接受讯问时有要求通知其法定代理人到场的权利。

（8）聋、哑的犯罪嫌疑人在讯问时有要求通晓聋、哑手势的人参加的权利。

（9）在人民检察院审查逮捕时，有要求向检察人员当面陈述的权利。

（10）有权申请人民检察院、人民法院对以非法方法收集的证据依法予以排除。

（11）有权知道用作证据的鉴定意见的内容，可以申请补充鉴定或重新鉴定。

上述权利，您听清楚了吗？如果不明白，我可以为您解释。

犯罪嫌疑人：……

律师：侦查机关在提审您的时候有无对您打骂、恐吓、威胁、刑讯逼供、冻、饿、烤、晒、疲劳审讯？如果存在以上非法取证情形，请问何人在何时何地实施了以上何种行为？

犯罪嫌疑人：……

律师：如果再次被刑讯逼供，应当准确记下刑讯逼供的参与人员、时间、地点、内容、方式，并在第一时间向"驻所"检察官或管教反映，若有伤情请立即将伤情告诉检察官、管教、室友，条件允许的话，将以上情况写成书面材料。

犯罪嫌疑人：……

五、告知案件办理程序和期限

律师：按照我国《刑事诉讼法》的规定，一般刑事案件大致要经过3个阶段，即侦查阶段（公安机关）、审查起诉阶段（人民检察院）和审判阶段（人民法院）。其中，在侦查阶段，刑事拘留最长时间是37天，到期后，公安机关会呈请检察机关

批准逮捕，检察机关审查逮捕的期限是 7 天。在逮捕后的羁押期限一般是 2 个月。如果没有延长羁押期限，2 个月后会侦查终结，公安机关会将案件材料移送检察机关审查起诉。检察机关的审查起诉期限一般为 45 天，如果认为证据不足，可能会退回公安机关补充侦查，退回补充侦查以两次为限，每次补充侦查的时间为 1 个月。检察机关审查证据材料后，认为涉嫌犯罪证据充分，会将案件移送法院起诉。一审法院的审理期限一般为自立案之日起 3 个月。您是否听明白？

犯罪嫌疑人：……

六、告知涉嫌罪名的法律规定、犯罪成立条件、司法解释及量刑幅度

律师：现在向您详细介绍您所涉嫌罪名的法律规定（讲解涉嫌罪名犯罪构成要件、量刑的相关规定）。以上内容是否听清楚？

犯罪嫌疑人：……

七、了解具体案情、讯问情况

律师：现在请您把案情的经过向我陈述一下。根据法律规定，您可以依据事实和法律做有罪的陈述或无罪的辩解，如果您无法确定，可以客观陈述事实。

犯罪嫌疑人：……

律师：在我会见您之前，侦查机关来提审过您吗？对您共提审过几次？您怎么回答的？可以将讯问笔录的大致案情告诉我一下。

犯罪嫌疑人：……

律师：侦查机关给您做的笔录您是否都认真看过、校对过？笔录记载的内容与您说的是否一致？每页笔录您有无签名捺印？

犯罪嫌疑人：……

律师：您知道承办您案件的具体侦查机关和办案人员的名称和姓名吗？

犯罪嫌疑人：……

律师：以上关于案件事实的陈述与您向侦查机关所作的供述是否一致？若有不一致的地方，体现在哪些方面？

犯罪嫌疑人：……

律师：关于基本案情，您有需要补充的吗？

犯罪嫌疑人：……

八、了解有无从轻、减轻、免除处罚的情节

律师：您是否认罪？如果认罪，为什么认罪？是否知道认罪的结果？如果认罪认罚可以得到量刑优待，您是否愿意适用"认罪认罚"？（具体解释一下什么是认罪认罚制度）

犯罪嫌疑人：……

律师：您是否愿意退赃或赔偿？如果愿意，具体数额多少？

犯罪嫌疑人：……

律师：您有无自首、立功或者坦白的情形？（具体向嫌疑人介绍《刑法》中关于

自首、立功和坦白的规定）

犯罪嫌疑人：……

九、其他需要了解的与案件有关的情况

律师：最近在看守所生活情况怎么样？您对家人有什么需要问候或交代的？

犯罪嫌疑人：……

律师：在今天的会见中律师有无教唆您作虚假陈述或作伪证？有无通过言语或行动等方式威胁、引诱、指使您违背事实翻供、串供？

犯罪嫌疑人：……

律师：今天的会见就到此为止，我下次再来见您，请多保重。

犯罪嫌疑人：……

律师：以上笔录请阅读，若您不识字我将读给您听，如果记录有遗漏或者错误之处，请予以补充或者更正，确认无误后请在每页签名并捺手印，并在最后一页注明年月日。

犯罪嫌疑人：……

【模拟训练】

侦查阶段第一次会见的课堂模拟设计：

1. 将参与模拟训练的学生按角色分成三组，即律师组、犯罪嫌疑人组、点评人组。

2. 将案卷材料分别发给律师组、犯罪嫌疑人组和点评人组的同学，给这三组的案卷材料略有不同，律师组的学生掌握的案卷材料要少于犯罪嫌疑人组和点评人组的学生。

3. 三组学生在进行模拟训练前不能互相沟通。

4. 犯罪嫌疑人组的学生可以根据律师会见的禁忌自行设计一些可能使律师违规的问题向律师组学生提出要求，也可以结合现行法律规定就犯罪嫌疑人的权利义务以及案件处理结果发问，问题设计要假定犯罪嫌疑人有不懂法的身份特点。

5. 律师在会见犯罪嫌疑人过程中，点评人全程在场，会见结束后进行点评。点评可以根据律师的表现，重点考察律师是否可以基本完成第一次会见的任务，是否可以恰当地处理犯罪嫌疑人的问题。

6. 模拟训练结束后，三组学生在一起进行复盘，找出优缺点。

案件示例在二维码中，任课教师在指导学生进行模拟训练时可以参考基本案情进行增减，以符合模拟训练的需要。

【侦查阶段模拟会见练习】

五、会见后的其他工作

(一) 注意听取侦查机关的侦查意见

律师在立案侦查阶段会见犯罪嫌疑人的同时，还应主动听取侦查机关的侦查意见。在与侦查人员的交流过程中，可以向其了解对案件的定性，是否可以为犯罪嫌疑人办理取保候审等。律师还可以根据其所了解到的案件事实和证据向侦查机关表达其主观上认为犯罪嫌疑人无罪、轻罪、罪轻的辩护意见。

(二) 办理取保候审等强制措施变更手续

律师在会见犯罪嫌疑人了解案件情况之后，应当审查犯罪嫌疑人是否符合法律规定的取保候审、监视居住的条件，符合法律规定的应当向侦查机关提出取保候审、监视居住的申请，就羁押必要性问题向侦查机关提出意见。以取保候审为例，《刑事诉讼法》规定，有下列情形之一的犯罪嫌疑人、被告人，可以取保候审：①可能判处管制、拘役或者独立适用附加刑的；②可能判处有期徒刑以上刑罚，采取取保候审不致发生社会危险性的；③患有严重疾病、生活不能自理，怀孕或者正在哺乳自己婴儿的妇女，采取取保候审不致发生社会危险性的；④羁押期限届满，案件尚未办结，需要采取取保候审的。司法实践中，能够办理取保候审的案件主要集中于以下几种类型：交通肇事案、未成年人犯罪案、对被害人已经进行经济赔偿的轻伤害案、危险驾驶案，以及其他一些犯罪情节较轻符合取保候审条件的案件。

符合上述条件的，律师应当告知犯罪嫌疑人家属有关取保候审法律的规定，并制作取保候审保证人谈话笔录，之后律师向侦查机关提供以下法律文书：取保候审申请书；取保候审保证人谈话笔录；保证人与犯罪嫌疑人亲属关系证明文件。

【文书范本】

取保候审申请书

申请人：××，北京市××律师事务所律师，系××涉嫌××罪一案的辩护人。

申请事项：申请依法对犯罪嫌疑人××变更强制措施为取保候审

事实和理由：

此致
北京市××公安局分局

申请人：北京市××律师事务所（章）

××律师
××××年××月××日

（三）与侦查机关沟通意见

律师在案件代理结束之前，在会见当事人并与侦查机关交流之后，应当根据了解到的案件情况，对于不符合逮捕条件的犯罪嫌疑人，对本案的认定事实方面、采纳证据方面、适用法律方面以及对犯罪嫌疑人有利的情节方面在案件侦查终结之前提出意见，供侦查机关参考。对于犯罪嫌疑人的身份情况、是否实施了犯罪、是否具有羁押必要性等情况是本阶段与侦查机关沟通的重点，如果有认罪认罚可能的，也可以就认罪认罚的具体事项与侦查机关进行沟通。

第三节 审查起诉阶段的会见

在侦查阶段对于犯罪嫌疑人的会见有一定限制，即对于犯罪嫌疑人实施危害国家安全犯罪、恐怖活动犯罪案件，在侦查期间辩护律师会见在押的犯罪嫌疑人，应当经侦查机关许可。但是，从审查起诉阶段开始，律师的会见权没有上述情况的限制，且辩护律师自人民检察院对案件审查起诉之日起，可以查阅、摘抄、复制本案的案卷材料，自案件移送审查起诉之日起，可以向犯罪嫌疑人、被告人核实有关证据。因此，审查起诉阶段的会见与侦查阶段的会见有所不同，此时，经过侦查阶段的会见，犯罪嫌疑人和律师已经形成委托关系（如果律师从侦查阶段已经介入），双方已经形成基本的信任，如果是在审查起诉阶段首次接受委托的律师，律师也可以查阅案件的全部材料，对于案情的了解不仅仅局限于当事人的陈述，案件中的证人和其他相关证据材料也已经展现在律师面前，律师对于案件有了较为全面的掌握，因此，审查起诉阶段的任务会集中在全面了解案情和核实相关证据方面。另外，虽然《刑事诉讼法》并未要求会见时必须有两位律师同时参见，但从工作方便的角度，建议以两人会见为主，单人会见为辅。

一、审查起诉阶段律师会见的主要工作内容

（一）全面了解案情

全面了解案情，是审查起诉阶段的主要任务，此时对于案情的了解不仅仅局限于当事人自己的陈述，而应该由律师在全面阅卷的基础上去听取当事人的陈述，并根据事先阅卷获得的信息进行有针对性的发问。律师的一个重要工作就是向犯罪嫌疑人了解办案机关提审的具体情况，其供述有无新的变化，向犯罪嫌疑人询问公诉人曾经问过的问题。律师可以通过公诉人对犯罪嫌疑人的问话追踪到公诉人对案件的基本看法以及入罪逻辑。如果做好此工作，律师甚至能够推测出公诉人撰写起诉书的重点。

（二）核实有关证据

《刑事诉讼法》规定，辩护律师在审查起诉阶段可以向犯罪嫌疑人、被告人核实证据，但是，何为"核实证据"，如何"核实证据"，《刑事诉讼法》并没有详细的规定。一般来说，以下几种证据类型的"核实证据"方法可以作为参考。

对于犯罪嫌疑人本人的供述和辩解、犯罪嫌疑人向侦查机关提交的书面材料是可以直接向犯罪嫌疑人进行展示和宣读的，因为这些证据本来就来自于犯罪嫌疑人。

对于物证、书证、视听资料、电子数据、鉴定意见、勘验笔录、侦查实验笔录、辨认笔录等，因为其具有客观性的特点，将这些证据展示给犯罪嫌疑人也是没有问题的。实际上，犯罪嫌疑人对于这些证据进行了解，才能由此发现证据存在的问题，这也是犯罪嫌疑人行使自辩权的基础，只要法律没有禁止，律师可以通过宣读、出示等方式核实上述证据。

对于犯罪嫌疑人以外的其他同案犯的供述、证人证言、被害人陈述等是否可以向被害人核实，有一定争议。持肯定态度的观点认为，律师会见时，对于其阅卷取得的所有材料都可以向犯罪嫌疑人、被告人展示，这是被告人行使自辩权的基础，也是律师行使辩护权的职责所在，现行法律和规章没有禁止性规定，从法理分析，法不禁止即自由，因此，在法律没有明文禁止律师向犯罪嫌疑人、被告人展示全部证据的情况下，律师可以将这些证据展示给犯罪嫌疑人、被告人进行核实。持否定态度的观点认为，将同案犯的供述或其他证人的证言向犯罪嫌疑人、被告人展示，可能会导致类似于"串供"的效果，因此，这部分证据不能进行"核实"。我们认为，律师在会见过程中向犯罪嫌疑人、被告人全面核实证据、了解案件情况是律师行使辩护权和当事人行使自辩权的基础和前提，如果犯罪嫌疑人、被告人在对证据以及案情全然无知的情况下开庭，将使其无法有效行使自辩权，失去控辩双方平等对抗的基础，同时，向犯罪嫌疑人、被告人全面核实证据也可以使其发现控方证据链条中的漏洞和不实之处。但是，全面核实证据，并不意味着将所有的证据都原封不动地全部展示给犯罪嫌疑人、被告人查看，因为《刑事诉讼法》没有规定犯罪嫌疑人可以查阅、复制全部案卷材料，核实证据也不是简单地拿出证据让其翻看。因此，律师对这类证据的核实方式可以采用"人证分离"的方式进行，即律师在全面熟悉证人基本情况及证言内容的基础上，从两个方面进行核实，一是核对证人与犯罪嫌疑人的关系，看是否认识、是否有利害关系、是否有作证能力；二是将证言中对犯罪嫌疑人、被告人不利的或者与其本人陈述的内容有矛盾的地方拿出来与其核实，这样既可以提高效率，又可以核实到实情，还可以避免风险。同时正确的方法是律师将上述证言以概括、摘要的方式向犯罪嫌疑人核实，征求其意见，不要直接将证人证言向其阅读。

（三）核查侦查机关是否存在违法取证行为

律师通过会见犯罪嫌疑人、了解案件情况，可以了解侦查机关在办案过程中是否存在违法之处，进而能够为程序性辩护做准备，例如侦查机关是否存在刑讯逼供等非法取证行为。

（四）根据案情提出初步的法律分析意见

经过对案件事实的了解和对在案证据的核实，律师对于案件的方向有了基本的意见。此时，要与犯罪嫌疑人进行沟通，确定诉讼方案，从而决定是罪轻辩护还是无罪辩护。律师后续将以此为辩护方向，向检察院提交辩护意见。

二、会见中的注意事项

审查起诉阶段的会见可能是辩护律师第一次介入，也可能是在侦查阶段已经介入，在审查起诉阶段继续担任辩护人。如果是律师在审查起诉阶段第一次介入，则在会见时的沟通与侦查阶段第一次会见基本相同，如都需要律师在第一次会见时确定委托关系，进行法律咨询等，所不同就是比侦查阶段多了核实证据环节。如果律师在侦查阶段已经与犯罪嫌疑人确定了委托关系，则在审查起诉阶段就可以直奔主题，进行证据的核实和对案件事实的全面了解。

在审查起诉阶段有以下内容需要注意：

（一）律师在会见时需要重点询问的内容

1. 是否认可起诉意见书认定的罪名、犯罪事实及主要证据，起诉意见书认定的处罚情节是否存在。

2. 有无辩解以及辩解的理由和根据。

3. 自首和立功问题，对于自首要特别关注归案方式的询问，以便从专业角度进行判断是否属于自首。

4. 在共同犯罪中的作用，如犯意由谁提起、目标谁确定、工具谁选择、人员谁组织、主要行为谁实施、犯罪后果谁造成等。

5. 询问犯罪嫌疑人对附带民事诉讼的意见。

6. 是否愿意认罪认罚。

7. 是否存在刑讯逼供、超期羁押及合法权益遭受侵害的其他情况。

（二）核实证据的方式

辩护律师向犯罪嫌疑人核实有关证据时，在防止同案犯罪嫌疑人之间、证人之间以及犯罪嫌疑人和证人之间串供的前提下，建议分别采取以下方式核实证据：

1. 对于物证、书证、勘验、检查、辨认、侦查实验笔录以及视听资料、电子数据等客观证据，可以采取宣读、出示的方式核实。

2. 对于犯罪嫌疑人本人供述，可以采取摘要介绍、宣读的方式核实。

3. 对于其他言辞证据，犯罪嫌疑人有疑问时，可以采取问答的方式进行核实。

（三）会见的时间和次数

由于审查起诉阶段律师可以去检察院查阅、复制全案的卷宗材料，在律师接受犯罪嫌疑人家属委托后，是先阅卷后会见，还是先会见后阅卷？一个案子可以会见几次，也是实务中经常被提起的问题。一般来说，好的会见效果是首先阅卷，在阅卷后对案件有了全面了解的基础上再会见，不仅可以有针对性地对犯罪嫌疑人就某些案情进行发问,也可以核实证据。但是,如果律师是在审查起诉阶段才第一次接受委托介入到案件中,或者案件材料很多,不能一次全部看完,也可以在接受委托后先进行会见,与被告人确定委托关系,了解基本案情后再进行阅卷。由于会见的次数没有限制,律师可以在任何时候到看守所会见,所以,先会见后阅卷也是可以的。

总体来说,审查起诉阶段的会见可以分三步:

第一次会见:确定委托关系,了解犯罪嫌疑人的基本情况和基本犯罪事实。

第二次会见:对卷宗中相关情况进行核实,确定是否有待查事实需要调查取证,逐步形成基本的辩护意见,准备与检察机关进行沟通。

第三次会见:再次同犯罪嫌疑人核实案情,澄清重要问题,将律师的工作进行反馈,听取犯罪嫌疑人的意见,调整最终提交检察院的辩护方案。

(四)制作会见笔录

会见犯罪嫌疑人、被告人要如实记录会见过程,制作会见笔录并请犯罪嫌疑人、被告人签字确认。

三、认罪认罚从宽程序的适用建议

对于犯罪嫌疑人、被告人愿意如实供述犯罪事实,对指控没有异议,认罪认罚有利于维护犯罪嫌疑人、被告人最大合法利益的案件,律师可以根据不同情况决定是否建议犯罪嫌疑人、被告人适用认罪认罚从宽程序。

1. 犯罪嫌疑人、被告人构成犯罪事实清楚、证据确实充分,且犯罪嫌疑人、被告人也认罪的,律师可以建议其适用认罪认罚从宽程序,在法律服务方案上,加强对罪轻情节的辩护。

2. 犯罪嫌疑人、被告人虽然认罪,但根据事实和法律,案件本身不能成立犯罪,律师应当向犯罪嫌疑人、被告人提供详尽的咨询意见,提出定性意见。

3. 犯罪嫌疑人、被告人不认罪,且根据事实和法律确实不构成犯罪的,律师应根据法律规定予以详尽的解释,要求其实事求是地作出无罪辩解。

4. 根据事实和法律,对犯罪嫌疑人、被告人足以定罪,但犯罪嫌疑人、被告人不认罪,律师应当对足以定罪的事实和法律进行讲解,如果犯罪嫌疑人、被告人的辩解有合理性且坚持做无罪辩解的,律师可以协助其做无罪辩护;如果犯罪嫌疑人、被告人的辩解不具有合理性且无其他证据,律师可以建议其认罪,走认罪认罚从宽程序。如果其坚持无罪辩解,律师可以根据其要求,提出无罪辩护意见,但应告知其无罪辩护可能的辩护走向。

四、会见后的其他工作

(一)联系办案人员陈述辩护意见

对于公安机关侦查的案件,如果犯罪嫌疑人被采取拘留强制措施,检察机关需要在自接到公安机关提请批准逮捕书后,7日以内作出批准逮捕或者不批准逮捕的决定。因此律师可以争取在此期限内联系到办案人员,向其陈述辩护意见或者侦查机关的违法办案行为。如果律师能够在办案人员尚未形成内心确信之前交流意见，会达到事半功倍的效果。因此律师要在关键时间期间与办案人员进行有效沟通。

（二）向检察机关提交辩护意见

《刑事诉讼法》第173条规定，人民检察院审查案件，应当讯问犯罪嫌疑人，听取辩护人或者值班律师、被害人及其诉讼代理人的意见，并记录在案。辩护人或者值班律师、被害人及其诉讼代理人提出书面意见的，应当附卷。因此，在审查起诉阶段，辩护律师应向审查起诉机关提交辩护意见书，陈述犯罪嫌疑人不构成犯罪、证据不足或者不具有社会危险性等方面的辩护意见。辩护意见的写作应注意以下几点：

1. 辩护意见的正文部分，律师需简要陈述侦查机关认定的事实及对侦查机关认定罪名的意见，写明对案件认定的意见，主要包括：事实不清、证据不足；行为不构成犯罪；变更罪名；减少犯罪数额和减少罪数等。并写明具体依据的法律条文。

2. 对于一定会进入法庭审理程序的案件，律师应尽量只对案件中的法律适用问题发表意见，对于证据不足、证据之间的矛盾，尤其是证人证言、嫌疑人供述及辩解等言词证据自身及相互之间存在的问题，尽量不要发表意见。因为检察机关可以充分利用退补等手段在庭审前解决这些证据问题。

3. 律师可以通过提供生效案例来支持自己的法律观点。判例虽然在我国不具有法律效力，但是对司法机关有一定的参考作用。对一些有争议的问题，检察机关在指控之前考虑法院的观点及既往的判例是正常的，此时律师提交的判例往往就能产生积极的影响。判例的主要来源有：中国裁判文书网上公布的裁判文书、刑事审判参考、人民法院案例选、中国审判案例要览等。

4. 在辩护意见的最后，律师应该总结重申一下核心观点，同时在文书的附件中写明辩护意见所适用的具体司法解释条文和以往相关的判例。

【文书范本】

辩护意见

（审查起诉阶段）

××人民检察院：

根据《中华人民共和国刑事诉讼法》第三十四条的规定，××律师事务所接受本案犯罪嫌疑人××亲属的委托并征得他本人同意，指派我担任本案犯罪嫌疑人的辩护人。接受委托后，辩护人查阅了本案相关材料，会见了犯罪嫌疑人，现依事实和法律提出辩护意见：

一、……

二、……

三、……

综上所述，辩护人认为……，请求本案承办人员能够采纳辩护意见。

辩护人：北京市××律师事务所（章）
××律师
××××年××月××日

（三）申请变更强制措施

对被羁押的犯罪嫌疑人申请变更强制措施并不限于侦查阶段。案件进入审查起诉阶段之后，律师仍然可以向检察机关申请变更强制措施。在司法实践中，律师通常是通过申请检察机关启动"羁押必要性审查程序"，来实现办理监视居住、取保候审的目的。《人民检察院办理羁押必要性审查案件规定（试行）》第7条规定，犯罪嫌疑人、被告人及其法定代理人、近亲属、辩护人申请进行羁押必要性审查的，应当说明不需要继续羁押的理由。因此如果律师能够发现《人民检察院办理羁押必要性审查案件规定（试行）》第17条和第18条规定的16种情形之一，可以申请检察机关对案件进行羁押必要性审查。

【文书范本】

羁押必要性审查申请书

申请人：××，北京市××律师事务所律师，犯罪嫌疑人王××之辩护人。联系地址：×××，联系电话：×××。

申请事项：请求对涉嫌××罪的犯罪嫌疑人王××进行羁押必要性审查，建议办案机关变更为取保候审强制性措施。

事实与理由：

犯罪嫌疑人王××因涉嫌诈骗罪，已于××××年××月××日经北京市××区人民检察院批准执行逮捕，现羁押于××区看守所。现本人作为其辩护律师，依法申请贵院进行羁押必要性审查，变更为取保候审强制措施。

具体理由如下：

一、王××采取取保候审不致发生社会危险性。

二、王××所涉××罪情节轻微，可能被判处拘役或管制刑罚，且已经认罪并如实供述所犯罪行，符合取保候审条件。

三、根据宽严相济的刑事司法政策，本案应慎用逮捕措施。

综上所述，本律师恳请贵院遵照《刑事诉讼法》和最高人民检察院发布的《人民检察院办理羁押必要性审查案件规定（试行）》的相关规定，贯彻《最高人民检察院关于在检察工作中贯彻宽严相济刑事司法政策的若干意见》的精神，坚持区别对待、宽严相济，严格把握"有逮捕必要"的逮捕条件，慎重适用逮捕措施，启动羁押必要性审查程序,依法对王××变更强制措施为取保候审。
此致
北京市××区人民检察院

申请人:××律师事务所(盖章)
××××年××月××日

第四节 审判阶段的会见

自人民检察院向人民法院提起公诉开始,刑事案件进入到审判阶段。起诉书是人民检察院审查起诉阶段的结论性文书,是人民检察院起诉的内容概述,也是辩护律师的切入点和落脚点。因此,进入审判阶段,律师会见与侦查阶段和审查起诉阶段的律师会见的任务和作用有所不同。

一、审判阶段会见的准备

(一)前往人民法院阅卷

经过检察机关对案件的审查,具备起诉条件后,检察机关制作起诉书,向人民法院提起公诉,法院立案后,辩护律师在会见前首先要到人民法院进行阅卷,复制全部案卷材料。此时的卷宗材料较审查起诉阶段的卷宗材料会有五个需要特别关注的变化:一是起诉书,这是最为关键的诉讼文书;二是之前案卷中没有的新证据,这些证据可能是移送审查起诉之际未能移交,后又在移送审查起诉前移交的证据,也可能是退回补充侦查后的新证据;三是补充侦查提纲(案件如果有补充侦查程序则会有补充侦查提纲);四是审查起诉阶段检察人员自行侦查的证据;五是检察人员询问犯罪嫌疑人、证人的笔录。这些材料对于准备会见被告人、确定庭审思路具有重要意义。

(二)制作会见提纲

庭审前的会见提纲对于做好庭审辩护工作具有重要意义,会见提纲的中心点是听取被告人的陈述和辩解,发现、核实、澄清案件事实和证据材料中的矛盾和疑点,会见提纲主要针对以下几个方面的问题:[1]

1. 起诉书中指控的事实是否属实。律师收到起诉书副本后要认真听取被告人对起诉书的意见,并从案卷材料中寻找依据。

2. 起诉书对案件的定性是否准确。

3. 指控证据的真实性、合法性、关联性是否存在问题。

4. 程序上如何应对。

---

[1] 本部分内容参考徐宗新:《刑事辩护实务操作技能与执业风险防范》,法律出版社2018年版,第201~203页。

5. 辩护意见的确定。

二、会见笔录

审判阶段对被告人的会见，至少要有四次。一是接到法院送达的起诉书副本后对被告人的会见，此时会见的主要任务是了解被告人对起诉书的意见；二是根据阅卷获得的证据向被告人核实证据，确定初步的辩护意见；三是开庭前的会见，向被告人介绍庭审程序、规则、被告人在庭审中享有的权利义务，进行庭前辅导，并确定最后的辩护思路；四是在判决作出后律师对被告人的会见，询问其对判决的看法，是否上诉。

会见笔录的格式与前面介绍的格式基本相同，下面以一个庭前会见的案例[1]作为实例，展示庭前会见的内容。

辩护人：你好，你有没有收到起诉书？

被告人：收到了。

辩护人：你的案件会在××时间开庭审理，今天来会见你和你沟通一下。

被告人：好的。

辩护人：你对起诉书认定你的身份信息、指控的事实、指控的罪名是否认可？

被告人：身份信息没有问题，指控的事实不属实，对于罪名我不认可，我无罪。

辩护人：你认为哪些事实是不属实的？

被告人：我认为……等是不属实的。

辩护人：那我们根据案件材料和你梳理一遍。现在向你核实第一组证据即你的供述与辩解，你在××时间做过几次笔录，你都供述了检察机关指控的事实，这是什么情况？

被告人：那是遭到侦查人员的恐吓和诱骗才作出的供述，律师你可以调取监控看。

辩护人：你的案件不属于讯问必须同步录音录像的案件，我们已经向法院申请调取，侦查机关已经出具书面说明，说你当时如实供述了，没有录音录像。请你详细陈述一下侦查人员如何非法取证。

被告人：好的，××时间、××地点、××人员……对我非法取证。

辩护人：我会依法向法庭申请侦查人员出庭，但最终能否得到法庭许可现在还无法确定，你有权利同侦查人员对质。

被告人：好的。那我现在翻供行不行？

辩护人：你现在翻供需要查看你翻供的理由是否充足，若充足，法院是可以采纳你翻供之后的供述的。

---

[1] 主要参考王亚林：《精细化辩护：标准流程与文书写作》，法律出版社2017年版，第145~148页。

第三章 律师会见

辩护人：现在向你核实第二组即证据证人证言，现有××名证人证实你当时做了××事。你如何看待他们的证言？（律师认为证人使用了推测性言词且系传闻证据。）

被告人：他们这么说是不真实的，我要申请他们当庭作证。

辩护人：我会依法申请他们出庭作证，并向他们发问，你有什么想法可以告诉我。

辩护人：现在向你核实第三组即证据鉴定意见。

被告人：（发表对鉴定意见的看法）

……（继续向被告人核实证据）

辩护人：现在告知你一审庭审的程序。首先是审判长宣布开庭，核实你的身份，告知庭审人员、公诉人，问你是否申请回避，若不申请你就直接回答。

被告人：好的。

辩护人：其次进入法庭调查程序。公诉人会宣读起诉书，审判长会问你对起诉书指控的事实和罪名你有什么意见，你有意见就直接说出来，直截了当，简明扼要。

被告人：好的。

辩护人：然后，公诉人会对你进行讯问。他可能会问你以下几个问题：你之前供述的是否属实？你有没有实施起诉书中的行为等？……（可能存在的问题）你如实地向法庭陈述就可以了，不要受公诉人的问话方式和语气的影响，你客观、真实地向法庭回答就可以了。

被告人：好的，我可不可以反问公诉人问题？

辩护人：这在法律上不可以。但是公诉人问完就是辩护人发问，我通常会问你发散性的问题，你可以将事实和想表达的意思说出来。我会问你以下这些问题，如……（之前核实过的问题），你如实回答就行了。我问完后其他辩护人会问你问题，你也如实回答就可以了。如果其他律师问的问题有陷阱，你要注意，与案件无关的你可以拒绝回答。最后，审判长可能会问你问题，在回答之前，你可以想清楚再回答。回答相互矛盾或故意虚假陈述，你要承担相应的责任，但总归要理性、文明、礼貌。如果需要与其他被告人对质的，律师可以向法庭申请，审判长也会准许的。

被告人：好的，我肯定如实回答。

辩护人：然后进入法庭质证阶段。公诉人先举证，你要仔细听清楚，对于不属实或有异议的你可以提出来，也可以由律师发表质证意见。公诉人举证结束后，你有证据也可以提交。

被告人：好的，到时候你帮我质证吧。

辩护人：接下来就是申请的证人出庭。公诉人、当事人和辩护人、诉讼代理人经审判长许可，可以对证人、鉴定人发问，你也可以发问。

被告人：好的。

辩护人：法庭调查结束后就进入法庭辩论阶段。首先是公诉人宣读公诉意见，通常包括三点：一是事实清楚，证据确实、充分，罪名正确；二是本案的危害后果；三是量刑建议。在公诉人发表完毕后你可以自行辩护，也可以先由律师来辩护。我的辩护理由有以下几点：……（事先沟通的辩护方案内容）辩护通常会有两轮，你认为需要补充的可以补充，尽量不要重复。你也可以自行书写辩护意见提交法庭。

被告人：好的。

辩护人：最后就是你向法庭陈述，说说你想对法庭说的话，不一定是辩护的内容。

被告人：好的。

辩护人：法庭一般不会当庭宣判，可能会择日宣判，这样庭审就结束了。

被告人：好的。

三、对被告人进行庭审流程的介绍和庭审辅导

对于大多数被告人来说，虽然案件已经经历了侦查、审查起诉阶段，律师也已经与其进行了多次会见，但其对庭审毫无概念，对于走向法庭仍较为紧张，没有做好充分的心理准备，不知道该如何在法庭上为自己辩护。这时，律师需要在庭审前会见被告人，向被告人告知整个法庭审理的程序，告知庭审中的每一个流程及其注意事项，让被告人对法庭核实身份、控辩审三方发问、法庭调查举证、质证、法庭辩护以及最后的自我陈述等流程有大致了解和认识，同时，在庭审前，律师要将辩护方案与被告人进行充分沟通，征求被告人意见，从而更好地让被告人在法庭上配合辩护人开展辩护工作。

向被告人介绍庭审流程，既要全面，也要使用通俗易懂的、以被告人的知识和智力水平可以听懂的语言进行介绍。

向被告人介绍庭审流程如下：

第一步，审判长宣布开庭。核对被告人身份，询问被告人收到起诉书的时间是否超过10天，告知法庭审理的法官、公诉人、辩护人、陪审员名单，询问是否申请回避。根据《刑事诉讼法》的规定，被告人、辩护人在法庭审理过程中依法享有申请回避的权利，即认为合议庭组成人员、法官助理、书记员、公诉人与本案有利害关系，可能影响对案件的公正审理，被告人有权提出理由，申请上述人员回避。申请回避的法定理由有：①是本案的当事人或者是当事人的近亲属；②本人或近亲属和本案有利害关系；③担任过本案的证人、鉴定人、辩护人、诉讼代理人；④与本案有其他关系，可能影响公正处理案件的。

审判长还会告知庭审期间各方的权利：被告人、辩护人有权申请通知新的证人到庭，调取新的物证，申请重新鉴定或者勘验。公诉人、被告人、辩护人可以申请法庭通知有专门知识的人出庭，就鉴定人作出的鉴定意见提出意见，并可申请法庭通知鉴定人出庭。公诉人、被告人、辩护人经审判长许可，可以对证据和案件情况发表意见并且可以相互辩论。被告人除享有上述权利外，还有自行辩护和最后陈述

的权利，即在法庭辩论终结后，你对案件有什么意见和要求，还可以在最后陈述中提出。

第二步，法庭调查。公诉人宣读起诉书。公诉人宣读起诉书后，审判长会问被告人对起诉书指控的事实和罪名有什么意见这个时候，此时要简要地说明对起诉书的意见。说意见的时候要注意：一要简洁，点出问题即可，不可长篇大论，不得要领；二要明确，是就是，非就非，认可就认可，不认就不认，不要模糊不清；三要条理清晰，表达清楚。

公诉人对被告人进行发问。公诉人的讯问是围绕起诉书进行的，主要讯问的是犯罪事实和可能影响量刑的事实，回答问题要以事实本身的面貌，如实向法庭陈述，问题虽然是公诉人提出的，但回答是给法庭听的。公诉人结束发问后，由辩护人发问，"首先由我对你进行发问，然后由其他同案犯的辩护人依次发问，对于发问，你只要在庭上清晰如实地讲出来就可以。对于不确定的你就说不能确定，对让你猜测的问题可以拒绝回答"。最后，是审判长发问。审判长一般是针对公诉人、辩护人有些问过但还不是十分明确的问题进行再次发问，以及公诉人、辩护人发问中未涉及但是对本案定性量刑有重大影响的问题。对于所有发问要听清楚问题，实事求是地回答。

举证质证阶段。先由公诉人举证。公诉人会针对指控的犯罪事实出示相关证据，公诉人出示证据后，会问被告人对这个证据的意见，如果认为这个证据有问题或者需要向法庭解释的，可以发表自己的意见和异议，并向法庭提出异议的依据。公诉人还会宣读同案犯的笔录和其他证人的笔录，对不符合事实的地方要向法庭指出来。对于公诉人出示的鉴定意见，如果有意见可以提出，对鉴定意见有异议的，还可以申请重新鉴定。对于公诉人出示的书证、物证、照片和视听资料等，当庭都可以辨认。见过的，看是不是原物；如果没有见过，就说没有见过。公诉人最后还会出示一些综合证据，如案发经过、身份证明等，也要仔细看，与真实情况有无出入。有出入的话，要向法庭提出来。在公诉人出示证据的时候，可以提出意见，律师会在之后提出系统的质证意见。公诉人举完证后，法官会问有没有证据要出示，如果没有就直接回答没有，或者可以说请辩护人进行举证。然后是辩护人举证，律师会把调查取证的材料向法庭展示，对其他被告人的辩护人出示的证据，如果有异议的部分，要指出来。辩护人也会进行相应的质证。在公诉人、辩护人出示证据全部完毕后，法庭调查阶段结束。

第三步，法庭辩论阶段。法庭辩论首先由公诉人发表公诉意见。公诉意见一般有三点：一是本案事实清楚，证据确实充分，被告人的行为构成犯罪；二是本案的社会危害性及启示；三是量刑建议。公诉意见发表完毕后，在法官问对公诉意见是否有辩护意见时，可以自己简单说几句，也可以直接向法庭说"由我的辩护人发表辩护意见"。第一轮辩护意见先让律师来发表，效果更好。律师发表完辩护意见后，由公诉人发表答辩意见。公诉人会对辩护人的辩护意见进行反驳。法庭辩论一段进行两轮至三轮，之后法庭辩论阶段结束。

第四步，被告人最后陈述。最后陈述不是重新再讲一遍辩护意见，而是提供一个机会，向法庭表态，可以讲一下感受，要真情实感，不要说空话套话。如有必要，可以写成书面的提交法庭。

第五步，当庭宣判或审判长会宣布休庭进行合议，合议后宣判。如果案情相对复杂，审判长会宣布择日宣判。整个庭审过程结束。

四、审判后的会见

一审法庭审理结束后，律师的工作还没有结束。律师应当对辩护工作负责到底，做好休庭后的工作。律师不仅需要向法庭提交整理后的辩护词，还需要在一审判决后未生效的10日内到看守所会见被告人，询问其对一审判决的意见，以及是否要提起上诉。如果一审被告人不服一审判决的，律师应当为其书写上诉状，并将会见过程制作会见笔录。同时将被告人是否要提起上诉的情况转告给被告人的家属。

第五节 律师会见的禁忌

一、法律禁忌

虽然律师在三个不同诉讼阶段的任务和会见目的略有不同，但是律师在会见时的禁忌存在共同之处，需要特别注意：

（一）律师帮助犯罪嫌疑人串供、翻供

律师在对犯罪嫌疑人、被告人进行法律咨询时，会被问到如："我可不可以这样说？""这个事实是不是对我不利，我是不是可以不说？"或者"我怎样说才可以不被追究责任"之类的问题，对此，律师回答问题时只能向犯罪嫌疑人和被告人讲解清楚法律规定以及如实供述或拒绝供述的法律后果，而不能直接教他们应该怎么说合适，律师应不引导、不教唆犯罪嫌疑人和被告人做虚假供述与辩解，否则，律师的行为可能会造成毁灭、伪造证据或者教唆做伪证的法律后果，如果当事人最终没有达到他的诉讼目的，也可能反而投诉律师。

同时律师也要注意在侦查阶段会见时不要过分涉及案情，因为在这一阶段法律事实处于不稳定状态，律师会见的主要任务是简要向犯罪嫌疑人了解一下案情、告知犯罪嫌疑人权利、法律咨询等，不要过分地向侦查机关打探案情。律师可能会为了核实案情或者为了获取犯罪嫌疑人信任，有意无意地向犯罪嫌疑人透露案情，这就给犯罪嫌疑人改变供词的机会，此时律师在客观上起到串供翻供的作用，在共同犯罪案件中此种情况尤为严重。如果侦查机关发现犯罪嫌疑人改变供词、推翻原有供述，可能会对律师进行调查，带来一定麻烦。

因此，律师始终要牢记自己的责任是维护犯罪嫌疑人、被告人的合法权益，不要把自己当成当事人，做出失去理智的愚蠢行为，在阅卷中对案件事实做出独立的判断，对于当事人的非法要求要加以拒绝。

（二）律师需要履行保密义务

根据《刑事诉讼法》和《律师法》的规定，律师具有保密的义务。案件的卷宗所记载的内容在法庭未公开审理之前属于犯罪侦查秘密或者是国家秘密，是不能对外公开的。例如《公安工作中国家秘密及其密级具体范围的规定》中规定，正在侦查的重大刑事案件的侦查方案、使用手段、侦查、预审及技术鉴定工作情况均属于国家秘密的范围。《检察工作中国家秘密及其密级具体范围的规定》中规定，审查起诉的刑事案件的有关材料和处理意见属于秘密事项。除了案件承办人员以及辩护律师以外，其他人无权知晓案件内容。当事人的亲友不具有和律师一样的权利，律师不能将会见犯罪嫌疑人、被告人时制作的笔录复印给其亲友；不能将犯罪嫌疑人、被告人陈述的案情告知亲友；不能将通过律师工作获得的案件信息告知犯罪嫌疑人、被告人，否则有可能造成泄密、串供等风险。如果情节严重可能会被处以刑罚。

因此，律师要坚守法律底线，不能迎合当事人家属的无理要求，当事人家属提出阅读、摘抄、复制案件卷宗材料时，应当耐心地、有礼貌地、语重心长地对其劝说，释明法律的规定以及泄露材料可能会对他们的亲人带来的不利后果，委婉地加以拒绝。

（三）律师没有揭露犯罪的义务

律师的职责是为犯罪嫌疑人、被告人做无罪、轻罪或罪轻辩护，而没有揭露犯罪的义务，所以，对于在行使职务的过程中获取的当事人的其他犯罪事实，律师没有揭露的义务。《律师法》第38条规定，律师应当保守在执业活动中知悉的国家秘密、商业秘密，不得泄露当事人的隐私。律师对在执业活动中知悉的委托人和其他人不愿泄露的有关情况和信息，应当予以保密。但是，委托人或者其他人准备或者正在实施危害国家安全、公共安全以及严重危害他人人身安全的犯罪事实和信息除外。

二、法律责任

中华全国律师协会发布的《律师协会会员违规行为处分规则（试行）》第35条规定，"不遵守法庭、仲裁庭纪律和监管场所规定、行政处理规则，具有以下情形之一的，给予中止会员权利六个月以上一年以下的纪律处分；情节严重的给予取消会员资格的纪律处分：（一）会见在押犯罪嫌疑人、被告人时，违反有关规定，携带犯罪嫌疑人、被告人的近亲属或者其他利害关系人会见，将通讯工具提供给在押犯罪嫌疑人、被告人使用，或者传递物品、文件……"该文件明确规定了对于律师违反监管场所规定会见犯罪嫌疑人、被告人的禁止行为，并对相关行为的处分方式作了规定。按照《律师协会会员违规行为处分规则（试行）》第15条的规定，律师协会对会员的违规行为实施纪律处分的种类有：①训诫；②警告；③通报批评；④公开谴责；⑤中止会员权利1个月以上1年以下；⑥取消会员资格。

以下行为属于律师会见时常见的禁止性行为：①为犯罪嫌疑人传递物品、信函；

②将通信工具借给其使用；③引导犯罪嫌疑人做虚假陈述；④带犯罪嫌疑人的亲友一起会见在押犯罪嫌疑人；⑤指使或引导当事人找证人串供以及指使或诱导当事人毁灭证据；⑥为在押人员提供水、食物或烟酒等物品。

  律师协会的纪律处分属于行业内部的惩戒，根据律师的违规程度，司法行政机关还可以对其进行行政处罚。《司法部、中华全国律师协会关于进一步加强律师惩戒工作的通知》规定，对律师违法违规行为原则上先由律师协会作出行业惩戒，再由司法行政机关依法依规给予相应行政处罚。实践中，若律协未处罚而司法行政机关先行处罚，司法行政机关会通报律协并移送相关材料，由律协行政机关给予对应处罚。根据《律师法》，司法行政机关对律师违规执业的行政处罚有警告、停止执业、吊销其律师执业证书，同时可能会给予罚款或没收违法所得的处罚。其和律协的纪律惩戒的对应关系为：吊销律师执业证书对应律协的取消会员资格，停止执业对应律协的中止会员权利。所以当司法行政机关因律师违规会见给予其停止执业5个月的行政处罚时，律协会以此为根据，对该律师直接处以中止会员权利5个月的纪律处分。

第四章 阅卷

刑事卷宗,是刑事诉讼过程中形成的记录案件过程和证据的重要材料。作为参与刑事诉讼活动的两个主体,公诉机关和辩护人在办案过程中一定要阅卷,他们根据阅卷活动作出对案件性质的判断,进而明确诉讼活动的方向。刑事案卷的卷宗自刑事案件立案开始形成,侦查机关把在侦查过程中形成的证据和程序性活动记录在案,逐步形成支撑案件、一步一步向审查起诉方向演进的卷宗材料。侦查机关侦查终结后,将附有《起诉意见书》的卷宗材料移交给检察院,检察官通过阅卷,进一步制作审查报告,对案件作出实体和程序的审查并进而作出起诉或不起诉的决定;辩护人自人民检察院对案件审查起诉之日起,可以查阅、摘抄、复制案卷材料。辩护人通过阅卷,为被告人作出无罪、轻罪或罪轻的辩护。卷宗记载了案件的重要证据和诉讼过程,阅卷是检察官和辩护人进行诉讼的重要活动。

对于检察官和辩护人来说,阅卷有不同的目的,阅卷后的工作方向也各不相同。检察官阅卷的目的是对案件进行审查,根据阅卷内容制作审查报告,确定案件是否具备起诉条件;辩护人在阅卷中找出证据漏洞或证明犯罪嫌疑人、被告人无罪、轻罪或罪轻的证据,形成辩护思路,为发表辩护意见做准备。因此,本章将结合检察官和辩护人的不同阅卷目的讲解如何阅卷以及如何完成相应的工作。

第一节 刑事卷宗的组成

通常意义上的刑事卷宗,由以下三个部分组成。

1. 程序卷。也叫诉讼文书卷,包括立案、拘留、逮捕等强制措施手续、扣押收缴物品清单等法律文书,这些法律文书绝大部分为制式文书;

2. 诉讼证据卷。包括刑事诉讼法规定的各类形式的证据以及其他证据材料,如物证、书证,对证人、被害人的询问笔录,对犯罪嫌疑人及同案犯的讯问笔录,鉴定意见等。具体的案件材料主要包括:①报案、控告等材料;②立案决定书;③犯罪嫌疑人身份信息,包括户籍信息和前科信息,证明犯罪嫌疑人的身份、年龄、有无前科或违法记录、是否具备身份犯的主体条件;是单位犯罪的,还需要单位登记信息;④物证、书证;⑤证人证言;⑥被害人陈述;⑦犯罪嫌疑人、被告人的供述和辩解;⑧鉴定意见;⑨勘验、检查、辨认、侦查实验等笔录;⑩视听资料、电子数据;⑪办案机关出具的到案情况说明等。

3. 独立文书。如审查起诉阶段公安机关的公诉意见书,审判阶段的起诉书。

第二节 检察官阅卷与审查起诉

审查起诉,是指人民检察院对公安机关侦查终结移送审查起诉的案件和自行侦查终结的案件进行审查,依法决定是否对犯罪嫌疑人提起公诉、不起诉或者撤销案件的诉讼活动[1]。检察机关通过审阅侦查机关侦查终结移交的卷宗材料作出起诉或不起诉以及诉讼程序方面的审查意见。审查起诉工作的起点就是阅卷。

一、检察官阅卷的作用与重要性

司法活动在本质上是对案件的认识和判断过程,但不同机关司法活动各具特点,检察机关的司法办案活动主要是检察官通过阅卷,对侦查活动完成后形成的案件进行审视,形成对证据、事实、法律适用等的具体或者综合、部分或者全部的判断,并在此基础上提出补充侦查、完善证据、追捕追诉、批准或者不批准逮捕、提起公诉或者不起诉、提出监督意见等审查结论,其活动内容主要包含审查、梳理和判断,是对已经存在的完整的认识对象进行审视,以审查为主,具有鲜明的"书面司法"的特征。阅卷是检察官最为重要的案件认识活动,阅卷在检察官办理案件中的基础地位和重要作用,犹如侦查之于侦查人员、开庭审判之于法官。阅卷在检察官办理案件中,既是承前启后的重要活动,也是贯穿诉讼全程的司法行为。检察官在办理案件中,既是检验者,也是被检验者。检察官审查案件,主要通过阅卷来完成,阅卷是发现案件真相的主要方式,应将阅卷作为防范司法认识活动随意性的过程[2]。检察官阅卷既是承前启后的重要活动,也是贯穿诉讼全程的司法行为。

二、检察官阅卷应坚持的原则[3]

1. 客观公正的原则。客观公正原则是检察官阅卷活动的首要原则,要求检察官实事求是地查明案件真相,客观全面地收集包括不利于被告人的证据和有利于被告人的证据,公平地执行法律。所有事实认定和审查结论均应建立在客观证据的基础上,防止有罪推定和片面归罪。

---

[1] 王亚林:《精细化辩护:标准流程与文书写作》,法律出版社2017年版,第108页。
[2] 部分内容参照马滔:《检察官阅卷中的思维方式与工作方法》,载《人民检察》2021年第5期。
[3] 部分内容参照马滔:《检察官阅卷中的思维方式与工作方法》,载《人民检察》2021年第5期。

2. 中立审查原则。检察机关在刑事诉讼程序中不是单纯的追诉机关,不以追求胜诉为目标,而是肩负追诉犯罪和保障人权的双重使命。树立"审前程序法官"意识,对犯罪嫌疑人做无罪推定,对侦查机关的侦查活动和办案结论做存疑推定。

3. 全面审查原则。卷宗是案件证据、事实和法律适用观点的主要甚至是唯一载体,检察官审查案件,要依卷定案,案卷中的各种信息,是检察官形成心证、构建事实、做出结论的基础和依据。检察官阅卷必须全面、深入、具体,不能随意取舍、浅尝辄止。

4. 程序实体并重。对程序问题的审查和评价,包括案件来源、犯罪嫌疑人到案情况、法律文书是否齐全、法律文书是否合法规范、强制措施是否合法适当、案件的管辖、案件所涉犯罪的追诉时效、犯罪嫌疑人的主体资格、犯罪嫌疑人的现实表现情况、犯罪嫌疑人的生理和身体健康情况、刑事附带民事情况、案卷立案规范情况等。对实体问题的审查和评价,应当包括侦查机关的意见、在案证据种类、数量、质量、证据之间的印证关系、证据链条是否完整、证据矛盾是否排除、对辩护意见的回应、对律师和诉讼代理人意见和证据的审查情况等。

三、检察官阅卷的方法

在审查起诉阶段,检察官阅卷是制作审查报告的基础,审查报告的形成,要依赖于阅卷;检察官阅卷的过程不仅仅是阅卷,还要在阅卷中参与证据体系的构建。应边阅卷边梳理、边阅卷边注释、边阅卷边补充、边阅卷边质疑,有过程、有方法、有论证,还有监督建议和改进建议,细化思维、理清思路、深化认识、穷尽材料、充分论证,阅卷过程应是一个充分、合理的论证过程,也是一个发现问题、分析问题、解决问题的过程。将繁杂的卷宗材料化繁为简,通过通读、精读再通读的反复阅卷方式构建案件体系。构建故事要素体系,即何人、何时、何地、何事、何情、何故、何物;构建犯罪构成要件要素体系;构建证据证明体系。通过案件体系的构建,查明案件事实,排除合理怀疑。

案卷材料阅读可以根据自己的情况采取适合自己阅读习惯和案件特点的方法。一般而言,应当按案卷的先后顺序浏览一遍案卷,以便对案件的全貌有一个初步的了解,并在阅读的过程中找出案件的重点。然后针对起诉意见书中认定的事实和罪名,逐一查看有无无罪、轻罪、罪轻、不负刑事责任的证据,重点是查阅被告人供述、证人证言、被害人陈述及物证、书证、鉴定结论等材料,然后再在第一遍阅卷的基础上进行精细化阅读,针对案卷中上述材料之间不一致或者矛盾之处,寻找解决的方法,构建完整的证据体系。

阅卷时,可以制作阅卷笔录。阅卷笔录是文档文书,并不是正式的应用法律文书,它的主要功能在于:通过阅卷帮助办案人员掌握、理顺案情;通过制作笔录,把原本繁杂的案卷概括提炼成内容集中、便于检索、适应开庭、便于存档备查的文件。出于这三个功能的要求,在制作阅卷笔录时的基本要求是:内容完整准确、条理清晰、结构合理。目前,阅卷笔录与审查报告的功能逐渐趋为一体,审阅结合。

制作阅卷笔录不单单是简单的复制摘抄,而是一个编辑、整理、思考的过程。做这项工作时,一定不要把自己当成"抄书匠",而是要带着问题看卷,带着问题制作笔录,才能达到通过制作笔录熟悉案情的目的。要通过制作阅卷笔录,审查各项证据,对案件事实、证据和适用法律上存在的问题进行分析,找到案件中存在的矛盾,并在笔录中如实记载这些矛盾。

常见的阅卷方法有以下几种:

1. 摘录法。这是最常见的阅卷方法,主要用于对卷宗内各种证据材料的摘录。对于被告人供述比较稳定的案件,摘录内容可以简化;对于被告人供述不稳定的案件,有些摘录内容需全文摘录,并标注页码,保证准确还原案件事实;对于案件信息大,案件材料多的案件,可以采用笔记压缩的方法,将大量信息进行整合压缩至简约程度,便于寻找信息的逻辑关系。

2. 图表法。对于案件当事人人数众多或者案件事实复杂,涉及多起犯罪事实的案件,制作图表可以将案件发生、发展过程和要素,用直观、形象的画图方式展现出来,或者用表格化的形式将涉案证据予以归纳,防止遗漏重要细节,也可以通过图表对比分析证据矛盾。

3. 时间顺序法。按照发案顺序阅卷,从接到举报到抓获犯罪嫌疑人的现场破案报告、相关书证,再到鉴定意见、证人证言、犯罪人供述等循序渐进的方式阅卷。通过这种方式可以按照时间顺序全面还原案件事实。

4. 证据对比法。证据对比的理论基础就是"印证",即通过对照比较,证明与事实相符,要认定某一事实确实存在,需要至少有两个以上的证据相互印证。

【阅卷笔录的格式举例】

阅卷笔录

京检一分刑诉字(××××)第××号
案由:故意杀人、抢劫
案件来源:北京市公安局移送
收案时间:××××年××月××日
卷宗:××册
预审员:北京市公安局×××

一、犯罪嫌疑人基本情况

1. 犯罪嫌疑人×××,化名、别名、性别、年龄(出生年月日)、民族、籍贯、文化程度、身份、户籍所在地、来京暂住地。

2. 家庭情况:
父,××岁,身份;母,××岁,身份。

3. 简历情况：
19××年至19××年在××小学上学；
19××年至19××年在××中学上学；
19××年至19××年在工作。
4. 法律手续：
20××年××月××日因涉嫌××罪被北京市公安局××分局传唤；
20××年××月××日因涉嫌××罪被北京市公安局××分局刑事拘留；
20××年××月××日因涉嫌××罪经北京市××检察院批准，被北京市公安局××分局逮捕。
20××年月日因××原因经北京市××检察院批准，延长羁押期限×月，至20××年××月××日。
二、侦查预审工作情况
抓获经过；
预审卷宗第×册第×页。
三、犯罪事实和证据情况
在××区抢劫、杀人一案；
现场勘查笔录；
预审卷宗第×册第×页；
尸体检验报告；
预审卷宗第×册第×页；
被害人××年××月××日陈述；
被害人××，性别，年龄，身份，户籍所在地，联系电话；
（陈述内容）……；
预审卷宗第×册第×页；
证人××××年××月××日证言……；
预审卷宗第×册第×页；
犯罪嫌疑人××××年××月××日供述……；
预审卷宗第×册第×页。
四、证据分析
……

二、公诉案件审查报告

根据《人民检察院刑事诉讼规则》第330条的规定，人民检察院审查移送起诉的案件，应当查明以下情况：①犯罪嫌疑人身份状况是否清楚，包括姓名、性别、国籍、出生年月日、职业和单位等；单位犯罪的，单位的相关情况是否清楚；②犯罪事实、情节是否清楚；实施犯罪的时间、地点、手段、危害后果是否明确；③认定犯罪性质和罪名的意见是否正确；有无法定的从重、从轻、减轻或者免除处罚情节及酌定从重、从轻情节；共同犯罪案件的犯罪嫌疑人在犯罪活动中的责任认定是否恰当；④犯罪嫌疑人是否认罪认罚；⑤证明犯罪事实的证据材料是否随案移送；证明相关财产系违法所得的证据材料是否随案移送；不宜移送的证据的清单、复制件、照片或者其他证明文件是否随案移送；⑥证据是否确实、充分，是否依法收集，有无应当排除非法证据的情形；⑦采取侦查措施包括技术侦查措施的法律手续和诉讼文书是否完备；⑧有无遗漏罪行和其他应当追究刑事责任的人；⑨是否属于不应当追究刑事责任的；⑩有无附带民事诉讼；对于国家财产、集体财产遭受损失的，是否需要由人民检察院提起附带民事诉讼；对于破坏生态环境和资源保护，食品药品安全领域侵害众多消费者合法权益，侵害英雄烈士的姓名、肖像、名誉、荣誉等损害社会公共利益的行为，是否需要由人民检察院提起附带民事公益诉讼；⑪采取的强制措施是否适当，对于已经逮捕的犯罪嫌疑人，有无继续羁押的必要；⑫侦查活动是否合法；⑬涉案财物是否查封、扣押、冻结并妥善保管，清单是否齐备；对被害人合法财产的返还和对违禁品或者不宜长期保存的物品的处理是否妥当，移送的证明文件是否完备。

前述13项内容需要通过阅卷完成，但是，审查起诉的任务是在阅卷的基础上完成对案件的审查，进而作出审查结论，形成审查起诉报告。

（一）公诉案件审查报告的性质

公诉案件审查报告，又称公诉案件审结报告或公诉案件审查意见书，是指检察机关公诉部门的办案人员对公诉案件进行全面审查后，就案件是否应当起诉或不起诉，以及是否需要提起附带民事诉讼等，提出结论性意见并阐明理由的书面材料[1]。

公诉案件审查报告须全面体现办案人员对案件的程序审查和实体审查，它是案件事实的全面缩影，让一个对案件毫不知情的人，通过阅读审查报告，能够迅速、全面了解案件的事实、证据、分歧焦点和理由。其中程序审查，包括刑事诉讼规则所规定的案件是否属于本院管辖，案卷材料是否齐备、规范，证据的移送及手续是否齐备，犯罪嫌疑人是否被采取强制措施等。实体审查，是在案件事实和证据进行全面分析的基础上，论证最终如何定案。从案件事实上，审查报告要解决三个主要问题：犯罪事实是否存在、该事实是否为犯罪嫌疑人所实施、实施是否能排除合理怀疑。检察官通过阅卷解决这三个问题，通过审查报告查明案件事实、行为人行为的定性以及对行为人行为的处理意见。

（二）公诉案件审查报告的写法

根据最高人民法院印发的《人民检察院工作文书格式样本（2020年版）》，审查报告分为三种："捕诉一体"案件审查报告、非羁押直诉案件审查报告、速裁及认

---

[1] 桑涛：《公诉语言学：公诉人技能提升全程指引》，中国法制出版社2016年版，第112页。

罪认罚简易程序案件审查报告。其中"捕诉一体"案件审查报告最为重要，该文书将审查逮捕意见和公诉案件审查报告进行整合。在刑法诊所的课程设置中，囿于课程特点，审查逮捕不作为刑法诊所课程的主要内容，故此处审查报告的写法重点关注审查报告主体内容写法。

审查报告的写作，要注重证据和事实的完整性，内容突出犯罪成立条件的犯罪事实，同时要注意详略得当、逻辑清晰、注重说理，在分析论证证据时，要求公诉人在认定证据的基础上，结合存在的问题，运用刑事诉讼证据理论，对办案所有证据的证明力、客观性、合法性以及证据间的关联性等进行综合分析判断，从而得出所建立的证据体系是否完善，全案证据是否确实充分的结论。

以下为审查报告写法示例：

【审查报告示例】[1]

××人民检察院关于犯罪嫌疑单位
复×公司、犯罪嫌疑人孙××涉嫌走私普通货物案审查报告
（适用捕诉一体案件）

收案时间：2019年11月1日
侦查机关：苏州海关缉私分局
移送单位：苏州海关缉私分局
移送案由：走私国家禁止进出口的货物
犯罪嫌疑人：复×公司、孙××
侦查机关承办人：××
检察院承办人：××

我院于2019年11月1日受理该案，收到卷宗33册。我院受理后，于2019年11月4日告知犯罪嫌疑人依法享有的诉讼权利和认罪认罚的法律规定。其间，因部分事实不清、证据不足，退回补充侦查2次；因案情重大复杂，提请延长审查起诉期限3次。现已审查终结。

一、犯罪嫌疑人及诉讼参与人的基本情况

犯罪嫌疑单位情况：复×公司，住所地香港尖沙咀某某中心。

犯罪嫌疑人孙××，男，1957年××月××日出生，中国香港人，香港居民往来大陆通行证××，汉族，大学文化，住香港××，系复×公司总经理。因涉嫌走私国家禁止进出口的货物罪于2019年8月24日被苏州海关缉私分局刑事拘留，2019年9月20日被取保候审。

辩护人情况：陈×，××律师事务所上海分所。

---

[1] 王勇："以'解惑'心态答好案件审查'考卷'——公诉案件审查报告制作心得"，载《人民检察》2021年第19期。

二、发、破案经过

本案线索系南京海关缉私局转自于海关总署缉私局专案组……2019年7月28日至29日，全国海关25个缉私局在海关总署缉私局的指挥下统一行动抓捕相关犯罪嫌疑人……苏州海关缉私分局于8月23日在深圳抓获犯罪嫌疑人孙××。

三、侦查机关认定的犯罪事实与意见（略）

四、审查起诉认定的案件事实及证据

复×公司作为美国甲力公司在香港设立的子公司，主要销售美国甲力公司鸡爪等冻品。2015年前，复×公司即与内地冻品经营商林××（另案处理）有长期业务往来，复×公司总经理犯罪嫌疑人孙××负责向林××出售美国甲力公司鸡爪等，由美国工厂直接发货至内地。根据质检总局（已撤销）、农业部（已撤销）《关于防止美国高致病性禽流感传入我国的公告》（以下简称《公告》）的规定，自2015年1月9日起，美国禽类产品被列为我国禁止进口货物。犯罪嫌疑人孙××明知林××将购买的美国甲力公司鸡爪采用非法方式走私进境，为规避监管，二人商议将交货地点改为香港。为促成交易，孙××向林××推荐了香港代理进口贸易公司。后在合作过程中，孙××为配合林××等国内客户冷冻存储便宜，经向美国总公司汇报，并参照其他美国公司做法，将冷冻产品内包装上含有产品原产地等内容的商品标签去除。后林××订购的美国甲力公司鸡爪等从美国运至香港后，通过绕关的地下渠道从香港走私到中国内地。本案办理期间，海关总署、农业农村部于2019年11月14日解除对美国禽肉进口限制。2018年1月至2019年7月期间，犯罪嫌疑单位复×公司、犯罪嫌疑人孙××参与走私冻品7柜。经海关计核部门计核，犯罪嫌疑单位复×公司、犯罪嫌疑人孙××涉嫌偷逃应缴税款822 400元。认定上述事实的证据如下：

第一组证据：证实本案发破案经过、犯罪嫌疑人身份前科情况等方面的证据。

1. 孙××情况说明证实孙××是香港永久性居民。

2. 抓获经过证实犯罪嫌疑人孙××系被抓获。

3. 搜查证、搜查笔录、扣押决定书、扣押清单等证实苏州海关缉私分局搜查、扣押情况。

4. 远程勘验工作记录、电子数据检查工作记录证实苏州海关缉私分局对本案涉案人员手机、笔记本、U盘等进行取证的过程。

5. 聘用合同证实甲天谷物公司于2008年8月25日聘任孙××为肉类销售部门总经理。

第二组证据：证实犯罪嫌疑单位复×公司、犯罪嫌疑人孙××走私主观明知及参与行为的证据。

1.《公告》证实从2015年1月9日起，我国禁止直接或间接从美国输入禽类及其相关产品。

2. 微信聊天记录。（略）

3. 孙××U盘提取的政策报告证实其明知中国禁止美国禽类进口的政策。（略）

4. 证人证言。（略）

5. 同案犯林××的供述。（略）

6. 犯罪嫌疑人孙××的供述。（略）

第三组证据：揽货团伙、运输团伙方面的证据。

1. 朱××和马×甲的微信聊天记录证实。（略）

2. 朱××与谢××微信聊天记录证实。（略）

3. 东莞海关缉私分局提供的《情况说明》等证实。（略）

4. 证人马×乙等人（运输团伙成员）的证言。（略）

5. 同案犯马×甲等四人（揽货团伙）的供述。（略）

第四组证据：认定数额方面的证据。

1. 侦查工作说明证实东莞海关缉私分局侦查人员从依法获取的电子U盘、电子邮箱数据等证据提取汇总。

2. 调取证据通知书、汉宝物流邮箱数据证实。（略）

3. 朱×× kingston 银色U盘内容、相关证据梳理比对、孙××与林××往来业务资。

4. 孙××提供的复×公司与林××业务凭证、业务收款资料证实。（略）

5. 苏州海关出具的涉嫌走私的货物偷逃税款海关核定证明书证实犯罪嫌疑单位复×公司、犯罪嫌疑人孙××涉嫌走私货物7柜，偷逃应缴税款822 400.02元。

证据分析：

（1）本案定性问题分析

侦查机关2019年11月1日以犯罪嫌疑单位昆山某甲食品有限公司、复×公司、犯罪嫌疑人朱××、谢××、林××、孙××涉嫌走私国家禁止进出口的货物罪移送审查起诉（后考虑犯罪嫌疑单位复×公司、犯罪嫌疑人孙××处理上存在较大争议，我院对犯罪嫌疑单位昆山某甲食品有限公司、犯罪嫌疑人林××、谢××先行起诉），移送审查起诉罪名依据公告，2015年1月9日起，我国禁止进口美国禽类及其相关产品。但在审查起诉期间，海关总署、农业农村部于2019年11月、2020年2月发布公告，解除对美国禽类和禽类产品进口的限制。我国现已解除对美国禽类产品的禁止进口，对于解禁之前实施的绕关走私行为，认定为何种罪名存在重大争议。一种观点认为，可以认定为走私国家禁止进出口的货物罪……另一种观点认为，本案不宜认定为走私国家禁止进出口的货物罪……。还一种观点认为，应认定为走私普通货物罪……结合本案具体案情，侦查机关认定犯罪嫌疑人走私数额主要依据朱××U盘中"森林19.7" Excel表格中数据……综上，考虑到我国政策改变，美国禽类已解禁，且本案认定数额中既有美国鸡爪，又有其他非禁止类品种，若认定两个罪名数罪并罚，对犯罪嫌疑人从刑罚上有失公平，对犯罪嫌疑单位、犯罪嫌疑人认定为走私普通货物罪比较合适。

（2）认定走私犯罪数额的证据分析

侦查机关认定犯罪嫌疑单位复×公司、犯罪嫌疑人孙××涉嫌走私美国鸡爪143个货柜。认定主要依据朱××U盘中"森林19.7"Excel表格中数据……走私犯罪数额的证据存在以下问题：

1. 从"森林19.7"Excel表格信息来梳理。犯罪嫌疑人朱××不承认"森林19.7"Excel表格是其制作的表格，该表格是否为走私入境货物记录也无其他证据能证明……

2. 从业务往来资料方面梳理。犯罪嫌疑人孙××提供了他与林××之间39个货柜的业务资料，结合孙××的供述，仅能证明林××向孙××购买了这些美国鸡爪……这39个货柜是否已全部走私入境没有其他证据印证，不能排除有在香港销售的可能性。

3. 从微信聊天记录方面来梳理。因走私的主要环节在揽货团伙、走私运输团伙，本案的犯罪嫌疑人系货主，其微信聊天记录一般较为隐晦，和走私过程关系不大，无法看出是否系走私入境货物。

4. 从银行转账记录方面来梳理。在审查阶段，我们向侦查机关提出本案无任何资金流水证据，特别是"森林19.7"Excel表格与马×甲揽货团伙对碰一致的37个货柜号也没有对应的走私费用支付证明……

5. 从昆山档口销售数量等方面的证据来梳理。现有证据仅可以证明林××在昆山档口有销售美国鸡爪，有下家在档口购买了美国鸡爪，但无法证实具体销售了多少美国鸡爪。

经审查认为，现侦查机关查明的仅有马×甲、杜×甲揽货团伙，该揽货团伙与本案犯罪嫌疑人合作、通过曾×甲走私运输团伙将犯罪嫌疑人的货物从香港通过海上绕关的方式走私入境，整个过程证据完整、充分，从有利于犯罪嫌疑人角度，考量目前案件证据，倾向于仅认定马×甲、杜×甲揽货团伙帮助本案犯罪嫌疑人朱××等人揽货走私的部分。

马×甲、杜×甲揽货团伙的汉宝物流邮箱中有该团伙揽货的各种单证，通过与朱××U盘中"森林19.7"Excel表格进行对碰，共有37柜的柜号等信息完全一致，其中交单备注为"林"的货柜合计8柜。该8柜分别为7柜美国鸡爪、1柜沙地亚猪舌。该7柜美国鸡爪均在孙××提供的与林××39个货柜的业务往来资料中有所显示。

综上，犯罪嫌疑单位复×公司、犯罪嫌疑人孙××应对其销售并走私入境的7柜负责。犯罪嫌疑单位复×公司、犯罪嫌疑人孙××涉嫌走私货物偷逃应缴税款822 400.02元。

（3）关于犯罪嫌疑单位复×公司、犯罪嫌疑人孙××处理意见

本案存在以下争议问题：

1. 关于犯罪嫌疑单位复×公司、犯罪嫌疑人孙××的行为是否构成走私普通货物罪的分歧意见。

第一种意见认为不构成走私普通货物罪。主要理由：犯罪嫌疑单位复×公司、犯罪嫌疑人孙××的行为是中性业务行为，不应评价为犯罪……

第二种意见认为构成走私普通货物罪。主要理由：犯罪嫌疑单位复×公司、犯罪

嫌疑人孙××系走私犯罪的共犯……

2. 关于犯罪嫌疑单位复×公司、犯罪嫌疑人孙××是否有实际的走私帮助行为的分歧意见。

第一种意见认为帮助行为有限，证据的证明力较弱。主要理由：本案现有关于孙××在走私活动中帮助行为的证据比较有限，仅能看出孙××有提供货源、介绍香港代理公司、改变内包装的行为……

第二种意见认为客观上实施了积极的帮助行为。主要理由：孙××作为复×公司的总经理，为了保持其公司的销售量，维护公司利益，在我国内地禁止进口美国禽肉后，复×公司改变以往直接运往内地的销售模式，要求客户在香港以香港公司的名义向其购买鸡副产品……

经员额检察官联席会议讨论和向分管检察长汇报，对以上争议问题均倾向于第二种意见。2020年8月26日向省院汇报该案争议问题，省院回复认为复×公司、孙××构成走私普通货物罪，是否起诉由市院结合个案自行决定。

2020年9月23日向分管检察长再次汇报该案。分管检察长认为犯罪嫌疑人孙××未有额外非法获利、身体状况不佳、案件预期审理时间较长，可能羁留时间远超可能判处刑罚，从人道主义角度考虑可相对不起诉。主要理由如下：

（1）地位作用较小……

（2）未有额外非法获利……

（3）身体状况不佳……

（4）积极配合侦查……

（5）案件预期审理时间较长，羁留时间远超可能判处刑罚……

根据现有证据可以认定香港复×公司、孙××涉嫌偷逃应缴税款80余万元，系单位犯罪。根据刑法规定，应判处三年以下有期徒刑。香港复×公司、孙××有坦白、从犯的法定从轻、减轻情节，犯罪未有获利的酌定从轻情节。结合其从轻、减轻情节，犯罪嫌疑人孙××的预期量刑在一年左右，可适用缓刑。

现若对犯罪嫌疑人孙××提起公诉，案件审理加上对其判处刑罚时间将长达几年，将使其在内地长期羁留无法返回香港，羁留时间大大超过可能判处刑罚时间。犯罪嫌疑人孙××作为香港人，生活圈均在香港，在苏州举目无亲，现已在苏州被取保候审一年。其年事已高，案发后不再担任香港复×公司职务，无再犯可能。犯罪嫌疑人孙××准备配合认罪认罚具结、补缴其偷逃的税款。

综上，从刑罚人道主义和罪刑相适应原则角度考虑，若犯罪嫌疑人孙××下一步配合认罪认罚具结、补缴税款，综合全案事实证据、情节、孙××个人情况等，建议对犯罪嫌疑单位香港复×公司、犯罪嫌疑人孙××作相对不起诉处理。2020年9月24日形成汇报材料后由分管检察长向检察长汇报相关事宜，检察长认为可在犯罪嫌疑人孙××认罪认罚具结、退赔税款的基础上，对犯罪嫌疑单位香港复×公司、犯罪嫌疑人孙××相对不起诉。

2020年9月30日犯罪嫌疑人孙××向苏州海关缉私分局主动补缴偷逃税款30万元（其余偷逃税款由共犯林××另案补缴），并表示认罪认罚。

综合全案事实证据、情节、犯罪嫌疑人孙××个人情况等，建议对犯罪嫌疑单位香港复×公司、犯罪嫌疑人孙××作相对不起诉处理。

五、需要说明的问题及有关情况

六、相关诉讼参与人的意见孙××辩护人××律师律师事务所陈×律师2020年3月24日提交书面意见（略）

七、审查意见

1. 对全案事实证据情况的意见。本案证据来源合法、可靠，有关证人证言、书证、电子数据等证据相互印证，现有证据足以证实犯罪嫌疑单位复×公司、犯罪嫌疑人孙××逃避海关监管，以绕关偷运的方式走私货物的犯罪事实。

2. 对案件定性分析和法律适用。犯罪嫌疑单位复×公司、犯罪嫌疑人孙××违反海关法律法规，逃避海关监管，以绕关偷运的方式走私普通货物，其行为均触犯了《中华人民共和国刑法》第一百五十三条第一款第（二）项、第二款、第三款的规定，犯罪事实清楚，证据确实充分，应构成走私普通货物罪。

3. 认罪认罚适用情况。2020年10月13日，孙××在辩护律师在场的情况下，自愿签署认罪认罚具结书，表示认罪认罚。

4. 量刑建议。犯罪嫌疑单位复×公司走私普通货物，偷逃应缴税款822 400.02元，应当判处罚金；犯罪嫌疑人孙××作为单位犯罪直接负责的主管人员，系从犯，应当从轻或者减轻处罚，补缴税款可以酌定从轻处罚，认罪认罚，依法可以从宽处理。

综上，承办人认为：认为犯罪嫌疑单位复×公司、犯罪嫌疑人孙××涉嫌走私普通货物罪情节轻微，建议对犯罪嫌疑单位复×公司、犯罪嫌疑人孙××作出相对不起诉决定。

检察官：×××
××年×月×日

【审查报告规范示例：认罪认罚捕诉一体版】[1]

---

[1] 最高人民检察院印发《人民检察院工作文书格式样本（2020年版）》。

第三节 律师阅卷

《刑事诉讼法》第40规定,"辩护律师自人民检察院对案件审查起诉之日起,可以查阅、摘抄、复制本案的案卷材料"。即从人民检察院对案件审查起诉之日起,律师可以开始着手阅卷工作。律师阅卷,是刑事辩护律师的一项基本权利,是审查起诉阶段及审判阶段律师刑事辩护权的前提条件,在刑事诉讼过程中对于保护犯罪嫌疑人和被告人的合法权益具有非常重要的意义。律师的阅卷也是律师从事辩护工作的基本功,律师做好阅卷工作,对于顺利开展后续的辩护具有重要意义。

一、阅卷的任务和目的

阅卷是刑辩律师的基本功,也是了解、分析案情的重要途径。但是刑事卷宗数量庞大,如何能在浩如烟海的卷宗中找到突破口,通过阅卷形成自己的辩护思路是律师阅卷首先要解决的问题。为更好地完成阅卷工作,我们首先要清楚律师阅卷的主要任务和目的是什么。一般来说,主要有以下几个方面:

(一)全面了解案情

律师着手进行刑事辩护,首先要做的就是全面了解案情。对于案情的了解,除了少部分信息可以通过律师调查取证取得外,几乎唯一的途径就是阅卷,通过对全案卷宗材料的查阅,寻找案件的真实情况,还原案件客观事实。同时,通过查阅卷宗,全面了解案件的诉讼进程。

(二)简化卷宗

刑事卷宗从立案开始形成,内容庞杂,既包括证据卷,也包括程序卷,几乎记录了案件的全部事实和诉讼程序发展进程,一个案子的刑事卷宗少则几本,多则几百本,律师进行阅卷时必须将繁杂的卷宗进行归类和简化,通过对卷宗的归类和简化,厘清案件来龙去脉,实现"将书读薄"的目的,也便于后续辩护工作的展开。

(三)通过证据整理寻找证据瑕疵

刑事诉讼证据是"王",公诉机关指控犯罪必须要形成完整的证据链条,且指控犯罪的主要证据没有瑕疵,因此,阅卷的主要任务就是分析证据,通过阅卷整理案件的全部证据并寻找证据本身的瑕疵和证据链的缺失情况。

(四)通过阅卷发现控方指控犯罪思路并做好辩护准备

刑事卷宗记录了案件的产生发展进程,从立案到侦查终结到审查起诉,这个过程都有相应的文书记载,包括立案时的罪名,侦查终结认定的罪名、起诉书认定的罪名和各个过程认定的相应事实,都反映了各环节对于事实和法律认定的思路,尤其是立案罪名、侦查终结罪名和起诉罪名发生变化的情况下,认真查阅卷宗材料里的变化情况,在一定程度上可以发现控方的指控思路并结合证据做好相应的辩护准备。

（五）寻找程序方面的瑕疵

刑事阅卷一般都比较重视对实体内容的关注，而大多忽视程序性问题，这是阅卷的错误做法。我国《刑事诉讼法》《最高人民法院关于适用〈中华人民共和国刑事诉讼法〉的解释》（以下简称《刑诉法解释》）《人民检察院刑事诉讼规则》以及其他相关规定对于刑事诉讼程序作了详细规定，如果在阅卷中发现诉讼程序有问题，发现控方在办案过程中存有违法之处，有时会使案件实现反转的效果。所以，阅卷不能忽视程序卷。

（六）寻找其他有利于犯罪嫌疑人、被告人的材料

全面阅卷要求在阅卷时不能忽视任何一个案件细节，往往有利于犯罪嫌疑人、被告人的材料会在细节里被发现。如，强奸案件的《受案登记表》记载的报案人不是被害人本人，而是被害人的朋友报案，对于强奸案，犯罪成立的重要条件是双方发生性关系是否违背被害人本人的意志，对于非被害人本人报案的案件要特别关注。顺着这个思路，结合案件其他证据，来确定是否存在违背被害人意志情节是否存在。

二、阅卷的范围

阅卷是保障辩护律师了解案件相关信息、获得证据的重要途径，是控辩双方平等对抗的重要前提，是一项保护犯罪嫌疑人、被告人权益的重要制度保障。阅卷的范围决定了辩护律师知悉权利的大小。根据我国《刑事诉讼法》，在不同的刑事诉讼阶段，辩护律师阅卷的范围有所差异。

（一）侦查阶段

在侦查阶段，相关案卷材料属于国家秘密，辩护律师无权查阅。

（二）审查起诉阶段

我国《刑事诉讼法》第40条规定："辩护律师自人民检察院对案件审查起诉之日起，可以查阅、摘抄、复制本案的案卷材料……"《刑诉法解释》第54条规定："对作为证据材料向人民法院移送的讯问录音录像，辩护律师申请查阅的，人民法院应当准许。"

根据上述规定，自案件移送审查起诉之日起，辩护律师有权查阅、摘抄、复制全部案卷材料。案卷材料既包括诉讼文书，也包括证据材料。对于作为证据移送的讯问录音录像，辩护律师也享有申请查阅的权利。阅卷中，辩护人认为在调查、侦查、审查起诉期间监察机关、公安机关、人民检察院收集的证明被告人无罪或者罪轻的证据材料未随案移送，申请人民法院调取的，应当以书面形式提出，并提供相关线索或者材料。人民法院接受申请后，应当向人民检察院调取。人民检察院移送相关证据材料后，人民法院应当及时通知辩护人。

（三）一审阶段

同审查起诉阶段一样，在一审阶段，辩护律师有权查阅、摘抄和复制所有案卷材料。但合议庭、审判委员会的讨论记录以及其他依法不公开的材料不得查阅、摘抄、复制。在阅卷中，如果发现案卷材料不全，有公安机关、人民检察院在侦查阶

段收集的证明犯罪嫌疑人无罪或者罪轻的证据材料未提交的，辩护律师有权申请人民检察院调取。

（四）二审阶段

二审阶段，辩护律师除了可以查阅一审阶段检察院向法院移送的所有证据材料，还可以查阅一审法院的正卷，包括一审程序性文书、庭审笔录、辩护词、证据材料、宣判笔录等。

三、律师阅卷的方法

刑事卷宗内容众多，律师在阅卷时就要掌握一定的规律和方法，这样不仅能提高效率，还可以更全面地了解案情，为质证、确定辩护方向和策略打下坚实基础。阅卷的方法根据卷宗材料的特点和涉嫌的罪名以及涉案人数、涉案的罪名数等会有所不同，但是大体一致。一般来说，律师阅卷应当包括三个步骤，一是分析研究起诉意见书或起诉书；二是查阅卷宗；三是根据阅卷内容进行证据分析并做出初步的辩护意见。

律师阅卷内容一览表

阅卷内容	重点阅卷的部分	阅卷目的
起诉意见书	犯罪嫌疑人的基本情况	了解犯罪嫌疑人的年龄，被采取强制措施的情况。
	案件的简要侦破过程	了解案件侦破的过程，犯罪嫌疑人是否具有自首或者立功情节。
	依法侦查查明的案件事实	了解侦查终结认定的案件事实情况，从中寻找对犯罪嫌疑人有利的事实。
	认定案件事实的证据情况	了解侦查机关认定事实所依据的证据情况。
	"综上所述"的部分内容	了解侦查机关认定事实所依据的具体法律规定及对案件的定性、结论及量刑情节。
诉讼程序卷	立案登记表	了解本案的来源和破案过程。
	传唤证、拘留证	审查控方是否有程序性违法行为。
	提请批准逮捕书	了解控方在审查逮捕阶段的侦查思路。
	退回补充侦查提纲	了解控方审查起诉的思路及证据链的短板。

续表

阅卷内容	重点阅卷的部分	阅卷目的
诉讼证据卷	言词类证据	发现案件基本事实和案卷中有利于犯罪嫌疑人的内容。
	物证、书证	通过与言词类证据进行对比,审查其客观性、合法性及与本案的关联。
	鉴定意见	审查鉴定意见中与其他证据的矛盾之处。
	其他材料	寻找控方办案过程中存在的其他问题。

(一) 分析研究起诉意见书或起诉书

起诉意见书是指检察机关、公安机关、国家安全机关以及检察机关的侦查部门依法将侦查终结的案件移送检察机关的起诉部门审查,建议对被告人起诉的法律文书。起诉意见书会写明侦查机关认定的主要犯罪事实和建议追诉的方向,在审查起诉阶段进行辩护的主线,必须重视。起诉书,是指检察机关对刑事被告人提起公诉,请求法院对刑事被告人进行实体审判的法律文书。起诉书记载案件犯罪事实和证据、起诉的理由和法律根据等内容,在公诉案件中,律师的辩护主要是针对起诉书中的指控进行。

辩护律师在审查起诉阶段和审判阶段的首要工作,就是认真研读起诉意见书和起诉书,这两份文书在不同的诉讼阶段提供了指控罪名、案件的主要犯罪事实和情节、主要的证据以及适用的法律条款,律师通过分析和研究上述文书能够迅速地掌握案情,抓住案件的主要矛盾和核心,有利于律师后续的阅卷工作的顺利展开。在阅读起诉意见书和起诉书时,律师还应该注意到一些细节,例如在共同犯罪的案件中,犯罪嫌疑人或被告人的排序,以此确定办案机关对于犯罪嫌疑人或被告人在共同犯罪中所起作用的大小。

(二) 查阅程序卷

案件的程序卷是侦查案卷的重要组成部分,从一定意义上能够透漏出案件侦查的过程,并且律师也能够看出控方在侦查时是否有违法或违反程序的现象。查阅程序卷的重心应当是其中的立案决定书、拘留证、提请批准逮捕决定书、侦查终结告知书,如果案件有退回补充侦查的还应当详细查看退查提纲。查阅程序卷的主要目的是了解本案案件来源,进一步了解本案形成背景;了解侦查思路,尤其是补充侦查案件;查看本案是否有程序问题,尤其是辩方意图做无罪辩护的案件,要特别注意控方是否有严重的程序违法现象,注意将程序卷与案卷中的实体证据进行对比,从而发现有利于犯罪嫌疑人的证据线索。

(三) 查阅诉讼证据卷

诉讼证据卷记载案件的核心内容,至少要阅三遍。

第一遍，整体浏览法。即对照起诉意见书和起诉书通览全卷，按照案卷材料的先后顺序对案卷粗略地浏览一遍，以便从整体上全面了解案情，并从中找出案件的重点内容和问题。例如查证案卷中证据材料与起诉意见书或起诉书所描述事实、指控罪名是否存在大的出入。此遍阅卷讲求的是速度和效率，在阅卷过程中暂时不做内容摘录。因为案卷中的证据材料往往具有重复性，尤其是犯罪嫌疑人的供述。在具体案件实践中，侦查机关往往会就某一事实或情节进行多次讯问和记录，形成多份笔录，况且犯罪嫌疑人的供述也存在虚假陈述和反复的情况，一般来说犯罪嫌疑人的供述会随着案件的深入呈现出清楚、客观、全面的规律。

第二遍，重点查阅法。律师要在全面阅卷的基础之上进行第二次阅卷，要有针对性、有重点地进行阅卷。主要是指：一是需要针对起诉书指控的罪名，以犯罪主客观构成要件为核心，逐一梳理全案相应的事实和证据，看认定的事实是否准确，是否有充足的证据，重点查阅被告人供述、证人证言、被害人陈述及物证书证等材料，分析证据体系。因此律师的重点工作是需要逐条围绕着证据的真实性、合法性、关联性来判断是否可以印证控方的指控逻辑。即从辩护的角度来看，是否能够找到指控体系的缺陷和逻辑体系上的错误。二是针对被告人的无罪、罪轻、减轻或者免除处罚的情节，重点查阅案卷中有无记录和反映。

第三遍，追踪查阅法和对比查阅法。第三遍是在前两遍阅卷的基础上寻找辩护思路，找到案件的突破口。追踪查阅法即是针对发现的某个问题进行追踪，查看相关的事实和证据，以查明该问题。对比查阅法即针对案卷材料中不一致或者存在矛盾之处，从中找出辩护的突破点。例如在某一案件中侦查机关以非法经营罪进行立案，后续以非法吸收公众存款罪呈请检察院批准逮捕，但是公诉机关以集资诈骗罪移送审查起诉。在这一案例中律师就可以在指控罪名的不断变化中发现和窥探到公诉机关认定犯罪的逻辑思维过程，寻找辩护的突破口，即在客观上是否实施集资诈骗行为、主观上是否存有非法占有目的。

在具体实务实践中，阅卷次数并不以三次为限，疑难复杂案件的阅卷工作会更加复杂。总而言之，律师通过阅卷还原指控思路，并针对指控思路形成辩护思路，通过具体卷宗的查阅去还原案件事实，通过案件事实的重构形成基本的辩护思路。

【阅卷示例】阅卷需细致[1]

张律师曾经办理一起故意伤害案，担任上诉人刘××的辩护人。一审判决认定刘××指使另一被告人李××"收拾"被害人陈×，李××遂朝被害人身上捅了5刀，被害人经抢救无效而死亡。判决认定刘××指使李××伤害陈×的证据除了李××的供述外，还有一份证人证言。在张律师介入这个案件之前，上诉人刘××的家属已经委托了一个律师，张律师是从前任手里复印的案卷材料。在阅卷时细心的张律师发现，当侦

---

[1] 门金玲主编：《刑事辩护操作指引》，法律出版社2015年版，第259页。

查人员问证人"还有补充吗"时，证人回答："刘××说'陈×要到广州我就干死他。'"之前依稀有三个字是用笔涂掉的，张律师对着灯光看了又看，看清三个字是"没有了"。并且，细心的张律师发现"陈×要到广州我就干死他"这几个字的间距与整篇记录的间距明显不同，不符合正常的记录习惯。而这几个字是此证言中最为关键之处，但这几个字以及涂抹之处都没有捺手印。这份证言的这句话很可能是伪造的！在得出这个结论之前，谨慎的张律师担心万一是证言中证人盖的手印太淡，复印下来看不出，为此，她又专门到法院查看这份证据原件，经查看原件，与复印件一样，证人确实没有捺手印。在开庭时，张律师提出这份证据的真实性存在问题，出庭检察员对此问题大为吃惊，在答辩时一直回避这个问题。最后法院对这份证据没有采信，并认定刘××指使李××伤害陈×的证据不足，刘××无罪。

四、律师阅卷需要重点关注的内容

在充分阅读起诉意见书或起诉书的基础上，在阅卷过程中，以下内容应作为重点审查的范围：

（一）对犯罪嫌疑人、被告人身份材料的审查

审查犯罪嫌疑人、被告人的身份材料主要涉及以下几个方面：

1. 出生日期。犯罪嫌疑人、被告人的出生日期，在行为与刑事责任年龄有密切关系时需要特别关注。如是否年满14周岁实施了《刑法》所规定的"八种犯罪行为"；犯故意杀人罪、故意伤害罪，致人死亡或者以特别残忍手段致人重伤造成严重残疾时是否符合"已满12周岁不满14周岁"的年龄限制；是否年满16周岁，具有完全刑事责任年龄；是否是未成年人需要减轻刑事责任；是否年满75周岁使犯罪人满足不被判处死刑的条件。在审查犯罪嫌疑人、被告人年龄时，不能只关注一种证据，还要综合看是否还有其他证据证明犯罪嫌疑人、被告人的出生日期是准确的。

【示例】 主体年龄对转化型抢劫定罪的影响[1]

犯罪嫌疑人张×在甲镇盗窃刘×的摩托车一辆，2分钟后，刘×发现自己的摩托车被盗，即外出追赶查找。张×骑车至乙镇后，车出现故障，遂离开摩托车去找朋友的架子车准备将车拉走。刘×追到乙镇发现了自己丢失的摩托车，遂打电话报警，警察钱×、胡×到现场后即与刘×共同在摩托车附近等候，张×找来架子车后正将摩托车往架子车上装时，警察钱×大喝一声："不许动，警察。"上前抱住了张×的腰，张×从身上摸出一把水果刀，将钱×的手臂刺伤后逃逸。经鉴定，钱×手臂伤情构成轻伤。案发时，张×年龄为15岁。公安机关认为张×已满14周岁未满16周岁，但其实施了盗窃行为，且为了抗拒抓捕而当场使用暴力，应当按照抢劫罪对其定罪处罚。

在本案中，张×被抓后，其父母委托了律师担任其辩护人。辩护律师提出：首

---

〔1〕 娄秋琴：《常见刑事案件辩护要点》，北京大学出版社2017年版，第5页。

先，张×在案发时年龄仅为 15 岁，其实施的盗窃行为依法不承担刑事责任，不构成盗窃罪；其次，根据《最高人民法院关于审理未成年人刑事案件具体应用法律若干问题的解释》第 10 条的规定，张×实施盗窃行为后，为抗拒抓捕，虽然当场使用了暴力，也不能转化为抢劫罪；再次，张×当场使用暴力，故意伤害他人，致人轻伤，尚未达到重伤或者死亡的结果，依法也不对故意伤害的行为承担刑事责任。综上，律师提出了张×的行为不构成犯罪的辩护意见，案件最终被撤销。

2. 身份犯中的犯罪嫌疑人、被告人的主体身份是否与指控罪名的身份符合。

【示例】[1]

谢×在担任村委会主任期间，结识了茶场的承包业主张×（已另案处理），两人交往甚密。张×为骗取国家退耕还林补助费，让作为村委会主任的谢×等人将自己承包的长安乡明月村集体茶场的 180 亩土地分解到该村 42 户农民的名下，伪造成退耕还林的花名册一本。张×利用该花名册骗取国家退耕还林补助粮食 2.7 万公斤、国家退耕还林补助款近 24 万元。张×为表示感谢先后给谢×好处费共计 5 万元。公诉机关以谢×涉嫌受贿罪移送人民法院提起公诉。谢×认为自己只是村民委员会成员，不属于国家机关工作人员，不构成受贿罪。法院经审理认为，谢×作为协助乡镇人民政府从事行政管理工作的村民委员会成员，属于"其他依照法律从事公务的人员"，应以国家工作人员论，符合受贿罪的主体，其行为构成受贿罪。

3. 犯罪嫌疑人、被告人的语言使用情况，要审查犯罪嫌疑人是否是文盲，是否是少数民族，是否可以听懂普通话，是否需要翻译。

4. 犯罪嫌疑人的前科劣迹资料。前科劣迹指的是犯罪嫌疑人被处以刑事处罚，行政拘留、刑事拘留和司法拘留不能成为前科劣迹。但是，在行政处罚可以作为某些罪名的犯罪成立条件时，犯罪嫌疑人是否受到过行政处罚及其具体情况需要关注。

（二）对案件管辖权的审查

办案机关对于案件是否存在管辖权是案件管辖的基础，对于案件管辖权的审查，主要是地域管辖和级别管辖。地域管辖方面，审查案发地是否在本地区，尤其当案发地点在两个区的交接地带，或者案发地不在本地区，侦查机关在侦查时有侦查管辖，但移送审查起诉时案件没有办理审判管辖的，需要注意；级别管辖方面，辩护律师发现经济犯罪涉案金额达不到可以判处无期徒刑以上刑罚，而案件在中级或中级以上法院管辖，或者涉及人身损害方面的犯罪，在被害人死亡的情况下，从犯罪主观方面入手，如果可以认定犯罪嫌疑人主观方面为过失，中级以上法院没有管辖权，律师可以申请变更管辖权。

---

[1] 娄秋琴：《常见刑事案件辩护要点》，北京大学出版社 2017 年版，第 193 页。

（三）审查案件来源及到案经过

对于案件来源及到案经过审查的主要目的是了解犯罪嫌疑人是否具有自首、立功等法定的从轻、减轻情节。律师在会见过程中如果发现犯罪嫌疑人有到案时间、到案方式以及协助抓捕同案犯的情节可能涉及自首、立功问题，应结合阅卷所得及时与办案部门沟通。尤其是非典型自首情形，如侦查机关或侦查部门的侦查员电话通知犯罪嫌疑人到指定机关或部门接受调查，犯罪嫌疑人自行前往，并在第一次讯问中如实供述主要犯罪等情况。对于这类隐藏的自首情节需要特别关注。

（四）时间审查

在审查到案经过时，要注意审查到案经过记载的到案时间，是否与拘留时间有差距。对于法律文书的审查，主要审查时间，即立案时间、拘留时间、逮捕时间，通过时间上的对应审查，可以发现异地抓获是否有临时羁押材料、是否存在非法羁押或超期羁押等情况。

（五）审查犯罪嫌疑人、被告人的供述及辩解的审查

犯罪嫌疑人、被告人的供述和辩解是卷宗材料的核心部分，很多案件事实的描述多来自于此，要特别重视对犯罪嫌疑人、被告人供述及辩解的审查。要重点关注以下几方面的内容：

1. 审查犯罪嫌疑人供述和辩解的合法性。

第一，讯问的时间是否合法。对于传唤拘传的持续时间最长不得超过 12 小时。案情特别重大、复杂需要采取拘留、逮捕措施，传唤拘传的持续时间不得超过 24 小时。不得以连续传唤、拘传的形式变相拘禁犯罪嫌疑人。对于拘留的人，公安机关应当在拘留后 24 小时以内进行讯问。

第二，讯问地点是否合法。对于不需要拘留、逮捕的犯罪嫌疑人，可以传唤到犯罪嫌疑人所在指定地点或者他的住处讯问。对于需要拘留的犯罪嫌疑人，应当送往看守所，最迟不得超过 24 小时。犯罪嫌疑人被送到看守所后，所有的讯问应当在看守所内进行。

第三，讯问人员身份是否合法。案件承办人员应当是公安机关或人民检察院中的案件侦查人员，不能是与案件无关的闲杂人员，而且在讯问犯罪嫌疑人时必须由 2 名以上人员同时进行。

第四，讯问笔录形式是否合法。审查被讯问时犯罪嫌疑人如果是聋、哑人或不通晓当地语言文字的人，办案机关是否提供了合格的翻译；第一次笔录是不是告知了犯罪嫌疑人、被告人的诉讼权利；对于犯罪嫌疑人的讯问笔录的制作、修改，法律有严格的规定，用来保证笔录所记录的内容是犯罪嫌疑人真实意思的表示；讯问未成年被告人时，是否通知其法定代理人或者合适成年人到场，有关人员是否到场；讯问女性未成年犯罪嫌疑人时，是否有女性工作人员在场；讯问笔录应当交由犯罪嫌疑人核对，对于没有阅读能力的，应当向他宣读；记录有遗漏或者差错的，犯罪嫌疑人可以提出补充或者修改，在没有记录错误的前提下犯罪嫌疑人应当签名或者

捺手印，侦查人员也应当在笔录上签名。

第五，讯问笔录内容是否非法取得。犯罪嫌疑人的供述应当是他自己意思的真实表达，不能被强迫作出对自己不利的供述。在国家与个人不对等的条件下，侦查人员如果对犯罪嫌疑人采取刑讯逼供等方法获取口供，律师应注意适用非法证据排除规则申请排除该证据。

2. 审查犯罪嫌疑人供述和辩解的真实性。审查犯罪嫌疑人供述和辩解，可以从以下几个方面考虑：

第一，犯罪嫌疑人供述和辩解是否符合常理。犯罪嫌疑人供述都是事后的追忆，根据人类记忆的规律随着时间的推移，人的记忆会产生模糊，其供述也未必完全正确。如果犯罪嫌疑人供述非常清晰，丝毫不差，说明他的供述可能是不真实的。

第二，犯罪嫌疑人的供述与其他证据能否印证。孤证不能作为定案的证据，证据必须相互印证。"相互印证"就是不同的证据对同一案件事实有着共同的指向，相互佐证。律师要将犯罪嫌疑人的供述与证明案件发生的时间、地点、环境、方式和结果等其他相关证据进行对比，来判断供述是否真实。

第三，审查讯问录音、录像以确定真实性。根据规定，对于可能判处无期徒刑、死刑的案件或者其他重大犯罪案件，应当对讯问过程进行录音或者录像，且录音或者录像应当全程进行，保持完整性。对于提供了同步录音、录像的，辩护律师要查阅，尤其是犯罪嫌疑人对讯问过程提出质疑的更需注意。

必要时，可以结合现场执法音视频记录、讯问录音录像、被告人进出看守所的健康检查记录、笔录等，对被告人的供述和辩解进行审查。在审查录音录像时，要注意录音、录像是否完整、连续；与书面记录的内容是否一致；同步录像中犯罪嫌疑人的精神状态是否正常、自然；供述是否自愿、有无被逼供、指供、诱供和骗供等情况。

3. 注重犯罪嫌疑人、被告人的辩解内容。审查被告人供述和辩解，应当结合控辩双方提供的所有证据以及被告人的全部供述和辩解进行。审查是否遵循先讯问后辨认规则；审查犯罪嫌疑人供述存在反复或翻供，讯问笔录中是否记录相关经过或原因；审查犯罪嫌疑人、被告人辩解的内容和具体原因，并就此为基础展开调查。被告人庭审中翻供，但不能合理说明翻供原因或者其辩解与全案证据矛盾，而其庭前供述与其他证据相互印证的，可以采信其庭前供述。被告人庭前供述和辩解存在反复，但庭审中供认，且与其他证据相互印证的，可以采信其庭审供述；被告人庭前供述和辩解存在反复，庭审中不供认，且无其他证据与庭前供述印证的，不得采信其庭前供述。

（六）对证人证言的审查

1. 注意审查证人资格。证人应当有行为能力；证人作证的年龄、认知、记忆以及表达能力应当是正常的，证言的内容应为证人所感知；证人与案件当事人、案件处理结果之间应当没有利害关系。

2. 注意证据的合法形式。包括证据取得的时间、地点、讯（询）问人、签名以及笔录修改、添加的地方以及"拷贝"笔录的问题。证人证言应当由案件侦查人员向证人调查取得；必须是两名侦查人员共同取证；调查取证的地点应当是案件现场或者证人的所在单位、住处，有必要时可以在办案机关；询问证人应当个别进行。

3. 证言之间以及与其他证据之间能否相互印证、有无矛盾，如果存在矛盾的，能否得到合理解释。注意比较同一人的几次询问笔录前后矛盾、不同人对同一待证事实陈述的不同之处以及其他书证、物证、勘验笔录、辨认笔录等与言词证据的矛盾之处。

4. 在证人证言中经常会出现证人猜测、推断的证言成分。根据意见证据规则，证人的猜测性、评论性、推断性的证言，不能作为证据使用，但是根据一般生活经验判断符合事实的除外。处于明显醉酒、中毒或者麻醉等状态，不能正常感知或者正确表达的证人所提供的证言，不得作为证据使用。

5. 询问未成年证人时，是否通知其法定代理人合适成年人到场，有关人员是否到场。

6. 有无以暴力、威胁等非法方法收集证人证言的情形。

（七）对被害人询问笔录的审查

对被害人陈述的审查与认定可同时参照证人证言的审查要点。此外，被害人由于与犯罪嫌疑人和案件处理结果具有直接的利害关系，对于被害人陈述的内容要结合其他证据进行甄别，审查判断其陈述是否真实。

（八）对物证的审查

1. 审查物证是否为原物，物证的照片、录像或者复制品与原物是否相符；物证是否经过辨认、鉴定；物证的照片、录像或者复制品是否由两人以上制作，有无制作人关于制作过程及原物存在于何处的文字说明及签名。

2. 审查物证的收集程序、方式是否符合法律及有关规定；经勘验、检查、搜查提取、扣押的物证，是否附有相关笔录或者清单；笔录或者清单是否有侦查人员、物品持有人、见证人的签名，没有物品持有人签名的，是否注明原因；对物品的特征、数量、质量、名称等是否注明清楚。对于毒品案件中涉案毒品的数量、特征、质量等，一定要审查其是否注明清楚。

3. 物证在收集、保管及鉴定过程中是否受到破坏或者改变。

4. 物证与案件事实有无关联，对现场遗留与犯罪有关的具备检验鉴定条件的血迹、指纹、毛发、体液等生物物证、痕迹、物品，是否通过DNA鉴定、指纹鉴定等鉴定方式与被告人或者被害人的相应生物检材、生物特征、物品等作同一认定。

5. 对于具备辨认条件的物证，应当交由当事人或者证人进行辨认，必要时应当进行鉴定。

6. 据以定案的物证应当是原物。原物不便搬运、不易保存、依法应当返还或者依法应当由有关部门保管、处理的，可以拍摄、制作足以反映原物外形和特征的照片、录像、复制品。必要时，审判人员可以前往保管场所查看原物。物证的照片、录像、复制品，不能反映原物的外形和特征的，不得作为定案的根据。物证的照片、录像、复制品，经与原物核对无误、经鉴定或者以其他方式确认真实的，可以作为定案的根据。

（九）书证的审查

书证具有较强的稳定性，能够直接证明案件的主要或者部分事实。对书证的审查要注意：

1. 书证是否为原件，书证的副本、复制件与原件是否相符，书证是否经过辨认、鉴定，书证的副本、复制件是否由二人以上制作，有无制作人关于制作过程及原件存在于何处的文字说明及签名。

2. 书证的收集程序、方式是否符合法律及有关规定，经勘验、检查、搜查、提取、扣押的书证，是否附有相关笔录或者清单，笔录或者清单是否有侦查人员、物品持有人、见证人的签名，没有物品持有人签名的，是否注明原因。

3. 书证在收集、保管及鉴定过程中是否受到破坏或者改变。

4. 书证与案件事实有无关联。

5. 与案件事实有关联的书证是否全面收集。对于具备辨认条件的书证，应当交由当事人或者证人进行辨认，必要时应当进行鉴定。

（十）勘验、检查笔录的审查

对勘验、检查笔录应当着重审查以下内容：

1. 勘验、检查是否依法进行，笔录制作是否符合法律、有关规定，勘验、检查人员和见证人是否签名或者盖章。

2. 勘验、检查笔录是否记录了提起勘验、检查的事由，勘验、检查的时间、地点，在场人员、现场方位、周围环境等，现场的物品、人身、尸体等的位置、特征等情况，以及勘验、检查的过程；文字记录与实物或者绘图、照片、录像是否相符；现场、物品、痕迹等是否伪造、有无破坏；人身特征、伤害情况、生理状态有无伪装或者变化等。

3. 补充进行勘验、检查的，是否说明了再次勘验、检查的缘由，前后勘验、检查的情况是否矛盾。

（十一）辨认笔录的审查

辨认、侦查实验笔录涉及主持人、见证人、过程方法、气候条件、数量、对象等因素。在辨认笔录中，不仅仅需要特别注意辨认有无暗示、对象是否足够、被辨认人有无具体身份信息等形式要件是否规范，更重要的是考虑其实质内容与其他证据间的关联性，具体来说，需要关注以下问题：

1. 辨认是否是在侦查人员主持之下进行。

2. 辨认人是否在辨认以前见到过被辨认对象。

3. 辨认活动是否个别进行。

4. 辨认对象是否混合在有类似特征的其他对象或者供辨认的对象是否符合规定。

5. 在辨认中侦查人员是否给辨认人明显暗示或者明显有指认嫌疑。

（十二）侦查实验笔录的审查

侦查实验笔录审查应当注意：实验的条件是否与案件发生时的条件相同或者接近，是否经过县级以上公安机关负责人批准，笔录是否完整地记录了实验的经过和结果，是否具有实验参与人的签名、有无同步录像等。

（十三）鉴定意见的审查

1. 鉴定活动必须由鉴定机构出面接受委托，鉴定意见也必须以受托鉴定机构名义作出。查看鉴定意见后所附鉴定机构的资质证明，确认鉴定机构是否具有法定资质；鉴定事项是否属于鉴定机构业务范围。

2. 鉴定人必须具有合法资质，经过法定部门审核登记；鉴定事项符合鉴定人执业的类别并具有相关专业技术或职称；鉴定人是否存在应当回避的情形。

3. 审查鉴定的检材的来源、取得、保管、送检是否符合法律、有关规定，与相关提取笔录、扣押物品清单等记载的内容是否相符，检材是否充足、可靠。

4. 从鉴定意见的形式进行审查，是否注明提起鉴定的事由、鉴定委托人、鉴定机构、鉴定要求、鉴定过程、鉴定方法、鉴定日期等相关内容，是否由鉴定机构加盖司法鉴定专用章并由鉴定人签名、盖章；鉴定意见文字是否完整。

5. 审查鉴定程序是否符合法律、有关规定。

6. 鉴定的过程和方法是否符合相关专业的规范要求。鉴定方法可以分为三层次进行审查：①鉴定方法是否科学；②鉴定方法选择是否合理；③鉴定方法运用是否正确等。

7. 鉴定意见是否明确。

8. 鉴定意见与案件待证事实有无关联。

9. 鉴定意见与勘验、检查笔录及相关照片等其他证据是否矛盾，如果存在矛盾的，能否得到合理解释。

10. 鉴定意见是否依法及时告知相关人员，当事人对鉴定意见有无异议。

辩护律师在对鉴定意见进行实质性审查的同时，除了在实体上提出质证意见，还可以运用《刑事诉讼法》赋予的程序性权利对鉴定意见进行深入审查，例如申请重新鉴定或者补充鉴定；申请鉴定人出庭作证；申请有专门知识的人出庭。

【示例】重新鉴定申请的理由与提出[1]

案情：2013年10月8日，A市公安局《起诉意见书》指控：B公司及其员工贾×等人涉嫌违法处置、倾倒危险废物2000吨，构成污染环境罪。在A市人民检察院审查起诉过程中，辩护律师认为，C省环科院所制作的《鉴定评估报告》不符合

---

[1] 阮方民等：《刑事辩护的专家经验》，法律出版社2015年版，第456页。

鉴定意见的法定和实质要件，不可以作为证据使用，故提出重新鉴定申请。在辩护过程中，律师就该鉴定意见的法律问题委托国内有关刑事刑诉法专家进行了专门的论证。检察机关极其重视专家意见与律师的重新鉴定申请，对本案相关专业问题作出了重新鉴定。

专家论证意见：

1.《鉴定评估报告》在程序上存在重大缺陷和瑕疵，这些缺陷使之不具备证据能力，不能作为定案的根据。

（1）《鉴定评估报告》作为鉴定意见，应当有自然人（鉴定人）签名，否则不得作为定案的根据。鉴定意见作为我国一种法定的证据形式，必须是有关专家利用其专业知识和技能对案件的专门问题进行的科学的鉴定意见，必须有自然人签字。这是因为，只有有自然人的签字：①才能够便于提请鉴定人出庭作证，使之在庭审时可以接受质证；②在证据审查时，才能够明晰鉴定人的鉴定资格、能力与水平；③在遇有鉴定人与案件存在利害关系时，便于当事人申请回避；④当鉴定人徇私舞弊时，可以有效地追究其法律责任。

在法律层面，根据最高人民法院《关于适用〈中华人民共和国刑事诉讼法〉的解释》第85条第7项[1]的规定，鉴定文书缺少签名、盖章的，不得作为定案的根据。该《鉴定评估报告》因为缺少鉴定人的签名，故不得作为定案的根据。

（2）C省环科院不具备鉴定的法定资质，因此，该《鉴定评估报告》不得作为定案的根据。C省有专门的环境监测中心，负责C省全省水、气、噪声等环境监测和污染源监督监测；而C省环科院的主要职能是开展环保科研项目的研究，无论是司法部司法鉴定管理局还是C省司法厅，都未将其列入环境监测司法鉴定的鉴定机构名单。因此，其不具备进行司法鉴定的资质和条件。根据最高人民法院《关于适用〈中华人民共和国刑事诉讼法〉的解释》第85条第1项[2]的规定，鉴定机构不具备法定资质的，鉴定意见不得作为定案的根据。所以，C省环科院出具的鉴定评估报告不得作为定案的根据。

（3）根据我国《刑事诉讼法》第54条第2款的规定："行政机关在行政执法和查办案件过程中收集的物证、书证、视听资料、电子数据等证据材料，在刑事诉讼中可作为证据使用。"根据最高人民法院《关于适用〈中华人民共和国刑事诉讼法〉的解释》第75条第1款的规定："行政机关在行政执法和查办案件过程中收集的物证、书证、视听资料、电子数据等证据材料，经法庭查证属实，且收集程序符合有关法律、行政法规规定的，可以作为定案的根据。"根据上述法律及司法解释，需要注意的是，无论是物证、书证，还是视听资料、电子数据，都属于"实物证据"。因此，行政机关在行政执法和查办案件过程中收集的证据，只有在实物证据的

---

[1] 现应为《刑诉法解释》第98条第7项。
[2] 现应为《刑诉法解释》第98条第1项。

情形下才能转化为刑事诉讼的证据。

该《鉴定评估报告》的制作时间是 2013 年 7 月，是由 C 省环境执法稽查总队委托 C 省环科院所作，属于行政机关在行政执法过程中所作的鉴定评估报告。但是，鉴定评估报告不属于"实物证据"，而属于"言词证据"，因此，其只能作为行政处罚的根据，而不能直接转化为刑事诉讼的证据。

2. 《鉴定评估报告》的认定方法不科学，证明力不强。

C 省环科院所作的《鉴定评估报告》的结论是通过对涉案污染液体倾倒点的上下层水质的采样，然后与属于危险废物的液体的水质数据加以比对并结合当事人供述得出的，与会专家经过讨论一致认为，这样的认定方法存在缺陷。

（1）不应当使用倒推的方法认定某公司外运废液系《国家危险废物名录》中所列的"危险废物"，必须用充分的证据加以证明某公司的外运倾倒的废液系《国家危险废物名录》中所列的污染液体。不能先确定其为属于危险废物的污染液体，然后再论证涉案液体属于危险废物。涉案液体如果符合《国家危险废物名录》对所列污染液体的特征和定义，可以直接认定为系"危险废物"，否则必须作定性定量分析。

（2）从 2011 年第一次倾倒废液，到 2013 年 6 月 10 日至 6 月 15 日 C 省环科院前往废液倾倒现场采样，间隔时间长达两年之久。公安机关必须有充分的证据证明仅有 B 公司的外运废液在该倾倒点倾倒过，否则无法排除合理怀疑。从现有情况来看，废液倾倒点并未处于封闭状态，不足以排除被其他单位或人员废液倾倒过的可能性，也不能排除倾倒点之前已被污染过的可能性。

（3）作为鉴定意见，对污染液体的性质判定，不能通过部分犯罪嫌疑人的供述、证人证言来认定，而必须通过科学的方法来鉴定。应该对属于危险废物的液体的科学定义与日常生活的俗称进行区分，如果依照俗称来定性，就不需要专业的鉴定了。本案属于技术性极强的案件，对涉案废液是否属于"危险废物"的确认，必须通过专业化的鉴定机构加以鉴定。单纯依据供述和证言认定其属于"危险废物"，就失去了鉴定意见的意义。

（4）本案辩护律师委托了两家具有法定资质的鉴定机构和科研单位分别对 B 公司涉嫌排放的废液进行了是否属于危险废物的鉴定和鉴别。鉴定意见依据《国家危险废物名录》和《危险废物鉴别标准通则》，结合样品分析结果认定：B 公司在生产过程中产生的液体，不含《国家危险废物名录》中所列污染物，不具腐蚀性、急性毒性、浸出物毒性、易燃性和反应性；样品虽含有有毒物质，但其含量没超出标准限制，除此之外，样品不含其他毒性物质。因此，其出具的《司法鉴定书》和涉案液体《属性鉴别报告》均认定：B 公司在生产过程中产生的液体样品不属于危险废物。

3. 本案辩方也委托了相关机构作出了"涉案废液不属于危险废物"的两份鉴定意见，鉴定程序符合法律规定，具有证明力。为慎重起见，本案应由检察机关委托其他具有司法鉴定资质的权威鉴定机构对"涉案液体是否属于危险废物"这一核心问题加以重新鉴定。

因此，在本案证据中，控方提供的《鉴定评估报告》与辩方提供的两份鉴定意见产生了重大矛盾。

本案辩方委托的 D 司法鉴定中心，属于 D 省司法厅列举的具有鉴定资质的司法鉴定机构；E 科学院 E 化学研究所测试分析中心也属于业内权威的科研机构。这两家机构受委托后，分别派员前往某公司生产线产生涉案液体的部位随机采取了样品，采样现场情况由两名公证处公证人员见证和记录，具有较强的客观性和真实性。

鉴于以上三点，专家们一致认为，由于控方的《鉴定评估报告》存在鉴定意见的形式和实质要件的缺陷，导致证明能力不足，而辩方依据刑事诉讼的鉴定程序委托鉴定得出的结论亦可否定指控，在此情况之下，应当慎重处理，故建议检察机关委托其他具有司法鉴定资质的权威鉴定机构，对本案的核心问题加以重新鉴定。重新鉴定的核心内容应包括如下：①涉案液体是否属于对《国家危险废物名录》所列属于"危险废物"的"液体"；②涉案液体从定性定量的角度分析，是否达到了"危险废物"的标准。

（十四）对有专门知识的人出具的报告的审查

《刑诉法解释》第 100 条规定，"因无鉴定机构，或者根据法律、司法解释的规定，指派、聘请有专门知识的人就案件的专门性问题出具的报告，可以作为证据使用。经人民法院通知，出具报告的人拒不出庭作证的，有关报告不得作为定案的根据。"对于有专门知识的人出具的报告的审查与认定，参照适用鉴定意见审查与认定方法进行。

（十五）视听资料的审查

1. 审查是否附有提取过程的说明，以确认来源是否合法。
2. 审查视听资料是否为原件。是复制件的，是否附有无法调取原件的原因、复制件制作过程和原件存放地点的说明，制作人、原视听资料持有人的签名或者盖章。
3. 制作过程中是否存在威胁、引诱当事人等违反法律、有关规定的情形。
4. 是否写明制作人、持有人的身份，制作的时间、地点、条件和方法。
5. 内容和制作过程是否真实，有无剪辑、增加、删改等情形。
6. 内容与案件事实有无关联。

（十六）电子证据的审查

1. 审查电子数据的生成环节：电子数据的系统是否处于正常状态；内容是否真实，是否被剪裁、拼凑、篡改等；是否具有数字签名、数字证书等特殊标识；收集、提取的过程是否可以重现；如有增加、删除、修改等情形的，是否附有说明；完整性是否可以保证。

2. 审查电子数据的存储环节：存储电子数据的方法是否科学；存储电子数据时是否加密，有无改动迹象；存储单位有无资质；存储电子数据的人员是否中立等。

3. 审查电子数据的收集环节：收集过程是否遵守法律的程序规定，收集、提取电子数据是否由 2 名以上调查人员、侦查人员进行，取证方法是否符合相关技术标准；收集、提取电子数据，是否附有笔录、清单，并经调查人员、侦查人员、电子数据持有人、提供人、见证人签名或者盖章；没有签名或者盖章的，是否注明原因；对电子数据的类别、文件格式等是否注明清楚；是否依照有关规定由符合条件的人员担任见证人，是否对相关活动进行录像；采用技术调查、侦查措施收集、提取电子数据的，是否依法经过严格的批准手续；进行电子数据检查的，检查程序是否符合有关规定。

（十七）技术调查、侦查证据的审查与认定

《刑诉法解释》第 116 条规定，依法采取技术调查、侦查措施收集的材料在刑事诉讼中可以作为证据使用。对于技术调查和侦查证据应当着重审查以下内容：

1. 技术调查、侦查措施所针对的案件是否符合法律规定。
2. 技术调查措施是否经过严格的批准手续，按照规定交有关机关执行。
3. 采取技术调查、侦查措施的种类、适用对象和期限是否按照批准决定载明的内容执行。
4. 采取技术调查、侦查措施收集的证据材料与其他证据是否矛盾，存在矛盾的，能否得到合理解释。

五、律师阅卷笔录的制作

如前所述，律师阅卷是律师行使辩护权的重要工作和重要途径，而制作阅卷笔录，是阅卷过程中必须要完成的工作。阅卷笔录没有统一的格式要求，制作阅卷笔录可以根据案件类型、案件证据特点或者根据阅卷者的习惯进行，可以简单列举排列，对重要内容进行原文摘抄，也可以穿插使用表格、图形或者思维导图等方式，不管用什么方式，阅卷笔录的制作要以诉讼文书为基础，达到提纲挈领、循序渐进、简明扼要、准确的目的，在笔录的制作过程中，发现证据问题，找出争议焦点并逐步形成辩护思路。

制作阅卷笔录的方法有以下几种：

第一种，按照案卷材料顺序摘录证据。主要是将案卷的真实情况用文档的形式摘录下来，其核心内容是真实、客观反映案卷的本来面貌。将厚厚的案卷阅薄，更便于未来阅卷和准备辩护工作，这也是最简单最基础的阅卷方式。在阅卷同时需要对每一份证据进行质证，从证据的真实性、关联性、合法性三个方面进行质证，同时提炼出对嫌疑人、被告人有利的几个方面或者对嫌疑人、被告人不利的地方，加以总结。

第二种，抓住关键点摘录证据。一般来讲，摘录证据应当摘录笔录的原话，不应当对笔录的内容进行总结、概括性的摘录。

1. 摘录同一个人的供述的方法。要求摘录讯问的时间、地点，并将之与传唤证人的时间、送入看守所的时间、提审时间一一相对，寻找发现疑点。如将犯罪嫌疑人关押到看守所是 11 月 1 日，第一次在看守所讯问时间却在 10 月 30 日。

如果犯罪嫌疑人有多份认罪供述，则可以挑选其中内容最为详细、细节最为细致的一份完整摘录，同一个犯罪嫌疑人的其他笔录如果内容大致相同，则可以以"内容同上"等字眼概括。然而有时不同的笔录中，内容绝大部分一致，但案件关键点有不同，则对该不同的关键点要仔细摘录。

2. 按照时间进行摘录。客观反映犯罪嫌疑人从不认罪到认罪，从简单承认犯罪到详细讲述犯罪细节、经过的过程，以方便日后查阅。在制作阅卷笔录时，经常会用到列表、图示法等阅卷方法，使得一些案件焦点问题看起来一目了然，甚至可以直接写进辩护词当中。列表法有很多种类，例如：

（1）列案件证据总表。把侦查机关提供的证据名称、所在卷宗的编号列一个总表，使律师对整个案件证据范围有一定的把握，对整个案件有总体印象。

（2）列单个证据表。将每份证据按照时间、地点、人物、事情、经过和原因等的顺序摘录入表，得出每份证据的结论，以此类推获得整个案件证据体系的列表。同时根据不同案件的不同需要而制作，按照不同证据材料分类。例如犯罪事实分类表、犯罪嫌疑人供述表、证人证言表等。

（3）对比表。根据不同的目的、案件的性质、证据特点等设定不同的对比表格。例如，犯罪嫌疑人的供述、证人证言的对比表；同案犯之间供述对比表；数个存在矛盾的案件事实对比表等。

（4）犯罪数额梳理表。当案件涉及经济犯罪或者被害人退赔等情节时，通过列表的形式能够更加准确、直观地展现案件金额，对案件资金流向也会有清楚的把握。

【阅卷笔录重点摘录】

【阅卷笔录模版示例】

莫×涉嫌××案阅卷笔录

目录
1、犯罪嫌疑人及其他诉讼参与人的基本情况
2、案件由来及简要侦破过程
3、侦查/公诉机关认定的犯罪事实与意见
4、全案证据目录
5、重要证据详情
6、证据分类与分析——控方证据、辩方证据

7、法律检索——法律法规、司法案例、学界理论
8、辩护思路和策略
9、其他需要说明的问题

六、阅卷保密义务

刑事案卷卷宗按照相关规定属于不能公开的材料，辩护律师在阅卷时要养成保密意识，避免因卷宗泄露违法或构成犯罪。

最高人民检察院、国家保密局《检察工作中国家秘密及其密级具体范围的规定》规定，审查起诉的刑事案件的有关材料和处理意见属于秘密级事项。律师在审查起诉阶段对阅卷所获得的案件信息负有严格保密的义务，应当妥善保管通过阅卷所获得的案件材料，不得遗失，在审查起诉阶段不得公开。律师通过阅卷所获取的案件证据和证人情况，不得透露给包括案件当事人在内的其他任何人。

《刑诉法解释》第55条规定，查阅、摘抄、复制案卷材料，涉及国家秘密、商业秘密、个人隐私的，应当保密；对不公开审理案件的信息、材料，或者在办案过程中获悉的案件重要信息、证据材料，不得违反规定泄露、披露，不得用于办案以外的用途。人民法院可以要求相关人员出具承诺书。违反前款规定的，人民法院可以通报司法行政机关或者有关部门，建议给予相应处罚；构成犯罪的，依法追究刑事责任。

《律师法》第38条规定，律师应当保守在执业活动中知悉的国家秘密、商业秘密，不得泄露当事人的隐私。律师对在执业活动中知悉的委托人和其他人不愿泄露的有关情况和信息，应当予以保密。但是，委托人或者其他人准备或者正在实施的危害国家安全、公共安全以及其他严重危害他人人身安全的犯罪事实和信息除外。

【阅卷笔录示例1】

【阅卷笔录示例2】

第五章

宣布开庭与法庭调查

根据《刑事诉讼法》的规定，一审刑事审判程序可分为开庭、法庭调查、法庭辩论、被告人陈述、评议和宣判五个阶段。本章的主要内容为宣布开庭和法庭调查程序。

宣布开庭是正式进行法庭审判前的准备阶段。

法庭调查，是在审判人员主持下，在控辩双方和其他诉讼参与人的参加下，当庭对案件事实和证据进行审查、核实的诉讼活动，是人民法院开展庭审活动，进行案件实体审理的第一个环节。法庭调查的任务是查明案件事实、核实证据，通过在法庭上向被告人发问和举证质证，调查案件的真实情况。由于案件辩论和定性的基础是案件事实，所以，法庭调查是法庭辩论的基础，法庭调查的成效，直接关系到案件处理的质量。法庭调查的范围是人民检察院起诉书所指控的被告人的犯罪事实和证明被告人有罪、无罪、罪重、罪轻的各种证据。法庭调查主要包括以下三个环节：①公诉人宣读起诉书；②公诉人、辩护人当庭讯问/询问被告人、被害人；③举证质证。

第一节 宣布开庭

依据《刑事诉讼法》及《刑诉法解释》的相关规定，宣布开庭的具体程序和内容包括以下几部分：查明被告人基本情况、收到起诉书副本情况，宣布案件来源、案由，合议庭组成人员名单，告知当事人在法庭审理中依法享有的诉讼权利。

一、开庭审理前的工作

开庭审理前，书记员应当依次进行下列工作：

1. 受审判长委托，查明公诉人、当事人、辩护人、诉讼代理人、证人及其他诉讼参与人是否到庭。

2. 核实旁听人员中是否有证人、鉴定人或有专门知识的人。

3. 请公诉人、辩护人、诉讼代理人及其他诉讼参与人入庭。
4. 宣读法庭规则。
5. 请审判长、审判员、人民陪审员入庭。
6. 审判人员就座后,向审判长报告开庭前的准备工作已经就绪。

二、宣布开庭后的工作

(一) 查明被告人基本情况

在书记员做好庭前准备工作后,审判长宣布开庭,传被告人到庭后,应当查明被告人的下列情况:姓名、出生日期、民族、出生地、文化程度、职业、住址,或者被告单位的名称、住所地、法定代表人、实际控制人以及诉讼代表人的姓名、职务;是否受过刑事处罚、行政处罚、处分及其种类、时间;是否被采取留置措施及留置的时间,是否被采取强制措施及强制措施的种类、时间;收到起诉书副本的日期;有附带民事诉讼的,附带民事诉讼被告人收到附带民事起诉状的日期。被告人较多的,可以在开庭前查明上述情况,但开庭时审判长应当作出说明。

(二) 宣布案件来源

在查明被告人基本情况后,由审判长宣布案件的来源、起诉的案由,如有刑事附带民事诉讼,应当公布当事人的姓名以及决定是否公开审理;不公开审理的,应当宣布理由。

(三) 宣布出庭人员名单

审判长宣布合议庭组成人员、法官助理、书记员、公诉人的名单以及辩护人、诉讼代理人、鉴定人、翻译人员等诉讼参与人的名单。

(四) 告知当事人在法庭审理中依法享有的诉讼权利

告知被告人的诉讼权利是《刑事诉讼法》规定的法定程序。审判长应当告知当事人及其法定代理人、辩护人、诉讼代理人在法庭审理过程中依法享有下列诉讼权利:①可以申请合议庭组成人员、法官助理、书记员、公诉人、鉴定人和翻译人员回避;②可以提出证据,申请通知新的证人到庭、调取新的证据,申请重新鉴定或者勘验;③被告人可以自行辩护;④被告人可以在法庭辩论终结后作最后陈述。

(五) 询问是否申请回避

为了保证刑事案件办理的公平公正,《刑事诉讼法》第29条规定了刑事诉讼中的回避制度,当事人及其法定代理人、辩护人、诉讼代理人等享有申请回避的权利。审判长应当询问当事人及其法定代理人、辩护人、诉讼代理人是否申请回避、申请何人回避和申请回避的理由。同意或者驳回回避申请的决定及复议决定,由审判长当庭宣布,并说明理由。必要时,可以由院长到庭宣布。

第二节 公诉人宣读起诉书

法庭调查活动,从公诉人宣读起诉书开始。

起诉书,是公诉机关根据案件审查起诉的情况,作出的对某一刑事案件提起公诉的诉讼文书,起诉书的核心是其认定的犯罪事实和指控的依据,整个庭审过程都是围绕这个核心内容进行。

一、公诉人宣读起诉书的规范

公诉人宣读起诉书在审判长宣布法庭调查开始后进行。公诉人宣读起诉书一般应站立,尤其是重大、庭审直播等案件更应该站立宣读起诉书。宣读起诉书要全面宣读,从文书名字"某某人民检察院起诉书"到落款均应宣读。宣读起诉书时要姿态端庄、语音洪亮、吐字清晰,并使用普通话进行宣读,但在少数民族聚居区且参与庭审的全体人员都通晓当地语言文字时,可以使用本民族语言宣读起诉书。

起诉书宣读完毕应报告审判长:"审判长,起诉书宣读完毕。"

二、公诉人宣读起诉书与法庭发问的衔接

公诉人宣读起诉书之后,审判长询问被告人对起诉指控的犯罪事实和罪名是否有异议,并听取被告人的供述和辩解,被告人和辩护人对起诉书的内容或形式要件提出异议,可以采取以下的处理方法:

(一)被告人称起诉事实虚假或者不存在

对此问题公诉人可以不予回复,或者回复如下:"就被告人所述起诉书认定的事实错误问题,公诉人认为该说法不成立,公诉人将在举证环节加以证明。"

(二)被告人称起诉书认定的事实存在,但认为自己的行为不构成犯罪

对此问题公诉人可以不予回复,案件性质的定性问题可以在法庭辩论环节发表意见。

(三)辩护人针对起诉书存在的问题提出异议

1. 起诉书存在形式上的细小瑕疵问题。起诉书在制作过程中,可能由于公诉人疏忽大意出现瑕疵,如在《刑事诉讼法》修改后,对于起诉所依据的《刑事诉讼法》的法条序号与修改前不同,公诉人在制作起诉书时忘记进行修改而错误引用了法条,或者起诉书里有错别字以及起诉书的落款日期写错,导致开庭时的时间和起诉书落款的时间间隔不足10天等。对于上述问题,公诉人可以采取如下方式解决:因《刑事诉讼法》修改而引用法条错误或者起诉书中存在错别字的情况,公诉人要坦诚自己工作中的失误,表示歉意,并表明将对此错误进行修改;对于起诉书落款时间错误的问题,公诉人要向法庭承认是自己的工作失误将时间写错,同时,也要结合庭审开始时审判长询问被告人收到起诉书副本的时间情况,表明被告人收到起诉书副本的时间确实超过10天,起诉书落款时间错误不影响当天庭审正常进行。以上类型

起诉书的错误,属于一般的失误,公诉人可以当庭予以更正。当然,上述错误确实属于公诉人制作起诉书不认真导致,公诉人在法庭上要主动承认自己的工作失误并避免在今后的工作中出现类似的错误。

2. 起诉书存在重大失误的处理。如果起诉书中存在被告人的基本情况、案由、案件事实、起诉的理由等足以影响案件基本事实的认定和定罪量刑的重大失误,如果被告人、辩护人当庭提出上述情况,当庭又无法查实的,公诉人可以建议法庭休庭。如果发现事实不清、证据不足,或者遗漏罪行、遗漏同案犯罪嫌疑人,需要补充侦查或者补充提供证据或需要调取新的证据,重新鉴定或勘验;被告人揭发他人犯罪行为或提供重要线索,需要进行补充侦查进行查证的,以及发现遗漏罪行或者遗漏同案犯罪嫌疑人,虽不需要补充侦查和补充提供证据,但需要补充、追加起诉等情况,需要给辩护人必要时间进行辩护准备的,公诉人可以建议法庭延期审理。

第三节 法庭发问的诉讼程序规则

刑事案件的庭审进入到法庭调查环节,法庭发问成为法庭调查的重要方式之一。法庭调查的主要任务,是由控辩双方和其他诉讼参与人共同参加,在法庭上对案件事实和证据进行审查、核实。在对事实、证据进行审查、核实时,主要方式之一就是要对被告人、证人等进行发问。根据我国《刑事诉讼法》的规定,在审判长主持下,公诉人可以就起诉书指控的犯罪事实讯问被告人。经审判长准许,被害人及其法定代理人、诉讼代理人可以就公诉人讯问的犯罪事实补充发问;附带民事诉讼原告人及其法定代理人、诉讼代理人可以就附带民事部分的事实向被告人发问;被告人的法定代理人、辩护人、附带民事诉讼被告人及其法定代理人、诉讼代理人可以在控诉一方就某一问题发问完毕后向被告人发问;控辩双方可以向被害人、附带民事诉讼原告人发问。必要时,审判人员也可以讯问被告人。公诉人、被告人及其法定代理人、辩护人可以申请证人、鉴定人出庭,人民警察也可以就其执行职务时目击的犯罪情况作为证人出庭,上述被告人、证人、鉴定人、有专门知识的人出庭时,会接受来自相关主体的发问。所以,法庭发问既存在于公诉人和辩护人在法庭调查之初针对案件基本事实的发问,也存在于举证质证环节对证人的发问等。

一、向被告人发问的诉讼程序规则

向被告人发问是法庭调查程序中公诉人宣读起诉书之后的一种法庭调查行为。

我国《刑事诉讼法》第191条规定:"公诉人在法庭上宣读起诉书后,被告人、被害人可以就起诉书指控的犯罪进行陈述,公诉人可以讯问被告人。被害人、附带民事诉讼的原告人和辩护人、诉讼代理人,经审判长许可,可以向被告人发问。审判人员可以讯问被告人。"

上述规定明确了可以向被告人发问的主体包括公诉人、被害人、附带民事诉讼的原告人及诉讼代理人、被告人的辩护人以及合议庭组成人员。按照刑事诉讼规则，向被告人发问的程序规则如下：

1. 公诉人可以就起诉书指控的犯罪事实讯问被告人。

2. 经审判长准许，被害人及其法定代理人、诉讼代理人可以就公诉人讯问的犯罪事实补充发问。

3. 附带民事诉讼原告人及其法定代理人、诉讼代理人可以就附带民事部分的事实向被告人发问。

4. 被告人的辩护人在公诉人发问完毕后，可以向被告人发问，有多名被告人的案件，辩护人对被告人的发问，应当在审判长主持下，先由被告人本人的辩护人进行，再由其他被告人的辩护人进行。

5. 为核实被告人是否自愿认罪，解决案件事实证据存在的疑问，审判人员可以讯问被告人，也可以向被害人、附带民事诉讼原告人发问。根据案件情况，就证据问题对被告人的讯问、发问可以在举证、质证环节进行。

6. 有多名被告人的案件，讯问各名被告人应当分别进行。同案被告人供述之间存在实质性差异的，法庭可以传唤有关被告人到庭对质。审判长认为有必要的，可以准许被告人之间相互发问。

7. 对被告人发问完毕后，其他证据出示前，在审判长主持下，被害人可以就起诉书指控的犯罪事实作出陈述，经审判长准许，控辩双方可以在被害人陈述后向被害人发问。

二、向被告人以外的其他诉讼参与人发问的诉讼程序规则

法庭调查阶段的发问，除了向被告人发问以外，还可以向出席庭审的证人、鉴定人、人民警察和有专门知识的人进行发问。按照现行《刑事诉讼法》的规定，公诉人、当事人或者辩护人、诉讼代理人对证人证言（包括人民警察就其执行职务时目击的犯罪情况出庭作证）有异议，且该证人证言对案件定罪量刑有重大影响，人民法院认为证人有必要出庭作证的，证人应当出庭作证。公诉人、当事人或者辩护人、诉讼代理人对鉴定意见有异议，人民法院认为鉴定人有必要出庭的，鉴定人应当出庭作证。

（一）出席庭审接受询问或作证的人种类

1. 证人。《刑事诉讼法》第61条规定，证人证言必须在法庭上经过公诉人、被害人和被告人、辩护人双方质证并且查实以后，才能作为定案的根据。法庭查明证人有意作伪证或者隐匿罪证的时候，应当依法处理。经人民法院通知，证人没有正当理由不出庭作证的，人民法院可以强制其到庭，但是被告人的配偶、父母、子女除外。

2. 鉴定人。公诉人、当事人或者辩护人、诉讼代理人对鉴定意见有异议，人民法院认为鉴定人有必要出庭的，鉴定人应当出庭作证。经人民法院通知，鉴定人拒不出庭作证的，鉴定意见不得作为定案的根据。

3. 调查人员、侦查人员或有关人员。公诉人、当事人或者辩护人、诉讼代理人对调查人员、侦查人员或有关人员就其执行职务时目击的犯罪情况作出的证人证言有异议，且该证人证言对案件定罪量刑有重大影响，人民法院认为证人有必要出庭作证的，应当通知调查人员、侦查人员或者有关人员出庭。

4. 有专门知识的人。公诉人、当事人和辩护人、诉讼代理人可以申请法庭通知有专门知识的人出庭，就鉴定人作出的鉴定意见提出意见。法庭对于上述申请，应当作出是否同意的决定。必要时，法庭可以依职权通知有专门知识的人出庭。

（二）发问主体及发问顺序

由于鉴定人、有专门知识的人、调查人员、侦查人员或者其他人员出庭发问规则，参照证人的有关规定，故以证人为例，介绍向被告人以外的其他诉讼参与人发问的主体及顺序。

1. 对控方或辩方申请出庭的证人发问。

（1）证人出庭后，一般先向法庭陈述证言，后由申请通知证人出庭的一方发问；发问完毕后，经审判长准许，对方也可以发问。控辩双方发问完毕后，可以归纳本方对证人证言的意见，控辩双方如有新的问题，经审判长准许，可以再行发问。

（2）审判人员认为必要时，可以询问证人，就证言的实质性差异进行调查核实。

（3）经审判长准许，被告人可以向证人发问。

（4）审判长认为有必要的，可以准许证人之间相互发问。

（5）有多名证人的案件，向证人发问应当分别进行。作出同一份鉴定意见的多名鉴定人或者多名有专门知识的人可以同时出庭，不受分别发问规则的限制。

（6）证人证言之间存在实质性差异的，法庭可以传呼有关证人到庭对质。

2. 对法院依职权通知出庭的证人发问。法庭依职权通知证人出庭的，发问顺序由审判人员根据案件情况确定。

（三）向证人发问应当遵循的原则

《刑事诉讼法》第194条第1款规定："证人作证，审判人员应当告知他要如实地提供证言和有意作伪证或者隐匿罪证要负的法律责任。公诉人、当事人和辩护人、诉讼代理人经审判长许可，可以对证人、鉴定人发问。审判长认为发问的内容与案件无关的时候，应当制止。"

具体来说，应遵循以下原则：①发问内容应当与案件事实有关；②不得采用诱导方式发问；③不得威胁或者误导证人；④不得损害证人人格尊严；⑤不得泄露证人个人隐私。

控辩一方发问方式不当或者内容与案件事实无关，违反有关发问规则的，对方可以提出异议。对方当庭提出异议的，发问方应当说明发问理由，审判长判明情况予以支持或者驳回；对方未当庭提出异议的，审判长也可以根据情况予以制止。

证人出庭作证前，应当在法庭指定的地点等候，不得谈论案情。证人出庭作证后，审判长应当通知法警引导其退庭。证人不得旁听对案件的审理。被害人不参加法庭审理,仅出庭陈述案件事实的,参照适用前述规定。

对鉴定人、侦查人员、有专门知识的人的发问,参照适用证人的有关规定。

第四节 向被告人发问

向被告人发问,是在法庭调查中,公诉人、辩护人、被害人及其代理人、参与庭审的合议庭组成人员就案件事实向被告人提问,以呈现案件事实的过程。

一、公诉人当庭讯问被告人

公诉人讯问被告人,是指在法庭调查中,公诉人就起诉书指控的犯罪事实以及相关情况对被告人依法进行发问的诉讼活动。

被告人供述是证据体系中的重要内容,公诉人当庭讯问被告人承接了侦查阶段和审查起诉阶段的讯问,同样是查明犯罪事实的重要手段,但与之前两个阶段的讯问有所不同,庭审阶段的讯问更侧重于配合法庭查明全部犯罪事实,或揭穿被告人的谎言,运用证据证明犯罪,最终促使法庭采纳其诉讼主张。公诉人当庭讯问被告人主要目的是通过被告人当庭供述阐明案件事实,展示案件全貌,证明起诉书所认定的内容,属于"明知故问"。同时,通过法庭讯问也可以在一定程度上确定争议焦点,为后面的举证质证和法庭辩论做准备;通过被告人当庭供述,明确被告人可能的辩护理由,从而有针对性地进行反驳。因此,公诉人讯问被告人时,应当在起诉书指控的范围内进行,要突出控罪特征和全部构成要件,同时,也要关注量刑情节,做到全面、准确。

(一)制作讯问提纲

公诉人在开庭讯问被告人之前,需要提前针对庭审过程中要对被告人讯问的问题制作讯问提纲。讯问提纲作为公诉人在法庭上讯问被告人的问题的总结,具有两个目的,一是再现案件事实过程,使被告人承认起诉书所指控的犯罪事实;二是通过事先设计好的问题展示被告人供述之中的矛盾之处,间接证明起诉书指控的犯罪事实。

公诉人讯问被告人一般应主要围绕以下事实进行:①指控的犯罪事实是否存在,是否系被告人所实施,被告人是否承认起诉书指控的罪行;②实施犯罪行为的时间、地点、方法、手段、结果,被告人犯罪后的表现等;③犯罪集团或者一般共同犯罪案件中参与犯罪人员的各自地位和应负的责任;④被告人有无责任能力,有无故意或者过失,行为的动机、目的;⑤有无依法不应当追究刑事责任的情况,有无法定的从重或者从轻、减轻以及免除处罚的情节;⑥犯罪对象、作案工具的主要特征与犯罪有关的财物的来源、数量以及去向;⑦被告人全部或者部分否认起诉书指控的犯罪事实的,否认的根据和理由能否成立;⑧与定罪量刑有关的其他事实。

【示例】

基本案情：2020年12月1日15时许，被告人陈××应同案人郑×1（已判决）、郑×2（已死亡）的要求，伙同陈×1、陈×2、郑×3等人携带刀具等作案工具前往某市某村，寻找此前与郑×1有肢体冲突的被害人何××报复泄愤，在未发现何××行踪后解散。17时许，被告人陈××再次应郑×1、郑×2要求，驾驶摩托车载运二人携刀具出发，在某村立勤食杂店发现被害人何××。被告人陈××与郑×1、郑×2下车后持长刀追砍、捅刺何××，致被害人何××经抢救无效死亡。

讯问提纲

被告人：陈××
案由：故意杀人罪
讯问人：林××

一、关于案件起因的讯问重点
1. 被告人陈××与郑×1等人是否具有亲属关系？
2. 郑×1与被害人何××之间何时产生矛盾？
3. 郑×1于何时、何地、通过何种方式拉拢被告人陈××报复被害人何××？

二、关于被告人陈××犯罪客观行为的讯问重点
1. 被告人陈××第一次伙同郑×1寻找被害人何××时，具体的分工是什么？
2. 被告人陈××第二次伙同郑×1等人寻找被害人何××时，具体的分工是什么？
3. 被告人陈××与其他同案犯第二次寻找被害人何××时，所携带的刀具是何处取得的？
4. 被告人陈××与其他同案犯何时、何地遇到被害人何××？
5. 被告人陈××与其他同案犯追砍、捅刺被害人何××时，分别使用了何种刀具，捅刺了被害人身体的哪个部位？
6. 现场是否有人阻止被告人陈××施暴，其在逃离现场时是否有殴打其他人员？
7. 被告人陈××是通过什么方式离开现场的？
8. 离开现场时，被害人何××的身体状态是什么样的？

三、关于被告人陈××犯罪主观故意的讯问重点
1. 被告人陈××在积极参与追砍时，是否意识到多人追砍的行为足以危害他人生命安全？
2. 被告人陈××是否有采取措施防止被害人遭受生命危险？
3. 被告人陈××在现场是否有对被害人采取救助措施？

四、关于被告人陈××逃跑后去向的讯问重点
1. 被告人陈××等人离开现场后的去向是何处？
2. 被告人陈××多年来躲避侦查的方式是什么？

3. 被告人陈××在躲避侦查期间，是否有其他犯罪行为？
4. 是否有他人为其躲避侦查的行为提供帮助和便利？
【解读】
　　上述讯问提纲为案件承办人结合案件内容准备，侧重点案件起因、客观行为、主观故意和被告人逃跑去向等问题展开，既包含了犯罪成立条件的要素，也包含了犯罪起因、被告人逃跑后的去向，为对被告人量刑和后续是否可能存在其他窝藏包庇行为打下基础。

（二）公诉人法庭讯问的基本原则和方法
1. 全面发问。公诉人发问以指控犯罪为目的，内容要完整、彻底，不能遗漏，对于犯罪事实是否存在，是否为被告人所为，被告人实施犯罪的目的、动机、时间、地点、手段、后果等犯罪成立的内容都要进行细致发问。同时，对于与量刑有关的情节也要进行发问，基于此，公诉人向被告人发问可以采用开放性问题和封闭性问题结合的方法进行。开放性问题用英文的表达方式就是六个W，即谁（who），什么时间（when），什么地点（where），是什么（what），为什么（why），怎样或如何发生（how）。公诉人在对被告人发问的时候可以使用开放性问题，全面展示案情的全貌。
2. 繁简适度，重点突出。对于指控犯罪来说，重点是被告人的行为是否构成犯罪的问题，这个应该重点发问；对于自首、立功、累犯等争议不大的量刑情节，重点应该是出示相关书证加以证明，在法庭发问环节的重要性次之，除非对于上述量刑情节的事实认定方面存在争议需要加以重点发问；关于赃款赃物的去向除非与是否成立犯罪有关，如钱款的走向可能决定是否构成指控犯罪或其他犯罪的，其重要性再次之；最后是关于酌定量刑情节的讯问，如犯罪动机、被害人过错、归案后的态度等。公诉人在发问时要根据内容的重要性合理分配发问的时间。
3. 合理安排发问顺序。法庭发问的顺序可以根据涉案罪名、涉案个数、共同犯罪以及案情的不同进行安排。对于简单的一人一罪的一般主体的刑事案件，可以根据时间、地点、行为、后果等排序方式进行发问，一步步向法庭展示案件发展进程，对此进行重点发问。有关被告人年龄、归案方式等，若不涉及未成年人和归案方式为自动投案等内容，可以放在较后的位置发问或者不就此专门发问，直接在举证时出示相关证据即可。对于指控罪名为特殊主体的犯罪，应首先就被告人的主体身份进行发问，然后再根据案件事实的具体特点进行发问。
　　对于一人犯多罪的案件，可以按照罪名逐一发问；对于多人犯一罪的共同犯罪，可以按照起诉书被告人的排列次序进行发问，也可以根据被告人的认罪态度和认罪程度，先突破认罪态度比较好的、事实陈述没有问题的被告人，取得稳定的当庭陈述后，再对抵抗心理比较强、口供不稳定的被告人发问。对于多人多罪的案件发问，可以采取一罪一问的方式，对于各个罪名交织在一起，难以独立分开的，也可以采取按照时间顺序发问的方式。

4. 有针对性地发问。在开庭之前,公诉人对于被告人是否认罪,是否如实陈述会有一个基本的判断,对此,公诉人在庭前准备法庭发问提纲时可以制定不同的发问策略,对于被告人认罪并且口供比较稳定的案件,在发问时可以适当采用开放性问题,由被告人自行陈述案件事实,必要的时候配合简短问题以把握发问的节奏,并保证不遗漏问题;对于被告人可能不认罪或者有翻供可能性的以及当庭做虚假陈述的,要尽量准备简短的一问一答式的问题,通过与其他证据的结合揭露被告人当庭的虚假陈述或者发现案件真相。

所谓翻供,就是在法庭审理过程中,被告人当庭陈述与庭前陈述不一致的情形。对于被告人翻供,不能简单地等同于被告人做虚假陈述,事实上,有些案件翻供后的陈述恰恰是真实的,公诉人应当本着客观公正的态度对待翻供。对此,公诉人可以结合案件中已经掌握的证据和被告人庭前供述,通过发问发现案件真实情况,如遇被告人做虚假陈述,公诉人法庭讯问的目的中就包含了揭示被告人供述的虚伪性的目的。对此,可以采用如下方法进行发问:一是通过细节上的追问,使被告人的供述自相矛盾,进而认清其虚假供述的本质;二是通过追问,使得被告人对自己的某些关键性辩解不能做出合理解释,显示其狡辩的本质;三是通过讯问,使得被告人无话可说;四是在讯问过程中,设置好"圈套",为后面举证质证、辩论环节揭露被告人虚假供述的本质做好准备。

公诉人针对被告人翻供的发问示例[1]:

【示例1】被告人张×涉嫌诈骗罪翻供示例

基本案情:被告人张×在本市以供佛治病消灾为由,先后骗取陈××等28名被害人钱款共计人民币410万元。被告人在庭审时翻供,不承认自己实施犯罪行为。

以下为法庭发问实录:

公诉人:被告人张×,你对起诉书指控的事实有意见吗?

张×:有,我没有实施任何一起诈骗,我也没有任何一个犯罪行为。

公诉人:被告人,你在公安机关的供述属实吗?

张×:不属实,我被刑讯逼供了。

公诉人:用什么方式刑讯逼供的?

张×:疲劳审讯。他们都是凌晨和深夜审讯的。

公诉人:每天都是凌晨和深夜吗?

张×:是的。

公诉人:被告人,根据你的讯问笔录记载,你的第一次讯问是晚上8:30~10:30,第二次讯问是次日上午8:15~11:15,第三次被讯问时当天下午4:05~

---

[1] 电视剧《决胜法庭》庭审记录片段。

5：30，在这三次被讯问的中间，你在干嘛？

张×：我在……，笔录上写的不对，我一直都在讯问室被讯问。

公诉人：你的每一次讯问都有同步录音录像，你什么时间进入讯问室，什么时间离开，都有声像记录，如果对庭前供述的合法性提出异议，公诉人可以播放这些文件，但前提是你要向合议庭提出非法证据排除申请，你申请吗？

张×：不用了。

公诉人：公诉人再问你，公安机关在讯问你的过程当中有没有刑讯逼供和非法取证行为？

张×：没有。但我说的也不是实话。

公诉人：为什么不说实话？

张×：我怕我不说有罪他们会打我。

公诉人：也就是说并没有刑讯逼供，是因为你自己害怕，不得不说自己有罪，对吗？

张×：对的。

公诉人：那你在第二次供述里一共交代了七起诈骗事实，这些是真实的吗？

张×：不是，都是公安让我这么说的，他们说一遍，让我跟着说一遍。

公诉人：但这七起诈骗事实，有三起当时还没有报案，公安机关是根据你供述的内容才找到的被害人，公安人员当时连人都没有见过，怎么可能说出被骗的事实呢？

张×：……

公诉人：本公诉人在审查起诉过程中也问过你，你有印象吗？

张×：有。

公诉人：那我有没有对你刑讯逼供或者不让你休息或者不给你饮食？

张×：没有。

公诉人：你在我讯问的时候也承认了28个人都被你骗了，这是真的吗？

张×：不是。

公诉人：那为什么骗我？

张×：我怕你再把案件退回到公安手中，那样，他们还是会刑讯我。

公诉人：什么叫我再把案件退回到公安手中？

张×：检察院不是有两次退回公安机关补充侦查的机会嘛，如果我否认有罪，你可以把我退回去，我就又落到公安手中了。

公诉人：那你记得这个案件被退回去了几次？

张×：两次。

公诉人：第二次退补回来后，我又去见过你，记得吗？

张×：是的。

公诉人：你对法律掌握得这么熟悉，应该知道此时我已经不能再退补了，按你的逻辑,你不会再回到公安手中了,那就在那一次,你仍然说自己有罪,为什么?

张×:……

【示例2】被告人马××涉嫌故意杀人案翻供讯问示例

基本案情:

被告人马××与被害人杨×因生活琐事发生争吵,在某停车场内,马××趁杨×下车之际故意加速驾车撞倒杨×,杨×倒地后又再次碾压,致使杨×在停车场内脑部、肝脏、肾脏等多器官损伤最终死亡。

被告人:我撞了杨×,但是我没有再次碾压,我没有杀死他。

公诉人:你是怎么到案的?

被告人:我是自己去的派出所。

公诉人:有人强迫你投案吗?

被告人:没有。

公诉人:当时你说的杀人了,你指的是把谁杀了?

被告人:我当时说的不对,我没有想杀他。

公诉人:我问你当时所说的意思是你杀的是谁?至于你有没有杀他,稍后我会让你解释的。

被告人:杨×。

公诉人:你当时是怎么跟公安机关说你杀人过程的?

被告人:我记不住了,我当时说的不是真的。

公诉人:既然记不清楚了,为什么那么确定说你说的不是真的?

被告人:我说我杀了杨×不是真的,我没有再次碾压。

公诉人:就是说你曾经说过你再次碾压过他。

被告人:是。

公诉人:案发当天你和杨×确实去了停车场吗?

被告人:是,我开车带着他。

公诉人:去做什么?

被告人:我跟杨×约好的,是去谈工作。

公诉人:你们有没有发生争吵?

被告人:有。

公诉人:为什么?

被告人:他欺骗了我的感情,对我不负责任。

公诉人:然后呢?

被告人:我们在车上谈工作,谈了一会儿,没谈妥,然后他下车喝啤酒,我就开车撞了他。

公诉人:能不能明确地说一下你们到底是什么关系?

被告人:我和他有私情。

公诉人：你说你开车撞向被害人，那之后被害人有什么反应？
被告人：他躺在地上，我确定他没有死之后，我就开车走了。
公诉人：既然他没有死，你为什么不送他去医院？
被告人：我害怕。
公诉人：是怕他死还是怕他不死？
被告人：我不知道，我真的很害怕。
……

5. 发问方式变直截了当为迂回包抄。在被告人不认罪以及翻供的案件当中，由于被告人处于一种不配合的态度，公诉人应当避免直截了当的发问方式，而应该采取迂回包抄的形式，在讯问时，公诉人要适当伪装讯问目的，通过一些周边问题进行提问，放松被告人警惕，在看似无关紧要的提问中让被告人如实说出关键问题。

6. 根据辩护人发问内容必要时进行补充发问。法庭发问环节，公诉人发问在前，辩护人发问在后，当辩护人的发问引起被告人避重就轻，或者被告人前后回答不一致时，公诉人要主动向审判长请求补充发问，以澄清案件事实。

（三）公诉人庭上讯问被告人语言规范

1. 讯问开始时。

公诉人：被告人×××，现在公诉人就案件事实对你进行发问，根据法律规定，你有权做有罪供述或者无罪辩解，但是必须如实回答问题，听清楚了吗？
被告人：听清楚了。
公诉人：……（开始发问）

2. 讯问结束后。

公诉人：审判长，公诉人讯问暂时到此。
用这种方法表明不放弃补充讯问的权利。

3. 需要补充讯问时。

公诉人：审判长，公诉人要求对被告人进行补充讯问。理由：刚才辩护人在发问时，被告人对于前面已经供述的内容进行了变更，公诉人认为对相关事实有必要进行补充讯问。

4. 被告人拒不回答问题时。

公诉人：被告人×××，根据我国《刑事诉讼法》第55条的规定，对一切案件的判处都要重证据，重调查研究，不轻信口供。没有被告人供述，证据确实、充分的，可以认定被告人有罪和处以刑罚。

【公诉人向被告人发问示例】

二、辩护人当庭询问被告人

（一）辩护人向被告人发问的目的

辩护人发问与公诉人发问的目的不同，辩护人的发问目的与辩护人的职责相关，辩护人的职责是证明被告人无罪或者罪轻，律师在法庭上向被告人发问，所设计的问题要配合对被告人有利的无罪、罪轻的事实主张，既不能承担第二公诉人角色补充公诉人遗漏的问题，也不能完全回避公诉人已经问过的问题。辩护人发问的目的，不在于获取信息，而在于通过法庭发问给法庭提供被告人无罪或罪轻的信息。所以，辩护人发问的主要目的是：展现辩护观点，为举证质证和法庭辩论做准备。

（二）辩护人发问的侧重点

辩护人发问应以证明被告人无罪或罪轻为目的，通过发问，向法庭提供支持其主张的相关事实信息。其发问的侧重点要以侦查卷宗和律师调查得来的案件事实为基础，为后续的举证质证和法庭辩论提供事实方面的保障。同时，通过辩护人的发问和被告人的回答让审判人员明白辩护人的辩护思路，达到辩护人预先设计的辩护效果。由于法庭发问所要解决的是事实问题，在发问中，要通过对被告人的发问展现案件事实，而不是对某件事情的看法，因而在发问中一定不要问被告人对某个事情问题的观点和看法。

通常情况下，辩护人对被告人的发问可以根据案件的具体情况侧重以下几方面的内容：

1. 被告人的年龄。当证明被告人年龄的相关证据存在矛盾且被告人的年龄可以影响刑事责任时，针对年龄方面的事实进行发问就显得尤为重要。对被告人年龄的发问应围绕在案的矛盾证据展开。

【示例】

辩护人：起诉书中记载你的出生日期是1990年1月1日，这是你的真实出生日期吗？

被告人：不是，我是1990年7月1日出生的。

辩护人：为什么你的身份证和入学登记表上记载的你的出生日期都是1990年1月1日？

被告人：因为我的身份证不是出生以后马上办理的，我是违反计划生育政策出生的，出生后不能马上办户口，所以，3岁的时候才去办的户口，当时是手写的出生日期，7和1手写差不多，就写错了，当时没在意，后来发现时已经过了一段时间了，去公安局改手续很复杂，也就没有改。

辩护人：你怎么证明你说的话？

被告人：我有一个同学，从小学就在一个班，我们是同年同月同日生，老师和同学都知道，为此还给我们俩起了绰号叫"双棒"。他的名字叫"夏生"，就是夏天出生的意思。

辩护人：还有其他证据吗？

被告人：我妈妈和夏生的妈妈是好朋友，听她们经常说起夏天生产时很热又不敢开空调的事情。

辩护人：夏生的妈妈叫什么名字？

被告人：她叫李某。

【解读】

这段发问一方面通过被告人之口说明了其户口本上记载的出生日期和实际出生日期不一致；另一方面，在被告人回答问题时提到了其他可以作证的证人，为后面的证明目的和举证质证打下基础。

2. 被告人的身份。对被告人的身份的发问，主要针对特殊犯罪主体案件中，在被告人身份可能与被指控的罪名身份不符的情况下，可以在庭审中就被告人身份进行核实。比如，被告人虽然在国家机关工作，但还要核实其是否具有国家工作人员身份，包括档案记载情况、从事工作的性质等，以此来确定被告人是否真正具有被指控罪名的主体身份。

3. 被告人是否出现在案发现场。对于被告人是否在案发现场的发问，不能仅仅问"案发时你在现场吗"，而是应该将这个问题进行拆解发问，确定被告人在案发时是否在案发现场。如果确实在案发现场，还需要问清楚在案发现场的原因及其做了什么事。

【示例】

辩护人：2017年5月1日上午你在哪里？

被告人：我在家里和女朋友在一起。

辩护人：现在时间都过去两年了，为什么你对这个时间的事记得那么清楚？

被告人：因为那天是我和我女朋友相识纪念日，我们在一起吃蛋糕。

辩护人：被害人王某某死亡你是什么时候知道的？

被告人：中午12点左右。

辩护人：你怎么知道的？

被告人：我在家听到楼下有人喊"死人了"，我就跑下去看了。

辩护人：你家住在几楼？

被告人：二楼。

辩护人：案发现场为什么有你的脚印？

被告人：因为我近距离去看死者了。

【解读】

这一段发问虽然不长，但通过发问基本解决了被告人没有作案时间以及案发现场留有被告人脚印的问题，以此再结合后续证据证明被告人虽在案发现场出现过，但不具备实施犯罪的条件和可能性。

4. 被告人有无作案时间。被告人是否有作案时间，通常是确定被告人是否实施犯罪行为很重要的一个判断要素，也是辩护人在进行法庭发问时经常被关注的一个问题。

【示例】

基本案情：被告人的妻子于2020年6月1日下午两点在家中被杀，被告人具有犯罪嫌疑。

辩护人：2020年6月1日下午两点你在什么地方？

被告人：我在游乐园。

辩护人：当时你在做什么？

被告人：我在陪儿子过儿童节。

辩护人：如何证明你说的话？

被告人：我儿子和我在一起可以证明。

辩护人：你儿子几岁了？

被告人：四岁。

辩护人：还有其他证据可以证明吗？

被告人：有。我1：50的时候用我手机的支付宝买了游乐园里"激流勇进"的游戏项目门票。

辩护人：游乐园的具体位置？

被告人：……

辩护人：游乐园距离你家有多远？

被告人：20公里。

【解读】

辩护人通过上述法庭发问，证明被告人在案发时间不在案发地点，也没有作案时间。具体包括案发时与儿子在游乐园，游乐园距离家有20公里路程，案发前十分钟有在游乐园用支付宝付款记录。上述问题结合在一起，可以实现证明被告人案发时没有作案时间、不在案发现场的事实。

5. 被告人是否实施了起诉书指控的犯罪事实。这个问题是公诉人指控犯罪的核心，也是判断被告人是否构成犯罪的基础。一般情况下，对于被告人是否实施了起诉书指控的犯罪事实的问题，公诉机关不会有大的差错。当然，不排除特殊情况下导致的错案，但是在共同犯罪中，尤其是多人实施多起犯罪的情况下，有可能出现被告人没有参与某一起案件，但起诉书认定被告人实施了该起案件的情况。此时，在法庭发问时要特别关注委托人与其他共同犯罪人之间口供是否可以达到互相印证的程度，从对委托人的发问以及对其他共同犯罪人的发问中发现案件事实真相。

6. 共同犯罪中谁起到主要作用。共同犯罪中各个共同犯罪人的刑事责任轻重，主要体现在谁提议犯罪、谁起主要作用、共同犯罪中的分工如何、谁对最后的结果起决定性作用等。确定被告在共同犯罪中起的作用大小对于量刑具有重要意义。在多人实施多起犯罪的情况下，排在第一位的被告人和最后一位的被告人的量刑会有很大的不同。

【示例】[1]

2004年4月和5月，H市鼓楼商厦发生两起爆炸事故，造成十余人受伤、商厦墙体移位、用具毁坏，直接经济损失5万余元。经过警方侦破案件，逮捕了被告人刘某、崔某，作为崔某的辩护人，王律师在庭审中通过发问展示了崔某被男友刘某蒙蔽、欺骗，对爆炸行为只发挥了从属作用，且检举刘某重大盗窃行为，属于立功，具有从轻、减轻处罚情节。

问题一：在帮助你男友开车前，是否为自己开过出租车？
问题二：是否了解炸弹知识？
问题三：做炸弹的过程是否清楚？
问题四：买过几次炸弹材料？
问题五：第一次到鼓楼时，炸弹放好了没有？
问题六：第二次爆炸时你在何处？
问题七：谁在炸药中放螺钉？
问题八：谁提出买联通卡？
问题九：谁发的勒索短信？
问题十：刘某是否拿过你的钱？
问题十一：是否知道爆炸的损失和伤害结果？
问题十二：你是否有向办案机关揭发检举他人犯罪的线索？

在这一系列问题中，辩护人的观点逐渐显露出来，从何人提议实施爆炸行为到炸弹的制作以及放置炸弹的目的等逐一提问，通过提问使合议庭了解到崔某在犯罪中起次要作用，有立功等表现。

---

[1] 王亚林：《精细化辩护标准：流程与文书写作》，法律出版社2017年版，第187页。

7. 被告人归案的方式。被告人的归案方式会影响到是否存在自首的可能性问题，如果存在可能被认定为是"自动投案"的情形，可以作为重点问题向被告人发问。尤其是关于自首的司法解释对于"自动投案"的特别规定和"自动投案"的不典型情况更要关注，不能遗漏任何一个对于被告人有利的情节。

【示例】

2019年4月5日，某建筑工地发生一起故意伤害致死案，施工人员甲与乙因琐事发生争吵，甲情绪激动之下持铁锤向乙头部打击，造成乙死亡。以下为律师对甲归案方式的法庭发问：

辩护人：你把乙打倒之后做了什么？

被告人：什么都没做，就是坐在乙附近抽烟。

辩护人：当时工地上还有其他人吗？

被告人：有。有工长，还有我的两个同事。

辩护人：其他人在做什么？

被告人：工长给警察打电话报警。

辩护人：你打完人之后为什么不逃跑？

被告人：我不想跑，我把人打了，该承担什么责任就承担什么责任吧。

辩护人：工长给警察打电话报警你知道吗？

被告人：我知道。我没想跑，就坐在这里抽烟。

【解读】

从以上的发问看，辩护人针对被告人实施犯罪之后见到他人打电话报案后仍然没有离开犯罪现场，等待警察到来，这种行为可以被认定为"自动投案"的情况进行有目的性发问，最终该行为成功被认定为"自动投案"。

（三）辩护人当庭向被告人发问的注意事项

辩护人与公诉人在法庭上要实现的诉讼目的不同，发问的目的也不同，公诉人向被告人发问，主要是通过这个程序引出涉嫌犯罪的主要事实；辩护人向被告人发问，是向法庭呈现对被告人有利的事实和支撑辩护的事实。法庭上律师的所有工作都应该围绕事实认定和法律适用这两点。对被告人发问能够最直接和明确地向法庭展现对被告人有利的事实，所以律师的发问一定要有针对性和目的性。基于以上原因，辩护人发问没有"查缺补漏"的任务，非必要不需要重复公诉人已经问过的问题。发问是否成功，不在于问题的多少，而在于是否通过发问为法庭辩论铺垫了事实，是否可以通过发问帮助法官了解对被告人有利的案件事实。有则问，没有也可以不问。在发问时应注意以下几个问题：

1. 庭前必须与被告人充分沟通。庭前准备工作十分重要。在开庭前，辩护人一定要去会见一次被告人，进行庭前辅导。辅导的内容之一就是和被告人充分沟通，告诉他可能提出的问题，以及这些问题是为了让他陈述哪些事实，这样就可以避免被告人回答问题时茫然无措或者答非所问的情况。尤其是有些事实可能在法庭调查中并不涉及，如果我们不通过发问引导出来，可能会出现辩护时律师自说自话，没有事实支撑的状况，这样的辩护往往也是没有说服力的。当然，这种沟通并不是教被告人如何回答问题，法庭发问的基础是案件事实，而不是律师引导被告人进行不符合事实的陈述。

2. 发问要有针对性和目的性。法庭发问一定要有目的性，让合议庭通过辩护人的发问知道辩护人对被告人有利的辩点，或者是与案件事实和犯罪成立条件相关，或者是与量刑相关，但不管针对哪个方面提问，中心目的是：只问对被告人有利的问题，为后面的法庭辩论作准备、打基础。

3. 一次只提一个问题。对于大多数被告人来说，参加庭审都会紧张，如果一次提很多问题或者涉及多个事实，被告人无法短时间内记住所有问题，如此，可能会遗漏重要问题，也可能导致被告人无所适从，从而影响到发问效果。因此发问时要把问题拆分成若干个证据事实，用证据事实证明待证事实。

4. 问题要通俗易懂，不要使用专业术语。律师在提问中尽量使用通俗语言，避免使用专业术语。大多数情况下，被告人不是法律专业人士，对于专业术语不懂，发问是为了让被告人听懂问题，并把问题回答清楚。如果频繁使用术语，可能让被告人难以理解问题，答非所问，那么发问便没有意义了。

5. 发问要有清晰的脉络。被告人对于案件事实脉络的阐述是依靠辩护人的发问完成的。所以问题设计一定要简单，具有一个清晰的脉络，并且要有层次性。如果是事实认定问题，可以依据时间；如果是法律适用问题，可以依据逻辑。层层推进的发问会使被告人容易跟上思路，同时会在辩护人和被告人之间形成一种双向的、良好的互动。这种互动就是辩护人通过发问，引导被告人向法庭展示案件中对他最有利的一面。通过发问，也可以让法官对支撑被告人的辩护观点的事实有更清晰的认识，为后面的辩护打好基础。

6. 非必要不要重复公诉人的问题。公诉人发问时，律师一定要认真倾听，公诉人发问和律师发问的侧重点是不一样的，公诉人主要通过发问让被告人把主要犯罪事实陈述出来，如果被告人已经说得很清楚，就不要重复发问。律师需要针对被告人想说没有说出来或者说清楚的具体事实，重新设计问题发问。但是存在一个例外，就是在被告人陈述案件中对他有利的事实或者涉及非法取证的情节时，公诉人往往会打断被告人陈述，此时律师一定要把这些被告人想说而没有说清楚，或者是有利的事实记录下来，通过发问及时拾遗补缺。

7. 不要问没有把握的问题。在法庭上律师有时候会临时想到一些问题，如果这些问题不是特别有必要，且之前并没有与被告人进行沟通又没有一定把握的情况下，建议最好不要随意发问。因为事先的充分准备和沟通，足够把案件中关键事实归纳出来，但灵光一现的东西可能只是案件中的片面点，但是如果被告人回答不好，可能会打乱整个案件的证据状况，会使之前固定的有利事实再次变得混乱。

8. 注意处理与同案共犯的关系。除了证人之外，辩护律师还要注意处理同案共犯的关系。在侦查阶段，办案人员普遍采用分化瓦解的办法以突破犯罪嫌疑人的心理防线，获取口供。办案人员用这种方法在共犯人之间形成矛盾，通过互相揭发或者推卸责任侦破案件。在经济学中有一个专门名词叫做"囚徒困境"，描述的就是这种互害的状态。因为人都是自私的，不要寄希望共犯会尊重客观事实、真实回答问题。因此，辩护律师在法庭调查进行发问时一定要注意技巧，避免在共犯之间形成矛盾和冲突。首先可以尽量减少对一些涉及各方责任大小的事实情节发问，让法庭根据其他证据去认定，也不能因为其他被告人的回答损害了当事人的利益而在庭上与其发生冲突，这只会恶化双方的关系，让有利的事实更加说不清。其次，在法庭上发表辩护意见的时候，辩护律师也应尽量客观，不要去指控其他被告人，注意公诉人的职责与辩护律师职责之间的区别。如果在查清各方的作用和责任的前提下，辩护律师更需要尊重案件客观事实，不能推卸当事人的责任。在准备措词的时候也一定要讲究方式方法，不要去伤害其他共犯。总之律师不要在法庭上树立自己的敌人，不管敌人是证人还是共犯，或者是其他辩护律师，这样对整个案件的处理都没有帮助。客观、理性的态度永远是律师赢得尊重和支持的法宝。

【辩护人向被告人发问示例】

第五节　向证人等其他出庭人员发问

法庭发问除了向被告人发问之外，还存在向出庭的证人（包括了解案件情况的侦查人员）、被害人（有时是证人身份）、鉴定人发问的情况，在中国的庭审活动中，虽未使用"交叉询问"的概念，但具体的法庭发问活动和规则有相似之处，本节结合中国法庭向证人等其他出庭人员发问的规则讲解基本技能。

一、交叉询问的基本问题

"交叉询问"，是由提出某一证人的一方当事人的相对方在审判、听证或者录取证词活动中对该证人所做的询问，目的是检验证言的真实性，或者取得进一步的证词，或者其他目的。由直接询问者以外的当事人对证人所做的询问，不应逾越对该证人进行的直接询问的范围。一般来说，询问的范围应当限制为直接询问所涉及的事项。[1]

交叉询问有以下特征:[2]

第一,交叉询问由提出证人的诉讼一方的相对方进行,即交叉询问是由提供证人的对方进行的。对控方提供的"控方证人",进行交叉询问的是被告人的辩护律师;对被告方提供的"辩方证人"进行交叉询问的是控诉方,即检察官。

第二,交叉询问在直接询问完毕后进行。直接询问又称主询问,是在交叉询问制度中由提出证人的诉讼一方对该证人进行的询问。交叉询问制度由依固定顺序排列的若干诉讼行为构成,即依照主询问、反询问、再次主询问的顺序进行。主询问和反询问可以进行多轮。

第三,交叉询问的目的,是诱使证人说出有利于本方的情况,或者是使人们对不利于本方的证据的证明力产生怀疑,或者使人们对证人的可信性产生怀疑。

（一）交叉询问的目的

直接询问的作用在于,通过向本方证人的询问来展示本方对案件事实的主张。而狭义的交叉询问的核心在于质疑、反驳、揭露对方证人的不实证言。通过问题去测试及动摇、攻破对方证人的可信性,令法庭觉得对方证人不可靠,其证言的真实性存疑。从我国的法律术语来讲,直接询问实际上就是举证的体现。控辩双方通过询问本方的证人来进行举证。当然,这种举证对于控辩双方的性质是不一样的。对于控方来说是履行举证责任,而对于辩方来说是行使举证权利。而交叉询问本质上是控辩双方向对方证据进行的质证。当然,这种质证依托于发问的方式。

【示例1】

在庭审中,辩护人申请一位证人出庭作证,证人称案发时看到被告人在家门口做家务,没有作案时间。公诉人在反询问时,通过连续多个问题追问证人被告人当时穿的什么样式、颜色的衣服,通过发问达到证明证人证言内容不可信的目的。

问：你跟蔡某是什么关系？

答：隔壁邻居。

问：你刚才在接受辩护人询问时说,被告人案发当天在家做家务,那你看到他做什么家务活？

答：就是家里的一些杂活。

问：是屋里还是屋外的杂活？

答：都有。

问：你经常去他家串门吗？

答：不经常去。

---

[1]《布莱克法律大辞典》,West Publishing Co. 1979,第339页。

[2] 张建伟：《刑事诉讼法通义》,北京大学出版社2016年版,第506页。

问：你那天都在做什么？
答：我也是在家里忙家务活。
问：那你怎么知道他一天都在屋里屋外干家务活，特别是屋里，你怎么知道的？
答：嗯，这个嘛，这个……是隔壁邻居嘛。
问：你看到他当时穿什么颜色的衣服？
答：白色吧。
问：是衬衫还是外套？还是其他什么样式？
答：应该是衬衫吧。

通过上述反询问，证人的回答暴露出两个矛盾：①作为邻居看到被告人一天时间一直在干家务活而没有外出，不合常理；②本案案发时间在4月份，4月份的当地气候不可能穿衬衫，证人说的衣服特征与案发时的季节和气候明显矛盾。通过这样的矛盾揭示，证言的可信度就降低了，证明力也自然减弱。

【示例2】

公诉人起诉被告人犯贪污罪，单位的出纳作为证人出庭，证明其取出钱以后都送给了单位的领导，即案件的被告人，辩护人通过法庭发问引导证人走向逻辑的矛盾点，向法庭证明了证人的证言存在瑕疵。

问：你每一次取钱有没有收据？
答：有，但是都扔了。
问：为什么扔了？
答：我怕他事后不认账，所以我把票根都扔了。
问：最后一次取钱的时间准确吗？
答：准确，和银行取款记录一致。
问：钱都送到哪里了？
答：都送到领导家里了。
问：最后一次取钱后，你送到哪里了？
答：也送到领导他家里了。
问：最后一次取钱的时间，被告人在看守所里面，你是怎么送进去的？

最后经法庭查明，该出纳自己也贪污了公款，侦查人员在侦查过程中，出纳将之一并推给了单位领导。

【示例3】

下例中〔1〕，起诉书指控被告人受贿，行贿人与被告人是朋友关系，在庭前取得证言笔录中，他说被告人出国时到他家里拿了几千美元，被告人供述与证人证言一致，但被告人说是借的，公诉意见说是索要。以下为对证人发问的内容：

---

〔1〕 田文昌：《刑事辩护的中国经验——田文昌、陈瑞华对话录》，北京大学出版社2012年版，第220~221页。

问：你和被告人是什么关系？
答：是朋友关系。
问：多少年的朋友？
答：很多年的朋友。
问：你们经常有经济上的往来吗？
答：经常。
问：你们之间互相借钱吗？
答：经常。
问：会互相给钱吗？
答：也有。
问：你们的交情深到什么程度？多少钱可以给？
答：几百几千块没有问题，上万的就只能算借，不能白给了。
问：你们之间借钱一般会怎么说？
答：都是朋友嘛，就直接说"拿点钱"。
问："拿点钱"是给还是借？
答：那要看具体数目，多了就算借，少了就是给。
问：几千美元是多是少？
答：多，肯定是借。

通过上述对证人的发问，证明这笔钱不是给而是借，从而推翻了受贿罪的指控。

（二）交叉询问中的禁止事项

根据《刑诉法解释》第261条的规定："向证人发问应当遵循以下规则：（一）发问的内容应当与本案事实有关；（二）不得以诱导方式发问；（三）不得威胁证人；（四）不得损害证人的人格尊严。对被告人、被害人、附带民事诉讼当事人、鉴定人、有专门知识的人、调查人员、侦查人员或者其他人员的讯问、发问，适用前款规定。"因此，在交叉询问中以诱导方式发问、威胁证人、损害证人的人格尊严的行为均为禁止性事项，其中，诱导性发问是在实践中难以准确界定的问题。

诱导性发问又称"暗示发问"，是指发问者为了获得某一回答而在所提问题中添加有暗示被问者如何回答问题的内容，或者将需要被问者澄清的有争议的事实假定为业已存在的事实加以发问。按照交叉询问的规则，主询问"通常"禁止诱导性询问，但对于非关键性问题，诸如证人的姓名、住址等无可置疑的非案件事实，以及为辨认某人或某物而提出的诸如"这是不是你见过的那个人"等问题允许进行诱导性询问，以避免在无关紧要的问题上虚掷时间，从而提高诉讼效率。

诱导性发问大致可以分为三种情况：一是虚假诱导，即暗示被告人使其故意作违背其记忆的陈述，如问被告人："你根本没有参与行凶，这是不是事实？"二是错觉诱导，即暗示被告人使其产生错觉，作出违背真实记忆的陈述，如问被告人："你到现场时是下午三点钟,对不对?"三是记忆诱导,即通过暗示使被告人恢复对某些事实的回忆。

根据《刑诉法解释》中有关向证人和被告人发问的规则规定,诱导性发问是被禁止的。《人民检察院刑事诉讼规则》第 402 条规定对此也作了明确规定,即"讯问被告人、询问证人不得采取可能影响陈述或者证言客观真实的诱导性发问以及其他不当发问方式。辩护人向被告人或者证人进行诱导性发问以及其他不当发问可能影响陈述或者证言的客观真实的,公诉人可以要求审判长制止或者要求对该项陈述或者证言不予采纳……"据此可以认为,我国庭审发问所禁止的是"可能影响陈述或者证言客观真实的诱导性发问以及其他不当发问方式",因此,前述两种类型的发问方式是被禁止的,而第三种的"记忆诱导"在对未成年人的讯问以及对一时有记忆障碍或对普通讯问方式无法理解的被告人发问时,可以在法官允许后,对被告人使用。所以,确切地说,第三种情况可以被称为引导性发问。

在公诉人向法庭提出辩护人存在诱导性发问的情节时,对此辩护人可以回应:"审判长,辩护人注意到,根据《人民检察院刑事诉讼规则》第 402 条规定,只有可能影响陈述或证言客观真实的诱导性发问才应被制止。在提出异议之前,请公诉人对刚才辩护人的发问方式是如何影响客观真实性的,向法庭说明理由。"

辩护人还可以进一步地向法庭说明,采取上述发问方式的意图,以争取法庭的同意。以交叉询问为例,辩护人可以这样说:"审判长,辩护人有必要对采取这种发问方式的理由向法庭说明。现在接受询问的是控方证人,如果只是平铺直叙式的发问,恐怕难以得到顺利地回答。因此辩护人只能采取这种环环相扣、步步紧逼的发问方式,暴露证言中的矛盾和疑点,以便协助法庭查明案件事实,提高庭审效率,请予准许。"

辩护人还可以利用诱导性发问故意为公诉人"设置陷阱",如辩护人可刻意模仿笔录材料中侦查人员的诱导性询问方式进行法庭发问。一旦公诉人以诱导性发问提出异议,在公诉人举示该份笔录时,辩护人即可揭示之前如此发问的缘由,并以同样的理由要求法庭对该份笔录中诱导性询问的部分不予采信。

(三) 交叉询问的一般性规则

1. 直接询问。

(1) 直接讯问中一般采用开放式的问题。开放式的问题,即证人能够自由回答的问题,并不受问题本身所设定的答案的限制。在直接询问中,裁判者的关注点在于被问者如何回答。例如,"下班之后你做了什么?"答案可能存在多种可能。因此,在直接发问中,最主要的句式表现为开放式的问题。

(2) 直接询问中应当问具体的事实问题,不能问抽象的事实,更不能问结论性的问题。

(3) 直接询问受到意见证据规则和传闻证据规则的约束。发问者提出的问题必须是回答者亲自感受到案件事实,而不是道听途说的传闻,也不能是回答者基于所感知到的事实而做出的猜测性、评论性、推断性的言论。但是存在例外，如果对有专门知识的人发问可以不受约束，因为有专门知识的人提供答案本身就是意见证据。

（4）直接询问虽然强调应当采用开放式问题，但并不排除在特定情形下可以采用诱导式问题。主要包括以下几种情况：其一，在没有争议的事实上，双方可以采用诱导式问题；其二，为了唤醒证人的记忆。由于各种原因，有的证人出庭以后，可能对原来的事实记忆不清了。在这种情况下，为了唤醒证人的记忆，可以说："你记不起来了，提示你一下。你在××时候（或者你在××笔录上）曾经是这样说的，是不是？"这可以起到唤醒证人记忆的作用。

（5）要使用单一问句，不要采用复合问句。问一个问题应当只有一个事实，一句话只问一个事实，而不要问两个事实。

2. 狭义交叉询问。

（1）一般采用封闭式问题但不排斥开放式问题。所谓封闭式问题也就是诱导式问题，问题中包含着暗示性答案，对方证人只能作出"是"与"不是"的回答，这样发问对方势必被发问者牵着鼻子走，达到控制对方证人的目的。但是，交叉询问并不排斥开放式发问，主要用于铺垫性的问题。比如，对方证人是一名警察，已经为对方作过证，为了对其证言进行质疑，可以问："你当警察多少年了？""你破过多少起案件？""你因为破案立过多少功，受过多少奖？"询问这些问题是为了后面提出诱导式问题，为质疑对方作为一名资深警察在本案中的不负责任做好铺垫。但是要注意，在交叉询问期间，使用开放式发问一定要慎重，以防失去对对方证人的控制，作出对发问者不利的回答。

（2）一般应当在直接询问所涉及的范围内提出问题。发问者提出的问题不论是封闭式问题还是开放式问题，一般都应当与证人之前在直接询问中的回答有关系、有联系。

（3）交叉询问不能与证人争辩，不能威胁、侮辱证人，更不能故意歪曲或者曲解证人证言。

（4）在法庭询问中，一般不要用书面语，尽量不用法言法语，应当通俗易懂，使证人能听懂，便于其回答。

（5）预知答案，控制证人，也就是不能问自己不知道答案的问题。一旦问了这样的问题，就容易失去对证人的控制，证人可能回答出对发问者不利的答案。

（6）只问事实，不问意见和结论。发问过程中，只允许证人说"事实"，不要给他解释的机会；不要问"为什么"，也不要问证人对某个问题的看法。发问指向的应该是案件的客观事实，漫无边际的发问只能冲淡辩护效果，没有太多实质意义。因此在向证人发问时只问案件事实，不要问对某一个事情的看法，如："你觉得这个事情应该怎么样？""你觉得以你的视力能看清楚吗？"视力问题应该直接用数据说话。

二、对证人进行发问

我国《刑事诉讼法》第61条规定："证人证言必须在法庭上经过公诉人、被害人和被告人、辩护人双方质证并且查实以后，才能作为定案的根据。法庭查明证人有意作伪证或者隐匿罪证的时候，应当依法处理。"对证人发问本质上是对证人证言质证的过程，根据直接言词规则，证人证言必须在法庭上进行控辩双方质证，才能成为定罪依据。

一般来讲，出席庭审的证人包括一般证人和警察证人，根据《刑事诉讼法》第192条第2款的规定，人民警察就其执行职务时目击的犯罪情况作为证人出庭，适用证人出庭的相关规定。

（一）询问证人的基本原则

《刑诉法解释》第261条第1款规定，向证人发问应当遵循以下规则：①发问的内容应当与本案事实有关；②不得以诱导方式发问；③不得威胁证人；④不得损害证人的人格尊严。

公诉人和辩护人询问证人都需要遵循以下原则：一是相关性原则，即询问的问题必须与起诉书指控的犯罪事实有关，否则证人有权拒绝回答；二是禁止诱导原则，即不能对证人提出诱导性问题；三是合理引导原则，即用简洁的开放式问题，引导记忆力较差或表达能力不足的证人陈述案件情况；四是尊重证人原则，即询问证人时，语气要严肃诚恳，用语要文明规范，不得威胁辱骂证人。

（二）向证人发问的注意事项

向证人发问的注意事项，因证人为控方证人或辩方证人而不同，因主询问和反询问的角色而不同。

1. 对于控方证人，公诉人在庭前准备阶段应做好如下工作：一是考察证人的工作经历、文化程度、临场心理素质、语言表达能力；二是掌握出庭证人与本案被告人之间的具体关系，对公诉人的配合程度等；三是打消证人出庭顾虑；四是在庭前与证人进行预备询问，使其适应法庭的调查方式和领悟公诉人的问话要领，避免出现词不达意的情况。

2. 在法庭询问时，主询问一般可以按照预定的提纲询问需要证明的事实、情节。先要求证人对所了解的与案件有关的事实作连贯陈述，然后针对性地发问，主要针对证言中有遗漏、矛盾、模糊不清以及可能产生争议的内容，并着重围绕与定罪量刑紧密相关的事实展开询问，从而强化证人证言的证明力。在询问时应仔细听取证人当庭陈述是否有变化，一旦出现证言变化影响到案件的定罪量刑，则需要高度重视。首先要求证人解释证言变化的理由以分析是否合理，再对证言变化的内容详细询问以发现矛盾可疑点。

3. 准备询问证人提纲。证人证言作为刑事诉讼中常见的证据，一般能够直接证明案件事实，属于直接证据，公诉人和辩护人都需要在庭审前充分准备好询问证人的提纲，保证庭审上良好的询问效果。

4. 在公诉人或辩护人先行发问的过程中，对方要仔细聆听证人的当庭陈述，明确其所证实的是案件中的哪些事实，对案件的定罪量刑产生何种影响，及时发现证言中的漏洞、疑点，边询问边揭示证言的虚假不实内容。在面对证人当庭翻证时，如果通过几个问题的追问无法让其"改口"，就不宜再纠缠。庭审询问的重点不是要让证人回到最初的证言，而是展示翻证的原因和理由，并揭示这种原因和理由是否符合常理。

5. 尊重证人，重视自己的仪态和语气。辩方对于控方证人的发问，主要目的是测试证人证言的可靠性，动摇证言内容的可信度。律师首先要做到的就是不要让证人有防备心理，态度和言辞要令证人感觉到舒服、平缓、不紧张，不要让他产生抵抗心理，注意语气要平和。在证人的回答对被告人不利的情况下，最明智的做法是放弃发问，通过其他的方式解决问题，不要与证人发生冲突。

6. 设计的问题要简单明了有层次。要问清楚一个问题，可以将该问题分解成几个小问题，通过小问题的组合让合议庭听清楚答案，在询问中有意识地控制证人回答，不让他任意发挥。

【示例】

辩护人：证人，4月8日你大概几点钟起床？

证人：大概7点钟起床。

辩护人：你那天出门了吗？

证人：是的。

辩护人：几点出门的？

证人：7：30。

辩护人：你去了哪里？

证人：去300路公交车站。

辩护人：去的哪一站？

证人：紫竹桥站。

辩护人：为什么去那里？

证人：因为要坐公交车上班。

辩护人：在哪一站下车？

证人：北太平庄站。

辩护人：你大概几点到的办公室？

证人：9点。

辩护人：路上还去其他的地方了吗？

证人：去了，在单位附近的小吃店吃了早点。

7. 避免单刀直入，运用"跳跃式发问"。反询问时，要将发问意图暂时隐蔽起来，通过"跳跃式发问"迂回包抄，让被询问者不经意间暴露出矛盾，从而实现询问目的。

【示例】

在高某贩卖毒品案中，被告人高某让华某（另案处理）把毒品送到楼下给购毒者孙某。华某否认明知送给孙某的是毒品。如果直接问华某："你送去的东西是毒品吗？"他一定会回答"我不知道"。正确的做法应当是进行跳跃式发问。对话内容如下：

问：你和高某什么关系？

答：朋友，挺要好的朋友。

问：你何时下楼？（没有再接着问人物关系，而是跳跃到问时间）

答：夜里 12 点左右。

问：你从楼下人手里带多少钱上来？（又跳跃到问钱）

答：我没数，估计两三千元吧。

问：你和孙某认识吗？（没有接着问交易款，而是再跳回到人物关系）

答：不认识，以前没见过。

问：你给了楼下这个人什么东西？（再跳跃到交易过程）

答：就一个香烟盒。

问：什么牌子的香烟盒？

答：红南京。

问：你刚才说拿了两三千元，然后钱怎么处理了？（再跳回到交易款）

答：上楼就给高某了。

问：你刚才说的香烟盒里面有什么？（再跳回到交易内容）

答：我没看，香烟盒就装香烟的，应该就是香烟吧。

问：你吸毒吗？

答：吸过。（因为有尿检报告，他无法否认）

这种跳跃式发问，让被询问人无法判断询问人的真实意图，毫无防备而说出真实的话。上述问答显示脉络为：华某替好友高某将一盒普通香烟拿给楼下的孙某，却收了两三千元费用。这并不符合惯常情形，显示出破绽。

8. 不要询问自己不知道答案的问题。在庭上进行发问时，要尽量使证人的回答与期待的答案保持一致，要估量出证人将如何回答这个问题。如果你对证人将要给出的答案不确定，就不要问，因为证人给出的答案可能是你想要的，也可能是你不想要的。如果答案是你不想要的，则可能使后面的发问非常被动。问不知道答案的问题可能有两个风险：其一，这个证人可能给你一个你不想听的答案，对你有害的证词；其二，如果不确定证人会给出什么答案，这等于让证人自由发挥，最后可能的结果就是证人处于完全自由的状态，不在你的"控制"下作证，而变成证人牵引着你作证，会使结果非常被动，因为很多时候证人是有自己的立场和利益的。

9. 理性把握节奏，必要小结。如果通过询问获得一项前后矛盾的证言，谎言已不攻自破，此时要"见好就收"，停止发问，不宜再追问，画蛇添足之问会给其提供翻证或提出新解释甚至新谎言的机会。正确的做法是询问结束时向合议庭进行小结，并在后面法庭辩论中进一步论述和阐明。

【示例】
公诉人与辩护人对证人进行交叉询问示例[1]：
1. 案情简介：
被告人：郭×
证人：姜××

被告人郭×与被害人王×在×酒店二楼发生争吵并相互推搡，恰逢证人姜××在不远处的二楼见到，姜××与被告人和被害人均不相识。过程中，姜××听到郭×与王×两个人的对话：一个人说："你有本事杀了我"，另外一个人答："你以为我不敢吗"，之后王×从二楼摔下，头部着地，当场死亡。检察院就被告人郭×涉嫌故意杀人罪一案向法院提起公诉，并申请证人姜××出庭作证。

2. 公诉人向证人主询问：
公诉人：证人，请你叙述一下案发当天的详细经过。
证人：那天我和我妈妈一起参加×集团的答谢晚宴，我被邀请到台上弹奏钢琴，演奏完之后，我去二楼透口气，也就是在那儿，我看见了被害人和被告人在互相推搡。我听见被害人说，"你有本事杀了我啊"，被告人说，"你以为我不敢是吗？"被害人又说："你老实点，我告诉你。"然后被害人就从二楼掉了下去，摔倒了楼下。
公诉人：证人，案件发生之后你都做了些什么？
证人：我跑到楼下告诉大家不要靠近，保护案发现场。我叫保安马上封锁现场，然后让旁边的服务员赶紧打电话报警。我又向别人要来口红，对死者进行人体描边。
公诉人：你怎么知道要保护现场，还知道要给尸体描边呢？
证人：因为我就是学法律的，而且已经通过了司法考试，下周就要到检察院面试了。做一个像您这样的检察官，是我一直以来的梦想。我的偶像，就是…（被打断）
公诉人（打断证人）：证人，只需要回答我提的问题，没有问的不用说。
证人：哦。
公诉人：你刚才所说的互相争吵、推搡的两个男子，你以前是否见过？
证人：没有。
公诉人：如果再见到他们，你能认出来吗？
证人：当然。不过一位已经死了，另外一位就是这位，被告人（伸手指向被

---

[1] 节选自电视剧《你好，检察官》。

告)。

公诉人：你确定吗？

证人：确定。我记性很好的，不管是看过的书还是见过的人，我都会记得很清楚。

公诉人：公诉人对证人的提问暂时到这。

3. 辩护人向证人反询问：

辩护人：姜女士，请问案发当天大厅里有演奏音乐吗？

证人：有啊。

辩护人：什么曲目您还记得吗？

证人：马勒第八交响曲。

辩护人：记那么清楚啊？

证人：当然啦，这首曲子我听过不下一百遍。

辩护人：那您还记得案发当时响到什么段落了吗？

证人：第一乐章快板部分。这位律师，你问的这些问题都是什么意思啊？

审判长：辩护人，请注意你的提问。

辩护人：好。请问证人，您有看到被害人是如何坠楼的吗？

证人：应该是被王×推下楼的。

辩护人：应该是？

证人：对，因为我看到他们之前在互相推搡，本来想跑过去一看究竟的，结果被立柱挡了一下，但也就挡住了几秒钟的时间，被害人就被推下去了。

辩护人：不要绕弯子，请直接回答我，你看到我的当事人把被害人推下楼了吗？

证人：没有，但是我看到他们之前有互相推搡。

辩护人：像你说的，"之前的推搡"，之前的行为，能用来证明之后实施了犯罪吗？

证人：不能。

辩护人：那你凭什么这么认为？

证人：因为我听见了被害人之前说，"有本事你杀了我呀"，然后被告人说"你以为我不敢吗"。所以我有理由怀疑。

辩护人：听到这两句话的时候你离他们有多远？

证人：直线距离大概十米。

辩护人：现场只有他们两个人说话吗？

证人：这我不确定。

辩护人：根据刚刚你跟公诉人的对话，我得知你是第一次见他们俩，也就是说，你对他们两个的声音并不熟悉对吗？

证人：(沉默一会) 对。

辩护人：既然你不能确定他们两个人的声音，又不能确定现场只有他们两个人说话，当时还有那么激昂的交响乐，更何况你离他十米开外，你凭什么认为这两句话就是我的当事人和被害人说的？就算是，你又凭什么认为，"有本事你杀了我呀"是被害人说的，"你以为我不敢吗"是我的当事人说的，而不是反过来呢？

证人：因为我之前一直在注意他们两个，而且他们两个张口闭口的口型跟我听见的声音是一致的。

辩护人：（转向证人，做"张嘴、闭嘴、张嘴、闭嘴"的口型动作）

证人：你说什么？

辩护人：如你所说，你可以通过别人的口型来判断别人说话的内容，而我刚刚就是在问你，"你懂唇语吗？"

证人：这跟案子有什么关系啊？

辩护人：你根据我的口型没有判断出来我说话的内容，说明你不懂唇语，对吗？

证人：你这是什么问题？？

辩护人：请直接回答。

证人：是，我是不懂，但谁张嘴闭嘴说话了我还看不到吗？

辩护人：姜女士，请你平稳一下你自己的情绪。

证人：你才要稳定一下你自己的脑子吧，问一些有水准的问题。

辩护人：并不是我的问题没有水准，而是姜小姐你的判断能力有问题。你没有通过我的口型判断出我所说的内容，这是事实，所以你也不能从他们的口型判断出他们所说的内容，对吗？

证人：你这简直就是无理取闹，讼棍式的诡辩。

辩护人：姜女士，请你不要人身攻击我，直接回答我的问题。对还是不对？

证人：（沉默一会）对。

4. 辩护人询问小结：

辩护人：审判长，根据我刚刚的提问，我想大家应该很清楚了。姜女士只是通过我的当事人和被害人发生了争执，且听到了几句对话，但是现场人有很多，每个人都有可能说出这几句对话，所以她并不能认定，这几句话跟我的当事人和被害人有什么直接关系，更不能断定这几句对话出自谁人之口。而且，姜女士自己也说了，当时的音乐声那么激昂，足以掩盖人声，所以现在我甚至都怀疑，姜女士是否真的听到了有人说话。就算是有，也只是证人把看到的画面和听到的声音主观地合成在了一起。综上所述，这一切的一切，都只能算是姜女士的猜测罢了。而主观地猜测在这庄严的法庭之上是不负责任的，对我的当事人更是不负责任的。在此，我恳请合议庭对证人姜女士的证言不予采信。

5. 公诉人补充发问：

公诉人：审判长，公诉人还有几个问题需要提问证人。

审判长：请提问。

公诉人：证人，交响乐的声音有没有可能覆盖住当时在走廊的人交谈的声音，尤其是只有十米而且正在争吵的声音?

证人:不能。人的声音跟音乐的声音频率是不同的,所以没有那么容易被掩盖住。而且我当时一直在注意他们,有些声音你越是注意,听得就越清楚。

公诉人:当你听到那两句话的时候,声音是来源于哪个方向?

证人:二楼转角处,他们撕扯的地方。

公诉人:那么当时郭×和王×身边有没有其他人?

证人:没有,只有他们两个。

公诉人:你确定吗?

证人:确定。

6. 公诉人询问小结:

公诉人:审判长,我们看待问题应该站在一般人的角度,用一个普遍认可的生活常理去衡量。刚才证人说得十分清楚,他之所以认为声音来源于被告人和被害人,那是因为声音来自于二人的方向,二人身边没有其他人,并且声音和动作是相协调的。恐怕大众都是这么判断声音归属的。那么如果按照辩护人的逻辑来说,难道今天要在辩护人的声带上安装一个特殊对声音接收仪器,才能判断辩护人的哪句话是出自辩护人之口吗?

【辩护人询问证人示例】

三、对鉴定人、有专门知识的人进行交叉询问

《刑事诉讼法》第192条第3款规定,公诉人、当事人或者辩护人、诉讼代理人对鉴定意见有异议,人民法院认为鉴定人有必要出庭的,鉴定人应当出庭作证。经人民法院通知,鉴定人拒不出庭作证的,鉴定意见不得作为定案的根据。《刑事诉讼法》第197条第2款规定:"……公诉人、当事人和辩护人、诉讼代理人可以申请法庭通知有专门知识的人出庭,就鉴定人作出的鉴定意见提出意见。法庭对于上述申请,应当作出是否同意的决定。第二款规定的有专门知识的人出庭,适用鉴定人的有关规定。"《刑诉法解释》第100条规定:"因无鉴定机构,或者根据法律、司法解释的规定,指派、聘请有专门知识的人就案件的专门性问题出具的报告,可以作为证据使用。对前款规定的报告的审查与认定,参照适用本节的有关规定。经人民法院通知,出具报告的人拒不出庭作证的,有关报告不得作为定案的根据。"

《刑事诉讼法》的上述规定体现了鉴定人和有专门知识的人的出庭作证的程序,同时可以看出鉴定人出庭是接受公诉人、辩护人等人的询问,以证明其鉴定结论的

真实性、合法性和关联性；有专门的知识的人出庭是对鉴定人做出的鉴定意见提出意见。《刑诉法解释》同时规定，有专门知识的人出具的报告在特定条件下可作为证据使用，对其审查与认定，参照适用鉴定意见的相关规定。

（一）公诉人询问鉴定人、有专门知识的人

公诉人询问鉴定人、有专门知识的人，主要目的在于：一是直观再现鉴定过程，通过鉴定人和有专门知识的人的解释，降低鉴定意见中专业意见的理解难度，向法庭展示鉴定结论的规范性、合理性，当然这必须是在保证鉴定资质和鉴定程序没有瑕疵的前提下，避免辩护人诘难。二是通过公诉人发问，由有专门知识的人对鉴定意见的争议焦点问题作出解释，对辩方申请出庭的有专门知识的人提出质疑。因为公诉人询问鉴定人主要是进行立论，支持起诉书认定犯罪事实，所以需要提前做好准备。

1. 庭前询问鉴定人、有专门知识的人关于鉴定意见的相关问题。针对鉴定意见中关于案件定罪量刑的关键内容，通过鉴定人和有专门知识的人的讲解，公诉人需要针对性地掌握鉴定意见中专业性较强的内容，补足知识短板，有助于庭审时针对性发问。

2. 公诉人针对辩护人质证意见普遍存在的质询问题，需要有所准备。例如鉴定人资质、鉴定意见形式要件、鉴定方法、鉴定意见采用的科学原理等问题。在明确鉴定意见的焦点之后，公诉人可以在庭前接触鉴定人、有专门知识的人时，有针对性地详细向他们询问辩方可能会质证的问题。最后公诉人需要告知出庭鉴定人、有专门知识的人庭审规则及诉讼程序，告知其签署如实作证的保证书，接受控辩双方的询问，实事求是地发表意见。

3. 做好询问提纲，有效把握询问主动权。根据《刑诉法解释》第259条规定："证人出庭后，一般先向法庭陈述证言；其后，经审判长许可，由申请通知证人出庭的一方发问，发问完毕后，对方也可以发问。法庭依职权通知证人出庭的，发问顺序由审判长根据案件情况确定。"对于公诉人申请出庭的鉴定人，公诉人尽量按照预先设计的询问提纲上的问题进行发问，通过鉴定人、有专门知识的人的专业回答，向法庭展示鉴定意见的证明能力和证明力。例如公诉人首先询问鉴定受托单位的资质和参与鉴定人的资质能力，在询问鉴定检材的来源、鉴定程序，最后询问鉴定结论的内容以及判断依据。

4. 庭审中注意"保护"控方鉴定人。在充分保障辩护权的基础上，公诉人要时刻注意倾听辩护人对控方鉴定人的发问。如果出现辩护人对鉴定人一直重复性发问的情况，公诉人需要时刻注意鉴定人的庭审情绪变化，要在必要时刻提醒法庭予以制止。如果出现辩护人要求鉴定人就假设情形提出意见的，公诉人要提醒法庭注意。辩护人发问与案件事实无关，超出了鉴定人鉴定事项的范围，公诉人要通过提醒法庭注意的形式，提示鉴定人对超出鉴定范围的内容，可以拒绝回答。

（二）辩护人询问鉴定人、有专门知识的人

辩护人在法庭对鉴定人的发问一般多见于在鉴定人出庭的情况下，结合鉴定意见进行的发问。具体的发问方法可以参照举证质证环节的相关技能，从鉴定人的资质、鉴定机构的资质以及鉴定意见本身进行发问。

2016年《司法鉴定程序通则》第23条规定："司法鉴定人进行鉴定，应当依下列顺序遵守和采用该专业领域的技术标准、技术规范和技术方法：（一）国家标准；（二）行业标准和技术规范；（三）该专业领域多数专家认可的技术方法。"从上述规定可以看出，我国对鉴定意见的审查关键在于鉴定所遵守和采用的技术标准、技术规范和技术方法是不是国家标准、行业标准和该专业领域多数专家认可的技术方法。在司法实践中，辩护律师可以从鉴定意见的质证要点出发进行发问，以发现此中问题。

【示例】[1]

问：你鉴定的业务涉及哪些方面（看到你鉴定资质是林业和野生动物保护），你是否有矿业从业经历，是否具有林业与矿业相交叉的资质？

答：没有。

问：你对×××煤矿是否了解？对其开采方式是否知道？

答：不了解，不知道。

问：对×××煤矿开采历史是否了解？

答：不了解。

问：对矿区地温情况是否了解？

答：不了解。

问：矿区是否存在明火？

答：不知道。

问：露天开采对植被是否会产生影响？

答：会有影响。

问：会有什么样的影响？

答：不清楚。

问：无论开采还是堆放渣土，都不可能有植被生长，你是否了解？

答：不了解。

问：高温情况下能否有植被生长？

答：不能。

---

[1] 梁雅丽："《交叉询问之我见》系列报道之四'问'之有求：从刑辩实务说交叉询问"，载《民主与法制》2020年第18期。

通过上述循序渐进的以引导性问题为主的对话，包含了辩护人对鉴定意见本身的质证逻辑，并且预想到鉴定人的回答，从而达到了该环节的质证目的，即鉴定人由于不具备矿业相关的从业经历，对煤矿的开采方式、煤矿所在地地温情况等均无充分专业背景，对测量因素没有全面考察。

【辩护人向警察证人发问示例】

四、向被害人发问

《刑诉法解释》第 244 条规定，"经审判长准许，控辩双方可以向被害人、附带民事诉讼原告人发问"。控辩双方对被害人的交叉询问，有利于查明案件事实，是庭审实质化的重要环节。被害人作为整个犯罪行为的亲身经历者，其对犯罪事实的感知最为直接，其提供的言词证据对于查明案件事实，具有非常重要的证明作用。公诉人在庭审中询问被害人，通过一问一答的方式，可以更为直观地、高效地向法庭展示起诉指控的事实。当被害人以证人的身份出庭时，发问规则按照对证人的发问规则适用。

（一）询问被害人的原则

询问被害人需要遵循以下原则：

1. 询问被害人时，公诉人询问的内容应当与案件事实密切相关。当审判长认为发问内容与案件无关时，有权予以制止。

2. 禁止诱导原则，即不能对被害人提出诱导性问题。

3. 合理引导原则，即用简洁的开放式问题，让被害人就其所经历到的案件事实部分进行连贯陈述，在其连贯陈述之后再发问，重点关注其陈述中有遗漏、矛盾、模糊不清的和有争议的内容。

4. 尊重被害人原则。即询问被害人时用语要做到文明规范，尊重被害人的人格尊严，不得威胁被害人。

（二）公诉人询问被害人的策略和技巧

1. 争取被害人的配合。被害人是否配合，是公诉人法庭调查阶段询问成功与否的关键因素。庭前公诉人一定要重视与出庭被害人的配合，积极在庭前与被害人接触，必要时全面了解拟出庭的被害人的身份、学历、心理素质等，如实告诉法律规定和其出庭的目的，提高与公诉人合作的默契程度。同时公诉人也需要详细了解被害人的态度，掌握其心理动态，预测其陈述的主要内容，对其改变陈述的情形尽早做预案。当被害人不配合时，公诉人设置问题应尽量精简，围绕与案件事实有关的关键问题和环节进行发问，减少与被害人之间不必要的冲突和对立。

2. 精细发问，固定证据。公诉人在法庭调查时应当精细发问，发挥被害人对起诉指控关键事实的证明作用。公诉人发问需要采取一问一答的方式，设置问题尽量精简，一般以开放性问题为主。但是在被害人完整陈述案件过程事实时，公诉人对关键事实的细节问题要尽量细致，争取通过询问能够大致呈现起诉指控的犯罪事实。询问内容包括：一是被害人的基本情况；二是被害人遭受犯罪侵害的情况，包括时间、地点、经过以及被害人遭受到的人身、财产和精神伤害情况。

3. 保护被害人。公诉人应当保护出庭被害人，在第一轮发问时充分考虑到被害人的特殊身份，尊重被害人的人格尊严和隐私，避免"二次伤害"。同时公诉人也要防止被害人因为辩护人的强势发问而陷入陷阱。公诉人在通过第一轮询问被害人建立起基本犯罪事实之后，还需要认真聆听辩护人的发问并做详细记录，以备第二轮发问。同时在辩护人发问的过程中，对于辩护人的不当发问要及时予以制止。

以下是公诉人针对辩护人对被害人不当发问应对的语言规范示例：

（1）辩护人发问的问题，被害人已经明确回答过。

公诉人：审判长，我们反对。刚刚辩护人所询问的……事实问题，被害人已经向法庭做了详细的陈述，辩护人属于重复发问，希望法庭予以制止。

（2）辩护人发问的问题与本案事实无关。

公诉人：审判长，我们反对。刚才辩护人所提问的事实，与本案事实无关，根据《刑诉法解释》第261条第1项的规定，发问的内容应当与本案事实有关，刚才辩护人发问问题与本案事实无关，希望法庭予以制止。

（3）辩护人发问的问题具有严重的压迫性或者威胁性。

公诉人：审判长，我们反对。刚才辩护人发问的方式具有明显的威胁性（或者：辩护人采用了在语气语调上带有强迫性、居高临下的发问方式，让被害人明显感受到不安，属于威胁性发问），根据《刑诉法解释》第261条的规定，希望法庭予以制止。

（4）辩护人发问的问题损害了被害人的人格尊严。

公诉人：审判长，我们反对。刚才辩护人发问的方式明显侮辱被害人的人格尊严，根据《刑诉法解释》第261条的规定，希望法庭予以制止。

（5）辩护人发问的问题具有诱导性。

公诉人：审判长，我们反对。刚才辩护人发问的方式具有明显的诱导性，根据《刑诉法解释》第261条的规定，不得以诱导方式发问，刚才辩护人的询问中对被害人的回答给予了充分的暗示，系诱导性发问，希望法庭予以制止。

4. 冷静处理被害人当庭翻证。对于庭前已做好充分准备的案件，被害人却当庭翻证的，公诉人若有一定把握通过询问揭露当庭陈述的虚假性，指出其陈述与案件其他证据和案件事实的矛盾之处，自然最好不过。但若没有把握，公诉人不必刻意追求被害人能够在庭审中再次如实陈述，或者要求被害人向法庭解释改变陈述的理由。最为稳妥的处理方式是在庭后详细调查被害人翻证的原因，再结合具体案件情况，给被害人重新制作笔录或采取其他方式补强证据体系。

第六节 举证及质证

证据是刑事诉讼的核心，是认定案件事实的基础，证据必须经过法庭查证属实，才能作为定案的根据，在法庭上未经举证、质证的证据，不得作为定案依据。公诉人和辩护人均可以就自己的诉讼主张向法庭出示证据，也可以就对方所出示的证据提出意见，这个过程就是法庭调查环节的举证质证。

一、举证

举证，是控辩双方在法庭调查环节就自己的诉讼主张向法庭出示证据，以证明案件事实的诉讼活动。由于控辩双方的角色不同，其举证的任务和目的不尽相同。在诉讼活动中，公诉人承担证明其诉讼主张正确及被告人有罪的责任，即公诉人承担着主要的举证责任，公诉人对于证明被告人有罪，要建立起一个完整的证据体系，其用证据所构建的犯罪体系必须达到"事实清楚、证据确实充分、排除一切合理怀疑"的程度。对于辩护人来说，其职责是证明被告人无罪或者罪轻，其举证的目的是通过寻找公诉人证据体系的漏洞以证明公诉人的证据链条缺失、证据难以到达"确实、充分，排除一切合理怀疑"的程度，因而不构成犯罪，或者被告人的行为具有法定或酌定的从轻、减轻或免除处罚的情节，可以从轻处罚。

（一）公诉人举证

公诉人举证，是指在出庭支持公诉过程中，公诉人向法庭出示、宣读、播放有关证据材料并予以说明，以证明公诉主张成立的诉讼活动[1]，是在对被告人进行当庭发问的基础上，运用证据和说明性语言，还原案件事实，构建一个完整的证据链条，说明案件事实并支持诉讼主张的诉讼活动。因此，公诉人举证是出庭公诉的重要内容，如何合理有序、明确有力地进行举证，是公诉人需要学习的重要技能。

1. 公诉人举证的目的。举证是公诉人出庭支持公诉的基础，通过在案证据证明自己公诉主张的正确性。刑事诉讼中，任何案件事实的认定都需要证据加以证实，认定案件事实需要以证据为根据，只有经过当庭出示、辨认、质证等法庭调查程序查证属实的证据，才能作为定罪量刑的依据。公诉人举证既是刑事诉讼程序的要求，也是证明案件事实的重要手段，通过举证，尤其是具有逻辑性的举证活动，可以加深法官对事实的认识，在一定程度上，举证还可以达到推翻被告人无端翻供，意图逃避法律制裁的目的。举证的质量，直接影响指控犯罪的质量和出庭支持公诉的效果。

---

[1] 桑涛：《公诉语言学：公诉人技能提升全程指引》，中国法制出版社2016年版，第282页。

2. 公诉人举证的范围。公诉人指控犯罪成立的目的决定了举证的范围，举证的范围是公诉机关采信的有罪、罪重或者罪轻的证据。对于无罪证据、未被采信的有罪证据，公诉人不负有举证责任。《人民检察院公诉人出庭举证质证工作指引》第17条规定，辩护人当庭申请公诉人宣读出示案卷中对被告人有利但未被公诉人采信的证据的，可以建议法庭决定由辩护人宣读出示，并说明不采信的理由。《人民检察院公诉人出庭举证质证工作指引》第15条规定，公诉人举证应当主要围绕下列事实，重点围绕控辩双方争议的内容进行：①被告人的身份；②指控的犯罪事实是否存在，是否为被告人所实施；③实施犯罪行为的时间、地点、方法、手段、结果，被告人犯罪后的表现等；④犯罪集团或者其他共同犯罪案件中参与犯罪人员的各自地位和应负的责任；⑤被告人有无刑事责任能力，有无故意或者过失，行为的动机、目的；⑥有无依法不应当追究刑事责任的情形，有无法定从重或者从轻、减轻以及免除处罚的情节；⑦犯罪对象、作案工具的主要特征，与犯罪有关的财物的来源、数量以及去向；⑧被告人全部或者部分否认起诉书指控的犯罪事实，否认的根据和理由能否成立；⑨与定罪、量刑有关的其他事实。

3. 公诉人举证的程序要求。在法庭审理中，公诉人应当客观、全面、公正地向法庭出示证据，不仅要出示与定罪有关的证据，还要出示与量刑有关的证据；不仅要出示证明被告人有罪、罪重的证据，也要出示证明被告人罪轻的证据。除极其简单的案件或证据很少的案件外，定罪证据与量刑证据需要分别出示。

结合《人民检察院公诉人出庭举证质证工作指引》的相关规定以及实践经验，按照审判长要求或者经审判长同意，公诉人可以按照以下方式举证、质证：

（1）公诉人举证，一般应当全面出示证据。出示、宣读、播放每一份（组）证据时，一般应当出示证据的全部内容。根据普通程序、简易程序以及庭前会议确定的举证方式和案件的具体情况，也可以简化出示，但不得随意删减、断章取义。没有召开庭前会议的，公诉人可以当庭与辩护人协商，并经法庭许可确定举证方式。

（2）公诉人举证前，应当先就举证方式作出说明；庭前会议对简化出示证据达成一致意见的，一并作出说明。

（3）出示、宣读、播放每一份（组）证据前，公诉人一般应当先就证据证明方向，证据的种类、名称、收集主体和时间以及所要证明的内容向法庭作概括说明。对于证明方向一致、证明内容相近或者证种类相同，存在内在逻辑关系的证据，可以归纳、分组示证、质证。

（4）对于控辩双方无异议的非关键性证据，举证时可以仅就证据的名称及拟证明的事实作出说明；对于可能影响定罪量刑的关键证据和控辩双方存在争议的证据，以及法庭认为有必要调查核实的证据，应当详细出示，一般应当单独举证、质证，充分听取质证意见。

（5）举证完毕后，应当对出示的证据进行归纳总结，明确证明目的。

（6）公诉人出示证据时，可以借助多媒体设备等方式出示、播放或者演示证据内容。

4. 公诉人举证的范式和方法。

（1）基本范式。根据案件的具体情况和证据状况，结合被告人的认罪态度，举证可以采用分组举证或者逐一举证的方式。案情复杂、同案被告人多、证据数量较多的案件，一般采用分组举证为主、逐一举证为辅的方式。对证据进行分组时，应当遵循证据之间的内在逻辑关系，可以将证明方向一致或者证明内容相近的证据归为一组；也可以按照证据种类进行分组，并注意各组证据在证明内容上的层次和递进关系。

"审判长，公诉人现就本案起诉书指控的，被告人××涉嫌的犯罪事实部分向法庭出示证据。证据共分为五组……首先向法庭出示第一组证据，本组共有五个证据，用以证明……，下面出示第一组第一份证据，以下分别说出证据名称、证据来源、主要的证据内容以及主要的证明目的。接下来，公诉人出示本案第二组证据，用以证明……"每组证据出示完毕，公诉人要向审判长示意说明本组证据出示完毕；如果有证人出庭，公诉人可以向证人进行发问，发问完毕，要向审判长说明：公诉人对证人的发问暂时到此。如果证据不进行分组的，则表述为"首先出示第一份证据，位于案卷材料第×卷第×页，用于证明……"当全部证据出示完毕时，应向合议庭明示：公诉人所有证据出示完毕。

（2）规范化语言。

第一，证据的归纳与说明。举证质证使用的语言不是简单的照本宣科，而是对证据材料的归纳、摘要性宣读和解说，并提炼核心思想。大多数情况下，举证活动主要使用说明性语言，对证据的来源、证据内容、所能够证明的问题进行说明分析，论证证据的有效性，强调证据资格与证明力，对于证据的合法性、客观性、关联性进行简要的论证说明，以明确该证据能够作为认定案件的依据。同时，对于在举证过程中需要特别说明，为后续法庭辩论做准备的内容，也要进行适当的归纳总结。

第二，举证语言的忠实性。虽然举证过程中要对证据进行归纳总结，但并不意味着所有的证据都采用这种方式，对于案件的关键证据，需要原文宣读，不要用自己的语言进行归纳，尤其是对于重要的证人证言、被告人供述笔录与当庭陈述不一致的部分以及鉴定意见等重要证据，一定要忠实于原文进行宣读。宣读证据在举证中占有很大比例，但不要全部宣读，宣读的内容要详略得当，繁简适度，有选择、有侧重地宣读，在一定情况下，还要结合法庭调查中被告人或证人当庭陈述的内容确定宣读原证据的内容。如被告人当庭翻供，对案件事实做相反的供述，此时公诉人在宣读证据时，可以结合被告人翻供的内容，用原卷宗中的证据构建证据链条，推断出被告人当庭翻供没有依据，尤其是被告人在侦查阶段和审查起诉阶段的供述，一定要有针对性地原文宣读。对于有争议的问题，某些内容写得最清楚，就可以在宣读完整供述的基础上，将该争议情节部分重点宣读。可以这样表达："被告人××在刚才的法庭发问阶段就事实说……，但其在××××年××月××日的第×次供述称……，证人××的证言对该事实的陈述是……，以上证据足以证实……"

（3）证据三性的举证方式。

第一，合法性举证。合法性的举证方式一般有两种：第一种方式是取证主体+时间地点+取证方式+取证对象。如，这份陈述是某某公安局于某年某月某日某时某地通过依法讯问的方式向被告人莫某某获取；第二种方式是作证主体+时间地点+概括方式+作证对象。如，这份证言是证人某某于某年某月某日某时在某地依法向公安机关作出。

第二，客观性论证。客观性论证是通过证据的内容表现出来的，是公诉人将证据的原始内容在法庭上真实地展示出来，通过与其他证据的印证，论证其真实性。证据内容的客观性论证可以采用以下方式：第一种方式是文字形式表现，如证人证言、书证、勘验笔录、鉴定意见等，通过当庭宣读，与其他证据一起形成完整的证据链条；第二种方式是非文字形式表现，如物证、视听资料、鉴定照片等，通过多媒体播放、法警传送等方式展现。

第三，关联性论证。证据关联性是证据被法庭采信的关键，一个证据只有具有和案件的关联性才能成为定案依据。关联性的论证主要从证据的证明目的方面加以体现。在举证的过程中，可以在举证开始之前说明，也可以在举证结束时说明。

5. 举证的顺序和分组。公诉人举证不是将所有证据罗列在一起一件一件出示，而应当以有利于证明公诉主张为目的，并根据案件的不同种类、特点和庭审实际情况，合理安排和调整举证逻辑和顺序。一般先出示定罪证据，后出示量刑证据；先出示主要证据，后出示次要证据，使所有证据形成一个完整的逻辑关系和证据链条，帮助法官形成内心确信。比如，对于故意杀人案件可以按照基本的时间顺序进行举证，包括案发时间、地点、行为、后果等内容；对于职务犯罪案件，由于犯罪成立需要被告人具有特殊身份，所以，要先举证被告人身份情况，然后再对案件基础事实进行举证。为此，公诉人在举证过程中，要将所有证据按照清晰的逻辑结构编排顺序，一步步通过举证，将案件展现在法庭上，这个过程既要有事实，也要有逻辑，循序渐进，把纷繁复杂的事实用清晰的语言展现在听众面前。所以，举证的顺序和分组也是举证中非常重要的问题。《人民检察院公诉人出庭举证质证工作指引》第20条第2款规定：公诉人可以按照与辩护人协商并经法庭许可确定的举证顺序进行举证。

举证的顺序可以根据案件特点和被告人人数，作出相应的策略调整。

（1）案件特点。从案件特点上讲，"零口供"案件的举证，可以采用关键证据优先法。公诉人根据案件证据情况，优先出示定案的关键证据，重点出示物证、书证、现场勘查笔录等客观性证据，直接将被告人与案件建立客观联系，在此基础上构建全案证据体系。

辩点较多案件的举证，可以采用先易后难法。公诉人根据案件证据情况和庭前会议了解的被告人及辩护人的质证观点，先出示被告人及辩护人没有异议的证据或者分歧较小的证据，后出示控辩双方分歧较大的证据，使举证顺利推进，为集中精力对分歧证据进行质证作准备。

依靠间接证据定案的不认罪案件的举证，可以采用层层递进法。公诉人应当充分运用逻辑推理，合理安排举证顺序，出示的后一份（组）证据与前一份（组）证据要紧密关联、环环相扣、层层递进，通过逻辑分析揭示各个证据之间的内在联系，综合证明案件已经排除合理怀疑。

（2）被告人人数。

第一，单一被告人犯罪案件。对于一名被告人有一个犯罪事实或者案情比较简单的案件，一是按照时间顺序还原案件事实，二是按照罪名和案件特点建立逻辑关系，确定举证顺序。如果证据很多，可以采用证据分组的形式进行举证，证据分组可以采用如下方式：一是按照证明目的进行分组；二是按照被告人实施行为的顺序进行分组；三是按照证据种类进行分组。下面以一起受贿犯罪的举证为例说明举证的顺序和分组：

第一组证据：被告人张×是国家工作人员的相关证据，包括：身份证复印件、被告人所在单位的单位性质证明、被告人的身份及任职证明、被告人在某单位的任职文件及其在工作期间的工作职责证明。以上证据证明，被告人张×具有国家工作人员身份，符合受贿罪的主体条件。

第二组证据：被告人张×的供述和辩解。

第三组证据：证人证言。证人甲的证言，证明其向被告人张×行贿及张×收受贿赂并为其牟取利益的犯罪事实。

第四组证据：物证、书证及扣押物品文件清单，证实被告人张×收受贿赂后为行贿人谋取利益、收受贿赂的具体事实的物证情况及张×的退赃情况。包括：行贿人向张×银行账户转账的银行流水清单，证明张×收受贿赂款的事实；行贿人所在公司建筑工程资质证明和营业执照复印件、张×公司与行贿人所在公司签订的建筑工程施工合同等书证，证实行贿人所在公司在不具备承建资质的情况下，与张×所在公司签订建筑工程施工合同的情况，证实张×收受贿赂后为行贿人谋取利益的事实。

对于一名被告人有数个犯罪事实的案件，可以每一个犯罪事实为单元，将证明犯罪事实成立的证据分组举证或者逐一举证。其中，涉及每个犯罪事实中量刑情节的证据，应当在对该个犯罪事实举证中出示；涉及全案综合量刑情节的证据，应当在全案的最后出示。

第二，多名被告人犯罪案件。对于数名被告人有一个犯罪事实的案件，一般应以主犯的行为为主线，采取单人单事的案件证据分组方法。根据各被告人在共同犯罪中的地位、作用及情节，一般先出示证明主犯犯罪事实的证据，再出示证明从犯犯罪事实的证据。

对于数名被告人有数起犯罪事实的案件，可以采用不同的分组方法和举证顺序，或者按照作案时间的先后顺序，或者以主犯参与的犯罪事实为主线，或者以参与人数的多少为标准,并注意区分犯罪集团的犯罪行为、一般共同犯罪行为和个别成员的犯罪行为,分别进行举证。

第三,单位犯罪案件。对于单位犯罪案件,应当先出示证明单位构成犯罪的证据,再出示对其负责的单位主管人员,或者其他直接责任人员构成犯罪的证据。用于指控被告单位、单位主管人员或者其他直接责任人员犯罪的同一份证据可以重复出示,重复出示时仅予以说明即可。

【公诉人举证和分组示例】

6. 举证的基本要求。

(1) 举证应当客观全面。公诉人出示证据既要注重向法庭提供被告人有罪、罪重的证据,又要注意提供证明被告人罪轻或具有从轻、减轻或免除处罚情节的证据。出示证据既要证明犯罪的时间、地点、方法、过程,还要证明被告人犯罪的主观目的和动机以及社会危害性,为法庭对被告人定罪量刑提供充分的依据。

(2) 举证应当目的明确并进行说明。公诉人在全面举证的前提下,还应当根据具体案情和被告人认罪的态度、辩护人的辩护意图以及公诉人所预期达到的目的出示证据。公诉人应当明确,举证的目的是准确客观地证明被告人的犯罪行为。公诉人举出的每一份证据,都应当向法庭说明该份证据证明的具体内容和合法性,不应仅仅将证据进行简单罗列。

另外,公诉人出示证据时还应当对证据进行必要的分析。对证据的分析既包括对证据本身的分析,也包括对证据体系的分析。公诉人在出示证据时,应当分析证据和案件事实之间的关系,该份证据如何证实被告人犯了某罪,该份证据与其他证据证明的内容是否一致,是否能够排除证据之间的矛盾等。

(3) 举证应形成证据体系。公诉人所出示的证据并不是单纯的证据汇集,其最终的目的是建立一个证明起诉书所指控犯罪事实的完整的证据体系。单一证据一般只能证明案件事实的某一方面或一个碎片,要完整地证明整个案件事实,还应当对所有出示的证据,按逻辑推理的思维方法进行排列组合,使各证据之间相互联系、紧密相扣,形成一个完整的证据链,从而最大限度地还原案件事实。

(4) 根据证据类别确定举证方式。在举证过程中,根据证据的种类不同,应当在庭审准备阶段提前确定举证方式,例如文书可以通过宣读方式进行,但是物证、鉴定意见、证人证言等证据,由于证据材料的证明能力和证明方法的不同,应当合理区分,坚决排除通篇照本宣科的举证方式,而应通过多种方式,提高举证的效率。

在庭审过程中，如果公诉人只是通篇念稿，就无法全面及时掌握庭审情况，对于辩方临时提出的新内容，就无法妥善应对，导致自己处于不利地位；如果公诉人可以熟悉案件事实和证据，则可以抓住案件重点，及时对辩护人的观点作出反应。同时，通过该方式加强公诉人对案件证据的掌握，对于辩护人合理提出的调取证据及申请证人、鉴定人出庭的要求，公诉人也能根据情况从容应对。

（三）辩护人举证

辩护人举证与公诉人举证的目的不同，辩护人举证的目的是证明被告人的行为无罪或罪轻，辩护人通过"拆"或者"破"举证击破公诉人的证据体系，因此，其举证活动与公诉人的举证活动密切相连。

具体来说，辩护人举证的目的有以下三类：一是推翻公诉人出示的证据，其目的是，通过否定控方某一证据以否定案件中某一事实存在；二是破坏公诉人的证据体系，或者证明证据之间存在矛盾，进而形成全案事实不清、证据不足的态势，从而使指控失败；三是通过提出对被告人具有从轻、减轻或免除处罚作用的证据以减轻被告人的刑事责任。

在现行的法律框架内，辩护人获取证据的数量和机会很少，其举证的证据一部分来自于律师自行调取的证据，一部分来自于案卷中现有的对被告人有利的但公诉人没有出示的证据。对于现有卷宗中已经存在的对被告人有利的证据如何出示，可以根据庭审情况而定，如果控方截取了证据中的部分内容宣读，断章取义，则律师可以将同一份证言中有利于被告人的那部分提出来，单独举证，也可以在对控方证据进行质证的环节，指出控方片面举证的情况，宣读对被告人有利的证据内容，直接表达辩方的观点；如果证据存在于卷宗中但控方根本没有举证，该证据对被告人有利，辩护人可以作为己方证据进行举证。

在庭审前，辩方可以将需要出示的证据进行分类整理成册，将自行调查收集的证据作为一类，重点出示；将控方卷宗中的证据作为一类，结合庭审情况决定是否出示以及如何出示。

二、质证

质证，是在庭审的过程中，控辩双方对证据的属性及证明的过程进行质疑和验证的活动，是在审判人员的主持下，由控辩双方对所出示证据材料的合法性、客观性和关联性相互进行质疑和辩驳，以确定是否作为定案依据的诉讼活动[1]。质证的主要任务是在庭审中控辩双方围绕证据的"三性"（真实性、关联性、合法性）进行说明、质疑、反驳，从而确定证据的证明力和证据能力，最终使法官形成确信而决定是否采信。针对证据三性的质证是一个针对单个证据具体、静态的质证。除此之外，质证还包括证据的证明过程，即证据有多大的证明力，整个证据链条是否完整，能不能综合所有的证据之后形成一个对犯罪指控事实的完整、充分的证明。所以对

---

[1] 桑涛：《公诉语言学：公诉人技能提升》，中国法制出版社2016年版，第282页。

证明过程的质证应该是综合、动态的,要注重证据之间的相互印证。

在质证过程中要考虑运用常识、常理、常情质证。质证应该既有针对单个证据静态的质证,也有针对全案证据综合动态的质证,这样才能点面俱到,为法庭辩论打好良好的基础。

(一)质证的主要关注点

各类证据质证首要关注的是证据的真实性和可靠性,但是具体着眼的方面不同。

1. 各类展示性证据。展示性证据主要是需要通过在法庭上展示才能发挥其证明作用的证据。主要包括物证、书证、音像电子证据、勘验和检查笔录、鉴定意见等。这一类证据通过展示它的外观和内容来证明案件的相关事实。对展示性证据质证首先指向的是它的真实性和可靠性。但是我们很难直接否定物证的可靠性,往往是从物证的来源和提取、保管、辨认等环节着眼。比如,有些物证不能说明来源,有些书证不能出具原件,有的证据辨认程序有问题,这些都可能影响证据的可靠性。

展示性证据具有直观、客观和被动的特点,决定了我们对其反映出的信息没有太多争论空间,那么,我们质证的重点是什么?是证据来源的可靠性,即"同一性"。也就是说对这类证据的质证,我们关注的重点不是它本身,而是追溯它的来源,要解决的是,在法庭上展示的证据是不是与案件事实相联系的证据,它们是否具有同一性。如果不具有同一性,那么这类证据所展示的信息就不具有关联性,不能对案件起任何证明作用。在这类证据中值得强调的是电子证据,随着电子化的不断运用,刑事案件中越来越多地出现电子证据。电子证据有一个特点,就是它很容易被篡改。如果被告人对电子证据显示的内容提出质疑,我们就应该重点审查该证据提取、保管的过程,包括必须要求出示证据一方出示原始介质等。

对于鉴定意见的科学性,则需要从鉴定机构和鉴定人的资质、检材的同一性和客观性、鉴定方法的科学性等方面着眼。还有一些物证在提取、保管等环节出了问题,导致证据被污染,比如说血液、唾液、精液等,如果保管不善,包括温度或者湿度条件不当的话,都会直接影响鉴定意见的准确性。

2. 言词证据。在我国现有的庭审方式下,言词证据应该是运用最多的一类证据,一般是以人的书面陈述为表现形式,如犯罪嫌疑人、被告人供述和辩解、证人证言、被害人陈述。这类证据的根本特点是,它的形成和表达都离不开人的因素,是人对自己感知的陈述。那么在形成感知的时候,可能因为关注点或者感知能力不同,导致感知失真。言词证据具有直观性、主观性和不稳定性的特点,所以,不能轻信言词证据。

对出庭证人证言的质证,主要是依靠交叉询问,交叉询问不仅针对案件的事实,还针对证人的可靠性。在交叉询问中,可以针对证人的诚实性、证人与被告人的关系、所要证明的问题、经验和常识、情理等内容展开询问,如果在交叉询问中发现了证人的身份和诚实性存在问题,证人证言明显违反常识等,就否定了证人证言的可靠性。

（二）公诉人质证

公诉人在庭审中的举证是其主要任务，随着以审判为中心的刑事诉讼制度改革，庭审实质化成为一项重要内容，因此不能忽视对辩护人举证的质证，以及公诉人举证之后针对辩护人质证内容的反驳和回应。

1. 庭审前的准备。做好庭前准备，发挥庭前会议功能，是公诉人高效完成质证工作的重要前提，庭审前的准备主要包括以下内容：

（1）强化证据体系，排除非法证据。证据是公诉人在庭上进行指控的重要依据，也是公诉人进行公诉的基础。因此公诉人必须全面熟悉案件事实，对证据进行详细审查，并在了解案件事实和证据的过程中，对瑕疵证据和非法证据进行总结，补正瑕疵证据，排除非法证据，最终形成完善的证据体系。通过这样的审查完善过程，公诉人才能在质证环节随机应变，立足案件事实和证据进行质证。

（2）通过庭前会议，寻找控辩焦点。庭前会议是审判前的准备程序，为了梳理争议焦点，实现集中审理的要求，提高审判效率，通过召开庭前会议，公诉人可以听取被告人及其辩护人对案件事实和证据的意见，并看出双方争议焦点集中在哪一领域，以及具体对证据有哪些意见。公诉人可以对这些内容进行梳理，并在此基础上拟定全面的质证提纲。通过庭前会议的交流，有利于公诉人了解辩护人的辩护方向，以防在法庭上措手不及，陷入被动地位。

2. 公诉人质证的总体策略。

（1）根据质证方向灵活掌握质证策略。公诉人根据对案件事实和证据，以及庭前会议对案件情况的掌握，可以提前拟定质证提纲，明确质证的方向，这样有利于公诉人在庭审过程中紧扣定罪和量刑的关键问题展开工作，提高办案的质量和效率。但庭审并不总是按照提前的设想顺利发展，很有可能会发生一些突发情况，公诉人可以根据情况，灵活调整质证策略，积极调整质证方式，掌握主动权，但是仍然要明确质证提纲这条主线，并以此为前提。

（2）合理安排质证内容。公诉人在质证环节如果对被告人的辩解产生疑问，可以通过先前的讯问笔录或讯问录像进行质证，前提是保证在侦查环节依法依规进行讯问活动，以此来揭露被告人的矛盾之处，以明确案件事实。如果通过客观性证据材料进行质证，就要看该证据材料与其他证据材料的关联性。如果和其他证据材料可分，就可以拿出来在质证环节进行质证，如果不可分，可以口头对证据进行说明，放在举证环节出示以巩固证据，避免拖延庭审、降低效率。

（3）突出质证重点，详略得当。当辩护人提出与证据的证据能力或者证明力无关、与公诉主张无关的质证意见，公诉人可以说明理由不予答辩，并提请法庭不予采纳。公诉人答辩一般在辩护人提出质证意见后立即进行。在不影响庭审效果的情况下，也可以根据需要在法庭辩论阶段结合其他证据综合发表意见，但应当向法庭说明。公诉人对辩护人质证的答辩，应当重点针对可能动摇或者削弱证据能力、证明力的质证观点进行答辩，对于不影响证据能力、证明力的质证观点可以不予答辩或者简要答辩。

（4）通过法庭交叉询问完成质证目的。在证人出庭案件中，公诉人在发问时应当明晰目的，利落干脆，明确发问目的，按照先前设定的提纲和策略，逐步深入，以达到良好的质证效果，避免空泛的发问，为质证打好基础。

（5）找出辩方逻辑体系的矛盾。质证环节一方面是帮助公诉人更加明确地认识案件的事实和证据，公诉人也可以通过质证询问，发掘对方证据当中的矛盾之处，并以此为突破口，以点带面逐个击破，最终削弱对方证据证明力，降低对方逻辑体系在法官心中的可信程度。在质证过程中如果通过发问已经揭露对方的矛盾之处就可以改变发问方向，不要就一个点反复纠缠，一方面影响了庭审效率，另一方面，也不利于案件事实的揭露，在攻破被告人的一处矛盾以后，公诉人就可以及时对该处问题进行总结，并记下该处矛盾作为后续法庭辩论的材料，在法庭明晰该处矛盾以后，根据质证提纲开始下一步的质证，以达到逐个击破、步步为营的良好效果。

（6）冷静处置突发情况。在庭审过程中，证人翻供往往会导致公诉人处于被动，因此公诉人都不希望看到这样的情况发生。但是如果有这样的突发情况，公诉人应当正确看待证人翻供，此时最重要的不是改变证人翻供的想法，而是寻找出证人翻供的原因，如果有矛盾之处，则可以利用该矛盾找回主动地位，如果有合理理由，就应当及时调整策略，修改质证方向。

3. 对言词证据的质证技巧。在庭审过程中，公诉人对被告人不认罪口供进行质证是对抗性最高的一个证据调查环节。由于被告人拒绝认罪，持有抵触心理，因此公诉人在进行质证的时候就会遇到很大阻力，需要更多技巧进行处理。同时，如果在质证环节公诉人能够揭露被告人口供的矛盾之处，就可以为之后的举证打下坚实基础，增强举证的力度。在实务当中，对言词证据的质证主要存在以下三类问题：第一类是完全忽视言词证据中的矛盾，在法庭调查环节，被告人挑轻避重，对于情节较轻的事实予以承认，对情节较重的案件事实予以否认或辩解，公诉人如果不及时对被告人的矛盾进行揭露，将会对后续质证工作带来极大的不利。第二类是公诉人在被告人言词证据出现矛盾时，只是指出其辩解与先前供述出现矛盾，却不对该矛盾进行深究，不挖掘矛盾的原因。第三类是公诉人放弃发问的机会，导致交叉询问变成辩方单方主导，导致自己处于不利地位。这些问题的暴露说明了公诉人缺乏对言词证据进行质证的技巧或者不够重视对言词证据进行质证，言词证据不仅是公诉人证明案件事实的重要依据，对辩方言词证据的矛盾之处的深挖，更是揭露案件事实、戳破辩方谎言的有力途径，以此强化证据体系的证明力度。

法庭举证的主要作用是公诉人通过举证主动出击，证明被告人有罪，而公诉人质证是为了寻找被告人辩解的破绽，向法官证明被告人辩解的矛盾之处，主动出击，避免陷入不利地位。对被告人的口供进行质证和法庭举证，都是围绕事实和证据展开的，击破虚假证据，巩固真实证据材料。公诉人质证应当提前做好准备，熟悉证据材料，确定质证策略和质证的方向，由于法庭调查模式是先举证再质证，公诉人对口供的质证难度往往较大。一般来说，公诉人可以从以下三个方面着手。

第一，全面掌握证据材料。公诉人在进行质证之前就要做好充分的准备，重视对口供真实性的审查，扎实证据材料，同时预判质证可能存在的争议焦点，提前做好预案。公诉人可以通过扎实证据材料，深入把握证据，通过客观性证据来揭露言词证据的矛盾之处。同时也可以通过换位思考，以普通人、被告人等不同视角，综合经验和逻辑，深入分析被告人的辩解是否能立得住脚，又应该从什么地方进行攻破。

第二，明确发问方向，灵活运用发问技巧。经过充分准备之后，公诉人可以制定发问提纲。发问的关键就在于被告人进行辩解的地方，要以此为重点进行发问；如果被告人只是否认部分事实，那么就要该部分事实进行重点发问，如果全部否认，就要综合各种证据，全面发问。明确发问方向以后就要灵活运用各种发问技巧，对言词证据进行质证。可以用侦查阶段的讯问笔录进行质证，但是要确保讯问程序合法，同时认真对笔录进行核对，找出讯问笔录和法庭中被告人辩解的矛盾之处，戳破被告人的谎言。公诉人也可以用客观性证据材料进行质证，但是应当注意，在质证环节不宜出示内容繁多、耗时较长的证据材料，该部分材料可以放在举证环节重点进行展示，在质证阶段予以简单说明即可。

第三，做好庭前预测问题的准备。如果辩护人质疑收集被告人供述存在程序瑕疵而申请排除证据，公诉人可以宣读侦查机关的补正说明。没有补正说明的，也可以从讯问的时间、地点符合法律规定，已进行权利告知，不存在威胁、引诱、欺骗等情形，被告人多份供述内容一致，全案证据能够互相印证，被告人供述的自愿性未受影响，程序瑕疵没有严重影响司法公正等方面作出合理解释。必要时，可以提请法庭播放同步录音录像，从被告人供述时情绪正常、表达流畅、能够趋利避害等方面证明庭前供述自愿性，对瑕疵证据作出合理解释。辩护人质疑言词证据之间存在矛盾，公诉人可以综合全案证据，立足证据证明体系，从认知能力、与当事人的关系、客观环境等角度，进行重点答辩，合理解释证据之间的矛盾。

对言词证据进行质证往往对公诉人要求较高，但是这也是庭审实质化改革的必然趋势，特别是对被告人口供进行质证，找出被告人及其辩护人的辩护漏洞，揭露矛盾，发掘事实真相，这些都是公诉人有效完成工作的关键。

4. 对其他证据的质证策略[1]。

（1）辩护方质疑物证、书证的，公诉人可以宣读侦查机关收集物证、书证的补正说明，从此类证据客观、稳定、不易失真以及取证主体、程序、手段合法等方面有针对性地予以答辩。

（2）辩护方质疑鉴定意见的，公诉人可以从鉴定机构和鉴定人的法定资质、检材来源、鉴定程序、鉴定意见形式要件符合法律规定等方面，有针对性地予以答辩。

---

[1]《人民检察院公诉人出庭举证质证工作指引》第52~61条。

（3）辩护方质疑不同鉴定意见存在矛盾的，公诉人可以阐释不同鉴定意见对同一问题得出不同结论的原因，阐明检察机关综合全案情况，结合案件其他证据，采信其中一份鉴定意见的理由。必要时，可以申请鉴定人、有专门知识的人出庭。控辩双方仍存在重大分歧，且辩护人质疑有合理依据，对案件有实质性影响的，可以建议法庭休庭或者延期审理。

（4）辩护方质疑勘验、检查、搜查笔录的，公诉人可以从勘验、检查、搜查系依法进行，笔录的制作符合法律规定，勘验、检查、搜查人员和见证人有签名或者盖章等方面，有针对性地予以答辩。

（5）辩护方质疑辨认笔录的，公诉人可以从辨认的过程、方法，以及辨认笔录的制作符合有关规定等方面，有针对性地予以答辩。

（6）辩护方质疑侦查实验笔录的，公诉人可以从侦查实验的审批、过程、方法、法律依据、技术规范或者标准、侦查实验的环境条件与原案接近程度、结论的科学性等方面，有针对性地予以答辩。

（7）辩护方质疑视听资料的，公诉人可以从此类证据具有不可增添性、真实性强，内容连续完整，所反映的行为人的言语动作连贯自然，提取、复制、制作过程合法，内容与案件事实关联程度等方面，有针对性地予以答辩。

（8）辩护方质疑电子数据的，公诉人可以从此类证据提取、复制、制作过程、内容与案件事实关联程度等方面，有针对性地予以答辩。

（9）辩护方质疑采取技术侦查措施获取的证据材料合法性的，公诉人可以通过说明采取技术侦查措施的法律规定、出示批准采取技术侦查措施的法律文书等方式，有针对性地予以答辩。

（10）辩护方在庭前提出排除非法证据申请，经审查被驳回后，在庭审中再次提出排除申请的，或者辩护方撤回申请后再次对有关证据提出排除申请的，公诉人应当审查辩护人是否提出新的线索或者材料。没有新的线索或者材料表明可能存在非法取证的，公诉人可以建议法庭予以驳回。

（11）辩护方仅采用部分证据或者证据的部分内容，对证据证明的事项发表不同意见的，公诉人可以立足证据认定的全面性、同一性原则，综合全案证据予以答辩。必要时，可以概述已经法庭质证过的其他证据，用以反驳辩护方的质疑。

（12）对单个证据质证的同时，公诉人可以简单点明该证据与其他证据的印证情况，以及在整个证据链条中的作用，通过边质证边论证的方式，使案件事实逐渐清晰，减轻辩论环节综合分析论证的任务。

（三）辩护人质证

质证在刑事辩护中的重要性在于，所有的判决都是建立在案件事实基础之上的，但是案件事实并不是自然生成的，而是通过证据建构的。庭审的实质是双方各向法庭陈述一个故事，这个故事就是由双方的证据以及对证据的意见构建的。控方的证据往往是主动、全面的，辩方除非能够提出不在犯罪现场、没有刑事责任能力等这类关键证据之外,其他的证据都是被动、局部的。尤其在现阶段律师取证能力不强的情况下,更加凸显质证的重要性,这是律师辩护的防御性决定的。如果辩方不能对控方证据发表有效的质证意见,法庭就难以对控方证据的真伪和合法性作出鉴别。控方陈述的故事成立的后果,就是有罪或罪重判决。基于以上原因,质证是刑事辩护的关键一环。一般来说,刑事案件中纯粹对法律适用的争议很少,大部分都是对事实认定的争议,事实认定争议的本质就是证据的问题。鉴于此,辩方在庭上进行有效的质证就显得尤为重要。

《刑事诉讼法》第51条规定:"公诉案件中被告人有罪的举证责任由人民检察院承担,自诉案件中被告人有罪的举证责任由自诉人承担。"这意味着在我国的刑事诉讼当中,证明责任的承担主体是诉讼机关和负有证明责任的当事人,即公诉案件中的公诉人及自诉案件中的自诉人,只有他们才应依照法定程序承担证明犯罪事实是否发生、犯罪嫌疑人或被告人有罪、无罪以及犯罪情节轻重的责任,而不能要求犯罪嫌疑人、被告人自证其罪,这是"谁主张,谁举证"在刑事诉讼中的直接体现。因此,对控方出示的证据进行质证就成为了庭审中最考验律师的地方,看一个律师功底是否深厚,往往体现在质证环节中。按照《刑事诉讼法》规定,只有经过质证的证据才能作为定案的依据,那么在庭审中,律师该如何通过有效的质证,最大限度地促使法官准确认定对被告人有利的案件事实呢?

对于律师而言,要么证明公诉人出示的证据不具备真实性、合法性、关联性中的某一个或几个特性,要么证明证据是否具备这个三个特性出现了疑问,从而使法官对于该证据能否作为认定案件事实的依据产生怀疑,而不采信公诉人出示的对被告人不利的证据,这是辩护人对控方证据进行质证的基本思路。

2015年,最高人民法院、最高人民检察院、公安部、国家安全部、司法部联合发布的《关于依法保障律师执业权利的规定》第29条规定:"法庭审理过程中,律师可以就证据的真实性、合法性、关联性,从证明目的、证明效果、证明标准、证明过程等方面,进行法庭质证和相关辩论。"由此得知,辩护律师除了从证据"三性"角度质证之外,还可以从证明目的、证明效果、证明标准、证明过程等方面进行质证和辩论。

1. 庭审质证前的准备。

质证工作建立在全面、反复阅卷的基础上,律师必须熟悉全案的案卷材料,达到"心中有卷"的程度。只有庭前做好充分质证准备,才能得心应手、挥洒自如;相反,不进行阅卷或者不全面阅卷,仅凭辩护经验是不可能充分有效质证的。根据《刑事诉讼法》的规定,律师在审查起诉阶段可以查阅全部案卷材料,辩护人要全面了解案卷中的证据,在发现有些证据公诉人没有出示时,要特别关注这些证据并分析公诉人没有出示的原因。公诉人未出示的这些证据,可能就是指控体系中的软肋或者突破口,辩护人可以将这些证据用于己方。对于公诉人举证的证据,可以寻找这些证据之间的矛盾和瑕疵,这些证据之间的矛盾是质疑公诉人证据的重点,但前提是对于全案证据要了然于胸。证据之间的矛盾主要是被告人前后供述的矛盾、同一个证人证言之间的矛盾、不同证人就同一事实的矛盾、被告人和证人证言之间的矛盾以及其他证据体系之间的矛盾等。对于证据瑕疵的质证意见要结合最高人民法院、最高人民检察院、公安部、国家安全部、司法部出台的《关于办理死刑案件审查判断证据若干问题的规定》以及《关于办理刑事案件排除非法证据若干问题的规定》相关内容进行，看证据瑕疵是否足以推翻该证据或者影响整个证据链条。

在充分阅卷的基础上，结合必要的证据知识储备，按照一定的质证顺序制作书面形式的质证意见，是庭审质证前的必要准备工作。

根据《刑事诉讼法》的规定，公诉人宣读起诉书，被告人、被害人做陈述后，控辩双方就每一犯罪事实提出控方证据和辩方证据，进行质证。在刑事诉讼中，由于举证基本顺序是先公诉方后辩护人，因此，质证的基本顺序也应该先质证公诉方的证据，后质证辩护人的证据。这意味着对辩护人所举证据质证顺序很大程度上依赖于公诉方举证的顺序。在现实的庭审环节中，具体采用何种质证方式需要与检察官或审判长沟通，并无固定的模式。法庭可能采用的方法包括：①单一证据质证，即将提交法庭的证据以及法院调取的证据逐一加以质证，并提出反驳证据或意见；②分组质证，即将证据与待证的案件事实结合，即"一事一证""一质一证"；③分类质证，即对证据或诉讼请求依据一定的标准先进行分类，确定几条线索，再加以质证；④综合质证，即对全案待证事实和所有证据进行集中认证。这些质证方式，在审判实践中可能被法官单独运用，也可能被法官交叉运用，辩护人应当就这些不同的质证情况事先做好预案。

此外，在被告人存在多个犯罪行为，以及存在共同犯罪的场合，质证的顺序问题将变得十分复杂，可能会影响最终的质证效果，此时的重要原则就是尽量回避"一揽子质证"，做到主次分明，对控方的证据瑕疵不应过多纠缠，而应重点针对控方证据中影响定罪量刑的"关键性证据"进行质证。

对于质证的准备工作，不论案件难易、卷宗繁简，为了有效质证，律师都应当制作书面的质证意见。由于质证意见的内容往往会直接影响法院对于控方出示证据的认定，所以，辩护人最好在庭审结束后，将质证意见重新整理并提交法庭，以利于法庭采纳辩方的质证意见。

2. 质证的具体技巧。一般而言，律师的质证活动要紧密围绕检方所列证据的"三性"（真实性、关联性、合法性）来进行，那么所谓"三性"的具体含义是什么呢？又有哪些证据可以作为刑事证据呈现在庭审中呢？这就需要对我国刑事证据的基本规则进行一定的了解。通常情况下，刑事证据的真实性、关联性和合法性主要包括如下几点：

第一，关于证据的真实性。证据的真实性是指，必须是真实存在的材料才能作为定案证据，那些缺乏事实依据，依靠主观想象、猜测、杜撰、假设、臆断的材料都应该排除在外。

第二，关于证据的合法性。证据的合法性是证据的本质属性，也是证据资格的基础，关于证据合法性的质证，常见的是被告人的讯问笔录是否为刑讯逼供取得、证人证言的取得的地点和形式是否合法、勘验检查笔录是否符合规范、鉴定意见是否由有资质的单位和个人作出等。如心理测试结论、刑讯逼供得来的供述、以暴力、威胁手段得来的证人证言等都不得作为证据使用。

第三，关于证据的关联性。对于证据关联性不能在没有综合全案证据时，简单就某一个证据做出是否有关联性的判断，但对于确实缺少关联性的证据，不能根据该证据合理地得出具有关联性的或公诉人要证明的事实时，辩护人要及时就关联性提出质疑。如公诉人指控张某用电话对李某敲诈勒索，但公诉人只出示了张某和李某二人在某一时间通过电话的电信局通话清单，没有与之相关的显示具体通话内容和其他敲诈勒索的证据。就这个通话清单，可以作没有关联性的质证意见。品格证据，类似行为，特定的事实行为（如事件发生后某人实施补救措施），被害人过去的行为、体态、表情等都因不具有关联性而不可以作为证据。

只有对何为真实性、关联性、合法性有一个基本的认识，才能有针对性地指出为何控方出具的证据不具备上述三个特性中的一个或几个。例如，公诉方提出了一份被告人的前科判决，该判决认定了犯罪嫌疑人曾经三次对单身女子实施抢劫并事后强奸，希望以此证明犯罪嫌疑人本次抢劫行为后亦实施了强奸行为。那么，律师便应当指出，先前的不良行为通常只能作为"品格证据"，与本案并无关联性，并不能作为证明本次犯罪事实的证据；再如，公诉人指控被告人用锤子敲击被害人头部致被害人死亡，但是，根据法医鉴定意见，被害人的死亡原因是锐器所致，因此可以证明公诉人指控的被告人用锤子敲击被害人致死的理由不成立。一个需要注意的问题是，质证过程追求的是完全否定一个证据的某个特性吗？通常的观点是，在刑事诉讼的过程中，辩护的基本目标在于推翻和削弱，即使不能完全证明某一个证据不具备真实性、关联性、合法性中的一个或几个特性，只要对其是否具备这三个特性提出合理的疑问，使得法官对该证据能否作为认定案件事实的依据产生怀疑，就足以构成有效质证，律师的辩护也就取得了积极、良好的效果。例如，在司法实践中，利用非法证据排除规则完全否认被告人供述的合法性是非常困难的，但只要能够提供影响证据合法性因素的存在可能性（诸如使法官产生"被告人身上的伤痕是刑讯逼供所致"的合理怀疑），就可能降低法官对被告人供述的信赖，增加公诉人举证和证明的难度。

3. 不同种类证据的质证要点。

（1）物证（作案工具、犯罪遗留的痕迹与物品及其他能够证明案件发生的痕迹或物品）该类证据的质证要点：①物证与原件、复制件照片是否一致；②取得该物证的程序是否合法；③该物证与案件是否具备关联性；④该物证原件与其他证据是否存在关联；⑤在勘验、检查、搜查过程中提取、扣押的该物证，是否附有笔录、扣押清单，是否证明其来源合法；⑥对与案件事实存在可能关联的血迹、毛发、体液、人体组织、指纹、足迹等样本、痕迹和物品,在提取的过程中是否严格按照法定程序执行;⑦是否有其他证据予以佐证。

(2)书证(合同书、会议记录、账本、犯罪计划等以其所记载的内容或者所反映的思想来证明案件事实的证据材料)。该类证据的质证要点:①书证在收集、保管、鉴定过程中是否受损或者被人为改变;②书证的来源是否合法、是否为原件、是否经过鉴定,在保管复制的过程中是否符合程序规定;③该书证与案件是否具备关联性;④书证内容与其他证据之间是否存在矛盾;⑤控方取得该书证的程序是否合法。

(3)证人证言。该类证据的质证要点:①证人作证时的年龄,认知、记忆和表达能力,生理和精神状态是否存在问题(比如作证时处于严重的醉酒、中毒或麻醉状态);②证人与案件当事人及与案件处理结果之间是否存在利害关系[1];③证人在同一份证言或两份及以上证言中的证词是否存在矛盾之处,或者是否存在其他真实性较强的证据能够反驳证人证言;④证言的取证程序是否合法[2]。

(4)被害人陈述。该类证据的质证要点:①根据被害人与被告人有利害关系,及被害人平时的思想品质等前提情形,提出被害人虚构案件事实或夸大被侵害的结果,其陈述不具有真实性;②提出被害人陈述的来源,不是直接感知的,而是间接听到的,对陈述的真实性提出质疑;③指出被害人陈述的内容在同一份询问笔录、前后多份询问笔录、案件的其他证据之间的相互矛盾之处,或指出陈述的内容与被害人的年龄、语言表达能力不相符。

(5)被告人供述与辩解。该类证据的质证要点:①挖掘被告人供述中对被告人有利的辩解或有利于被告人的部分;②同案被告人的供述中证实被告人有罪的内容是否存在不真实的一面;③被告人供述与辩解是否系非法证据或存在瑕疵,如侦查人员是否采取刑讯逼供、威胁、诱骗等方式从被告人及其同案犯处获取供述,讯问笔录是否有侦查人员签名或是否只有一名侦查人员签名等。

(6)勘验、检查、辨认、侦查实验笔录(司法人员对于犯罪有关的现场、物品、人身等进行调查研究的真实记载)。该类证据的质证要点:①勘验、检查的过程是否依照法定程序进行,笔录的制作是否符合有关规定,勘验人员和见证人是否签名、盖章,是否记录了提起事由、时间地点、在场人员、周围环境等;②辨认是否在侦

---

[1]《刑诉法解释》第143条规定,下列证据应当慎重使用,有其他证据印证的,可以采信:与被告人有亲属关系或者其他密切关系的证人所作的有利于被告人的证言,或者与被告人有利害冲突的证人所作的不利于被告人的证言。

[2]《刑诉法解释》第87条第4~7款规定,询问证人是否个别进行;询问笔录的制作、修改是否符合法律、有关规定,是否注明询问的起止时间和地点,首次询问时是否告知证人有关作证的权利义务和法律责任,证人对询问笔录是否核对确认;询问未成年证人时,是否通知其法定代理人或者《刑事诉讼法》第281条第1款规定的合适成年人到场,有关人员是否到场;有无以暴力、威胁等非法方法收集证人证言的情形。

查人员主持下进行，辨认前是否让辨认人见到辨认对象，辨认活动是否个别进行等；③侦查实验笔录对侦查条件、经过、结果的记录是否准确，笔录的制作是否符合相关规定，记录的实验过程中所发生的事实、情况是否真实。

（7）鉴定意见。该类证据的质证要点：①鉴定机构和鉴定人是否具有鉴定资质，鉴定人是否具有专业知识；②鉴定人是否存在应当回避的情形；③鉴定材料的来源、取得、保管等是否符合法律规定，材料是否充足、可靠等；④鉴定意见的形式要件（事由、鉴定委托人、鉴定机构、要求、过程、方法、日期等）是否记录完整，鉴定机构是否加盖司法鉴定专用章并由鉴定人签名、盖章；⑤鉴定意见的结论是否明确；⑥鉴定意见与案件事实有无关联；⑦鉴定意见与其他证据之间是否存在矛盾；⑧鉴定意见的结论是否明确；⑨鉴定意见是否依法及时告知被告人，被告人是否有异议或申请过重新鉴定。在质证准备中，辩护律师除了查阅司法鉴定意见外，还应当查阅、复制完整的鉴定所依据的材料（如入院记录、出院小结、住院病历等），以便能全面了解伤者鉴定前的客观情况，为实质性审查伤情鉴定报告收集基础性资料。

（8）视听资料、电子数据。该类证据的质证要点：①视听资料、电子数据的来源是否合法（是否附有提取过程的笔录、扣押清单，收集程序、方法是否符合法律及有关技术规范等）；②视听资料、电子数据是否具有真实性（是否为原件、有无剪辑、增加、删改的情形等）；③视听资料、电子数据与案件是否具有关联性，与案件其他证据证明的内容是否存在矛盾之处等。

4. 质证需要注意的问题。

（1）分清质证和法庭辩论的界限。在庭审质证阶段，控辩双方围绕的是单个证据是否合法、与本案事实是否存在关联，以及所主张的内容是否真实而进行的。在质证环节并不涉及法律适用问题，将法庭辩论与质证混为一谈将影响质证的效果。那么，哪些内容不应当出现在质证环节中呢？

第一，该证据是否足以证明被告人实施了起诉书所指控的犯罪行为，不能在质证阶段讨论。因为证明起诉书指控的犯罪事实，需要结合全案证据综合分析，任何单个证据都不足以证明一个完整的案件事实。

第二，该证据是否能够证明被告人犯有起诉书指控的罪名，不应在质证阶段讨论。在法庭调查阶段围绕的是案件事实，而非法律适用。关于被告人的行为构成什么犯罪的问题属于法律适用问题，不是法庭调查的任务。法律适用的分析只能在事实的基础上，结合法律及司法解释、法学理论、司法习惯以及形势政策来论证，而不能用证据来论证，因为证据解决的是事实问题。

因此，在庭审质证阶段，对全案证据的充分性以及法律适用问题发表意见是不恰当的，这属于法庭辩论阶段的任务。辩方在针对庭审质证阶段进行准备时，需要区分"质证意见"与"辩护意见"的区别，不要将质证环节变成法庭辩论，反而忽视了对证据真实性、关联性、合法性的审查，这是控辩双方都应注意的问题。

（2）质证不仅需要法律常识还需要生活常识。律师质证要结合自身的专业知识，同时，生活情理乃至经验常识也是在质证时经常会用到的，是对律师法律素养、综合素质的考验。从本质上讲，对案件的事实进行认定，常识判断往往比法律认定更为有力。

例如，在著名的"辛普森杀妻案"中，控方出示的证据中有一双带血的袜子，控方的观点是辛普森实施杀人行为时血迹溅到这双袜子上，证明辛普森实施了杀人行为。但是辛普森的律师团队指出，这双袜子上的血迹是对称分布的，这说明血迹是袜子没穿在脚上的时候沾上的，否则隔着脚踝，血不可能直接喷溅到另一只袜子上。这不仅直接推翻了控方的观点，而且也进一步揭示警方非法取证的事实。这一质证意见并不需要高深的理论和精密的仪器，却需要律师用心地运用生活中的常识，深入地进行观察和思考。

再比如我国古代流传许久的"两妇争子案"的审判过程，两个妇女共同争夺一个孩子，并闹上了公堂，可是又都没有具有说服性的证据，于是县官便用灰白色的粉在地上画了一个圆圈，将小孩放在圆圈里，说谁要是能把孩子拉出圆圈，孩子就归谁。开始两个妇人都去抢，但是听到孩子的啼哭声之后，一个妇人马上就放手了。但是县官裁判说放手的那个才是孩子的母亲，所依据的便是，真正的母亲是不忍心让孩子遭受这种争夺的痛苦的。这便是以情理去判断言词证据真伪的例子。

质证是建立在全面、详细的阅卷基础上，对证据规则了如指掌，能够紧扣案件待证事实以及对定案至关重要的证据进行质疑和质辩。有效的庭审正是发问、质证和辩论三个部分有机衔接、融为一体的过程。辩护观点也需要与发问、质证相互联系，不可脱节，做到发问、质证、辩论三位一体。

第六章

法庭辩论

法庭辩论[1]，是在法庭调查的基础上，控辩双方表明各自观点，阐述各自的理由和根据，反驳对方的观点、理由，从而说服法庭作出有利于己方的裁决的诉讼活动。法庭辩论是庭审程序的核心部分，是控辩双方对案件事实认定、案件定罪量刑集中发表观点的诉讼程序，法庭辩论要围绕全案事实、证据、法律适用等各种与案件有关的问题进行。

就刑事诉讼活动而言，法庭审判是关键阶段；就审判阶段而言，法庭辩论是庭审活动的核心，具有不可替代的独立的价值，庭审中的辩护是律师辩护能力和作用的集中体现。在法庭辩论过程中，公诉人行使控诉权，辩护人行使辩护权。通过法庭辩论，控辩双方将根据在法庭调查基础上形成的案件事实，结合法律规定，提出己方的观点、论证被告人行为的性质、提出量刑意见。法庭辩论的"辩论"，就是在控诉、辩护、审判三角诉讼格局之下，确定案件争议焦点，通过控辩双方的分析论证，争取被合议庭采纳。由于控辩双方具有不同的"任务"，其法庭辩论的立足点也有所不同。"法庭辩论"这一用词常给人以喧嚣、激辩的语感，暗含着庭审结果是双方唇枪舌剑、激烈交锋后的产物。事实上，控辩双方在法庭辩论阶段的任务，并不是压倒对方，而是说服法官，因此，如何用恰当的辩论方式表达观点进行论证是法庭辩论的中心任务。

第一节 法庭辩论的要求和基本技巧

法庭辩论是庭审中控辩双方争论最集中的环节，控辩双方辩论的终极目的是让自己的观点为法官所接受，晓之以理、动之以情，针对案件的争议焦点展开辩论。在遵守法庭纪律的基础上，法庭辩论的内容要以事实和法律为基础，而不是空喊口

---

[1] 张建伟：《刑事诉讼法通义》，北京大学出版社2016年版，第508页。

号、哗众取宠。做好法庭辩论的基础是对案件事实的熟悉和扎实的理论功底，以及良好的逻辑思维和灵活应变的能力。

一、法庭辩论的基本规则

在合议庭认为案件事实已经调查清楚时，审判长宣布法庭调查结束，开始就定罪、量刑、涉案财物处理的事实、证据和适用法律等问题进行法庭辩论。法庭辩论的开始以审判长宣布"下面开始法庭辩论"作为标志。根据《刑诉法解释》第281条的规定，法庭辩论应当在审判长的主持下，按照下列顺序进行：①公诉人发言；②被害人及其诉讼代理人发言；③被告人自行辩护；④辩护人辩护；⑤控辩双方进行辩论。第一轮法庭辩论结束后，合议庭可以组织进行第二轮、第三轮辩论等，所有的发言均应在审判长的指挥下有序进行。在辩论的过程中，合议庭可以视控辩双方辩论的情况，决定是否确定争议焦点，在征询双方同意的情况下，在争议焦点下开始更有针对性的辩论。争议焦点可以是案件罪与非罪、此罪与彼罪的定性问题，也可以是案件中某一个情节的事实认定和法律认定问题，或是案件的量刑情节问题。总之，凡是对案件的定罪和量刑起决定作用的任何一个事实都可以成为案件争议焦点进行辩论。所谓"真理越辩越清"，通过控辩双方的法庭辩论，使法官能够厘清案件事实，正确适用法律，作出判决。

二、法庭辩论的语言特点

在庭审辩论的各项技巧中，有两个重要的基本元素会影响辩论的效果，一个是语言表达的技巧，另外一个是表达内容的组织技巧。法庭辩论是通过语言来进行的，辩论的内容只有通过语言的表达，才能让他人知晓并达到影响他人的作用。使用正确的法学方法是一个方面，能够用简洁明确的语言将主要问题阐述清楚，在有限的时间里能够有针对性地使一个复杂的理论问题深入浅出，也是律师不可缺少的重要能力，否则法庭辩论就会冗长、拖沓，让听的人一头雾水，自然达不到很好的辩护效果。[1]一个称职的法律工作者，不仅要有好的文字组织能力，还应具有清楚、准确、生动的语言表达能力。庭审中辩论人在辩论时需要做到两个基本的要求：①用词准确，语义明白；②语句简洁，合乎规范。在此基础上，再努力提高自己的表现力与说服力，让法官听得进，听得懂，才能驾驭并支配辩论的形势。法庭辩论的目的，不在于说服对方，而在于控辩双方将各自的观点讲给法官听。虽然观点是针对对方，但其语言的指向是法官，要做到言之有物、言之有理才能最终被法官采信。结合法庭辩论的特点，在法庭辩论中，语言使用要注意以下几个方面：

1. 辩论语言要简洁明了。法庭辩论虽然没有绝对的时间长短的规定，但也不能无限延长时间，用简洁明了的语言充分地表达自己的观点是法庭辩论的基本功，控辩双方在发言中要力求在最短的时间内组织好自己的语言，既不能耗费太多的时间，

---

[1] 田文昌、陈瑞华：《刑事辩护的中国经验——田文昌、陈瑞华对话录》，北京大学出版社2013年版。

也要言之有物，讲求实效。用最少的语言来表达自己的辩论内容，更容易为法官所接受。语言简洁不是单纯地追求字数少或者只是使用简单的词汇，而是追求语言的自然朴素之美。法庭用语要求的简约，不是简单的平铺直叙，而是于简约之中见叙事之精炼。

2. 用语要通俗易懂。法庭辩论的主要目的就是将自己的观点完整地展示给法官，而通俗易懂的语言表达则是非常必要的。让法官听懂是法庭辩论的基本要求，在用语上尽量采用短句，切忌故作高深，慎用那些口语表达时容易产生歧义的同音异义字，少用人们不太熟悉的成语和文言文，不能生造词汇，忌用方言土语和歇后语，避免产生歧义。在论证和说理时，也要用浅显的语言表达，争取让不知情也不懂法的人也能听懂论述的观点。

3. 语速配合庭审进程。一般来讲，语速与一个人的说话习惯相关，但是在庭审中，语速的快慢要结合庭审进程和表达的内容进行调整。对于已经形成书面文字的公诉意见和辩护词，庭后可以直接留存形成卷宗的，在宣读时可以适当用较快的语速进行，而对于重要观点以及第二轮和第三轮等临场发挥的部分，要适当放慢语速，便于法庭记录和合议庭消化理解发言的内容。法庭辩论语速快慢结合，适时调整，更能达到良好的庭审效果。

4. 语言表达符合逻辑。法庭辩论与辩论赛有区别，但有些方面也可以借鉴辩论赛的手法，其中在语言表达中完整的逻辑推理就是很重要的一环。一个好的公诉人或辩护人，要充分运用现有证据，运用逻辑思维进行推理，得出合理的结论，把散乱的证据结合在法律解释和法律适用中，准确地表达自己的观点，逻辑推理是很重要的一种辩论方法，也是在语言表达中需要特别注意的问题。

5. 适当的演讲和艺术表达，法庭辩论不是公开演讲，但在一定程度上，也有演讲的成分，在发言时，声调的高低和语言的艺术性虽然不是法定胜负的决定性因素，但也会影响辩论的效果。法庭辩论中适度抑扬顿挫的语调、良好的法庭形象也是需要注意的。

三、法庭辩论的基本方法

法庭辩论不同于一般的辩论赛，而是一种完整的法庭发言，控方发表完整的辩论意见后，辩方再发表自己的意见，而不是"你一言，我一语"式的发言模式。一方发表完自己完整的辩论意见后，另一方才能进行有针对性的反驳。因此，发言一方要全面组织发言内容，形成完整的思路，在另一方发言时也要做好记录，并对如何回应对方的观点做好准备。

在实务中，第一轮的法庭辩论往往是公诉人首先宣读事先准备好的公诉意见，辩护人宣读辩护词。这一轮的对抗性通常不是很强，个性不明显，"套话"居多，针对性不强，但从第二轮辩论开始，法庭辩论会集中在法庭调查中出现的新情况、新问题、新证据以及案件的争议焦点展开辩论，所以，在一方发表完整的辩论意见时，另一方及时调整辩点和反驳策略非常重要。由于法庭辩论具有即时性的特点，不会给对方留有很多的时间去进行思考和准备，这就要求控辩双方的庭前准备要充分，对于可能出现的辩点要做充分的预测和了解，对于没有预测到的问题，要具有应变能力，能够运用自己的知识储备和机敏的反应去积极有力地应对。

法庭辩论中一个很重要的做法就是发言要具有针对性。辩论不能仅仅沉浸于自己的观点之中，只是教条式地宣读自己的观点，而是要及时针对对方的观点进行反驳或肯定，明确指出对方的错误点在哪里，为什么是错误的，等等。不能只说自己的理，不辩别人的理。在开始己方的辩论时，可以首先对对方的观点进行总结，列出几项观点，然后再针对这几项观点进行批驳。在辩论中要以证据为核心，结合法律规定，有理有据地展开辩论。辩论中，逻辑是需要采用的基本方法，用逻辑推理支持己方观点，找出对方观点的漏洞，并合乎逻辑地得出结论。

在法庭辩论中，还要适当处理好案件事实、法律解释和法学理论之间的论证关系。法庭辩论不是教授讲课，对于法律的理解不能针对学界的研究观点做长篇大论的分析论证，只要结合案件事实和法律条文的规定，明确提出自己的观点即可，而对于国外的观点、学者的观点如何无需过分展开，毕竟法庭辩论时间有限，且法庭辩论和学术研究的定位和目的都有区别。

法庭辩论在审判长的主持下经过几轮之后，控辩双方对于基本事实和法律适用都充分发表了意见，在最后一轮辩论中，需要对全案的关键性内容简明扼要地进行总结，从而使合议庭能够充分了解己方观点并争取最终被采信。

总之，法庭辩论没有固定的模式，但是在法庭辩论中，全面地熟悉案情，打好法律的理论功底，认真倾听、迅速反应、及时应对，并在日常生活中随时训练语言技能，将自己的观点准确、生动地表达出来，是法庭辩论的不变方法。

四、法庭辩论的注意事项

1. 按照自己既定的思路和主攻方向辩论，不要让对方牵着走。在法庭辩论中，控辩双方都会有预设的思路和主攻方向，也各自具有不同的优势和劣势。出于策略的考虑，任何一方都可能采取避重就轻、避实就虚的方法，避开对本方不利的问题，然后抓住对方的弱点，攻其一点不及其余，达到转移辩论主题的目的，对此，要有所防范。

2. 要有灵活的应变能力。如果说第一轮辩论是按照既定方案进行发言，可以事先准备，那么到第二轮辩论以后律师的灵活应变能力就显得尤为重要。这个能力的养成，有赖于法庭辩论经验的积累和良好的思辨能力，在庭上集中注意力去发现对方的弱点进行攻击。

3. 自信平和的辩论方式。法庭辩论是一个没有硝烟的战场，良好的心理素质，以及以一种平和、自信、理性的心态进行法庭辩论是律师应该具备的能力。法庭辩论的终极目的是说服法官接受己方的观点。一个好的辩护人是能够在庭上排除一切非理性因素的干扰，清楚、平和地表达自己观点的，过于激动的说教式的演讲、煽情以及睚眦必报的辩论方式都是不可取的。

五、法庭辩论的逻辑与论证方法

法律与逻辑推理之间存在着密切的联系,逻辑推理不仅是逻辑思维形式的重要内容之一,而且在司法活动中具有重要的意义,在某种意义上说,法律的生命在于逻辑,其次才是经验。一个清晰的思维和符合逻辑的表达方式,对于法庭辩论的获胜有很大的帮助作用。同样的问题通过不同的表达方式阐述出来,往往会收获不同的结果。在一定程度上,辩论过程是双方逻辑思维的具体展现,掌握清晰的逻辑思维的辩论方法会使得观点阐述更为具体形象,也更能掌握辩论主动权,使得己方观点主张更易被采信。在法庭辩论中,经常需要被关注的逻辑方法有以下几种:

1. 同一律。同一律是指在辩论的过程中,必须在同一意义上使用概念和判断,不能混淆不相同的概念和判断。其主要表现在三方面:

(1) 思维对象的同一。在同一个思维过程中,思维的对象必须保持同一;在讨论问题、回答问题或反驳别人的时候,各方的思维对象也要保持同一。

(2) 概念的同一。在同一个思维过程中,使用的概念必须保持同一;在讨论问题、回答问题或反驳别人的时候,各方使用的概念也要保持同一。

(3) 判断的同一。同一个主体在同一时间,从同一方面对同一事物作出的判断必须保持同一。同一律要求思维的确定性,但是并不否认思维的发展变化。

在法庭辩论过程中,违反同一律最常见的情形就是偷换概念和转换话题。所谓偷换概念,是指庭审中的一方试图歪曲对手的言论,把对方的言论重新塑造成一个容易推翻的立场,然后再对这个立场加以攻击的行为。例如,在某起刑事案件中,公诉人指控被告人连续盗窃二十余次的行为构成《刑法》所规定的累犯,应当从重处罚,这事实上故意混淆了累犯与多次盗窃的概念。如果辩护人掌握基本的逻辑学知识,就不难识破这样的逻辑陷阱;再比如,在某职务犯罪案件中,一位律师做了如下辩护:被告人虽然贪污、挪用公款属实,但他在部队服役期间曾两次荣立二等功,是有立功表现的。根据我国《刑法》第68条的规定,犯罪分子有立功表现的可以从轻或者减轻处罚,因此,对被告人可以从轻或者减轻处罚。辩护人所说的被告人在部队的"立功表现"根本不同于《刑法》所说的"立功表现",论证者用前一概念替换了后一概念,违背了同一律。违反同一律的另一种情形是转移话题,答非所问。

2. 矛盾律。矛盾律,是在同一思维过程中某事物不可能具有某种属性的同时,又具有与此不相容的另一属性,也即对同一对象不能同时做出两个矛盾的判断,不能既肯定它,又否定它。违背了矛盾律的要求,思维就会陷入逻辑矛盾,犯自相矛盾的错误。

例如,在一起刑事案件的庭审中,某律师为被告人做无罪辩护,整个辩护过程非常顺利,但是,辩护律师在结语中却说:"我希望法庭对被告人免于刑事处罚。"公诉人当即表示:"我同意辩护律师的最后意见。"这里律师犯了自相矛盾的错误。"免于刑事处罚"的前提是有罪才免于处罚。律师做无罪辩护,又承认其有罪,等于自行推翻了无罪辩护意见。当然，在实务中，辩护律师做了无罪辩护，但由于被告人还有一些对其有利的从宽处罚情节，可能其从宽处罚情节将无从展现。辩护律师在表明自己无罪辩护的观点后，可以单独就如果法院判处被告人有罪，其具有的从宽处罚量刑情节予以说明。

3. 排中律。排中律指同一个思维过程中，两个相互矛盾的思想不能同假，必有一真，即"要么A要么非A"。就词项而言，当用两个具有矛盾关系的词项指称同一对象时，其中必有一种情况是成立的。也就是说，一个对象必定为同一论域中的某对矛盾概念中的一个所反映。例如，"这个杯子是金属的"和"这个杯子是非金属的"不可能都假，如果对两者都加以否定，就会违反排中律。将排中律应用到法庭辩论中，除了保证辩论人前后陈词的确定性外，另一个作用是可以利用排中律发现与防止对方辩论人利用模棱两可的言辞混淆事实。司法中另一个常见的应用排中律的例子是各种套话、诱供行为。如在一起强奸案中，公诉人向证人作如下发问：

公诉人：张某和李某发生性关系时你是否在附近？

此处公诉人的问题就蕴含了一个陷阱。对公诉人的问题，无论回答是或不是，都承认了"张某和李某确实发生过性关系"这一事实，如果不能绕过对方布下的语言陷阱，就极易在庭审中陷于被动。

4. 充足理由律。所谓充足理由律，即在论辩过程中，任何一个真实的论断都必须具有充足的理由或依据。充足理由律有两个基本的要求：首先推理必须真实；其次理由与推断之间有必然的联系。违反充足理由律，就会犯"虚假理由"或"推不出"的逻辑错误。

虚假理由是以假的或捏造的事实命题作为论据，用以证明论题的真实性或正当性而发生的错误。对于虚假理由的认定往往要借助于法庭对于事实的调查。例如在一起案件中，辩护人使用虚假理由为被告人辩护："某月某日下午，被告人开拖拉机在回村的路上，亲眼看到他妹妹和被害人在路边大树下拥抱，当拖拉机从他俩身旁路过时，被告人听到被害人小声说：'今晚咱就走，带着那些钱。'这足以证明被害人和被告人的妹妹有不正当的关系，并想抛弃妻子，和被告人的妹妹一起私奔。被告人一怒之下，砸坏被害人的家具并且伤害了被害人，所以造成被告犯罪，被害人也有一定的责任。建议法庭量刑时给予充分考虑。"结合生活常识来看，辩护人的理由很可能是虚假的，因为在拖拉机发出的声响之下，很难听到路边行人小声的对话，因此在本案中辩护律师就犯了"虚假理由"的错误。

"推不出"是指论证的论据，与需要证明的论题之间没有逻辑关系。例如，某法院在一起盗窃案的审理过程中，被告辩护律师在法庭上论证："被告虽然盗窃属实，但是被告之所以进行盗窃，确实是由于他的工作没有得到妥善安排，生活困难，因此建议法庭从轻处罚。"本案辩护律师的辩护意见就是一种诡辩，因为"没有得到妥善的工作安排"属于与本案无关的案件事实，并不能同相关法律关联，进而得出他所推导出的结论，犯了"推不出"的错误。

现行的庭审模式要求法律人不仅具有较高的文化素养、深厚的法律功底、较强的语言表达能力，还要具有丰富的逻辑知识、高度的逻辑修养。只有这样，才能确保在法庭辩论中思路清晰、论证严密，灵活运用各种论辩技巧，在关键时刻能一语击中对方要害，从而在法庭辩论中轻松取胜。

第二节 公诉人法庭辩论要旨

公诉人在法庭辩论中的主要作用是"立"，即立足于案件事实和证据，通过分析论证证明其起诉的正确性，建立完整的证据体系，支持自己的诉讼主张。所以，公诉人一定要紧紧抓住案件起诉的核心问题，使本方观点能够为合议庭所理解和认同。为做好法庭辩论，公诉人可以关注以下几方面的工作：

一、法庭辩论的准备

（一）准备公诉意见书

法庭辩论由公诉人发表公诉意见开始，所以法庭辩论阶段要准备的第一项工作就是写好公诉意见书，就起诉书指控的内容发表充分而详实的意见。公诉意见书要结合事实、证据、法律适用以及量刑建议全面展开论述，它与起诉书最明显的区别就是内容更加详实、说理更加明确。

（二）全面掌握案件情况

法庭辩论作为庭审活动中重要的环节，控辩双方需要在相对有限的时间内就案件涉及的事实、证据、法律、程序等诸多问题展开激烈的交锋，这就要求公诉人在辩论环节的准备必须尽量周全、完善。公诉人在庭前必须熟悉与案件定罪量刑有关的所有情节，认真梳理和准备证据，做好法律分析以及整理相关的学理观点等材料，有助于在辩论环节能够及时回答辩护人的质问，纠正对方在事实方面的失实之处，证据运用方面的不当之处，引用法律方面的不妥之处。同时防备辩护人出其不意的提问使自己陷入被动局面。因此无论法庭辩论局势如何千变万化，只要公诉人出庭"有备而来"就可以保证自己取得法庭辩论的主动权。

1. 熟悉与案件有关的情况，包括案情和证据的内容以及证据之间的关系。
2. 熟悉与案件有关的法律、司法解释，广泛收集司法机关的相关指导性判例。
3. 熟悉与案件相关的刑法理论，慎重借鉴刑法学理论。
4. 在庭前预测的基础上做好答辩提纲，设计好不同情况下各种预案。
5. 对于被告人口供不稳定的案件，还要做好被告人当庭翻供的应对策略。

（三）做好庭前预测

能否准确预测辩方观点对于法庭辩论具有十分重要的意义，在一定程度上甚至会影响公诉人在法庭辩论中的表现。每一个具体案件基于不同的案件事实、证据、争议焦点等情况，辩护意见千差万别。但是万变不离其宗，如果深入分析仍是有章可循，能够在一定程度上做出预测。

1. 从案件事实和证据预测辩方观点。犯罪事实是全案定罪量刑的核心，辩方会极力从案卷证据中寻找漏洞和矛盾以维护被告人的利益，通过瓦解证据体系达到否定公诉人指控的犯罪事实的结果。例如犯罪事实不存在；现有证据不足以证明被告人有罪；证据中存在矛盾；危害行为与危害结果之间不存在因果关系；被告人不具有犯罪的主观故意等。

2. 从案件定性方面预测辩方观点。案件的定性涉及罪与非罪，重罪与轻罪，辩方会在法律适用上提出有利于被告人的辩护意见。当案件在定性方面可能存在争议时，控方要做相应事实和法律适用方面的准备。

3. 从案件量刑方面预测辩方观点。量刑方面，辩方主要会针对被告人的犯罪形态、犯罪数额、危害后果、在共同犯罪中的作用、自首立功等法定或者酌定量刑情节提出辩护意见。

4. 从诉讼程序的合法性预测辩方观点。除了上述三点，辩护人还可能会从诉讼程序的合法性方面提出异议，即以侦查机关、检察机关在刑事诉讼程序进行过程中程序违法为由否认公诉人的指控。因此公诉人还可以从以下几个方面预测辩护人的辩护意见：取证程序是否合法，是否存在刑讯逼供等非法取证行为；有无回避事由；是否保障犯罪嫌疑人、被告人的诉讼权利；等等。

（四）做好与案件相关的知识储备

刑事案件所涉及的专业知识不仅仅是刑法和刑事诉讼法，还涉及其他与案件相关的专业知识，如网络犯罪中的相关网络知识、金融犯罪中的金融知识等等，这些内容与案件密切相关，如果没有这些方面的知识储备将无法胜任公诉的任务。

二、公诉人法庭辩论的技能

（一）根据法庭调查内容对公诉意见书进行修改

由于公诉意见是在法庭调查后发表的，与法庭讯问和举证质证及被告人当庭供述密切相关，因此，公诉人在正式发表公诉意见时，可以根据法庭调查的内容对公诉意见书进行修改、调整。具体来说，可以从以下几个方面进行调整：

1. 认罪态度方面。有的被告人在审查起诉时认罪，庭审时翻供不认罪，或者在审查起诉时不认罪，在庭审时认罪。对于这些变化，公诉人在公诉意见书中要及时调整意见，尤其是涉及到自首的认定上，如果认定自首且自动投案的证据已经在案，是否如实陈述，就要看被告人在庭审时是否能够如实陈述，否则自首不能认定。因此，公诉人要根据被告人当庭供述的情况及时修改公诉意见。

2. 证据的变化。证据必须在法庭上出示并由控辩双方进行质证才能够作为定案的依据。在举证质证环节公诉人要特别关注辩护人对于证据的质证意见是否与自己事先准备的公诉意见有差别，进而影响到整个证据体系，以此决定是否对公诉意见进行调整。

3. 内容侧重点的变化。公诉意见在开庭前准备时，可能会在每个方面平均分配力量,如果有侧重点,也是根据公诉人自己事先的判断。但在庭审中,可能会出现与事先想象的情况不一致的地方,如被告人认罪并愿意积极赔偿被害人损失,则公诉意见的侧重点可能转向法庭教育方面,对于证据体系的论证就可以适当减少;如果被告人翻供,则公诉意见的侧重点可以转向被告人在开庭前的供述稳定性及与其他证据所形成的完整证据链条方面。

(二)针对辩护人观点的反驳

要做到有效地对辩护人的观点进行反驳,必须注意以下几点:

1. 认真倾听辩护人的发言。作为公诉人,认真倾听被告人和辩护人的意见非常重要,如果辩护人的思路非常清晰,观点非常明确,则可以按照辩护人的观点逐一进行反驳即可。但是实践中,辩护人和被告人的观点并非总是清楚明确,此时,公诉人应迅速地归纳总结辩方的观点,进行提炼,听的过程,不仅要记住辩护人都说了什么,还要归纳他们的总体观点和论证方法,只有如此,才可以直击要害。

2. 及时调整辩论策略。法庭辩论是即时辩论,公诉人事先准备的观点和策略可能会有所欠缺,对辩护人当庭发表的意见需要及时反驳。公诉人在认真倾听辩护人发言的同时,要及时归纳辩护人的观点并迅速找出对策,以便在下一轮的辩论中发表有针对性的意见。要锻炼"一心二用"的能力,在辩护人发表辩护意见的同时,能够迅速对辩护人的观点进行及时总结提炼,做好答辩准备,尤其是在辩护人提出新观点,公诉人没有准备的情况下,边听边想边记,迅速做出判断并组织语言进行答辩,对于做好法庭辩论至关重要。

三、公诉人法庭辩论的规范性表述

(一)宣读公诉意见的开场白

公诉人宣读公诉意见时,首先要说明出庭依据,即:"根据《中华人民共和国刑事诉讼法》的规定,我们受北京市某某人民检察院的指派,代表本院,以国家公诉人的身份,出席法庭支持公诉,并依法对刑事诉讼实行法律监督。现对本案证据和案件情况发表如下意见,请法庭注意。"公诉人是代表国家出席庭审,因而在气势上要底气十足、思路清晰、说理透彻,要有一定的语言感染力。

(二)第二轮法庭辩论的开场白

第二轮法庭辩论要针对辩护人的辩护意见展开,其开场白可以是这样:"刚才,公诉人认真聆听了辩护人的辩护意见,主要提出了以下两点内容:其一,对于被告人丁某在共同犯罪中的地位和作用提出了不同的观点,认为被告人系从犯;其二,对于被告人丁某的归案方式提出不同意见,认为被告人的归案方式应认定为自动投案。现在,公诉人对于上述问题逐一答辩……审判长:公诉人的答辩暂时到此"。

(三)结束语

"审判长,公诉人认为,通过刚才的法庭辩论,本案……(此处阐述争议焦点及公诉意见的正确性总结),公诉人认为,本案事实清楚、证据确实充分,被告人某某的行为构成某某罪,请合议庭以事实为依据、以法律为准绳,结合被告人的犯罪情节和悔罪表现以及案件对社会的危害程度，对被告人作出公正的判决。公诉人的意见发表完毕。"

第三节 辩护人法庭辩论要旨

辩护人进行法庭辩论，需要进行辩论准备并在庭上即时应对，由于辩护人的诉讼目的是证明被告人无罪、罪轻或者是轻罪，其在法庭辩论中的技能和表现与公诉人有所不同。

一、辩护人法庭辩论的主攻方向

辩护人在法庭辩论中的首要任务是"破"，即找出公诉人的指控在事实和法律适用上的错误，其次是"立"，根据己方的论证和证据体系确定观点。以实现以下三个目的：

1. 论证被告人的行为不构成犯罪。公诉机关指控的构成犯罪的事实不成立或证据体系存疑。对于事实不成立的辩护，分为两种：其一，基础事实不成立。这是对公诉机关指控的彻底否定；其二，公诉机关指控被告人构成犯罪的证据链条存在漏洞，否定控方证据的效力或证明力，形成指控构成犯罪的事实不清、证据不足的结论，以此为切入点，实现案件"不能排除一切合理怀疑"的目的，进而论证行为不能构成犯罪。

"事实不清、证据不足"有下列情形：一是证据之间以及证据与案件事实之间存在矛盾，或者矛盾无法得到合理排除；二是根据全案证据无法得出唯一结论，或者无法排除其他可能性；三是在被告人做出有罪供述的情况下，所供述的犯罪事实无法得到其他证据的印证；四是在案件没有直接证据的情况下，全案间接证据无法相互印证，难以形成完整的证明体系或者证据链条。

2. 推翻公诉机关指控的重罪。被告人的行为构成犯罪，但公诉机关指控的罪名错误。通过论证指控行为不构成指控的罪名而构成另一个轻罪或论证不构成指控罪名的方法，论证指控罪名不成立。如公诉机关指控被告人的行为构成贪污罪，但通过核实证据发现，被告人虽然实施了侵吞公司财产的行为，但被告人不具有国家工作人员的身份，其行为因不符合贪污罪的主体身份要件而不构成贪污罪，只能构成职务侵占罪。

3. 达成对被告人从轻处罚的目的。案件存在对被告人有利的量刑情节，在辩护人对公诉人指控的罪名不存异议的情况下，辩护重点是找出对被告人有利的从轻、减轻或免除处罚的量刑情节。

二、辩护人法庭辩论重点内容

按照法庭辩论的规则，第一轮法庭辩论由公诉人首先发表公诉意见，因此，辩护人进行法庭辩论应从公诉人的公诉意见着手。总体来讲，公诉意见包括三个方面的内容:其一,本案事实清楚、证据确实充分,被告人的行为已经构成某某罪;其二,被告人的量刑意见;其三,本案的社会危害性和应该汲取的教训,也就是所说的"法庭教育"。辩护人进行答辩时应紧紧围绕上述内容展开。

(一)关于定罪的案件事实

对案件事实的辩护,既涉及定罪,也涉及量刑,本部分只就行为是否构成指控犯罪的案件事实如何辩论展开讨论。对于案件事实的确认,证据是关键,辩护律师对公诉人有关"案件事实清楚、证据确实充分"的反驳可以首先从证据入手。

1. 指控的事实不存在的辩论。指控的事实不存在的辩论,即全面推翻公诉机关指控,辩护人通过收集提供与公诉机关相反的证据,推翻控方的证据体系。如被告人不在犯罪现场、被告人没有实施指控的行为、被告人没有作案时间、强奸等案件中被告人的 DNA 等生物体征与现场发现的情况不符等,这是对公诉机关指控的彻底否定。由于刑事案件经过公安机关侦查、检察机关的批捕及审查起诉,一般来讲,都会有一定的证据基础,因此,以基础事实不存在因而得出被告人的行为不构成犯罪的难度较大。

2. 公诉机关的证据链条存在漏洞的辩论。根据我国《刑事诉讼法》规定的证明标准,对被告人定罪,要达到证据确实、充分,排除一切合理怀疑的程度。辩护人在进行法庭辩论时,可以针对公诉人已经建立的证据体系进行分析论证,找出证据体系的漏洞,或者否定控方证据的效力或证明力,或者找出控方证据的矛盾点,或者使案件事实不能排除一切合理怀疑,进而推翻公诉机关的证据体系,动摇案件事实基础,形成案件事实不清、证据不足、不能排除一切合理怀疑的印象,最终实现认定被告人的行为不构成犯罪的目的。

【示例】案件的证据体系中存在矛盾且无法排除[1]

被告人:李×,男,×地产经纪有限公司×店业务员。

检察院指控:被告人李×于 2014 年 11 月 16 日 19 时许,在×房地产经纪有限公司内,趁无人之机秘密窃取该公司抽屉内的营业款人民币 17 116 元。被告人李×后被抓获归案,赃款已全部退赔被害单位。公诉机关认为被告人的行为构成盗窃罪。

李×辩称:自己没有实施盗窃行为,案发当日自己是受同事王×委托回公司拿钱代公司去银行存钱,自己将钱款用于赌博的行为不构成盗窃罪。

法院经审理查明:被告人李×系北京×房地产经纪有限公司×店业务员,王×系该店店长,吕×系该店业务员。2014 年 11 月 16 日晚 19 时许,三人下班后相约同去吃饭,吕×先行离开,王×、李×紧随其后,途中李×向王×索要钥匙返回公司,将王×放在抽屉内的营业款人民币 17 116 元拿走后与王×、吕×汇合吃饭,李×当晚将钱款用于赌博输光。2014 年 11 月 17 日上午 8 时 37 分,李×给王×发送微信请假,内容为

---

[1] 臧德胜:《有效辩护三步法:法官视角的成功辩护之道》,法律出版社 2016 年版,第 91~97 页。

"王姐，我在医院，11点到办公室"。王×称其于当日9时许到单位上班，发现公司钱款不见，通过查看监控发现系李×于前晚19时许将钱款拿走，其遂给李×打电话，李×在电话里承认钱款是其拿走并称一会儿存到公司账户，当日14时41分，王×因电话联系不上李×，遂给李×发送微信，内容为"你什么意思，电话不接，钱也不存去"，没有等到李×回复后，王×于当晚到公安机关报案，称李×盗窃公司钱款。

2014年11月18日晚，公司经理陈×前往李×暂住地，将李×拿公司钱款的情况告知了李×女友王玉×。王玉×于11月19日联系上李×，并称已筹集钱款帮其还款。李×让王玉×将钱打到李×工商银行账户，李×收到钱款后于当日转给公司人民币12 000元。后李×给陈×、王×分别发送了已还款12 000元的短信。11月29日晚，王×带领民警前往李×暂住地，将李×带至派出所，李×到案后承认拿走公司钱款，但称是王×让其为公司存钱，并提供了其与王×的微信聊天记录（聊天记录显示，在李×11月17日8时37分给王×发送完请假微信后，王×回复了内容为"你的钱存了吗"的微信，该微信没有显示发送时间）。

公诉机关提供的证据如下：

（1）证人王×的证言证明：

①2014年11月17日、2014年11月30日、2014年12月3日、2015年1月7日、2015年4月15日：我是北京×房地产经纪有限公司×店的经理，吕×和李×是我公司的业务员。公司的财务由我负责，吕×和李×如果收了房租，都统一交到我手里，我负责存入到公司账户，我从来没有委托过别的员工代存公司的钱。2014年11月16日晚上19时许，我和吕×、李×商量好去吃饭，吕×先离开公司，紧跟着我和李×也出来了，我们一起往外面走，快到小区门口的时候李×跟我说回公司拿点东西，具体没说拿什么，我把公司的钥匙给了他，没一会他就回来了，我们在西直河的一个饭店吃了点东西，完事我就回家了。17日8点多，李×给我发了微信说去医院看病，晚点到公司，我没太在意，等我到公司后过了一会吕×也来了，我发现我放在抽屉内的营业款人民币17 116元不见了，我问吕×看见没有，他说没有，他问我李×怎么没有上班，我说李×请假了，然后我就看监控，发现钱是李×6日晚19时许拿走的，我就给李×打电话，李×说在医院看病中午回公司，我问他公司的钱是不是他拿的，他说是，他说一会儿存到公司账户上，我没敢太细追问，怕他跑了。到了14时我发微信问他什么时候回来，钱什么时候存，他说马上回来，可我再打电话他就不接了，后来就关机了，晚上我就去报警了。我放钱的抽屉没有锁，业务员收到钱后都是由我统一保管。业务员知道公司账户，因为有的租户要求租金直接转账，我们签合同的时候会把公司的账户写在合同备注内，我公司的账号是工商银行的，户主是李军×，我16日当天没有让李×把钱存到李军×账户上（尾号3881），我以前没有让李×存过单位的营业款，单位的钱都是我亲自处理。只有一次是客户要交房款没带齐钱，李×带客户到建行取钱，又到隔壁的工行存到李军×的账户内。我使用过李×的工行的理财金卡，李×让我帮他升级，提高他办信用卡的额度，但我都是拿着他的卡本人到银

行办理业务，从没有把钱给他让他去存钱或转账。李×在公司拿钱的时候没有问过我钱放在哪里，李×没有跟我说过存钱的事情，他拿公司的钱分两次退给了公司，第一次退了人民币12 000元，第二次是2015年1月1日支付宝转给我了5120元。

②2015年7月15日：我的手机号是139×××8905。我和李×关系一直挺好的，没有产生过矛盾。2014年11月17日早晨上班（9点）之前，李×给我发微信说他去医院，我当时在家没有回他，后来我去上班，到单位没多久我就发现钱被偷了。我看完监控发现是被李×拿走的，我就给他185的手机号打电话，他平时也用这个苹果手机上微信，他在电话里承认是他拿的钱，但说一会儿存到公司账户上。打完电话后，再用我的手机和单位电话给他打他就不再接电话了，我才给他发的微信。我当天一共给他发了一条微信，内容大概是"什么情况，钱存了吗"。我之所以问他钱存了没有是因为我给他打电话的时候他说会把钱存到单位账户上，业务员都是知道单位账户的。我11月16日没有让李×帮我存钱，我曾向公安机关提供过我的通话记录，记录上显示2014年11月17日上午9点左右没有我和李×185手机号的通话记录，于10时52分和12时许有两个李×给我打的电话，有可能是我给他打他没有接，他后来给我回的。我的手机丢了，不能提供和李×的微信聊天记录了，李×手机的微信聊天记录截图照片的聊天对象是我，其中李×于2014年11月17日8时37分发送完"王姐我在医院11点到办公室"的微信之后，我发了一条"你的钱存了吗"，我又于14时41分发了一条"你这什么意思，电话也不接，钱也不存，你什么情况"的微信。我想不起来为何我在收到李×的微信后回了第一条内容的微信。

（2）证人吕×的证言证明：我是北京×房地产经纪有限公司×店的员工，我们公司的经理是王×，我和李×是业务员。公司的财务由王×负责，我和李×如果收了房租都统一交到王×手里，由王×负责存入公司账户。王×没有叫我或李×帮助去存过钱。2014年11月16日当天在公司王×没有让李×帮忙存钱，我们当天19时许从公司出来去饭店，我先出来的，紧跟着王×和李×也出来了，在路上王×没有让李×帮忙存钱，但是在路上的时候李×回了公司一次，很快就回来了。吃完饭第二天9时许我到公司，李×没有上班，王×过了会说放在抽屉内的1万多元钱不见了，我说李×怎么没来上班，王×说李×跟她请假去医院了，后来通过看监控，发现是李×拿的钱。当天李×没有和王×说过存钱的事，我不清楚李×回公司后是否给王×打电话问钱放在哪里。

（3）证人陈×的证言证明：

①2015年4月15日：我是北京×房地产经纪有限公司的经理。李×是我公司的业务员，其是2012年九十月份左右入职的，2014年11月16日李×从公司拿走钱后就没再上班了。王×负责该店的财务管理，李×不负责财务管理，公司的法人是李军×，李军×账户由公司财务负责。

②2015年7月15日、7月21日：李×在我公司人缘不错，我和他关系一直挺好的。王×和李×没有矛盾，他们关系都不错。我们单位有座机，是电信的无绳座机，各个店面之间互相拆借用，该店于2014年11月的座机通话情况现在已经无法提供

了。2014年11月19日李×给我们公司李军×的账户（尾号3881）打了人民币1.2万元，他转完钱给我发了个短信，内容大概是"钱打到李军×卡上了，剩余的钱过几天给"。但他没有说具体给我们转了多少钱，我当时跟公司的财务说让财务核实一下，但是我们收到的1.2万元和李×拿走的钱数不一样，所以我们不确定是不是李×打给我们的，直到李×被抓后王×跟财务对接了一下说财务打过钱，我们才确认那笔钱是李×打的。如果当天李×或他女友把钱如数给我们，我们会撤案的。现在李×把钱都还给了我们，我们谅解他了。

（4）证人王玉×的证言证明：李×是我的男朋友，他在×房地产经纪有限公司工作。2014年11月18日晚，李×公司的人来家里找我说李×偷公司了17 116元钱。公司人走后我给李×打电话他一直关机，第二天我跟我姐借了2万元，我给李×打电话问他是不是偷了公司17 000多元，他说是，我问他是不是又去玩牌了，他说是，后来我说我借到钱了，先帮他还钱，他让我把钱打到他的账上，我就用我的工商银行卡给李×转了人民币17 200元，转完后我告诉李×把钱还给公司。后来我问他时他告诉我说还清了，李×从11月16日开始大约有一周的时间没有回家。我见到李×后有问过他从公司拿钱的事，他说让我别管了。

（5）李×与王×的微信聊天记录照片证明：王×与李×于2014年11月17日共3条聊天记录，第一条为李×于8时37分向王×发出"王姐我在医院11点到办公室"的微信，第二条为王×向李×发出"你的钱存了吗"的微信（该条微信没有显示发送时间），第三条为王×于14时41分向李×发出"你这什么意思啊，电话也不接，钱也不去存，你什么情况啊"的微信；李×于2014年11月19日向王×发送一条"转了12 000到李军×，剩余的明下午五点之前转过去"的微信。

（6）通话记录（王×手机号139×××8905）证明：该手机号于2014年11月16日与李×185×××7738的手机号没有通话记录；该手机号于2014年11月17日与李×185×××7738的手机号共有两个通话记录，第一个为当日10时52分，第二个为当日12时06分，均显示被叫。

（7）监控录像证明：李×于2014年11月16日19时许在×房地产经纪有限公司×店从办公桌未锁抽屉内拿走人民币一沓，并用纸张包好装进衣兜后离开。李×在拿钱款过程中没有打过电话，没有用钥匙开过抽屉锁的情况。

（8）李×的工商银行账户明细清单证明：其账户于2014年11月19日收到ATM转账17 200元，于2014年11月19日通过ATM向尾号为3881的账户转账人民币12 000元。

（9）北京×房地产经纪有限公司出具的证明材料证明：李×系该公司业务员，其于案发前十日左右提出离职，经公司负责人谈话后李×调整休息一周后继续回到公司工作，在公司表现一般；该公司尾号为3881的账户于2014年11月19日收到ATM转账人民币12 000元。

（10）公安机关出具的到案经过、刑事判决书、释放证明书、身份证明材料证明：被告人李×于2014年11月29日被抓获归案；被告人李×曾因犯抢劫罪于2007年被判处有期徒刑，并于2010年3月18日刑满释放；被告人李×的身份信息情况。

（11）被告人李×供述：

①2014年11月29日、11月30日：2014年11月16日17时许，我和王×在北京×房地产经纪有限公司×店办公室内，王×让我把公司的17 116元存到老板的账户（工商银行，尾号3881，户名李军×），我说行。当晚18时30分许，我的同事吕×也回到店里。19时许，我们下班后，我、王×和吕×都出去了，出去后我忘记带要给李军×转账的钱了，我就回到店里把抽屉里的钱装在自己的上衣口袋里（当时抽屉没有锁），装完后我、王×和吕×一起出去吃饭了。吃完饭后我没有去存钱，直接回家了。后来因为我欠别人高利贷，我就用这钱还我的高利贷了。一直到2014年11月19日我才将12 000元转到李军×的账户，剩余的5116元我现在还没有转过去。我们公司的钱由王×管理，我没有权利管理。我拿走钱的时候就我一个人在场，王×让我存钱的时候只有我们两个在场。我和王×没有过节或纠纷。

②2014年12月27日：我从公司拿钱的抽屉当时锁了，我用王×给我的钥匙打开的，我打开抽屉的时候还给王×打电话问钱放哪里了，她说在第一个抽屉里。我拿的钱都被我玩牌花了，以前说还高利贷是胡说的。我女朋友王玉×从她姐手里借了钱给我汇了人民币17 200元，我把其中的12 000元转给公司老板账户上了，剩下的5000多元被我还给债主了。

③庭审中供述：我和王×、吕×没有矛盾。我于2014年11月29日在家中被警察抓获，警察将我带至派出所时我是带着手机去的，到了派出所警察问我是否偷钱了我说明情况后让警察看我的手机微信记录，警察当时从我手机中拍的照片，我没有对微信记录进行过删节。

本案中，存在的证据种类比较多，既有言词证据，也有微信聊天记录这样的客观证据。证据之间存在矛盾，其中具有大量对被告人李×不利的内容。李×供述称其回公司取钱时给王×打过电话，还称其用钥匙打开的抽屉拿的钱，这两处说法和通话记录、监控录像均矛盾，说明李×说的是谎言。在案除了王×的证言外还有吕某的证言，说当天王×没有让李×存钱。一般而言，两个人不可能同时诬陷李×，李×如果没有偷钱也不可能编瞎话。所以从这些证据看，能够认定李×实施了盗窃行为。

但是，王×给李×11月17日上午8时许发送的微信对本案的事实认定至关重要。王×在多次证言中称其只在11月17日下午14时许无法联系上李某后发送过一条微信，在法院让其看过"微信聊天记录"后，对自己8时许发送过的微信无法做出合理的解释。

如果认定李×是偷拿了公司钱，王×必然在发送8时许的"你的钱存了吗"的微信之前已经确认公司钱款丢失，并如其所说已经给李×打过了电话，但李×、王×的通话记录均显示，二人在当日的第一次通话是10时52分，此外王×自己亦称上班时间是在9时许，其不可能在8时许就到了单位从而发现钱款丢失。

李×从公安机关到审判期间一直拒不承认实施盗窃行为，而且关于王某让其存钱的说法其能够提供微信予以佐证，熟悉微信的人都知道，如果甲给乙发完微信，乙在两分钟内进行回复，回复内容不显示时间，此外李×亦没有删除其他记录的可能性。关于微信照片的取得情况，李×也说手机是2014年11月29日公安人员在他没有防备的情况下将他从家中带到派出所时他带去的，民警对其进行讯问后，直接从其手机上取证，作假的可能性不大。王×在11月17日8时左右给李×回复的第一条微信内容"你的钱存了吗"，王×自己对此无法做出解释。

判定一个人是否实施犯罪，应当看能够证明事实的证据。不能因为被告人自己进行了辩解，在辩解中被发现了破绽，就认定被告人说假话是因为其犯了罪。王×作为本案的关键证人，在其证言与证据内容出现矛盾且其自己无法做出合理解释的情况下，本案属于证据不足，应当对李×宣告无罪。如果能够查证王×确实委托被告人代单位存款，被告人予以侵吞的，可以考虑按照职务侵占罪处理。

本案的启示：从本案可以看出，公诉机关提供的证据，除了微信聊天记录外，均指向李×实施了盗窃行为，而且这种结论也符合情理，因为李×的供述明显有不实之处。但是，被告人李×手机微信中的聊天记录是客观的，从中可以看出，王×于当日上班前即询问李×是否把钱存上，这就能够反映出王×委托李×代为存钱的事实。代为存款事实的存在，否定了盗窃的事实。

【示例】案件事实"不能排除一切合理怀疑"[1]

案情：被告人乙以"抵押借款"方式先后从他人处以300多万元价格购买了30根象牙及若干象牙制品。为资金周转套现，乙决定将象牙予以兜售。2013年7月左右，姚某到乙家中看象牙，后乙将20根象牙搬至姚某经营的某建筑公司14楼办公室里。后姚某朋友丙拿走其中一根象牙准备用于鉴定。剩余象牙全部运至姚某老家。同期，姚某出具了一张300万元"借条"给乙（月息一分，一年内付清）。姚某分两次支付了共计9万元利息给乙。一个月后，A市公安局查获上述象牙。经鉴定，上述象牙价值200余万元。

A市人民法院对该案作出一审判决，认定"姚某与乙达成了以300万元价格成交20根象牙的口头协议，姚某向乙出具的借条是为掩盖300万元系象牙款的事实及以便日后主张债权"，认定姚某构成非法收购珍贵、濒危野生动物制品罪，对其判处有期徒刑12年，并处罚金人民币30万元。

辩护人认为，根据本案一审刑事判决书中认定的证据，对被告人姚某构成非法收购珍贵、濒危野生动物制品罪中两个关键问题的证明存在合理怀疑，不能达到排除其他可能性的程度。

---

[1] 阮方民等编著：《刑事辩护的专家经验》，法律出版社2015年版，第200页。

第六章 法庭辩论

根据一审判决书的认定，2013年7月左右，经人介绍联系安排，被告人姚某到乙家中看象牙，后经讨价还价，被告人乙与姚某达成了以300万元价格成交20根象牙的口头协议。数日后，在姚某安排允诺下，乙等人将20根象牙搬至姚某经营的公司14楼办公室里。因姚某表示未有足够现金支付货款，双方商定由姚某出具一张300万元"借条"给乙（月息一分，一年内付清），以掩盖300万元系象牙款的事实及以便日后主张债权。事后，姚某分两次支付了共计9万元利息给乙，并在其朋友丙拿走一根象牙准备用于鉴定后，安排他人将剩余象牙全部运至其老家。

辩护人认为，对于一审判决书认定的上述事实，存在两个关键环节，根据判决书中认定的证据，对其证明存在合理疑问，不能达到排除其他可能性的程度。

第一，对于乙等人将20根象牙搬至姚某经营的公司办公室的目的，一审判决书中认定是在姚某和乙达成买卖协议后，经过姚某的安排允诺下进行的，实际上是交付合同标的物。然而辩护人认为，一审判决书中对此认定并不符合常理，而且有相反的证据能够对此认定提出质疑。

在正常的买卖活动中，买方通常应当首先确定所买货物的真假、品质，了解价格，然后才会确定是否实际购买，与对方商定价格，最后实际交付。特别是涉及象牙这种贵重物品，单根的价格动辄在数十万元，一个理智、正常的买方在购买之前必定要鉴定其真假、确定其品质，之后才会做出是否购买的决定，并进行交付。然而，一审判决书中认定，姚某在与乙确定购买价格后，乙等人将20根象牙送到其办公室进行交付，之后姚某的朋友才拿出一根象牙准备用于鉴定，这显然与正常的交易流程是相违背的。

对此问题，姚某在其上诉状中提出，乙等人将象牙搬到其办公室，是"乙主动要求拿到我公司让我有空再仔细看看、挑一挑""我想通过什么办法先鉴定一下，如果是真的，然后最多挑一根好的买下来放在办公室里做装饰品"。那么，根据姚某在上诉状中的表述，其与乙并未就购买象牙一事达成协议，乙将象牙送到姚某办公室的行为也并非实际交付，而是为姚某进行挑选、鉴定提供便利，为达成购买协议进行准备。

将一审判决书中认定的事实与姚某在上诉状中主张的事实相比较，可以发现姚某所说的情况更符合正常的购买商品的交易流程。特别是在一审判决书中已经认定，姚某的朋友从其办公室取了一根象牙进行鉴定的情况下，一审判决书中认定的事实存在明显的疑问，不能排除姚某所说的情况为真实的可能性。

第二，对于姚某向乙出具的一张300万元"借条"，一审判决书中认定，该笔款项是购买象牙的货款。然而，姚某在上诉状中提出，该借条是其与乙之间的真实借贷关系的体现。与会专家认为，根据本案现有证据，不能排除存在这种可能性。

被告人姚某在上诉状中提出，"之所以出具一张300万元的借条给乙，是因为乙多次说乙有一笔钱要放到我公司里来，按照我以前与乙的借款习惯，我提前打了一张借条给乙，并约定'按乙转给丁的账户为准'，如果乙的钱未实际到账，那么就不存在借款关系，我也没有任何风险，所以就同意提前给乙打了借条"。

对于姚某所说其与乙之间已经存在借贷关系的事实，一审判决书中认定的洪某的证言可以证明。"乙和姚某之间的经济往来有两笔钱，一笔是姚某每个月要支付乙20万元的利息（400万元借款，每月5分利计算）……"由此可见，姚某在上诉状中所提的事实有证据证明。既然姚某与乙之间已经存在借贷关系，那么在有借条作为书证的情况下，就不能排除300万元的借条反映的是真实借贷关系的可能性。

另外，根据《国家林业局关于发布破坏野生动物资源刑事案中涉及走私的象牙及其制品价值标准的通知》中的规定，象牙价格按照重量来核定，单价为41 667元/千克。在黑市中，1千克象牙的价格为15 000元左右；在本案中，如果300万元为涉案象牙的交易价格，那么其单价已经远远超过黑市价格。作为商人的姚某不可能不知道这一点，其以此价格购买象牙同样不符合常理。因此，一审法院认定300万元为购买象牙的货款，同样存在值得质疑之处。

综合以上分析，辩护人认为，本案一审刑事判决书中认定被告人姚某构成非法收购珍贵、濒危野生动物制品罪，相关证据对于送交20根象牙到办公室的目的，以及300万元借条的性质等问题的证明不能达到排除其他可能性的程度，存在合理怀疑。

（二）关于案件定性的法律适用

在案件事实确定的基础上，辩护人要关注法律适用的问题，即依据现行《刑法》的规定，公诉机关指控的罪名是否符合该罪的成立条件；在定性方面，行为是否不构成犯罪或者构成轻罪，即分清罪与非罪的界限和此罪与彼罪的界限。

1. 无罪辩护。无罪辩护除了在事实上存在事实不清、证据不足、不能排除合理怀疑的理由外，还有在法律适用方面的无罪辩护，即法庭辩论针对公诉机关指控罪名的法律解读，通过法律、司法解释和相关刑法理论，论证某行为在法律适用层面不构成犯罪。

2. 轻罪辩护。轻罪辩护，是指公诉机关指控被告人构成重罪，但辩护人认为被告人的行为构成轻罪。对于轻罪辩护，根据《律师办理刑事案件规范》的规定，辩护人提出更轻的构成其他罪名的辩护意见应征得被告人的同意，否则不能提出被告人构成轻罪的意见。因为在律师提出轻罪意见后，最终的判决结果可能是构成轻罪，也可能是不构成轻罪而对被告人不利，因此，律师做轻罪辩护必须在被告人知情并同意的情况下，才可以做轻罪辩护。

【示例】[1]

案情：被告人贺某某，原系铁路公司聘用的临时装卸工。

公诉机关指控，被告人贺某某于2013年5月至2015年12月间，先后19次利用

---

[1] 娄秋琴：《常见刑事案件辩护要点》，北京大学出版社2018年版，第150页。

当班装卸旅客托运的行李、包裹的职务便利，窃取电脑、手机、电磁炉等物品，共计价值人民币4万余元。公诉机关认为被告人贺某某的行为构成盗窃罪。

在庭审过程中，辩护律师提出检察机关指控贺某某构成盗窃罪的定性错误。首先，被告人贺某某虽然是聘用的临时工，但根据《中华人民共和国劳动法》的规定，正式工、合同工、临时工均为单位职工，贺某某符合职务侵占罪的主体资格。其次，被告人窃取的财物虽然是托运人的私人用品，不属于铁路公司所有，但属于铁路公司受托运输中的财物，属于职务侵占罪的对象。最后，被告人贺某某的盗窃行为，就是利用其当班管理、经手这些财物的职务之便，在自己负责的中转货物的库区非法占有这些财物，完全可以认定为利用职务上的便利而窃取单位财物。因此，贺某某的行为依法不构成盗窃罪。

法院最终采纳了辩护人的意见，以职务侵占罪对贺某某定罪处罚。

（三）关于案件的量刑

辩护人对于案件量刑的辩护，主要从案件事实中是否存在数额或情节上可以从宽处罚的量刑情节，以及部分案件事实是否属于现行法律所规定的从宽处罚量刑制度的角度，结合《刑法》及相关司法解释的规定进行从宽处罚的量刑辩护。

以下量刑情节可以在量刑辩护中参考：

1. 被告人犯罪的社会危害性及行为人的主观恶性较小，初犯、偶犯等；
2. 被告人在共同犯罪中起次要或辅助作用；
3. 具有自首、立功、坦白等从轻处罚情节；
4. 涉及经济犯罪已经退赔退赃；
5. 涉及人身损害的犯罪，被害人已经谅解并已经与被告人达成和解协议；
6. 被告人具有悔罪表现，适用缓刑不会对社会有现实的危险；
7. 被告人认罪认罚的；
8. 未成年人、限制责任能力的精神病人、盲人、又聋又哑的人从轻处罚；
9. 防卫过当或避险过当；
10. 被害人过错或基于义愤的突发性犯罪；
11. 死刑适用上不适用死刑的特殊主体，如未成年人、孕妇、已满75周岁的人；
12. 死刑适用上不属于罪行极其严重需要判处死刑立即执行的情况等。

除了以上情况外，辩护人也要关注公诉人提出的量刑意见是否具有法律依据、基准刑适用幅度是否符合法律和司法解释的规定等。辩护人应当及时掌握最新的司法解释、最新政策性规定，以便制定合理的辩护策略，做好庭前准备工作。

【示例】 司法解释[1]规定的诈骗罪从宽处罚量刑情节

1. 不按犯罪处理或者从宽处理。诈骗近亲属的财物，近亲属谅解的，一般可不按犯罪处理。诈骗近亲属的财物，确有追究刑事责任必要的，具体处理也应酌情从宽。

2. 不起诉或者免予刑事处罚。诈骗公私财物虽已达到第1条规定的"数额较大"的标准，但具有下列情形之一，且行为人认罪、悔罪的，可以根据《刑法》第37条、《刑事诉讼法》第142条的规定不起诉或者免予刑事处罚：①具有法定从宽处罚情节的；②一审宣判前全部退赃、退赔的；③没有参与分赃或者获赃较少且不是主犯的；④被害人谅解的；⑤其他情节轻微、危害不大的。

（四）关于法庭教育

法庭教育，是公诉人公诉意见的最后一个部分，表明公诉机关代表国家对行为人实施犯罪行为的一种态度，一方面教育被告人不再实施犯罪，另一方面对旁听群众起到警示作用。一般来说，如果被告人的行为确实构成犯罪，法庭教育环节对被告人的量刑不会产生实质影响，辩护人也无需对教育的内容进行反驳，但如果公诉人将不归于被告人的行为及其行为后果归罪于被告人，且令其承担相应的法律后果，辩护人则应予以反驳。

（五）关于案件的程序瑕疵

律师在庭审过程中，有时会发现审判程序违法，影响被告人合法权益，对此，律师可以向法庭提出严格按照法律的规定进行庭审的请求。如果庭审程序严重违法，可能影响公正审判，律师可以在事后向相关主管部门投诉，以妥当的方式向审判机关提出监督建议。如果程序严重违法可能影响案件审判的，也可以作为上诉理由。

三、法庭辩论的其他材料支撑

做好法庭辩论，除了要有事实准备和法律储备以及良好的逻辑思辨能力，还要关注类案检索，注重引用相似判例或指导性案例。法庭辩论的核心精神在于说服，如何有效地在短暂的庭审中说服法官，仅仅靠抽象的理论是不够的，尤其是在法庭上引用学者的或者国外的学术观点来支撑自己的辩论意见是不足取的。法庭辩论要避免纯理论的说教，要把理论的观点融入案情当中为我所用。如果能在庭辩的过程中适当引用相类似的权威判例，使法官意识到采纳辩护人的观点并非孤例，而是有章可循、有例可依，往往能大大提升己方的说服力，起到纯学理解释很难实现的辩护效果。因为法官对于案件走势的引导，往往基于多方面因素考虑，其中的一个重要的前提就是尽量贴合前案的审判思路，避免破坏法的公正与安定，实现同案同判。此时，律师主动提供此类案例，对法官采纳己方观点无疑会起到巨大的推动作用。

在这方面的准备可以重点考虑以下内容：其一，查找最高人民法院或最高人民

---

[1] 最高人民法院、最高人民检察院《关于办理诈骗刑事案件具体应用法律若干问题的解释》。

检察院公布的相似指导性案例；其二，在最高人民法院编辑的《刑事审判参考》中查找相似案例；其三，寻找案件审判地就相关问题的政策性规定；其四，寻找案件审判法院的上级法院所作出的相似案件的判决以及判决理由。

【示例】相似案例的援引[1]

案情：2014年10月30日，湖南省邵阳市中级人民法院经过开庭审理，对邵阳市人民检察院指控的被告人岩某、李某犯贩卖、运输毒品罪一案作出判决，判处二被告人死刑立即执行。被告人上诉后，湖南省高级人民法院经开庭审理，于2015年9月21日作出刑事裁定，驳回上诉，维持原判。最高人民法院依法组成合议庭，对本案进行了复核，经过讯问被告人，听取辩护人的意见，审查了最高人民检察院的意见，于2016年9月28日作出刑事裁定，不核准湖南省高级人民法院所作的死刑立即执行的刑事裁定，撤销湖南省高级人民法院的刑事裁定和邵阳市中级人民法院的刑事判决，将案件发回邵阳市中级人民法院重新审判。

根据罗秋林律师的辩护意见，"依据《刑事审判参考》总第96集第956号（指导性案例），刘洪高、刘开贵贩卖、运输毒品案，最高人民法院以程序违法为由不予核准死刑，发回某省高级人民法院重新审判，其依据便是同一辩护人在一审、二审阶段分别为不同的被告人进行辩护。同时，《刑事审判参考》第82集第733号指导性案例陈某贩卖、运输毒品案，最高人民法院也作出了同样的复核结果。"律师建议，在存在如此严重的程序违法的情况下，最高人民法院应不予核准死刑，发回重新审判，这一建议最终为最高人民法院采纳。

四、以司法三段论为基础的法庭辩论思维[2]

（一）司法三段论的概念

成文法的适用方式，就是将一般的规范适用于具体的、特殊的事实，从整体形式上看就是一个三段论式演绎推理过程。演绎推理指的是从某类事物的一般性认知出发，推出其中的特殊对象具有某种特性的推理，即从一般到特殊的推理。三段论是一种主要的演绎推理形式，亚里士多德解释三段论时，使用了如下示例：

大前提：所有人都是会死的
小前提：苏格拉底是人
结论：所以，苏格拉底会死

司法三段论就是将逻辑上三段论演绎推理方式应用于司法过程的一种思维方式，

---

[1] 陈瑞华：《刑事辩护的艺术》，北京大学出版社2018年版，第353页。
[2] 该部分内容为北京市尚权律师事务所毛立新律师的相关研究成果。

即通过固定化的一般规则来处理具体的社会问题。作为司法三段论大前提的是裁判规则，作为司法三段论小前提的是案件事实，又称裁判事实。作为司法三段论的结论是在确定的裁判规则下，根据具体的裁判事实，演绎推理得出的裁判结论。例如：

大前提：有配偶而与他人结婚的，构成重婚罪（裁判规则）
小前提：甲有配偶乙，又与丙结婚（裁判事实）
结论：所以，甲构成重婚罪（裁判结论）

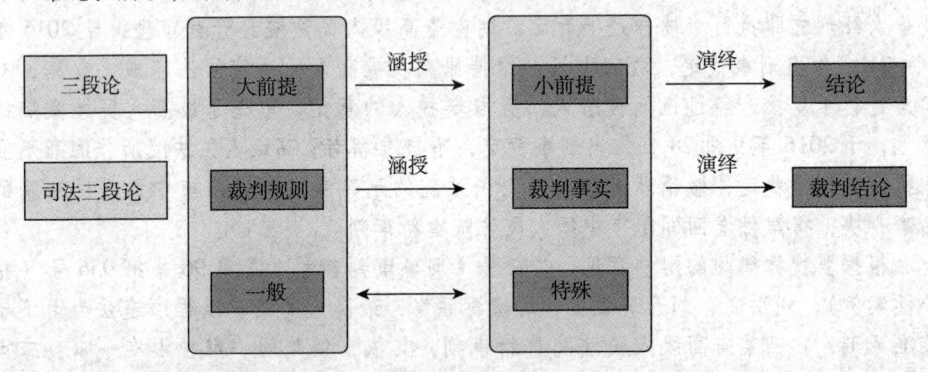

```
三段论     大前提  ——涵摄——>  小前提  ——演绎——>  结论

司法三段论  裁判规则 ——涵摄——> 裁判事实 ——演绎——>  裁判结论

            一般    <——————>   特殊
```

作为司法三段论的大前提必须涵摄小前提裁判事实，这是一般规则能够适用于特殊案例的前提。所谓"特殊"，并非例外，而是属于"一般"情形中的一个具体实例，能够适用"一般"的规则；所谓"一般"必须涵摄"特殊"，是千千万万的"特殊"的集合与共性，才能称之为"一般"。

（二）司法三段论的演绎推理过程

司法三段论的大前提，是通过法律解释方法对法律规范进行具体地解释从而确定的裁判规则；司法三段论的小前提，是通过在案证据加以推理分析形成的法律事实。因此，如何运用法律解释确定裁判规则和如何运用证据推理形成裁判事实，是运用司法三段论进行演绎推理的两个关键。

1. 运用法律解释确定裁判规则。司法三段论的大前提是裁判规则，裁判规则是通过法律解释方法对成文法进行具体的解释、引申而形成。在大陆法系成文法国家，确立裁判规则首先需要找到相应的法律规范，然后通过法律解释方法对法律规范进行解释，从而确立适用于具体案件的裁判规则。简言之，确立裁判规则具体体现为找法和解释两个过程。

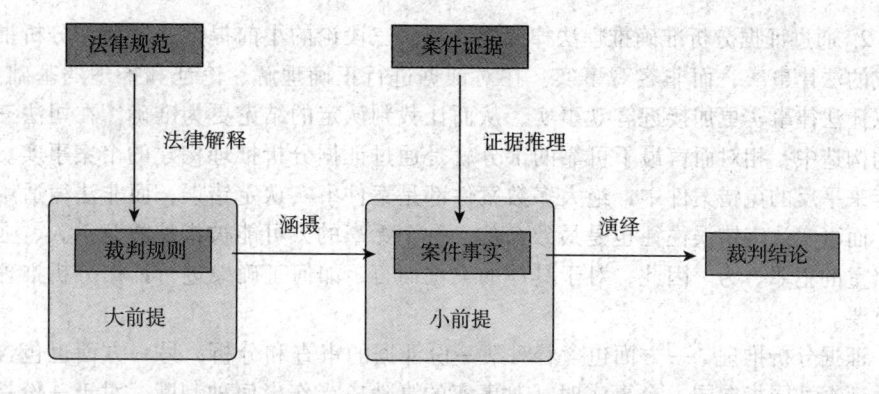

```
  ┌────────┐              ┌────────┐
  │ 法律规范 │              │ 案件证据 │
  └────┬───┘              └────┬───┘
       │ 法律解释                │ 证据推理
       ▼                        ▼
  ┌────────┐     涵摄      ┌────────┐    演绎    ┌────────┐
  │ 裁判规则 │─────────────▶│ 案件事实 │──────────▶│ 裁判结论 │
  └────────┘              └────────┘            └────────┘
    大前提                   小前提
```

（1）通过法律检索找到适用于具体案件的法律规范。找法是确立裁判规则的第一步，需要熟练运用法律检索技能。熟练运用法律检索技能就是要非常全面地找到相关的法律规定，并确定适用于具体案件的法律规范。在缺乏直接或具体的法律规定时，裁判案例、司法观点和学理通说等也可以成为裁判规则的渊源。值得提出的是，根据最高人民法院《关于统一法律适用加强类案检索的指导意见（试行）》和同案同判的司法精神，相同或相似的裁判案例是辅助司法人员判断决策的重要信息。通过类案检索寻找和归纳裁判规则，是准确确定裁判规则的重要方式。

（2）进行法律解释。裁判规则不同于法律规范，原因在于：其一，在判例法国家，判例是裁判规则的渊源，而非成文法规范，裁判规则是从判例中归纳总结而来；其二，即使在成文法国家，法律规范也并不能涵盖社会生活的所有行为，需要通过法律解释填补法律空白；其三，法律规范往往比较抽象、充满大量的不确定法律概念而无法直接适用，需要通过法律解释引申出能够适用于具体案件的裁判规则。法律解释在确立裁判规则的过程中非常重要，直接影响到罪与非罪、此罪与彼罪的认定和量刑轻重。例如，同居的男女朋友，是否可以解释为"共同生活的家庭成员"，如果可以，则他们之间的严重虐待行为构成虐待罪，反之则不构成。类似的例子比比皆是：事实婚姻或者同居关系是否可以解释为重婚罪中的"婚姻"，进入农村的院落盗窃是否可以解释为"入户"盗窃，携带螺丝刀盗窃、抢夺是否属于"携带凶器"等等。

运用法律解释确立裁判规则需要善于运用不同的法律解释方法，通过文义解释、体系解释、历史解释、目的解释等法律解释方法对法律规范进行解释。在不同解释方法的结论不同时，需要掌握不同法律解释之间的效力冲突的一般评价标准，能够综合、全面地论证法律解释的对象、掌握法律解释的原则，实现法律解释的有效性和法律解释的正当性。在对法律规范进行解释的过程中要充分理解法的体系，当两个以上不同的法律规范表达了不同的涵义时，应当进一步分析法律规范的层级和新旧，以上位法优于下位法、从旧兼从轻的原则等进行确定。如果能够了解不同规范的立法背景和立法原义，更有助于准确进行法律适用。

2. 通过证据分析准确推理法律事实。司法三段论的小前提是通过证据分析推理形成的法律事实，而非客观事实。在对证据进行正确理解、论证和推理的基础上，可以让法律事实更加接近客观事实，从而让裁判认定的结论更为准确。在司法三段论的构造中，相对而言最不可靠的部分就是通过证据分析推理构建的个案事实。在近年来平反的冤错案件中，绝大多数案件都是案件事实认定错误，而非法律适用错误，而事实认定错误往往也是最致命的。一个无辜的人可能被指控故意杀人、强奸等严重的犯罪行为。因此，对于具体的案件而言，如何正确地进行证据分析推理至关重要。

证据分析推理，一方面包含着对某一份证据的审查和分析，另一方面也包含着多份证据共同指向同一个事实时，对事实的真伪应当作出何种判断。对于一份具体的证据，可以通过合法性、真实性、关联性的标准对证据进行评析，也可以通过证据能力、证明力的维度进行评析，从而决定是否对该份证据予以采纳。对于多份证据综合证明同一事实时，则需要通过印证规则、鉴真规则、演绎推理等方式进行更加深入的分析与论证。

（1）对单份证据进行审查。对证据的审查，应关注证据的"三性"或"两力"，通过运用证据规则，对证据是否具备证据资格、证明力的有无和大小进行审查。我国《刑事诉讼法》对证据的审查主要关注证据的合法性、真实性和关联性，《人民检察院公诉人出庭举证质证工作指引》引入了证据能力和证明力这一对概念。在刑事证据规则中，既有用于调整证据能力的规则，包括非法证据排除规则、瑕疵证据排除规则、意见证据排除规则等；也有用于调整证明力的规则，包括最佳证据规则、鉴真规则、印证规则、证据力限制规则等。熟练掌握证据规则，才能准确地对单份证据进行审查，进而准确地进行证据的综合分析。

（2）通过印证规则进行证据分析。在具备证据能力的基础上，弱化不同证据之间证明力差别的情形下，有以下几种证据论证结构：①有两份或者两份以上证据可以证明甲事实的成立；②有且仅有一份证据A可以证明对被告人有利的乙事实的成立；③有且仅有一份证据A可以证明对被告人不利的丙事实的成立；④有两种不同的证据指向一个丁事实，一份或一份以上的证据A证明丁事实为真，一份或一份以上的证据B证明丁事实为假。

根据刑事诉讼的印证规则，第一种模型符合证据的印证规则，可以证明甲事实的成立。第四种模型属于事实不清、证据不足的情况，由于证据之间存在无法排除的矛盾或无法解释的疑问，无法相互印证，丁事实依法不能成立。第二种模型和第三种模型看似基本相同,但结论却完全不同。第二种模型中,对犯罪嫌疑人或被告人有利的事实,属于存在对被告人有利的合理怀疑的情形,依法可以成立。第三种模型中,对犯罪嫌疑人或被告人不利的关键事实,由于孤证不能认定案件的关键事实,丙事实依法不能成立。需要说明的是,虽然在我国《刑事诉讼法》中,仅规定了"只有被告人供述,没有其他证据的,不能认定被告人有罪和处以刑罚",但孤证不能定案规则在司法实践中客观存在并被普遍认可。

例1:根据报警记录显示,张某报警称19时25分左右在十字路口看到被害人躺在十字路口血泊中;侦查人员调取了最近的一个牛场的录像,录像显示19时20分左右,被害人驾驶电动自行车经过该牛场;现场勘验显示该牛场距离案发路口800米。这一组证据,可以相互印证共同证实案发时间是在19时20分至19时25分之间。事实上,如果结合被害人在录像中出现时行驶的速度,案发的时间范围可以更为精确认定。

例2:张三供述伤人的这把刀是从某五金店里买来的,但是侦查人员到张三供述的某五金店取证,某五金店主称其从未对外卖过刀。

仅有张三的供述和五金店主的证言可以证明刀的来源,但两人的说法截然不同,不能相互印证,对于刀的来源应认定为事实不清、证据不足。

对于上述证据论证模型需要注意两点:其一,上述证据论证模型是在已经具备证据资格的证据中建立模型进行讨论的,如果证据的合法性本身存在问题,则不应该出现在该证据模型中;其二,上述证据模型中证据的证明力问题没有进行考量,在模型二、模型三、模型四中,都有必要讨论证据的证明力大小,从而对证据分析的结论进行修正。

(3) 通过鉴真规则对证据进行分析。鉴真是确定某项证据是否真实的必要手段,为确定证据的真实性、关联性提供基本保证。我国刑事诉讼法及司法解释确立了类似于鉴真的规则,提出证据的真实性鉴别要求。鉴真的常见方法包括有特殊表征的物证之鉴真方法、无特殊表征的物证之鉴真方法、笔记手稿、电子数据和视听资料的鉴真方法等。

对于有特殊表征之物,如有书写痕迹的书籍,有使用痕迹的手表等,证人可以很容易地辨认出该证据,从而确保实物证据的同一性。对于无特殊表征之物,则需要通过保管链条来鉴真,如在毒品犯罪的犯罪现场提取的毒品疑似物,在盗窃犯罪的犯罪嫌疑人身上提取的现金等,这一类物品往往从外观上与其他类似的物品没有太大的区别,证据在提取、移送、保管过程中可能被不同的人经手,就存在被污染的可能性,因此需要严格审查其保管过程,确保在法庭上出示的实物证据或据以定罪量刑的实物证据与现场提取的实物具有同一性。对于笔记手稿的鉴真可以通过书写人辨认,或专家证人、法官对比辨认等方式进行鉴真。对于电子数据、视听资料等容易篡改的证据则需要进行更加审慎的审查,可以结合《关于办理刑事案件收集提取和审查判断电子数据若干问题的规定》进行审查。

例：①现场提取笔录显示2021年1月1日侦查人员扣押白色晶体500g左右，未附照片；②2021年1月2日，犯罪嫌疑人甲指认涉案物品照片为透明袋整包装的白色晶体一包；③2021年1月2日，证人乙指认涉案物品照片为透明袋半包装的白色晶体一包；④保管清单显示2021年1月5日白色晶体一包移送保管部门，但保管人签字缺失；⑤鉴定显示白色晶体状检材450g，为甲基苯丙胺。

综合分析上述证据：甲基苯丙胺作为白色晶体，不具有明显的特殊表征，根据实物鉴真规则，应当重点审查其保管链条，对于上述证据有以下几点需要重点关注：①对于涉案物品仅有白色晶体这样概括的描述，侦查人员没有给涉案物品做编号和标记，无法确定提取、扣押、保管、鉴定等环节的白色晶体具有同一性；②由于犯罪嫌疑人甲与证人乙没有对原物进行指认，指认的涉案物品照片存在明显不同的特征，两人辨认的物品不具有同一性；③保管清单虽然显示移交到保管部门，但1月1日提取，1月5日才上交保管部门，无法确定这期间涉案物品有无与其他类似物品混同存放，同一性无法保障；④保管部门没有保管人签字，也无法确保是否进行了单独保管。因此，无法保障从保管部门移交送检的白色晶体是从涉案现场扣押的白色晶体，无法保障物品的同一性。综上所述，可以推论鉴定的物品可能不是来源于扣押现场，那么现场扣押的白色晶体也有可能不是甲基苯丙胺。

(4) 通过演绎推理逻辑进行证据分析。在运用证据论证裁判事实的过程中，有时还需要结合一般性科学原理或经验法则，通过演绎推理的方式进行。例如：

大前提：凡呈仰卧状态的浮尸是女尸

小前提：那具浮尸是呈仰卧状态的

结论：所以，那具浮尸是女尸

需要注意的是，演绎推理的大前提，往往是一般知识、科学原理，但这些一般知识、科学原理又源于对个别知识的总结归纳，是从个别上升到一般的。如果大量的A在各种各样的条件下被观察到具有B的性质，在观察时没有相反的实例，那么一般认为A具有B性质。但是观察者的观察对象往往是数量有限的，因此观察者所进行的归纳往往是不完全归纳，得出的结论可能是不全面、不准确的，不排除有大量例外情形的存在。因此，需要结合案情进行更为准确的剖析。

例2：杭州张氏叔侄案中，公安机关检验了从被害人8个指甲内提取的混合物，结果只检出了一名男性的DNA，且与犯罪嫌疑人张某1、张某2平均不匹配。

原审法院认定：1. 被害人尸体被丢弃在水沟里，其指甲中遗留的张氏叔侄的DNA可能被水冲走；2. 发现另外一名男性的DNA并不意味着真凶另有其人，因为被害人在两三个月前曾从事洗头工的工作，该男性可能与案件无关。

但再审时公安部物证专家认为：1. 死者尸体被丢弃在水沟里，对指甲遗留的DNA影响不大，实践中即使尸体或物品在水中浸泡三四天，DNA也能鉴定出来；2. 指甲不停地在生长，被害人指甲中不可能遗留两三个月前为他人洗头残留的DNA。

对于原审法院的第一个认定"被害人尸体被丢弃在水沟里，其指甲中遗留的张氏叔侄的 DNA 可能被水冲走",隐含了一个与生活经验相关的法则,即指甲长时间泡在水里,指甲中遗留的 DNA 是可能被冲走的。但再审时公安部物证专家否定了这一经验法则,认为实践中尸体在水中浸泡三四天,DNA 也是能鉴定出来的。从而,我们可以看到以经验法则作为司法三段论的前提,需要保证经验法则的全面性、准确性,否则将会推理出完全错误的结论。

对于原审法院的第二个认定"发现另外一名男性的 DNA 并不意味着真凶另有其人,因为被害人在两三个月前曾从事洗头工的工作,该男性可能与案件无关",但结合原审法院所使用的经验法则"指甲长时间泡在水里,指甲中遗留的 DNA 是可能被冲走的",就会发现两者之间逻辑不能自洽。如果指甲长时间泡在水里,指甲中遗留的 DNA 可能被冲走,那么一个正常人两三个月间洗脸、洗手、洗头发、洗澡等行为均会导致指甲中遗漏的 DNA 被水冲走。被害人在两三个月前为他人洗头残留的 DNA 经两三个月的时间多次冲洗尚有遗留,短期内的 DNA 在水里泡三四天却没有遗留,显然相互矛盾。从而,我们可以看到运用经验法则与演绎逻辑推理的结论还需要结合案情进行审视和分析。

再审时公安部物证专家认为的第二点结论"指甲不停地在生长,被害人指甲中不可能遗留两三个月前为他人洗头残留的 DNA",这确立了一个新的经验法则,使得演绎推理的大前提,与原审认定中的推测事实"两三个月前为他人洗头残留的 DNA"的小前提符合涵摄关系,通过这一组涵摄关系,可以推理出死者指甲中残留的 DNA 不可能是两三个月前遗留的 DNA,更有可能是死者最近留下的 DNA。根据"死者尸体被丢弃在水沟里,对指甲遗留的 DNA 影响不大"这一经验法则,虽然死者指甲中遗留的 DNA 泡在水中,却不容易被水冲走,因此,死者指甲内遗留的 DNA 很有可能是凶手的 DNA。这一推理逻辑,相较于原审法院的推理逻辑更为准确。因此,正确的经验法则和准确的涵摄关系在演绎推理过程中非常重要,能够推理出更加准确、更加让人信服的结论。

3. 通过对法律事实进行拆分使刑事辩护更加精细化。运用证据论证案件事实时,应当注意将案件事实进行拆分,拆分成只包含一个或少数的案件事实要素时,才能够通过证据分析,得出比较可靠而准确的结论,通过证据论证推理得出的案件事实才能更加贴近客观真实。通过证据的综合分析推理形成的事实应当是非常具体的、明确的事实,而不是概括的、复杂的、详细的事实。在运用印证规则、鉴真规则、演绎推理分析方法等进行剖析和推理事实时,存在的信息要素越少,推理形成的结论越准确。这与处理法庭发问的单一问题和复合式问题有相似之处。我们不能仅凭一份被告人供述和一份证人证言就概括性地认定一个案件事实的全部过程,而是应当通过多种证据方法分别去准确认定案件中的每一个具体的、关键的事实。

起诉书指控的事实部分或者法院判决认定的事实部分中通常会存在较大篇幅对事实的描述,而真实发生的事件往往要更为复杂。一个事件的发生通常至少包含时间、地点、人物、起因、经过、结果等多个要素,每一个要素中又包含着诸多具体的细节。

例如时间要素，可以具体拆分成被害人的时间轨迹和被告人的时间轨迹，只有两方的时间轨迹能够重合，才有发生犯罪事实的基础。如张三在2021年1月1日上午9时在昌平上班，而李四2021年1月1日上午9时在大兴上班，则张三在2021年1月1日上午9时不可能发生交通肇事撞倒李四的犯罪事实。

例如经过要素，可以根据具体案情进行拆分，以王五故意伤害赵六为例。关于王五殴打赵六的细节也可以拆分成王五和赵六谁先动手的，王五使用了何种工具，殴打了赵六身体的哪一部位等细节事实，这些事实均与定罪量刑有一定影响。例如：通过被害人陈述、证人证言等证据可以证实王五仅打了赵六的腿部，但是赵六的身体损伤鉴定意见显示，赵六的眉骨出现骨折，其他地方没有损伤，那么王五打赵六与赵六身上的伤情之间不存在因果关系，王五不应当为此承担刑事责任。

学会拆分事实进行分析，是运用证据推理分析事实的基本功，只有更加关注每个事实细节，才能够更加准确地分析案件，寻找到案件中存在的可疑的信息，从而为法庭质证和法庭辩护提供有力的论点和论据，使得刑事辩护更加精细化。

与形式逻辑的三段论相比，司法三段论的特殊性在于大前提和小前提并非科学准确的，而是通过法律方法构建出来的。司法三段论不同于形式逻辑的三段论，司法三段论的大前提是通过解释法律规范或者总结先前判例而形成的裁判规则，法律解释的立场、方法不同可能导致裁判规则不同，而形式逻辑的三段论的大前提往往是经得起科学与经验检验的绝对规则；司法三段论的小前提是通过证据分析推理构建的法律事实，对证据分析推理采取不同的规则、路径，也将导致裁判事实的不同，法律事实只能是接近客观事实，但不等于客观事实。因此，不宜对司法三段论进行绝对化、机械化的套用，应当辩证地看待。

司法三段论的特性还在于构建大前提和小前提的过程不是孤立进行的，司法三段论的大前提应当涵摄小前提，小前提应当被涵摄于作为一般规则的大前提之下。当通过法律解释确定的裁判规则与通过证据分析推理认定的法律事实不具有"一般"和"特殊"的关系时，作为"一般"的裁判规则就无法涵摄"特殊"的具体事实，需要对大前提或小前提进行调整。因此，在构建大前提与小前提的过程中，应当逐渐确立一个适用于具体事实的裁判规则作为大前提，并在这个大前提下再讨论裁判事实的认定问题。因此，运用司法三段论的方式进行法律适用，目光就必须在规范和事实之间穿梭往返。

司法三段论只是法律适用的一种基本思维模式，不是所有的情景都能够通过或者适合通过司法三段论进行演绎推理和论证。通过司法三段论演绎推理的结论，还应当符合经验法则和常情常理。

五、辩护人法庭辩论基本规范

（一）规范性表述

辩护人进行法庭辩论首先要说明出庭依据，即辩护人出庭行使辩护权的法律依据和当事人的委托事实,尤其需要注意的是委托关系的确定是律师事务所接受委托,指派律师担任辩护人。辩护人进行法庭辩论,开场白可以采用如下表述:

尊敬的审判长、审判员:

根据《中华人民共和国刑事诉讼法》和《中华人民共和国律师法》的相关规定,某某律师事务所接受被告人张三的委托,指派赵某某律师担任被告人张三涉嫌故意杀人罪一审/二审辩护人,出席今天的庭审。接受委托后,我查阅了本案的案卷材料,会见了被告人张三,对相关案件事实进行了调查,并经过刚刚结束的法庭调查,对本案事实有了全面的了解,现依据事实和法律,发表如下辩护意见。

(二)规范性逻辑层次

1. 开篇直接表明辩护观点。辩护人在说明出庭依据后,应直接表明基本的辩护方向,即是否同意指控罪名,辩护人所做的是罪轻辩护还是无罪辩护。

实例如下:

"辩护人认为,公诉机关指控被告人张三构成故意杀人罪事实不清、证据不足,不能排除合理怀疑,张三的行为不构成犯罪。"

"辩护人对公诉机关指控被告人张三构成故意杀人罪不持异议,但张三存在法定的和酌定的从轻、减轻处罚情节。具体理由如下:……"

2. 第一轮法庭辩论直接针对公诉意见确定辩护方向。第一轮法庭辩论由公诉人首先发表公诉意见,这等于是竖了个"靶子",辩护人需要对这个"靶子"下手展开辩论。一般来讲,辩护人在开庭前会准备一个完整的辩护词,但这个事先准备的辩护词不一定与公诉意见的内容形成对应关系,有的内容公诉人提到了,但辩护词里没有涉及;有的内容公诉意见没有提,但辩护人作为辩论准备已经在辩护词里体现。所以,建议辩护人不要在第一轮法庭辩论时完全局限于已经准备好的辩护词,直接原文照读辩护词,而应该在聆听公诉意见时做好记录,及时进行辩护词的调整,直接针对"靶子"发表意见,避免该打的没有打,以及对没竖起来的"靶子"进行打击。对于公诉意见观点正确、论证充分的,辩护人无需反驳答辩;对于观点不正确的,辩护人必须予以答辩。在答辩时要指出什么观点不对,具体的事实和理由是什么,其中事实理由涉及证据的采信和事实的认定,法律理由涉及法律规定的内涵和外延以及法理分析和运用。对于公诉人没有提及的指控内容,包括被告人实施在指控罪名之下没有提及的某起犯罪事实,辩护人不要主动提出来加以"反驳"。

3. 第二轮以后的法庭辩护在确定诉讼方向后集中力量论证观点。第二轮辩护与第一轮辩护不同,如果说大部分律师第一轮辩护是按照事先准备好的材料来发表辩护意见的话,第二轮辩护则要针对法庭调查中出现的新情况、新问题和新证据以及公诉方发表的公诉意见临时进行回应,此时可能会有突发情况,预设方案未必完全适合,就需要律师灵活反应提出新的辩护意见。

第二轮辩论应当包括两个方面的内容:一是针对公诉人观点的进一步反驳,这种反驳与第一轮的全面式反驳不同,应该是找准争议焦点后更高层次、更有针对性地反驳，不是第一轮观点的简单重复，论证的理由要针锋相对、言简意赅、概括提升；二是对于第一轮中没有发表的辩护意见进行补充发表，反驳立足于公诉人的立论，无需就公诉人没有提出的问题进行专门论证。

在第二轮辩论中，律师不需要采用"面面俱到式"答辩，法庭辩论要做到适当地"舍小取大"，抓主要矛盾。因为任何一个案件无论案情多么复杂，案卷内容多么庞杂，对案件定罪量刑其关键作用的核心问题和证据并不会太多，如果辩护人能够在法庭辩论环节中抓住这些关键问题，围绕这些问题进行充分的论证，不去纠缠其他细枝末节的问题，反而会使得辩论观点更加突出和具体，更容易被法庭所采纳。因此，针对控方举证中的薄弱环节，有重点地进行答辩，才是法庭辩护阶段的基本精神。例如，我国刑法规定，故意伤害造成轻伤以上后果的才承担刑事责任，因此在故意伤害类案件中，被害人的伤情鉴定意见往往构成关键性证据，辩方在此类案件中需要对答辩内容进行取舍，并不需要回应控方的全部指控，而应该重点围绕关键证据进行分析，这样才更容易实现有效辩护。再比如，在受贿罪中，虽然受贿的数额大小与量刑密切相关，但是，在数额已经突破了数额特别巨大的情况下，再在这个情节上做过多的努力实际意义不大，反而应当将辩护重点放在被告人的行为性质上，通过对行为性质的认定，说服法官认定该行为不是受贿，而是借贷或者其他，会从根本上起到决定性作用。

4. 最大限度地利用终局辩论。庭审辩论的最后阶段是控辩双方对己方观点进行全面阐释与收尾的最后节点。当相互辩论接近尾声时，律师作为辩论一方必须具备优秀的控场能力。一般而言，辩论阶段的最后陈词要做到如下两点：

第一，概括辩方主张，简洁明了地将辩方的全部观点概括成几句话，加深审判人员对己方辩论观点的印象。这一步骤看似简单，事实上非常考验辩护律师对案件本质的把握；

第二，重申控方问题，以指出对方矛盾漏洞作为结尾，能够进一步深化自己的辩论主题。此时，抓住控方证据链中最为关键的问题进行重申即可，刻意追求全面反而会稀释自身的针对性。总而言之，总结陈词的核心在于精炼，只有精炼的内容才能给法庭留下深刻的印象，而能否在终局辩论中精准地取舍自身的辩护主张，有赖于辩护律师深厚的法学功底和丰富的实践经验。

【律师法庭辩护示例】

第七章

刑事控辩法律文书写作

第一节 概述

刑事法律文书，是指在针对具体案件的刑事诉讼活动过程中，相关法律关系主体适用法律而制作并使用的，具有法律效力或法律意义的应用型文书。刑事法律文书的适用范围只针对特定诉讼中的国家机关、公民、法人或者其他组织，就特定的具体事项而言具有法律效力或法律意义，其运用场合为刑事诉讼司法实践，具有很强的实践性和应用性[1]。

刑事法律文书根据文书制作主体的不同，可以分为公安机关的刑事法律文书、检察机关的刑事法律文书、人民法院的刑事法律文书和监狱管理部门的刑事法律文书以及律师的刑事法律文书；从文书制作的格式要求看，可以分为填空式文书、笔录型文书以及叙述型文书。另外，在刑事诉讼的不同阶段关于文书类型的划分也有功能型文书和阶段性文书等。刑事诉讼的文书范围非常广泛，基于法律诊所教学的特点和本书的体例，本章仅以一审刑事诉讼为基点，讲解刑事叙述型法律文书的写作，又由于刑法诊所主要培养学生控辩能力，故本章对于刑事法律文书写作的讲解限于"刑事控辩法律文书写作"。

法律文书写作的基本要求是：格式正确、事项齐全；主旨鲜明、阐述精当；叙事清楚、详略得当；依法说理、论证充分；语言准确、朴实庄重[2]。

一、法律文书制作的语言要求

法律文书，要体现法律和文书两个特点，既要符合文书的写作规范，也要体现法律的严谨，在语言的使用上有特殊的要求。

---

[1] 李杨、王一超编著：《刑事法律思维表达与文书写作》，法律出版社2018年版，第1页。
[2] 陈学权编著：《模拟法庭实验教程》，高等教育出版社2016年版，第8页。

（一）避免使用带有强烈感情色彩或推测性的词语

起诉书应使用客观、理性、中立、平和的词语，避免使用带有强烈感情色彩和道德评价的词语，如带有贬义色彩的动词"窜至"；推测被告人主观动机的短语如"以满足个人淫乐/淫欲为目的"等。

（二）避免以法律评价代替客观表述

起诉书对于案件事实应以白描的方式客观表述，避免直接使用刑法条文中对犯罪构成的直接表述或者与罪名相同的词语，如"诈骗""盗窃""抢劫""强奸"等词不能直接写到对犯罪事实的描述，而只能对行为的客观事实进行描述。

（三）语言的准确性

准确是公文语言的第一要素、基本特点和本质要求。法律文书的语言要忠实地反映案件的客观事实、认定案件性质、情节并且用组织周密的语言加以论证。法律文书用语的准确性要求概念清晰、逻辑严密，准确地引用法律，准确地作出决定。

二、法律文书中数字使用规范

1. 数字用法。在引用的法律条款、部分结构层次顺序和在词、词组、惯用语、缩略语、具有修辞色彩语句中作为词素的数字时应当使用汉字，其他情况下应当尽量使用阿拉伯数字。

2. 钱币或价值的表述。人民币应当表述为"人民币+阿拉伯数字+人民币单位（元、角等）"，例如"人民币500元"；外币应当表述为"阿拉伯数字+币种的货币单位"，例如"1000美元""500欧元"。

3. 刑期、行政处罚期限的表述。刑期、行政处罚期限应当统一使用汉字小写数字（如一二三），与刑法条文的表述方式一致，例如"一年二个月"；避免汉字大写数字（如壹贰叁）与汉字小写数字混用的情况，例如"壹年二个月"。

4. 日期的表述。日期一律使用阿拉伯数字，例如"2020年1月20日"。

三、法律文书中标点符号使用规范

1. 逗号。逗号是语意表述不完整时用以表示句内一般停顿的标点符号，其用法为：逗号一般不用于表示并列词语之间的停顿，句子内部的并列成分（词、短语及作为句子成分而失去独立性的句子）之间的微小停顿应使用顿号；复句内各分句之间的停顿使用逗号，但如果分句内有逗号表示停顿，分句之间的停顿则应使用分号，以划分层次；逗号可以置于较长的主语、较长的谓语、句首状语后，也可以置于较长的宾语前表示一般性停顿。

2. 句号。句号为句末点号的一种，用以表示句子的陈述语气或语意的完整表述，其用法为：用于句子末尾，表示语段前后的较大停顿；起诉书的特殊文体决定，一个语意表述完毕，需用句号表示语意结束，不能使用逗号；可使用划分句子主干的方法判断一句话语意表述是否完整，通过句子主语也可以辅助判断表述是否完整，当句子主语发生变化时，一般前句的表述已经完整。

3. 顿号。顿号表示语段中并列词语之间的停顿，其用法为：用于并列词语之间；

要明确起诉书的内容层次,在多层次的并列词语之间,不能使用顿号一顿到底,只有最小层次的并列成分之间才能使用顿号,如罗列证据时,同种类证据的具体证据名称之间使用顿号分隔;表示序次的不带括号的汉语数字后应使用顿号,带有括号的汉语数字后不使用标点符号,不带括号的阿拉伯数字后应使用英文输入法中的下脚点".",如证据罗列部分,每个证据种类的序号后应使用下脚点".",不能使用顿号"、"。

4. 分号。分号为句内点号的一种,在起诉书中常表示复句内部并列关系的分句之间的停顿,其用法为:表示复句内部并列关系的分句之间的停顿,特别是分句内还有逗号的使用;用于分项列举的各项之间,如证据罗列部分不同种类证据之间的分隔,如"1. 证据种类:具体证据名称……;2. 证据种类:具体证据名称……"。因分号多使用于复句中,为便于阅读者理解起诉书内容,在案件事实、起诉理由和根据部分应尽量使用单句,减少复句特别是多重复句的使用,作为划分复句中层次的分号也应减少使用。

5. 冒号。冒号为句内点号的一种,表示语段中提示下文或总结上文的停顿。当冒号用于提示下文的时候,冒号后面直至句都是直接引用的语言,而且一般都是全部引用。起诉书中,冒号的使用要和逗号进行区分。一般来说,冒号用于直接引语的前面,而逗号则不是直接引用别的语言,只是用于表示句子内部的一般停顿。

6. 括号。括号为标号的一种,标示语段中的注释内容、补充说明或其他特定意义的语句。括号的主要形式是圆括号"( )",其他形式还有方括号"[ ]"、六角括号"〔 〕"和方头括号"【 】"等。在起诉书中,"〔 〕"多用于文号中,起诉书正文多使用"( )"进行注释或补充说明。除科技书刊中的数学、逻辑公式外,所有括号(特别是同一形式的括号)应尽量避免套用。必须套用括号时,宜采用不同的括号形式配合使用。

第二节 起诉书的写法

一、起诉书的概念

起诉书是指检察机关对侦查机关侦查终结移送审查起诉的案件,以及检察机关自行侦查后移送审查起诉的案件,经过审查,认为指控被告人的犯罪事实清楚,证据确实、充分,人民检察院依法代表国家向人民法院提起公诉、指控犯罪并要求追究被告人刑事责任的重要法律文书。它是人民法院对公诉案件依法进行审判活动的合法依据,也是庭审中公诉人出庭指控犯罪、发表公诉意见、参加法庭调查和辩论以及被告人及其辩护人对指控的犯罪进行法庭辩护的基础。起诉书是启动审判程序的法律文书,是用高度概括的语言对定罪和适用法律进行说明的文书。

二、起诉书制作的基本要求

起诉书既是国家公文,又是检察机关对外最重要的法律文书。合法有效的起诉行为是法院开启审判程序的前提条件,起诉书是检察机关起诉行为的文书载体。检察机关将起诉书制作完毕并送达法院之后,意味着审查起诉阶段已经终结,在这个意义上说,起诉书具有程序启动的功能。同时,按照不告不理的原则,法院的审理范围要受到起诉书范围的限制,检察机关的起诉书要明确起诉的人和事,在此基础上提供案件的相关信息,其核心内容是人民检察院对案件事实的认定意见以及起诉的根据和理由,也正因为起诉书的上述地位和特点,决定了起诉书的制作应当按照国家相关规定写作。

第一,起诉书制作应当符合规范性、准确性和逻辑性的要求。作为国家公文,起诉书制定首先要符合规范性的特点。具体来说,应当体现在格式的规范性、内容的规范性和语法的规范性。在格式上应完整规范,内容应表达明确、条理清晰、用词准确、语句通顺、语体严谨、标点符号使用正确。其次,起诉书陈述的内容要准确,这里所说的准确,是指严格符合案件事实。

第二,撰写起诉书所涉及的各要素时,应当充分考量其诉讼意义,对于不具有诉讼意义的信息可予以简化。

第三,坚持客观公正的原则和无罪推定的理念,坚持庄重、理性、客观的语言风格,在描述案件事实时避免过多使用带有主观色彩的表述方式。

三、起诉书的基本要素和写法[1]

起诉书应由首部、主体、尾部组成。按照《人民检察院刑事诉讼规则》的规定,起诉书主体应当包括五个部分:①被告人的基本情况,包括姓名、性别、出生年月日、出生地和户籍地、公民身份号码、民族、文化程度、职业、工作单位及职务、住址,是否受过刑事处分及处分的种类和时间,采取强制措施的情况等;如果是单位犯罪,应当写明犯罪单位的名称和组织机构代码、所在地址、联系方式,法定代表人和诉讼代表人的姓名、职务、联系方式;如果还有应当负刑事责任的直接负责的主管人员或其他直接责任人员,应当按上述被告人基本情况的内容叙写;②案由和案件来源;③案件事实,包括犯罪的时间、地点、经过、手段、动机、目的、危害后果等与定罪量刑有关的事实要素,起诉书叙述的指控犯罪事实的必备要素应当明晰、准确,被告人被控有多项犯罪事实的,应当逐一列举,对于犯罪手段相同的同一犯罪可以概括叙写;④起诉的根据和理由,包括被告人触犯的刑法条款、犯罪的性质及认定的罪名、处罚条款、法定从轻、减轻或者从重处罚的情节,共同犯罪各被告人应负的罪责等;⑤被告人认罪认罚情况,包括认罪认罚的内容、具结书签署情况等。

---

[1] 起诉书的写作部分内容参照姚新华主编:《刑事实名办案技能与疑难解析》,中国法制出版社2017年版,第117~141页。

制作起诉书时，还应该注意以下事项：①被告人真实姓名、住址无法查清的，可以按其绰号或者自报的姓名、住址制作起诉书，并在起诉书中注明；②起诉书应当附有被告人现在处所，证人、鉴定人、需要出庭的有专门知识的人的名单，需要保护的被害人、证人、鉴定人的化名名单，查封、扣押、冻结的财物及孳息的清单，附带民事诉讼、附带民事公益诉讼情况以及其他需要附注的情况；③证人、鉴定人、有专门知识的人的名单应当列明姓名、性别、年龄、职业、住址、联系方式，并注明证人、鉴定人是否出庭。由于犯罪嫌疑人的行为致使国家或者集体财产遭受损失的，在提出提起公诉意见的同时，可以提出提起附带民事诉讼的意见，在起诉书之外单独制作《刑事附带民事起诉书》。

（一）首部

1. 人民检察院的名称。起诉书标题要写明制作起诉书的检察院的全称；对涉外案件提起公诉时，各级人民检察院的名称前均应注明"中华人民共和国"的字样。

2. 文号。文号由制作起诉书的人民检察院的简称、案件性质、起诉年度、案件顺序号组成。其中，年度须用四位数字表述。文号写在该行的最右端，上下各空一行。如北京市昌平区人民检察院 2022 年某起诉书的文号为：京昌检二部刑诉【2022】××号。

3. 被告人（被告单位）基本情况。

（1）被告人的基本情况：姓名、性别、出生年月日、身份证号码、民族、文化程度、职业或者工作单位及职务、出生地和户籍地、住址、曾受到刑事处罚以及与定罪和法定量刑情节有关的行政处罚情况、因本案采取强制措施的情况等，应当按照所列要素的顺序叙写。

（2）被告单位基本情况：单位名称、组织机构代码、住所地、法定代表人姓名、职务等，诉讼代表人应当写明姓名、性别、年龄、工作单位、职务。单位犯罪中直接负责的主管人员、其他直接责任人员作为被告人的，其基本情况参照上文表述。

（3）姓名的表述：姓名的表述格式为"被告人×××"，如果被告人的曾用名、别名、化名或者绰号具有诉讼意义，应当在其姓名后面用括号注明。叙写曾用名、别名、化名时，表述格式为"被告人×××（曾用名/别名/化名×××）"。叙写绰号时需用引号标注，表述格式为"被告人×××（绰号'×××'）"。被告人是外国人的，应当在其中文译名的全名后用括号注明外文姓名的全名，并与护照记载的信息保持一致。

（4）出生日期的表述：被告人出生日期应当以公历日期为准，表述格式为"××××年××月××日出生"，统一使用阿拉伯数字表示。除未成年人外，如果确实无法查清出生日期，也可以仅标注年龄，用括号标注"自述"。

（5）外国人相关信息的表述：被告人是外国人的，应当注明国籍和护照号码，国籍应写明国名全称。如"美利坚合众国"不能简写为"美国"，表述格式为"×××国公民，护照号码……"。

(6) 身份证号码的表述：身份证号码表述格式为"公民身份号码……"，对尚未办理居民身份证的，起诉书中应予以注明。需注意，被告人基本情况中所有的项与具体表述之间，直接连用，统一不加"为""是"或者冒号。

(7) 民族的表述：民族的表述应写明民族的全称。

(8) 文化程度的表述：文化程度为小学、初中、高中、中技、中专、大专、大学的，表述为"××文化程度"；文化程度为硕士、博士的，分别表述为"硕士研究生""博士研究生"；不识字的直接表述为"文盲"。

(9) 职业或者工作单位及职务的表述：表述职业时，有工作单位的，直接注明工作单位及职务，表述格式为"案发前系+工作单位+职务"；没有工作单位的，可以根据实际情况注明职业类型，如"经商""务工""务农；肄业的，表述为"××肄业"；没有职业的表述为"无职业"。

(10) 出生地和户籍所在地的表述：出生地的表述格式为"出生地……"，户籍所在地的表述格式为"户籍所在地……"。出生地和户籍所在地应当与户籍登记信息一致。

(11) 曾受刑事处罚以及与本案定罪、法定量刑情节相关的行政处罚情况的表述：对被告人曾受过行政处罚、刑事处罚的，应当在起诉书中写明。其中，行政处罚限于与定罪和法定量刑情节有关的情况。一般应先写受到行政处罚的情况，再写受到刑事处罚的情况。

具体表述格式如下：

叙写行政处罚时，应当注明处罚的时间、原因、种类、处罚单位。具体格式为"因……，于××××年××月××日被×××（单位）……"。行政处罚的种类应当严格按照行政处罚决定书中的表述撰写，不能自行改写或简写。

叙写刑事处罚时，应当注明处罚时间、原因、种类、决定机关、释放时间。具体格式为："因犯×××罪，于××××年××月××日被×××（单位）判处……，于××××年××月××日刑满释放。"刑事处罚的种类应当严格按照判决书中的表述撰写，不能自行改写或简写。

表述释放时间时，应当区分是刑满释放还是被假释。如果刑期已经执行完毕，应当表述为"于××××年××月××日刑满释放"；如果刑期未满被假释应当表述为"于××××年××月××日被假释，××××年××月××日假释期满"。

(二) 因本案被采取强制措施情况的表述

因本案被采取强制措施情况的叙写，必须注明原因、种类，批准或者决定的机关和时间、执行的机关和时间。被采取过多种强制措施的，应当按照执行时间的先后顺序分别叙写。表述格式为"因涉嫌×××罪，于××××年××月××日被×××（单位）刑事拘留；因涉嫌×××罪（如拘留、逮捕罪名一致的，可省略），于××××年××月××日经×××检察院（如与提起公诉的检察院相同，可简化为'本院'）批准/决定，于××××年××月××日被××××逮捕"。

（三）案由和案件的审查过程

起诉书中的案由要按照侦查机关移送审查起诉时认定的罪名叙写。在叙写案件的移送及审查过程时，应当写明案件移送审查起诉、退回补充侦查、改变管辖、变更起诉等诉讼活动的时间、缘由，同时，还应载明是否已依法告知被告人、被害人诉讼权利及听取其本人、辩护人、诉讼代理人意见的情况，真实反映审查起诉过程的全貌。

1. 一般表述。案由和案件审查过程一般应表述为："本案由×××（侦查机关）侦查终结，以被告人×××涉嫌××罪，于××××年××月××日向本院移送审查起诉。本院受理后，于××××年××月××日已告知被告人有权委托辩护人，于××××年××月××日已告知被害人及其法定代理人（近亲属）、附带民事诉讼的当事人及其法定代理人有权委托诉讼代理人，依法讯问了被告人，听取了辩护人×××、被害人×××及其诉讼代理人×××的意见，审查了全部案件材料。"

2. 侦查机关移送审查起诉的需变更管辖权的案件。对于侦查机关移送审查起诉的需变更管辖权的案件，表述为："本案由×××（侦查机关）侦查终结，以被告人×××涉嫌××罪，于××××年××月××日向×××人民检察院移送审查起诉。×××人民检察院于××××年××月××日转至（交由）本院审查起诉。本院受理后，于××××年××月××日已告知被告人有权……"

3. 人民检察院移送审查起诉的案件。对于本院侦查终结并移送审查起诉的案件，表述为："被告人×××涉嫌××罪一案，由本院侦查终结，于××××年××月××日移送审查起诉。本院于××××年××月××日已告知被告人有权……"

4. 其他人民检察院侦查终结的需变更管辖权的案件。对于其他人民检察院侦查终结的需变更管辖权的案件，表述为："本案由×××人民检察院侦查终结，以被告人×××涉嫌××罪移送审查起诉，×××人民检察院于××××年××月××日转至（交由）本院审查起诉。本院受理后，于××××年××月××日已告知被告人有权……"

5. 退回补充侦查和延长审查起诉期限。如有退回补充侦查或延长审查起诉期限的情况，应当注明日期、缘由，表述格式为"其间，因……退回侦查机关补充侦查×次（写明每次退回补充侦查的起止时间）；因……延长审查起诉期限×次（写明每次延长审查起诉期限的起止时间）"。此处，应当使用"其间"而非"期间"，用代词"其"指代前面的审查起诉过程。

6. 司法精神病鉴定期间。对被告人进行司法精神病鉴定的，应写明精神病鉴定的起止日期。表述格式为"因进行司法精神病鉴定暂停计算审查起诉期限×次（写明鉴定的起止时间）"。

（四）案件事实

案件事实部分是起诉书的重点。在叙写案件事实时应遵循原则性与灵活性相结合的原则，客观真实地反映案件的原貌。案件事实主要由案件经过、专门机构的鉴定/认定情况、被告人的到案情况、涉案款物的处理情况四部分组成。

1. 案件事实的整体表述格式、体例表述如下：

经依法审查查明：（另起一段）

……（具体描述案件经过）

2. 被告人到案情况的表述：被告人到案情况的表述格式一般为"被告人+于……（时间）+被××+动作"，到案地点酌情叙明。如果被告人系自动投案，表述格式为"被告人×××于××××年××月××日向××机关投案"。

3. 涉案款物处理情况的表述：涉案款物处理情况的表述格式为"涉案款物+处理者+处理方式"。

4. 案件事实的表述顺序和格式。案件事实各部分的表述顺序依次为：案件经过、专门机构鉴定/认定情况、被告人到案情况和涉案款物处理情况。具体表述格式如下：

案件为单起事实的，案件经过、专门机构鉴定/认定情况同在一段，两者之间以句号分隔；被告人到案情况、涉案款物处理情况另起一段，两者之间以句号分隔。如果被告人属于当场抓获的，被告人到案情况可紧跟案件经过进行表述。

案件为多起事实的，可根据案件不同情况，按照先单位犯罪后自然人犯罪、先共同犯罪后单独犯罪、先主犯后从犯、先重罪后轻罪及犯罪事件的先后等合理顺序叙述，突出单位犯罪、共同犯罪、主犯及重罪。对于共同犯罪与单独犯罪共存的案件，在写明被告人的共同犯罪事实及各自在共同犯罪中的地位和作用后，应按照被告人罪行的轻重顺序，分别叙明各个被告人的单独犯罪事实。各起事实中专门机构鉴定/认定情况应直接在案件经过后叙写，必要时，可以在全部案件经过叙写完毕后对专门机构鉴定/认定情况再次作总括性描述。

【示例】

2018年5月17日15时许，被告人张某兵在某市某区20路公交车站旁过街天桥处，尾随被害人丁某，从其外衣兜内窃取苹果牌iPhone 7 128G型手机1部。经鉴定，该手机价值人民币6578.5元。

被告人张某兵在逃离现场时被民警抓获归案，后如实供述了上述事实。涉案手机已起获并发还被害人。

对起诉书所指控的所有犯罪事实，无论是一人一罪、多人一罪，还是一人多罪、多人多罪，都必须逐一列举。一般可按照时间先后顺序；一人多罪的，应当按照各种犯罪的轻重顺序叙述，把重罪放在前面，把次罪、轻罪放在后面；多人多罪的，应当按照主犯、从犯或者重罪、轻罪的顺序叙述，突出主犯、重罪。对共同犯罪案件中有同案犯在逃的，应在其后写明"另案处理"字样。

叙写事实要注意繁简得当。详略的取舍标准关键在于所表述信息对于案件定罪和法定量刑情节的认定的现实影响程度。以下五项内容应当详细、精确表述：

第一，对于犯罪行为处于持续状态之下的，应当详细表述持续时间。

第二，犯罪行为发生的地点或与案件定罪、法定量刑情节认定有关的其他地点应详细表述。例如，对于入户盗窃案件应当围绕"户"的判断标准，重点详细描述案发地点。

第三，与定罪量刑（法定量刑情节的认定）有关的人物的具体信息应详细表述。包括：案件双方当事人和犯罪对象，如果有关人物的身份、年龄、性防卫能力等具体信息和定罪量刑有关，应详细叙明。例如，在强奸案中如果被害人系未成年人或无性防卫能力，应详细表述。

第四，对于关键性的案件经过事实应详细表述。案件经过是案件事实的核心，包括准备、实施和结果，是关系定罪量刑的关键因素。例如，在共同犯罪案件中，应当重点描述共同犯罪行为人在实施犯罪前的预谋和准备活动，以认定行为人主观上是否具有共同的犯罪故意；在实施阶段应当重点描述各行为人的具体行为和相互之间的关联性，以认定行为人在客观上是否共同实施了犯罪行为；除此之外，还应当重点描述不同行为人在共同犯罪中的分工及所起到的具体作用，以此区分各行为人在共同犯罪中的地位和作用。

第五，对于关系到案件罪与非罪、定性和量刑情节认定的犯罪手段要素应详细表述。例如，在区分抢劫罪与敲诈勒索罪时，虽然都可以采用言语威胁的方式取得他人财物，但如果威胁内容只涉及个人隐私而不涉及人身安全，则在符合所有构成要件的情况下应当认定为敲诈勒索罪。在手段要素的表述中，应注意犯罪工具的具体描述，如故意伤害案中，蓄意准备枪支或管制刀具和随手拿起身边物品所反映的人身危险性是不同的。

案件事实的表述应使用客观、理性、中立的词语，案件事实描述不应简单套用罪名来代替对犯罪行为的客观描述，如"盗窃""销售有毒、有害食品""强奸""抢劫""非法经营"等，应当根据被告人实施的具体行为客观描述。以"盗窃"为例，"盗窃"被《刑法》《治安管理处罚法》明确规定为一种违法行为，在案件事实中使用"盗窃"有提前对被告人行为进行法律评价的嫌疑，可根据主观故意、实施对象、结果的侧重点等使用"窃取""窃得""窃走"等。

（五）证据

基本要求：应当在起诉书中指明证据的名称、种类。引出证据列举的表述格式为：

认定上述事实的证据如下：（另起一段）

……（罗列相关证据）

1. 证据列举格式：证据列举的表述格式为"阿拉伯数字序号+下脚点+证据种类+冒号+具体证据名称+分号"，与定罪量刑有关的主要证据均应清晰、完整地罗列。

2. 证据叙写顺序：叙写证据时，一般应当采取"一事一证"的方式，即在每一起案件事实后，写明据以认定的主要证据。具体格式如下：

经依法审查查明：（另起一段）

……（案件经过）。……（专门机构鉴定/认定情况）。

……（被告人的到案情况）。……（涉案款物处理情况）。

认定上述事实的证据如下：（另起一段）

1. 证据种类：具体证据名称；2. 证据种类：具体证据名称；3. 证据种类：具体证据名称……

（六）起诉的理由和根据

起诉的理由和根据部分应针对起诉书所指控犯罪的基本特征，对行为性质、危害程度、情节轻重，要结合犯罪的各构成要件进行概括性地表述，即罪状表述，突出本罪的特征，语言要精练、准确。

起诉的理由和根据以"本院认为"作为引入，后面跟逗号，具体的罪状表述的方式为："被告人……，其行为触犯了《中华人民共和国刑法》第××条……"

【示例】

被告人王某明知其放火行为会发生危害公共安全的后果，且放任这种结果的发生，其行为触犯了《中华人民共和国刑法》第一百一十四条，犯罪事实清楚，证据确实、充分，应当以放火罪追究其刑事责任。

1. 法律条文引用。对法律条文的引用应当具体到条、款、项，其中，项的序号要加圆括号，以保持与刑法规定一致，表述格式为"第××条第××款第（××）项"。同时引用多个法律条文时，表述格式为"其行为触犯了《中华人民共和国刑法》第×条、第×条"，引用法律条文时，统一使用汉字小写数字，不使用阿拉伯数字。

2. 相关用语的表述规范。

（1）"犯罪事实清楚，证据确实、充分"为格式要件，不可缺少，"确实"与"充分"之间应以顿号分隔。

（2）给出定罪建议时表述为"应当以××罪追究其刑事责任"。

（3）提起公诉的法律依据的表述格式为"根据《中华人民共和国刑法》第××条的规定"。

（4）对法院的请求意见应表述为"请依法判处"。

（5）犯罪行为的表述。罪状中对行为性质、危害程度、情节轻重的交代要结合犯罪构成要件概括性表述，突出本罪的特征。被告人犯罪的主观故意、犯罪目的、犯罪起因，若作为犯罪构成要件的，应当在罪状中交代。罪状表述应当完整，不应简单使用犯罪结果代替行为表述，如不应简单描述为"因为做伪证，因此构成伪证罪"。犯罪手段如果影响定罪和法定量刑情节的认定，应当在罪状中概述，否则无需叙明。犯罪手段影响定罪的罪名，如入户盗窃、携带凶器盗窃、携带凶器抢夺等；影响量刑的，如持械聚众斗殴等。对犯罪情节、后果、性质、社会危害性进行评价时需依据法律及司法解释的规定。法律或司法解释明确以情节、后果的有无及程度作为量刑情节的，应当按照法律或司法解释的规定叙明，如侵犯著作权罪，以"情节严重""情节特别严重"判断量刑档的标准。如果法律及司法解释中没有明确规定，不能凭个人主观判断使用"社会危害性极大""犯罪性质极其恶劣"等评价。

（6）犯罪对象及犯罪后果的表述。犯罪对象的表述应明确，如故意毁坏财物罪中，一般情况下，应当根据财物权属具体表述为"故意毁坏公共财物""故意毁坏单位财物"或者"故意毁坏他人财物"。犯罪后果的交待应准确到位，如故意伤害罪的犯罪后果不能模糊表述为"致人轻伤"，应当明确表述受伤人数及伤残等级，如"致一人轻伤一级"。但当伤害对象只有一人时，可简略表述如"致人轻伤一级"。

（7）量刑情节的表述。对于法定量刑情节，应当在起诉书中作出认定。但是，涉及自首、坦白等可能在庭审中发生变化的量刑情节，可以在案件事实中仅对有关事实作客观表述。对于酌定量刑情节，可以根据案件的具体情况，从有利于出庭支持公诉的角度出发，决定是否在起诉书中表述。叙写量刑情节时，应当先概括行为特征，再引用法律条文，最后对量刑情节加以认定。

被告人××已经着手实行犯罪，因意志以外的原因而未得逞，根据《中华人民共和国刑法》第二十三条的规定，系犯罪未遂，可以比照既遂犯从轻处罚。

同一被告人有多个量刑情节应当分别表述，同一案件不同被告人具有相同量刑情节的，应当合并表述。同一案件多名被告人具有的不同量刑情节，按照被告人的先后顺序叙写；同一被告人具有多个量刑情节的，按照从重到轻的顺序叙写。

（8）量刑意见。量刑意见应尽量明确具体。如犯罪未遂的，应当明确提出"从轻处罚"或者"减轻处罚"的意见。量刑意见的表述语言应依据相应法律条文的规定，如"应当从轻处罚"或者"可以从轻处罚"，不能表述为"建议从轻处罚"。

被告人××揭发他人犯罪，查证属实，根据《中华人民共和国刑法》第六十八条的规定，有立功表现，可以从轻处罚。

（七）尾部

1. 署名：起诉书应当署具体承办案件公诉人的法律职务和姓名。
2. 日期：起诉书的年月日，为签发起诉书的日期。
3. 盖章：起诉书应加盖提起公诉的人民检察院院印，院印应当端正地盖在起诉书的日期上。
4. 附注。附注的内容包括：

（1）被告人（被告单位）现在处所或住所地。具体包括在押被告人的羁押场所和监视居住、取保候审的处所或被告单位的注册地、办公经营地。

（2）案卷材料和证据××册××页。

（3）证人、鉴定人、需要出庭的专门知识的人的名单，需要保护的被害人、证人、鉴定人的名单。

（4）有关涉案款物的情况。

（5）被害人（单位）附带民事诉讼的情况。

（6）涉众型犯罪的被害人名单。

（7）其他需要附注的事项。

【起诉书示例】

福建省××市人民检察院
起 诉 书

榕检二部刑诉〔2020〕×号

被告人陈××，男，××××年××月××日出生，公民身份号码××××，汉族，小学文化程度，无固定职业，户籍所在地福建省××市××镇××村××号，暂住广西壮族自治区××市××县××镇××街出租屋。因涉嫌故意杀人罪，于2019年7月7日被福清市公安局刑事拘留，8月13日经福清市人民检察院批准逮捕，次日由福清市公安局执行逮捕。

本案由福清市公安局侦查终结，以被告人陈××涉嫌故意杀人罪，于2019年9月27日向福清市人民检察院移送审查起诉，福清市人民检察院于同年10月16日将本案报送本院审查起诉。本院受理后，于同日告知被告人有权委托辩护人，告知附带民事诉讼的当事人有权委托诉讼代理人，依法讯问了被告人，听取了附带民事诉讼当事人代理人的意见，审查了全部案件材料。本院于同年11月28日将本案退回侦查机关补充侦查，侦查机关于12月24日补查重报。期间，本院依法延长审查起诉期限一次。

经依法审查查明：1992年12月1日15时许，被告人陈××应同案人郑×1（已判决）、郑×2（已死亡）的要求，伙同陈×1、陈×2、郑×3等人携带刀具、三角耙等工具前往福清市××镇××村，寻找此前与郑×1家族有肢体冲突的被害人何××报复泄愤，在未发现何××行踪后解散。17时许，被告人陈××再次应郑×2、郑×2要求，驾驶摩托车载运二人携刀具出发，在××村陈书干食杂店发现被害人何××。被告人陈××与郑×1、郑×2下车后持长刀追砍、捅刺何××，致被害人何××枕部、右腋后线、腰部、左臀部、左尾指、无名指多处创伤，左掌指关节骨折，左膝关节、左右大腿多处擦伤。被告人陈××等人将前来阻拦的何×1、何×2打伤后逃离现场。被害人何××经抢救无效死亡，何×1、何×2经法医检验认定构成轻微伤。

2019年7月7日，被告人陈××在广西壮族自治区××县××镇××街中段一出租房处被公安机关抓获。

认定上述事实的证据如下：

1. 书证：尸体检验记录、门诊病历、法医门诊部检验证明、收条、郑××身份证明、福清市死亡人员证明书等；

2. 证人证言：郑×1、郑×2、郑×3、何×1、倪××、陈×1、陈×2、陈×3、陈×4、陈×5、陈×6、何×2、何×3、林××、陈×7、等人的证言；

3. 被告人陈××的供述与辩解；

4. 指认现场、辨认等笔录；

5. 其他证据材料：公安机关出具的人口基本信息、违法犯罪经历查询记录、抓案经过、临时羁押证明书、相关说明、同案人郑×1的起诉书、判决书、××村委会出具的说明等。

本院认为,被告人陈××明知其伙同他人共同追打、捅刺他人要害部位的行为可能造成被害人死亡结果,仍放任该结果的发生,并致一人死亡,其行为触犯了《中华人民共和国刑法》第十二条以及1979年《中华人民共和国刑法》第一百三十二条、第二十二条第一款的规定,犯罪事实清楚,证据确实、充分,应当以故意杀人罪追究其刑事责任。根据《中华人民共和国刑事诉讼法》第一百七十六条第一款的规定,提起公诉,请依法判处。

此致
福州市中级人民法院

检 察 员:林××
检察官助理:马××
2020年2月5日

附:
1. 被告人陈××现羁押于福清市看守所。
2. 案卷材料和证据3册、光盘4张。

【起诉书示例】

第三节 公诉意见书的写法

公诉意见书,是公诉人在法庭上发表公诉主张、支持指控观点的重要法律文书,其主要内容是公诉人在法庭上就案件的指控事实、证据、法律适用、量刑建议等集中发表的意见,公诉意见在法庭辩论环节开始时发表。

一、公诉意见书的功能与作用

公诉意见书不同于起诉书和开庭辩论,有其独特的功能与作用[1]:

1. 公诉意见书是对指控的进一步明确和对起诉书的重要补充。公诉意见书作为公诉人庭审时发表的意见,能够对案件事实作进一步的论证总结。对于案件事实和

---

[1] 桑涛:《公诉语言学:公诉人技能提升全程指引》,中国法制出版社2016年版,第340页。

证据比较清楚、不存在争议的部分,公诉人可以在公诉意见书中简单论述。对于案件事实和证据存在较大争议的内容,公诉人需要详细论述,严密论证,将起诉书中指控的事实和证据呈现给法庭。

2. 公诉意见书是对法庭调查的进一步总结和强化。公诉意见要求公诉人对法庭调查活动进行归纳总结,将举证、质证阶段中零散的、片面的证据组合为完整的证据体系,是对法庭调查阶段观点的总结,使审判法官对案件事实形成内心确信。

3. 公诉意见书是对证据体系的论证。在举证、质证环节已经论述证据具有合法性、关联性、客观真实性的基础上,公诉人需要在公诉意见书中展开对证据的归纳和总结,要将论证的重点放在各证据的证明力强弱以及证明标准的确实充分上。

4. 公诉意见书是对案件定性与法律适用的说明与论证。这部分内容主要是论证被告人罪与非罪、此罪与彼罪的问题。公诉人通过围绕起诉书中指控的罪名的犯罪构成要件进行论述,针对辩护人可能提出的罪轻与无罪辩护意见进行重点论述。

5. 公诉意见书是法治教育的重要手段。公诉意见书作为庭辩过程中的主要载体,严格依法,说理充分,深刻剖析被告人犯罪行为的严重危害及犯罪根源以明确事实,同时释法说理让公众看懂法律事实认定和法律适用之间的逻辑关系,能够发挥好沟通、互动和教化作用,有利于形成法律共识和社会共鸣。

二、公诉意见书的制作

公诉意见书是对起诉书的进一步论证和补充说明,应当做到客观全面、有理有据、论点明确、论据充分,避免过多的修饰性词语。公诉意见书的制作主要应包括以下几部分内容:

(一) 首部

首部主要包括被告人基本情况、案由、起诉书号等,同时还应当对公诉人出席法庭的法律依据、身份、职责进行简要说明。一般表述为"根据《中华人民共和国刑事诉讼法》第一百八十九条、第一百九十八条的规定,我们受××人民检察院的指派,代表本院以国家公诉人的身份,出席法庭支持公诉,并依法对刑事诉讼实行法律监督。现对本案证据和案件情况发表如下意见,请法庭予以参考"。

(二) 对庭审活动情况简要的概括

对庭审活动情况简要的概括应当根据法庭调查情况,对本案的事实和证据情况进行综合阐述,同时应当对质证的情况进行总结。司法实践中一般表述为:"通过刚才的法庭调查,公诉人当庭讯问了被告人,询问了证人、被害人、鉴定人,出示了相关证据并进行了质证,已经充分证明本院起诉书指控被告人犯××罪,犯罪事实清楚,证据确实、充分,定性准确。下面本公诉人就本案有关问题发表如下意见,请合议庭予以参考。"

(三) 根据本案证据情况分析本案的定性

"根据本案证据情况分析本案的定性"部分应当根据起诉书所指控罪名的犯罪构成要件,结合案件事实情节、论证被告人的行为已经构成起诉书所指控的犯罪,同时应当结合全案的证据情况分明论证本案最终的定性。

（四）对被告人的量刑情节进行分析

"对被告人的量刑情节进行分析"部分应当根据被告人的犯罪事实，论证应适用的法律及司法解释的具体条款，并提出定罪及从重、从轻、减轻处罚等量刑建议。

（五）概括全案情况，分析被告人行为的社会危害性

"概括全案情况，分析被告人行为的社会危害性"部分应当以具体证据为依据，抓住主要犯罪事实和情节，对案情进行分析，指出被告人的犯罪行为所造成的社会危害性，包括对被害人及其家庭带来的危害和对社会产生的危害性。同时，可以根据庭审情况，在揭露被告人犯罪行为的社会危害性的基础上，做必要的法治宣传和教育工作。

（六）被告人触犯的法律及应负的法律责任

"被告人触犯的法律及应负的法律责任"部分应当阐明被告人具体应负的法律责任和触犯了哪些具体的法律规定，同时应当在最后阐明对被告人从重处罚或从轻、减轻处罚的理由和根据。例如，可以表述为："综上所述，起诉书认定本案被告人×××的犯罪事实清楚，证据确实、充分，依法应当认定被告人有罪，并建议对被告人从重（从轻、减轻）处罚。"

综上所述，开庭审判之前撰写的公诉意见书只是公诉人发表公诉意见的初稿，真正的庭审活动过程往往瞬息万变。比如，庭审过程中辩护人突然出示了新证据，法院通知了新的证人到庭，公诉人发现案件证据发生根本性变化可能影响案件定罪量刑等。这些突发情况的出现随时都可能影响公诉人先前所撰写公诉意见书的内容，所以，公诉人在庭审过程中也要随机应变，根据庭审过程中出现的具体情况来改变公诉意见书，从而圆满完成支持公诉的工作。

【示例】公诉意见书（当庭发表）

基本案情：

2017年4月，被告人张××与被害人刘××相识并发展成为男女朋友关系，相处几个月后，刘××提出分手，张××到刘××办公场所用刀刺扎被害人颈部及胸腹部多刀。后刘××同事打电话报警，张××等在原地直至警察将其带走。张××到案后，供述了自己因被害人对自己的冷漠而产生杀心，持刀杀死被害人的事实，几次有罪供述后，张××推翻供述，称刘××是自己想死，所以握着他的手扎在自己的脖子上，审查起诉阶段和庭审法庭发问时张××仍持这一辩解。

以下为北京市人民检察院第一分院公诉人赵鹏当庭发表的公诉意见。

北京市人民检察院第一分院
公诉意见书

被告人：张××
案　　由：故意杀人罪
起诉书：京一分检公诉刑诉［20××］××号

审判长、审判员、人民陪审员：

依据《中华人民共和国刑事诉讼法》及《人民检察院组织法》有关规定，受北京市人民检察院第一分院的指派，我以国家公诉人的身份出席今天的法庭，代表我院支持公诉并依法履行法律监督职责。

庭审至此，相信除了被告人张××之外的法庭上的每一个人心里都充满了遗憾。这个遗憾应当有三层含义：一是对被害人刘××而言，19岁的年龄离开人世，从此生活和世界与她再无关系，当然是遗憾；二是对本案的发生原因而言，尽管感情纠纷引发的命案时有发生，但是人们并不会因此就认为出于感情原因而杀一个人是值得的；三是对被告人张××而言，如果说在开庭最初，张××还没有看到本案的全部证据时，出于侥幸心理仍然不承认自己的犯罪行为的话，那么在公诉人已经将全部证据摆在法庭上之后，其仍然拒不承认自己的罪行，显然会让人感到遗憾，尤其是张××本来有自动投案的情节，到案后也对罪行有过如实供述，后来又推翻了供述这种情况，其今天在法庭上的态度将会决定是否可以认定自首的情节，进而从轻或者减轻处罚。

本案是一个事实清楚，证据也确实、充分的案件。（打开证据导图，根据内容展示导图不同部分）（1）被告人张××与被害人刘××之间曾经有感情关系，这一点不仅有张××的供述，而且还有张××手机中给刘××发送的信息印证张××的供述。尽管刘××已经死亡，但从上述证据中可以判断，本案属于感情纠纷引发的刑事案件，张××与刘××之间曾是男女朋友关系，双方互相赠送过财物，后来出现了矛盾，刘××提出了分手。（2）张××购买了水果刀一把，并在案发当天携刀前往刘××工作地找其索要分手理由。这一事实，不仅有张××供述直接证明，而且有耿××等人的证言与张××供述相印证，另有监控录像佐证以及张××手机购买水果刀的页面照片佐证。（3）在刘××的办公所在地，张××实施了本案起诉书指控的基本事实，即持刀刺扎刘××颈部、胸腹部及四肢数刀，导致刘××因急性失血性休克当场死亡。其中刘××当场死亡的事实，有邓××证言直接予以证明，另有相关院前诊断记录、尸检报告等证据在案佐证，对此事实，张××亦予以供认，没有异议。（4）案件存在争议的焦点是刘××身体的损伤是张××故意刺扎还是二人争夺水果刀过程中的误伤。起诉书指控张××主动刺扎刘××，所依据的是两份直接证据。其一是目击证人耿××的证言，今天耿××也出庭将整个过程描述给了法庭，其证言能够得到郭××、孟××证言的支持，具有真实性。其二，更重要的是，耿××的证言还能够和张××的两份有罪供述相互印证。在侦查阶段的前期，张××多次承认其当时是主动持刀刺扎刘××颈部。这些有罪供述的内容与耿××证言中的内容相互印证，张××在今天也没有提出这些有罪供述是非自愿下做出的，因此供述内容具有较高的真实性。此外，还有另一组证据，虽然不是直接证据，但对上述直接证据有强有力的支撑。这组证据就是尸检报告和鉴定人的证言。尤其鉴定人的当庭证言，从刘××伤口形状入手分析出这种形态的伤口可能是行凶者将刀插入人体后，在未拔出的情况下在人的身体里有位移所导致的。这一解释与被告人张××的有罪供述中的相应描述完全吻合，即"我扎了一刀之后没有拔出来，而是向旁边割，然后拔出又扎了一下……"需要说明的是，张××做出上述有罪供述时，距离案发只有五六个小时，是其第一次接受讯问时说的，而此时刘××的尸体还没有送去解剖，任何人都不知道伤口的特征。如果不是张××自己说出来，谁也不会有意编造这样的供述细节，去印证还没有出来的鉴定意见中所反映的尸体伤口特征。从这个角度说，被告人在侦查阶段的有罪供述更为可信。（5）今天，张××又在法庭上提出了新的辩解，即刀是在刘××与其争夺的过程中误刺入刘××身体的，公诉人认为这一辩解完全不能成立。其一，该辩解并非张××的唯一一个版本的辩解，侦查阶段他就曾经提出过刘××是握着他的手把刀往自己身上刺，和他今天所说的过失的辩解也不相同，说明其辩解的整体可信性不高。其二，刘××如果要和张××夺刀，客观上需要能够控制住张××的身体能力，主观上肯定是出于保护自己的心态。从正常情理出发，刘××客观上肯定不具有控制张××的身体能力，双方从年龄、性别、体力各方面都不在一个量级，就算张××当时已经身受刀伤，但正如之前杨××法医的当庭证言，张××身体受到的损伤不会影响其行动和对刀的控制。主观上，刘××在夺刀过程中显然应当以避免自己受伤为原则。然而如果其在与张××夺刀时，刀刃冲着自己，那么合理的做法应当是把刀往外推，而不是往自己的方向拉。但最终刘××被刀刺中颈部，说明这显然有一个指向刘××的力，要么是刘××自己施加的，要么是张××施加的。显然，刘××不可能自己施加这样的力，因为她尚且不想和张××一起生活，怎么可能愿意和他一起去死！因此，刀刺向刘××颈部的力显然是张××施加的。以上就是本案的事实和证据。也是公诉人需要发表的第一部分公诉意见。

　　针对这样的事实，公诉人认为被告人张××的行为构成故意杀人罪。客观上，无论是反复刺扎的行为还是刺扎要害部位的行为，都属于典型的非法剥夺他人生命的行为。主观上，被告人实施上述行为的同时，反映出的是积极追求对方死亡的心态，属于直接故意。主客观相统一，张××的行为符合我国刑法第二百三十二条之规定，应当以故意杀人罪追究其刑事责任。

　　下面说一下本案的量刑情节。首先，张××故意杀人，致一人死亡，根据刑法第二百三十二条的规定，应当判处死刑、无期徒刑或十年以上有期徒刑。其次，张××有自动投案的行为，其明知他人报警仍在现场等候，被抓获时没有抗拒，供认犯罪行为，符合自动投案的条件。自动投案是认定自首的条件之一，除这一条件外，自首的认定还需要如实供述这一情节。自动投案后先如实供述犯罪行为之后又翻供的，不能认定自首，但在一审判决前又能如实供述的，应当认定自首。因此，公诉人希望张××能够理解法律的规定，认真考虑本案的证据以及自己的态度。由于自首属于重要的量刑情节，在不能确定被告人是否能够如实供述的情况下，公诉人本轮辩论先不发表量刑建议。等张××自我辩护后，根据他的态度发表量刑建议。

  最后，被告人张××，公诉人想对你说几句话，不算法庭教育，仅仅是从办理这个案件到现在为止，我对这个案件以及你个人的一些看法。在一开始阅卷的时候，我对你很同情。尤其是看到你给刘××发送的那些信息，我能感受到你对她的感情，你非常在乎她，以至于她把你拉黑了，你想要回来的都不是曾经给她的手机和房租，而是你送给她的一颗用纸币叠成的心。说明你想要回来的不是钱，而是感情，不是你自己付出的感情，而是她对你的感情。但感情是要不回来的，无论她的还是你的。你很清楚这一点，但又不想面对事实，心里非常痛苦。这是我同情你的原因。但是今天，坐在法庭上指控你，我再也没有这种同情的感觉。不是因为国家公诉人坐在法庭上不能夹杂任何情感，而是因为在了解了所有事实情节之后，我认为你没有值得同情的地方。我不知道你和刘××的交往过程中，两个人的关系是否融洽。但从你处理这件事的方式、方法上来看，你控制不了自己的情绪、控制不了自己的行为，也处理不好恋爱关系。即使如你辩解所言，刘××也是因你而死，但是从开庭到现在，我们没有看到你表现出一丝一毫的愧疚。今天刘××的双亲也在法庭上，你看得见他们的眼泪。但到现在为止，你有对他们表达过一句歉意吗？从案件发生的过程中看，你在扎刘××前先扎了自己，你说你是想自杀，好，一个想自杀的人扎了自己三刀，到医院之后连血都没流多少；反过来再看你扎刘××，一刀插进要害，割断了气管刺破了动脉，这都不算，连刀都不拔还要往旁边再切，一刀之后还有第二刀、第三刀、第四刀……刀刀冲着要害，每刀都插进腔体。我每年都办十几件命案，像你这么下狠手的屈指可数。我在看守所提讯你之后，我的助理告诉我说你一心求死。一心求死可以，但将死之人难道不应该忏悔自己此生的过错，至少是最大的过错吗？你今天的这种表现只有两种解释：要么这件事还不是你这辈子犯过的最大的错，要么说明你根本不在乎别人的生与死，哪怕这生死与你有关。所以张××，我到现在为止并不同情你。但我仍然希望你能够被认定自首情节，因为这至少说明你如实供述了自己的犯罪事实。因为如实供述犯罪事实，不仅是你忏悔罪行的前提，更是对死者的尊重。

  审判长，公诉意见发表暂时到此。

公诉人：赵鹏
××年××月××日当庭发表

【公诉意见书示例】

第四节 辩护词的写法

本节所称辩护词是辩护人在法庭审理过程中,为维护被告人合法权益,在法庭辩论环节发表的被告人无罪或罪轻辩护的法律文书。根据本书的编写体例,本节辩护词的写法仅限于第一审普通程序庭审中辩护律师向合议庭当庭发表或提交的法律文书。律师在二审阶段、死刑复核阶段的辩护词以及律师在审查起诉阶段提交给检察院的辩护意见不在本节讨论范围之内。

一、辩护词的组成和结构

辩护词是辩方对辩护观点的概括和总结,一般来讲辩护词主要分以下几个部分:抬头、首部、正文、尾部。

（一）抬头

文章的抬头指的是受文对象,就是公文写给谁的。辩护词的抬头根据庭审合议庭组成人员的身份而定。如果合议庭组成人员只有审判长和审判员的,可以写成:尊敬的审判长、审判员,如果合议庭参与庭审的人员中有人民陪审员的,可以再加上人民陪审员。

具体来说,可以顶格写成:

尊敬的审判长、审判员：……

（或）尊敬的审判长、审判员、人民陪审员：……

（二）首部

首部是在抬头之下的第一段内容,主要包括三项内容:辩护人出庭的法律依据、辩护人出庭前的工作总结以及辩护人对整个案件的看法,确定辩护基调。例如：

根据《中国人民共和国刑事诉讼法》第三十三条的规定,××律师事务所接受被告人常××的委托,指派我担任常××涉嫌××罪一案的一审辩护人。接受委托后,辩护人研究了本案起诉书,详细查阅了案卷材料,会见了被告人,再经过刚刚的法庭调查,对案件有了全面的了解。辩护人认为,被告人常××不构成××罪,现提出如下辩护意见,供合议庭参考。

（三）正文

正文是辩护词的核心内容,是辩护人为维护被告人的合法权益所要阐明的主旨。正文首先应该从起诉书所指控的犯罪事实出发,主要写明辩护的观点、理由、事实和法律依据，以论证被告人无罪或者罪轻，并对量刑发表意见。正文的最后一部分是全篇辩护词的归纳和总结，再次重申辩护意见的中心观点，并对全案的处理提出建议。正文部分是否于法有据、说理是否充分、论证是否清晰、逻辑是否流畅，直接决定着辩护意见能否被法院采纳，因此是撰写辩护词应当关注的重点。

（四）尾部

上述行文结束后，在最后一行下面写上"此致××人民法院"，右下角注明辩护人的姓名、所在律师事务所以及发表辩护词的时间。

二、辩护词正文的写作

辩护律师在经过阅卷分析卷宗、会见被告人之后，应当根据案件的事实，针对公诉机关的指控确定好辩护意见。

（一）辩护词正义的写作的注意事项

1. 具有针对性。一审程序中的辩护词要以公诉机关起诉书中的指控事实为基础。因为公诉机关在一审程序中不能超出起诉书所指控的内容追诉犯罪，法院也不能超出起诉书指控的犯罪事实的范围审判案件。因此，在一审程序中辩护人所撰写的辩护词要具体针对起诉书所指控的内容形成的。这就要求辩护人在书写辩护词之前需要仔细研读起诉书的具体内容。

2. 条理清晰，要点在前。各种案件的辩护词在写作之前应该列明写作提纲，根据辩护人选定的辩护策略和确立的辩护思路，将案件全部的辩护要点予以列明并按照确定的辩护词结构予以分类，在逻辑上务必做到条理清晰。辩护词需要在分类的基础上对辩护要点按照重要性进行排序，把对定罪量刑影响最大的内容放在前面，并依次降序排列；把定罪辩护放在前面，把量刑辩护放在后面；把争议较小的情节放在前面，争议较大的放在后面；把客观方面放在前面，主观方面放在后面。每一个辩护要点可以自成一个段落，并将每一个辩护要点的核心提炼出来作为段落标题予以引用。但这也并不是绝对的，在具体案件中，还要考虑不同问题之间的逻辑关系和实际情况。

3. 明确各辩护要点之间的关系。在一篇辩护词，特别是做无罪辩护的辩护词中，各个辩护要点之间并不是割裂开来、毫无关系的，反而通常都存在各种各样的联系，较为常见的是并列和递进的关系。所谓并列的关系，是指两个辩护要点之间是相互平行的，二者可能指向同一个犯罪构成要件或待证事实，将这样的两个辩护要点放置于相邻的位置能够起到强化辩点、突出立意的作用；所谓递进的关系是指一个辩护要点的成立是以另一个辩护要点的成立为前提的，因此，具有递进关系的辩护要点之间，要按照递进的顺序进行排序。从宏观上讲，辩护词一般是按照"案件事实——定罪客观方面——定罪主观方面——量刑方面"的写作模式进行撰写。

（二）辩护词写作的主体方向和逻辑思路

根据《刑事诉讼法》第37条的规定，辩护人的责任是根据事实和法律，提出犯罪嫌疑人、被告人无罪、罪轻或者减轻、免除刑事责任的材料和意见，维护犯罪嫌疑人、被告人的诉讼权利和其他合法权益。一般情况下，律师为被告人提供辩护有两种：一是实体辩护，主要是根据事实和法律，提出犯罪嫌疑人、被告人罪轻或者减轻、免除刑事责任的有罪、无罪、罪轻、罪重、减轻处罚、免于处罚的辩护；二是程序辩护，即以有关部门的侦查、起诉、审判活动程序违法为由，提出犯罪嫌疑人、被告人无罪、罪轻或者不应追究刑事责任的意见，以及要求未依法进行的诉讼程序应予补充或者重新进行、非法取得的证据应予排除等，从程序方面进行辩护的方法。

1. 无罪辩护的思路。无罪辩护的思路包括事实上的无罪和法律上的无罪。

（1）事实上的无罪辩护。事实上的无罪辩护应从事实和证据出发展开辩护。事实上的无罪辩护包括两种情况：

第一，没有犯罪事实发生。包括两种情形，一是不存在犯罪事实，二是确有犯罪事实发生，但并非公诉机关指挥的被告人所为，例如佘某林案、赵某海案。因此辩护律师需要通过阅卷、会见被告人等途径，仔细从方方面面研判被指控的案件犯罪事实是不是确实发生，如果没有发生，那根本就是无罪的，势必就要提出无罪辩护。

第二，"疑罪从无"的无罪辩护，即"事实不清，证据不足"的无罪辩护，即"疑罪从无"的无罪辩护。根据《刑事诉讼法》的规定，定罪一定要达到"事实清楚，证据确实、充分"的证明标准。"证据确实、充分"应当符合以下标准，即定罪量刑的事实都有证据证明；据以定案的证据均经法定程序查证属实；综合全案证据已经能排除合理怀疑。如果达不到这个标准，不能定罪判刑。因此辩护律师在撰写辩护词时需要以"公诉机关指挥的事实不能成立"为出发点，在这一过程中必然会涉及为何证据不足的问题，也涉及对全案证据体系未达到证明标准的论证。当然对于有明显证据能够证明被告人事实上无罪的，可以考虑从上述事实上无罪的第一路径为论证核心。

根据《刑事诉讼法》的规定，对证据的真实性，应当综合全案证据进行审查。对证据的证明力，应当根据具体情况，从证据与待证事实的关联程度、证据之间的联系等方面进行审查判断。证据之间具有内在联系，共同指向同一待证事实，不存在无法排除的矛盾和无法解释的疑问的，才能作为定案的根据。没有直接证据，但间接证据同时符合下列条件的，可以认定被告人有罪：①证据已经查证属实；②证据之间相互印证，不存在无法排除的矛盾和无法解释的疑问；③全案证据已经形成完整的证明体系；④根据证据认定案件事实足以排除合理怀疑，结论具有唯一性；⑤运用证据进行的推理符合逻辑和经验。此外，辩护人应当注意在证据全部是间接证据时，案件事实的认定必须符合间接证据证明规则，在案件事实的时间、地点、任务、经过、结果上不存在自相矛盾的证据，否则不能证明被告人有罪。

（2）法律上的无罪辩护。"法律上的无罪辩护"包括以下几种情形：

第一种是案件事实存在违法阻却事由的情形。具体来说就是行为人的行为属于正当防卫、紧急避险等违法阻却事由。从形式上看，正当防卫、紧急避险造成了他人人身的伤害甚至死亡，也造成了国家或者他人财产的损害，但是它们是合法的，受法律保护、鼓励的行为，所以作为客观构成要件的阻却事由，属于法律上无罪的一种情形。

第二种是案件超过了法定的追诉时效。如果案件超过了法定的追诉时效，也不存在追诉时效中断或延长的情形，不能进行追诉。

第三种是案件属于《刑法》规定的亲告罪的范围，而具有亲告权的人没有告诉或者撤回告诉的，也不能再追诉。

第四种是《刑法》第13条中"但书"的规定。即依据《刑法》第13条犯罪概念的规定中"但是情节显著轻微危害不大的，不认为是犯罪"的规定进行辩护。

第五种是从犯罪的成立条件方面来论证、考量案件是不是构成了犯罪。如果不符合犯罪构成的要求，辩护律师应当做无罪辩护。

第六种是从责任阻却事由的角度辩护。行为人虽然实施了符合《刑法》规定的行为，但由于不具有相应的刑事责任能力，不应追究刑事责任。

【文书示例】[1]

曹某彬故意伤害一案再审辩护意见

尊敬的审判长、审判员、检察员：

北京市尚权律师事务所接受曹某彬的委托，指派毛立新、张旭华担任其故意伤害一案再审后发回重审阶段辩护律师。随后，辩护律师到鄢陵县人民法院、鄢陵县人民检察院查阅了现有的全部卷宗材料，后因案件被指定到禹州市人民法院审理，辩护律师又到禹州市人民法院、禹州市人民检察院查阅材料，了解情况。同时和服刑完毕的当事人进行了充分沟通，并去彭店乡案发现场进行了详细的实地考察，对案情有了全面了解。

综合全案证据材料，辩护人认为，曹某彬不构成故意伤害罪。曹某彬唯一的一次有罪供述，合法性、真实性均存在重大问题，系遭受刑讯逼供，在难以忍受的痛苦状态下，违背自己的真实意愿所做出。其有罪供述和现场勘验检查笔录，被害人伤情鉴定之间充满矛盾。本案缺乏客观证据证明曹某彬实施了故意伤害的行为，具有关联性的两大核心证据，血迹形成机理鉴定，证人M指证，已在前期审判过程中被推翻。同时，有证据证明曹某彬不具有作案时间，不具有作案动机。本案认定曹某彬实施故意伤害行为的证据不确实、不充分，无法综合全案排除合理怀疑，其有罪供述应当予以排除。因此，辩护人希望合议庭能够严格依照证据裁判原则，依法宣告曹某彬无罪。

---

[1] 本案辩护人：北京市尚权律师事务所律师毛立新、张旭华。

具体辩护意见如下：

一、曹某彬唯一一次有罪供述的合法性、真实性均存在严重问题

曹某彬唯一一次认罪笔录，形成于2002年4月25日上午10：30至11：30分，是在曹某彬被带到公安机关四天之后形成。

（一）有罪供述属于非法证据

1. 曹某彬到案以后在鄢陵县公安局被监视居住四天

根据鄢陵县公安局《监视居住决定书》（归档号数8305正卷1第11页）可知，曹某彬于2002年4月21日因涉嫌故意杀人罪被监视居住。根据鄢陵县公安局《拘留证》（归档号数8305正卷1第14页）可知，曹某彬于2002年4月25日因涉嫌故意杀人罪被刑事拘留。

曹某彬在2005年9月22日的庭审（归档号数8317正卷4第30页）和2005年11月24日的庭审中（归档号数8305正卷5第31页）都明确表示，监视居住的地点为公安局办公楼下的一个空房间内。曹某彬在此期间共形成三份笔录，其询问地点记载皆为鄢陵县公安局，可以证实曹某彬在鄢陵县公安局指定监视居住四天。

根据1998年5月14日实施的《公安机关办理刑事案件程序规定》第九十八条的规定可知：指定的居所，是指公安机关根据案件情况，在办案机关所在的市、县内为犯罪嫌疑人指定的生活居所。公安机关不得建立专门的监视居住场所，对犯罪嫌疑人变相羁押。不得在看守所、行政拘留所、留置室或者公安机关其他工作场所执行监视居住。

鄢陵县公安局已经严重违反了上述法律规定，属于以变相羁押的方式获取口供。

2. 有线索表明四天内曹某彬遭遇严重的刑讯逼供

曹某彬在2002年7月24日律师会见时（归档号数8317正卷2第21页），详细描述了自己遭受刑讯逼供的具体情况："我不承认，他们让我在铁椅子上坐了三天三夜，又给我带到看守所外院，又在铁椅子上坐了一天一夜，一共四天四夜。最后一天他们分了几班，轮番讯问。"

同时描述了公安机关存在威胁的具体情形："说吧。不行的话我们破上一星期，你终于要开口。黑社会上的人不比你厉害，我们怎么让他们开口的。到时候几种刑罚给你用，不怕你不开口。"

3. 有线索表明公安机关存在严重的诱供、指供行为

公安机关同时存在严重的诱供指供行为："当我说到用石头时，公安局的人说你怎么知道？我说在医院时候我老婆的亲戚朋友都这么说的。公安局问多大的石头？我两手比划，直径十公分左右。公安局的人又说你好好想想就这么大？我说真不是我砸的我不知道多大，只有胡编。"

曹某彬在2005年9月22日的庭审中回答公诉人的问题时和对有罪供述的质证时都强调："是公安局的逼迫下我才说的"，"这是在他们逼迫下，按照他们的推断下说的。"（归档号数8317正卷4第29页、31页）

曹某彬在 2005 年 11 月 24 日的庭审中对有罪供述的质证时也强调："在他们四天四夜的逼迫下，诱供下我编造，不是事实。"（归档号数 8305 正卷 5 第 33 页）

4. 检察院对于办案人员的调查笔录无法证明取证过程的合法性

鄢陵县检察院于 2002 年 7 月 9 日，分别询问了办理本案的两位警察 M 某和 C 某。在笔录中，检察院只询问了非常简单的问题：您们是怎样讯问他的？两位侦查人员均不承认自己刑讯逼供，均认为曹某彬自愿如实供述了自己的罪行。

辩护人认为，收集取证过程合法性的证据，要包括讯问地点，讯问时间，讯问方式，是否保证休息和饮食，是否存在变相刑讯等内容。其中，违反法律规定指定在公安局内部监视居住，就必须让办案人员作出说明，否则不能排除刑讯逼供的可能。对于检察院的正面提问，侦查人员当然正面否认，该笔录在取证过程合法性上不具有证明力。

（二）有罪供述的真实性严重存疑

1. 和现场勘查笔录之间的矛盾

（1）秋衣内裤的位置不一致

现场勘查记载："铁制折叠床呈'东北—西南'向放置。上有一床垫，在床西头放一枕头，枕头北侧有一女士秋裤及裤头。"结合现场照片，可以明显看到秋裤和裤头是放在床上枕头上面（归档号数 8305 正卷 2 第 11 页）。

曹某彬供述中提到其妻子翻滚到床西侧，落地之后，他上前脱掉秋裤，顺手扔到北边。其秋裤只能落在地上，而不可能落在床头枕头上面。

（2）红色塑料袋去向不明

曹某彬提到了铁皮箱子里的钱，其是装进一个红色塑料袋，之后扔到了麦地里面。但是警察勘查了抛弃铁皮钱箱的地点，却没有发现红色塑料袋。

现场勘查记载："在曹某彬家西侧地税所门口东侧地面上（靠墙 0.5 米处）有走过痕迹，在曹某彬家西 100 米，往赵家公路路南侧有一南北土路，往南通往彭店村麦地中，在距公路 20 米左右，土路西（从北往南数第 5 棵）一棵桐树北侧小麦有一 40cm×30cm 倒卧。别无异常发现。"

（3）石头的形状差距甚远

现场勘查及现场照片可知，作案用的石头呈不规则的矩形，重 5.9 公斤，对比现场细目照片，长度在 27cm 左右（归档号数 8305 正卷 2 第 14 页）。

而曹某彬在供述中，对于石头的描述为："直径有十厘米以下，七八公分大，不太圆。"这和现场勘查情况相差太远。

2. 和被害人伤情鉴定之间的矛盾

（1）伤口位置不一致

根据 2002 年 5 月 31 日出具的《许昌市公安局刑事技术鉴定书》可知，鉴定人员于 2002 年 5 月 14 日在许昌市中心医院，对被害人进行了损伤程度检验。检验情况记载为：头左颞顶部有 4.5cm 的星芒状疤痕，左眉弓处有 4.5cm 的疤痕，触及眶上缘不齐，左面颊有 1.7cm 的疤痕，下颌右侧有 1cm 的疤痕。以上疤痕均质软，较平坦。左眼直接对光反射消失。左耳听力下降。右上中切牙折断，暴露牙髓。右上侧切牙脱落（归档号数 8305 正卷 1 第 94 页）。结合照片，可以得出，被害人受伤部位集中于头部左侧和嘴部。

然而根据曹某彬的有罪供述，被害人是"头朝南脸向西侧着身"，一个人头朝南，脸向西，其左侧脸应当是向下和枕头贴在一起的，右侧脸暴露在外。曹某彬是站在床东侧动手，那么被害人受伤的部位应当是头部右侧。供述和伤情鉴定出现重大矛盾。

（2）打击次数不一致

根据照片，可以看出，被害人除了头部左侧和嘴部的伤情以外，其右肩靠前部位，有两片皮下淤血，当时被害人盖有被褥，符合外力打击下，受被褥遮挡形成的皮下伤。

而根据曹某彬的供述，曹某彬一共是砸了两次，一次头部，一次嘴部。二者互相矛盾。

3. 钱款去向不明

曹某彬在认罪供述中，说红色塑料钱箱内钱的去处为："到第二天在医院里我数了数钱，那时才知道有五六百元，全是五十、一百元的票子，这钱在县城人民医院交药费了。"铁皮箱子内钱的去处为："铁皮箱里我知道全是零钱。有毛票，有分钱，还有十元票面的，当晚那里面的纸币全在箱里的红塑料袋里。我到税务局西边的小路那时将箱里剩的分分钱倒到红袋里，将红袋扔到地里。我估计那一袋零钱总共有六七十元钱那样。"

但曹某彬在 2005 年 11 月 24 日庭审中，明确说明："我用小孩他妗子的电话给我二姐打电话说让去送钱，我姐给了我 1000 元钱，我去收费处交的，他说是 900 元钱，我说是 1000 元，她说是 900 元，我一查，是 900 元，我就交了 900 元钱，我赶紧就和医生一块去抬我妻子，我见到我姐说你给我的是 900 元钱，不是 1000 元钱"。

在 2005 年 9 月 22 日的开庭时审判长曾问曹某彬："当天去彭店给妹夫拉东西时身上有钱吗？"曹回答："只有一二十块钱"。审判长再问："你到许昌回彭店之前有人给你钱吗？"曹回答："没有。"可见当天曹某彬身边并没有钱，即使曹某彬身上装有红色钱箱的五六百元，也不够缴纳医药费，还需要缴纳三四百元，这三四百元钱哪里来的？并未查明。而红色塑料袋现场勘查并未发现，也无法查清。

故红色钱箱和铁皮钱箱内的钱款，始终去向不明。只有一种解释，曹某彬认罪供述是违背自己意愿按照公安人员的引导编造而来，因为其真的不清楚是谁作的案，所以无论如何都不可能说出钱款去向。

4. 行为顺序和其他人证言相矛盾

曹某彬认罪供述中，说自己先到 CJ 家打的 110 和 120。然后送的妻子去医院。实际上，曹某彬是先去的医院，然后让被害人的妹妹 LRL 打的 120。

根据 CJ 的证言，是 AKY 的妻子 XF 到家把他喊醒，说曹某彬让 CJ 打个 120，CJ 本人打电话，结果拨到了许昌 120（归档号数 8305 正卷 1 第 74 页）。

二、曹某彬提前听说侦查情况导致有罪供述中部分细节相符

公安机关认定曹某彬认罪供述属实的依据，是曹某彬供述内容部分和侦查所获情况相符。但曹某彬对此曾做过合理解释，其邻居亲友去医院探访其妻子期间，曾经告知过曹某彬案发后的相关情况。

（一）彭店乡多人知道侦查情况

通过 CKY 和 AKY 的证言可知，税务所门前的红色塑料钱箱，是 AKY 在早上五点钟先发现，随后喊上 CKY 一起去查看，并通知了公安机关，按照公安机关的指示，两人用纸垫住拿到了曹某彬家的三轮车上（归档号数 8305 正卷 1 第 54 页、83 页）。

通过 LC 和 AKY 的证言可知，LC 在早上 6 点多钟，发现了抛弃的第二个铁皮钱箱，并把铁皮箱子捡回自己的住处。然后在 7 点多的时候，告诉了 AKY 自己发现了铁皮箱子。AKY 还亲自到抛箱地点进行查看（归档号数 8305 正卷 1 第 57 页、84 页）。

综上可知，在早上 7 点之后，AKY 已经明确知道且实际前往两个抛箱地点。CKY、LC 分别参与过提取两只钱箱，同样知道抛箱地点。

公安机关接到报警，开始现场勘查的时间是当天早上 8：00，此时必然多人围观，且 AKY 是现场勘查的见证人，近距离接触了解相关侦查情况（归档号数 8305 正卷 2 第 2 页）。以常理分析，彭店乡发生这么大的案子，众人之间互相议论，案件信息在很短的时间内就可以覆盖到大部分村民。换句话说，两个抛箱地点位置，作案所用石头，会有多位村民知悉。

（二）曹某彬案发当日已经获知很多细节

在曹某彬 2002 年 4 月 20 日的第一份询问笔录中，侦查人员问曹："你家丢啥东西了吗？"曹回答："当时也没顾上看，刚才我听家里人说俺门市部的钱斗（塑料的）丢了，今天早上，在彭店地税所发现了（归档号数 8305 正卷 1 第 25 页）。"这是曹某彬首次提及自己知道自家的塑料钱箱丢失，并且知道发现地点。此时，曹某彬并没有被公安机关列入犯罪嫌疑，其笔录真实性不受影响。也就是说，在 4 月 20 日，曹某彬就已经知悉了包括钱箱所弃位置在内的部分侦查情况。

鄢陵县检察院在 2002 年 7 月 3 日对 AKY 做的笔录中，AKY 明确表示："第二天去医院探望了一下"，"把彭店北面有几个孩子拍 LS 的门给他讲了讲"，"第二天天亮，我发现了塑料钱箱在税务局门口放着，我打电话给曹某彬说了说，说箱子仍在税务局门口了"（归档号数 8305 正卷 3 第 11 页）。

案件涉及人身和财产重大安全，AKY 及其他亲友在探望曹某彬妻子时告知曹某彬相关信息，实属常理。如果在探望时不提及案情，反而令人难以相信。故曹某彬在被公安机关监视居住之前，已经知道部分侦查情况，在遭受难以忍受的痛苦折磨时，无奈根据自己听说的细节编造作案经过，让侦查人员误认为曹某彬如实招供。

三、血迹形成机理已经被推翻

（一）迸溅性血迹成为全案唯一指向犯罪嫌疑人的物证

2002年4月21日，鄢陵县公安局出具了一份检验意见书。其鉴定意见为：送检曹某彬衣服上右袖口发现的点状血迹及纽扣下面点状血迹为迸溅性血迹。该检验的鉴定人为R某和Z某，但是没有二人的签名，只盖有两人的人名章（归档号数8305正卷1第88页）。

曹某彬在抢救被害人的过程中，和被害人有过大量接触。曹某彬和邻居从地上把被害人抬到三轮车上，在送往彭店卫生院的途中，曹某彬在旁边扶着被害人的头部，着急救人，几乎是一路小跑到的医院。曹某彬在2005年11月24日的庭审中也当庭供述："我给LCJ说是我老婆，他说伤得不轻呀，我老婆猛吐一大口血，LCJ说不行还得转院，小孩他姨给我老婆拿的衣服，我说先给她止止血，在输水时，她吐过血。"可见，曹某彬完全有可能在救人过程中，被喷溅、甩溅上鲜血，从而形成迸溅性血迹。

（二）鉴定之间出现矛盾

2004年4月28日，公安部接受许昌市中级人民法院的委托，出具了物证检验意见书。检验意见为：送检夹克衫上检见溅落、甩溅形成的暗红色斑迹；送检灰色上未检见溅落、甩溅形成的暗红色斑迹。鉴定人为L某、S某，落款附有二人亲笔签名，形式完备（归档号数8317正卷3第21页）。

这两份鉴定之间出现直接矛盾，一个是迸溅痕迹，一个是溅落、甩溅痕迹。从鉴定水平角度出发，公安部的检验意见应当更具有科学性。

（三）座谈笔录已经推翻定案依据

2005年10月25日，河南省公安厅刑科所的痕迹高级工程师L某，参与了座谈，座谈的结论为：溅落、甩溅、迸溅血痕的形成机理一样，形成的血痕都带方向性，但无法严格区分，三者无明显界限（归档号数8305正卷5第7页）。

上述座谈笔录，结合公安部鉴定结论，已经实质上推翻了迸溅性血痕作为定案依据的科学性。

四、M已推翻自己的证言

M是2004年3月11日，在鄢陵县公安局做的笔录。其描述的内容为："他开着车回去后，先把车停放在他家门市部一边。哪边我就记不住了。然后捡起一块石头过去把他妻子砸死之后，就把她的衣裤脱掉，伪造了现场，然后又把钱箱一个扔到税务所门口，另一个扔到地里，作了案后，他又把车停放到税务所院内，然后他回到现场。"（归档号数8305正卷4第38页）

（一）举报时间不符合常理

M于2002年和曹某彬关在同一个号里，为何两年之后才到公安机关反映情况，令人怀疑其真实动机。且案件的诉讼时间点为高院第一次裁定发回重审之后，M才突然出现。

（二）举报内容和案情不符

M 举报的内容可知，曹某彬是先把车停在他家门市部，作案之后，他又把车停放到税务所院内。顺序明显和案情不符，曹某彬是先把车停在税务所院内，之后回家才发现妻子被害。

（三）M 已经推翻自己的证言

许昌市中院在本案复查期间，于 2013 年 8 月 27 日，F 某、Y 某两位法官曾经到达郑州市监狱，向正在因诈骗罪服刑的 M 了解情况。M 对于下列事实进行了说明。

一是否认 2004 年 3 月 11 日到鄢陵县公安局举报过曹某彬，其没有在公安局做过笔录，公安机关做的与其相关的笔录内容不是他说的，也没有在笔录上签过名。

二是去法院作证，是受 LDL 指使。

三是其并不能确定曹某彬就是凶手，只是通过聊天，怀疑是曹某彬干的。

五、作案时间存疑

（一）作案时间被锁定为 46 分钟

根据许昌电信业务话单记载，曹某彬和某女打完电话的时间为 20 日凌晨 2：09（归档号数 8305 正卷 4 第 14 页）。

根据鄢陵县急救中心接诊登记表记载，接到 120 救助电话的时间为 20 日凌晨 2：55（归档号数 8305 正卷 4 第 15 页）。

即如果认定曹某彬是真凶，作案时间锁定为 46 分钟。

（二）多位证人证明曹某彬不具有作案时间

邻居 CJ 证明，AKY 的妻子喊自己打电话的时间"约莫着两点半左右"（归档号数 8305 正卷 1 第 75 页）。邻居 AKY 证明"他喊时有两点半左右，具体我没有看表"（归档号数 8305 正卷 3 第 10 页）。尽管邻居的证言都是一种推测，但是在两点半左右听到曹某彬喊人应当可以认定。

（三）公安机关两次侦查实验科学性不足

卷宗材料显示，办案机关曾经做过两次侦查实验，一次是 2002 年 4 月 23 日晚 12 时 0 分至 12 时 16 分。从县城十字街驾驶松花江面包车以每小时 30 公里的速度到达税务所，用时 16 分钟。公安机关独立完成本次侦查实验。

第二次是 2004 年 7 月 30 日，由鄢陵县公安局、许昌市人民检察院、许昌市人民法院共同参与。时间是早 9 时到 10 时，模拟了全过程，驾车用时 20 分钟，作案到救人，用时 19 分 10 秒。共计 39 分 10 秒。

辩护人认为，首次实验没有模拟全部过程，仅仅模拟了驾车时间，科学性不足。第二次实验，时间久远，当年正在修路，现在已经修好，路况完全不一样。且时间选择早 9 时到 10 时，视线良好，和夜晚赶路完全两个概念。科学性依然不足。

退一步讲，即使我们认可 39 分 10 秒的实验结果，曹某彬在仅有的 46 分钟内，几乎要不间断地运动，才能完成全部操作，如果是自己预谋作案，谁会给自己预留这么紧张的时间？

六、曹某彬不具有作案动机

曹某彬和某女虽然有私情，但是曹根本没有离婚的想法，在妻子的协助下，曹的生意开展得很好，还有两个孩子，曹某彬没有必要打破这种局面。曹某彬在2005年9月22日的庭审中表示："我从没想过和某女重新组织一个新的家庭，我妻子她妈对我很好，我和我妻子也只有在我喝点酒才会吵架。"（归档号数8317正卷4第38页）在2005年11月24日的庭审中表示："我没有想过和我妻子离婚。"（归档号数8305正卷5第37页）以上可知，所谓伤害妻子达到离婚目的，和某女永结同心的动机，根本不存在。

综上所述，本案认定曹某彬实施故意伤害行为的证据不确实、不充分，唯一有罪供述是在刑讯逼供的情形下非法取得，应当予以排除。其余核心证据在漫长的诉讼过程中，均已被推翻或严重存疑，无法作为定案依据。通过系统证据分析，可知本案属于一起明显的冤案。希望法院能够严格遵守证据裁判原则，依法宣告当事人无罪。

此致
禹州市人民法院

辩护人：北京市尚权律师事务所 毛立新 张旭华
2019年4月11日

2. 有罪辩护的思路。如果根据事实和法律，无罪辩护的可能性极低，辩护律师就要进行有罪辩护。从辩护的空间、辩护的依据、辩护的条件来讲，有罪辩护的要比无罪辩护大得多。在我国司法实践中，大部分案件都是做有罪辩护。

（1）轻罪辩护。轻罪辩护是辩护律师常用的辩护思路，通过否定控方对案件的定性，提出被告人的行为不构成控方认定罪名而适用较轻罪名的规定。实现从"重罪"向"轻罪"的转变，辩护律师需要紧紧围绕犯罪构成要件来分析案件事实，不断往返于事实与法律之间，寻求轻罪辩护。

从实务层面讲，如果辩护律师要进行轻罪辩护，首先应该告知被告人，征求他是否同意进行轻罪辩护。如果被告人坚持无罪辩护，辩护律师只需要提出无罪辩护，无需涉及构成他罪的问题。因为一旦法院最后判定有罪，这也是被告人的意见，但是在这过程中律师应当充分告知被告人其中的法律风险。此外，在指控的罪名是轻罪，但可能构成重罪的情况下，辩护律师也应当告诉被告人："检察院指控的罪名不成立，针对此罪我会为你作无罪辩护，但不排除法院最后给你改判罪名并且是重罪。"辩护律师就辩护思路要与当事人充分沟通、交流意见，保证当事人的知情权和其他合法权益。

（2）罪轻辩护。如果指控的罪名没有问题，退而求其次，辩护律师就要考虑罪轻辩护的问题。"罪轻辩护"与"量刑辩护"不是同一概念。顾名思义，"罪轻"就是罪行较轻的意思，属于"罪"的范畴，而不是"刑"的范畴。罪轻辩护是指对于指控的罪名没有异议，在罪名确定之后，从罪行较轻的角度提出辩护，这是罪责刑相适应原则的具体体现。这种辩护本身不是针对刑罚或量刑问题，但是它对刑罚或量刑会产生直接影响。罪轻辩护实质就是针对罪行较轻提出的辩护，通过此种辩护，最终影响对被告人判处的刑罚或量刑。

罪轻辩护最典型、最主要的是针对控方或者法院对案件适用的法定刑提出辩护，认为不应当适用较重的法定刑，而应当适用较轻的法定刑。

此外还存在一种非常普遍的罪轻辩护。当针对指控的罪名、适用的法定刑找不到辩护空间的时候，律师应当在指控的犯罪事实和既定的法定刑范围内寻找辩护空间，确定具体辩点。如前所述，刑法上的法定刑都是有幅度的，表现为判处多少年以下的刑罚或判处多少年以上的刑罚，甚至还可能包括多个刑种。辩护律师可以从指控的具体数额、具体后果、具体情节以及本案的社会危害程度等多方面提出辩护，以期使被告人在既定的法定刑范围内获得较低的刑罚。

（3）量刑辩护。量刑辩护是在罪名、罪行以及适用的法定刑都没有辩护空间后，也就是在罪轻辩护后，从法定的和酌定的量刑情节上提出有利被告人的量刑情节，以期影响法庭对被告人最终量刑的辩护活动。量刑辩护包括在已经确定的法定刑的范围内，提出从轻处罚的辩护，也包括在具有法定情节的情况下提出在法定最低刑以下减轻处罚的辩护，还包括在具有法律规定的情节或者符合法律规定的条件下，提出缓刑、免刑的辩护。量刑辩护与罪轻辩护是完全不同的。量刑辩护须以罪轻辩护的完成为条件，只有在罪名、罪行本身的轻重以及适用的法定刑确定以后才能进行量刑辩护。通俗地说，罪轻辩护是针对"罪"的辩护，当然最终目的还是为了影响"刑"，但它毕竟不是针对"刑"的辩护。而量刑辩护则是直接针对"刑"的辩护，具体包括法定从轻、减轻情节和酌定从轻情节以及其他情节。法定从轻、减轻情节主要包括：未成年犯罪、盲聋哑人犯罪、防卫过当、避险过当、预备犯罪、犯罪未遂、犯罪中止、从犯、胁从犯、教唆犯罪、自首、坦白、立功等等。酌定从轻情节主要包括：犯罪情节轻微、初犯、偶犯、主观恶性程度低（行为动机）、损害后果较轻、悔罪态度较好等。其他情节主要包括：被告人平时表现、被告人退赃及赔偿情况、被害人过错等。

【文书示例】
被告人常×××诈骗案一审辩护词

尊敬的审判长、审判员、人民陪审员：

根据《中华人民共和国刑事诉讼法》第三十三条的规定，××律师事务所接受被告人常××的委托，指派我担任常××涉嫌诈骗罪一案的一审辩护人。接受委托后，辩护人研究了本案起诉书，详细查阅了案卷材料，会见了被告人，再经过刚刚的法庭调查，对案件有了全面的了解。现提出如下辩护意见，供合议庭参考。

辩护人认为，公诉机关指控被告人常××诈骗被害人王××人民币××万元而构成诈骗罪的定性不持异议，根据刑法和相关司法解释的规定，虽然根据常××诈骗数额看，其法定刑为三年以上十年以下有期徒刑，但是鉴于其有多种法定从轻、减轻、免除处罚和酌定从轻处罚情节，建议对其判处三年以下有期徒刑并适用缓刑。

一、常××在本案中起次要、辅助作用，属从犯。

根据《刑法》第二十七条："在共同犯罪中起次要或者辅助作用的，是从犯。对于从犯，应当从轻、减轻处罚或者免除处罚。"常××在本案中起次要和辅助作用，具体事实……，为此，应当依法对其适用《刑法》第二十七条的规定予以从轻或减轻处罚。

二、常××在侦查、审查起诉阶段和审判阶段均如实供述了自己的罪行，构成坦白。

常××在侦查、审查起诉阶段和刚才的庭审中均如实供述了自己参与诈骗的全部犯罪事实，依法构成坦白。根据《刑法》第六十七条第三款："犯罪嫌疑人虽不具有前两款规定的自首情节，但是如实供述自己罪行的，可以从轻处罚……"和《刑事诉讼法》第十五条："犯罪嫌疑人、被告人自愿如实供述自己的罪行，承认指控的犯罪事实，愿意接受处罚的，可以依法从宽处理"的规定，依法可以对常××予以从轻处罚。

三、常××与被害人达成了和解协议，超额赔偿了被害人的经济损失，获得了被害人的谅解，可以酌情从轻处罚。

常××及其家人积极与被害人王××协商相关事宜，双方自愿达成了赔偿协议。常××参与诈骗的数额仅为××万元，但其却向被害人王××支付了××万元，赔偿数额已超出了被害人王××的实际损失，被害人王××也出具了《谅解书》，明确表示相关款项已经付清，不再追究常××任何民事及刑事责任。以上事实可作为对常××酌定从轻处罚的理由。

四、常××在取保候审期间，遵守相关规定，随传随到，未发生社会危险性。

常××在长达×个月的取保候审期间，严格遵守相关规定，做到了随传随到，没有任何逃避行为，也没有发生任何社会危险性，此事实也证明了如果对常××适用缓刑并没有社会危险性。

综合考虑如上诸多法定、酌定从轻、减轻、免除处罚情节以及常××认罪、悔罪的态度，其没有再犯罪的现实危险，如果对其宣告缓刑对所居住的社区也没有不良影响，辩护人认为，建议对常××判处三年以下有期徒刑并适用缓刑。

以上辩护意见，供合议庭参考。

辩护人：××律师

××××年××月××日

3. 程序辩护的基本思路。程序辩护是指在刑事辩护中，以有关部门的侦查起诉、审判活动的程序违法为由，提出犯罪嫌疑人、被告人无罪、罪轻或者不应当追究其刑事责任的意见，以及要求未依法进行的诉讼程序应当予以补充或者重新进行，非法取得的证据应当予以排除等从程序的角度进行辩护的方法。

法律实施中的程序公正是保证实体公正的手段，而实体的公正是程序公正的实现目的。司法机关只有在法律规定的范围之内，按照程序实施法律、保证程序公正，才能尽可能保证在实体上的公正，避免产生错案、冤案。

在实践中，辩护人如果发现司法机关在案件管辖、回避、侦查过程、审判、审理期限等方面存在违反《刑事诉讼法》等法律法规的行为，就要及时提出程序辩护意见以维护当事人合法权益。

【非法经营罪辩护词示例】

第八章

刑事模拟法庭

模拟法庭，是模拟人民法院的法庭审判的一种实践活动，是法学实践教学的重要组成部分，也是法律诊所课程必要的教学环节，是指导学生熟悉司法实践活动的主要途径之一。本书前面的章节分别介绍了在法庭审理过程中公诉人、律师等的实务技能。本章是在学生已经掌握上述技能的基础上，综合法庭审理的规则和特点，集中进行完整模拟庭审组织和规则的讲授。

与人民法院的真实庭审相比，模拟法庭主要是对真实庭审的模拟，绝大部分与真实庭审相同或相似，但也有不同于人民法院真实庭审的特点。其相似之处在于：第一，案件相同或基本相同。模拟法庭所使用的案件多以人民法院审理的真实案件为基础，为教学需要进行一定程度的修改或者直接使用原案件；第二，诉讼程序相同。模拟法庭在一定程度上可以说是以诉讼程序的模仿为主的模拟，主要的诉讼程序完全相同，如开庭审理程序中的开庭、法庭调查、法庭辩论、被告人最后陈述均按照真实庭审程序进行全面模拟。但囿于模拟法庭的性质，有些程序不方便模拟、无法进行模拟或者为模拟法庭完整顺利进行和教学需要不进行模拟。如回避事项的当庭提出所导致的休庭合议、非法证据排除、对案件的判决并加盖院章等，在模拟法庭中一般不专门进行模拟。

第一节 刑事模拟法庭的教学目标

刑事模拟法庭是刑事法律实践教学的组成部分，是刑法诊所教学内容之一，其总体目标是培养学生熟悉刑事诉讼程序、实践刑事诉讼技能、培养独立思考和独立处理案件的能力，具体来说，包括以下几个方面：

一、培养学生的法律思维能力

法律思维，是一种特殊思维，是指职业法律群体根据法律对人的思维走向进行抽象、概括所形成的一种思维定式，是受法律意识和操作方法所影响的一种认识社会现象的方法,是运用法律概念、法律判断、法律推理去思考法律问题、表达和解释法律现象的逻辑思维[1],人的思维方式常与职业和专业密切相关。法律思维能力是作为法律职业群体必备的基本思维方式,只有运用法律思维才能够在司法实务中处理好形形色色的案件。在大学的法学院里,教师传授各法学专业的知识,但终其根本,还是要致力于培养学生的法律思维,法律思维养成的重要性甚至于高于某一个领域的专业知识。

不可否认,刑事法律思维能力的培养,是刑事法律教学的重要目标。贴近司法实务的培养模式是培养学生刑事法律思维的重要途径,刑事模拟法庭是培养学生刑事法律思维的主要方法之一。思维方式与人的职业相关,虽然法律职业群体具有法律思维方式,但不同的法律专业和职业的法律思维方式也有所不同。仅就从事刑事法律工作的人而言,职业不同,思维方式也略有差异。刑事法官思维,侧重于处于中立的角度分析判断案子的定性和量刑;公诉人的思维侧重于指控犯罪;辩护人的思维则倾向于无罪或罪轻辩护。

二、综合运用各方面专业知识的能力

刑事模拟法庭虽然为模拟,但其基本方向和操作流程与真实的刑事法庭一致,主要需要解决的是被告人的行为是否构成犯罪、构成什么罪以及用什么程序完成确定被告人刑事责任的问题,这个程序过程需要学生综合运用所学知识并加以整合。

1. 刑事程序法方面的知识。刑事模拟法庭关注刑事诉讼程序的展开,学生通过对刑事诉讼法的学习,已经了解了刑事诉讼法所规定的诉讼程序,知道对案件定罪处罚的刑事诉讼基本流程,包括对案件的侦查、审查起诉和审判三个基本阶段,但是,这三个流程如何展开、如何操作无法在刑事诉讼法的理论学习中完全掌握,刑事模拟法庭恰恰填补了学生这方面能力的空缺。

2. 刑事实体法方面的知识。刑事诉讼的终极目标是根据法定的程序和实体法规定确定被告人的刑事责任,确定被告人是否构成犯罪、构成什么罪以及应该如何量刑。在理论课的讲解过程中,学生们对于刑法中规定的罪名和法定刑的了解,往往通过教师的理论讲解完成。为加深对刑事实体法的理解,教师也会通过案例教学的方法,但是,通常的案例教学仍然是教师在某一个罪名或者知识点的讲解时,用以"举例说明"的案例,这些案例为了教学的需要,教师会进行一些加工,使之适应教学内容。这些案例所涉及的案件事实是经过加工的案件事实,往往更简单、直接,但司法实践千差万别,从社会生活中的"一般事实"转化为法律适用中的"案件事实",需要法律工作者根据对实体法的掌握,对"一般事实"进行提炼,在转化为"案件事实"后,再利用现行刑法的规定进行法律性质的判断。在模拟法庭中,这个从"一般事实"转化为"法律事实"的过程由学生自主完成。

3. 证据法的知识。法庭审理和定案的主要依据是证据,模拟法庭的法庭调查就

---

[1] 牛忠志主编:《模拟刑事法庭理论与案例解析》,对外经济贸易大学出版社2015年版,第17页。

是证据的审查过程,可以培养学生在法庭上运用证据规则和证据法原理查明案件事实的能力。

4. 其他与案件内容相关的知识。刑事案件所涉及的知识并非只有刑法和刑事诉讼法。由于案件涉及的事实不同,还会运用到其他非刑事法律方面的知识,如办理经济犯罪案件,涉及财务问题时,需要会计知识;涉及人身损害问题的案件,死因鉴定和人体损伤程度鉴定出现争议时,需要相关医学知识;投毒类案件,需要相关毒物原理知识等。所以,刑事案件千差万别,通过模拟法庭可以使学生的综合素质得到相应提升。

三、培养司法实务办案技能

模拟法庭中的司法实务技能,是刑事办案人员在办理刑事案件过程中应当具备的法庭审理、出庭支持公诉和出庭辩护方面的技能。

1. 法官司法实务技能。作为审理刑事案件的法官,要掌握一般的庭审组织技能,了解刑事诉讼的具体流程,掌握庭审的进程。如法官怎么开庭、怎么组织法庭调查与法庭辩论以及评议和宣判等;对于庭审中的各种突发状况,法官要灵活应对,及时作出判断,确保庭审顺利进行。

2. 公诉人司法实务技能。公诉人代表国家支持公诉,宣读起诉书。在庭审活动中,要掌握基本的庭审技能,培养庭审中发现问题及时补救的应对能力,依法进行有效讯问的能力,质证能力以及发表、完善和补充公诉意见的能力。此外,还应掌握法律监督技能,依法对法庭审判活动进行法律监督。

3. 律师司法实务技能。对于诉讼律师来说,庭审的效果取决于其自身的司法实务技能。作为案件的辩护人,律师应掌握法律检索、证据准备、司法鉴定、文书撰写、出庭辩护等核心技能,具有良好的口语表达、心理素质和逻辑思维能力。

四、法律文书写作能力

作为刑事诉讼流程中的重要环节,法律文书起到引领诉讼程序顺利进行的穿针引线的作用,有的法律文书可以起到开启某一个程序的作用,如起诉书可以引领案件进行审判程序;有的法律文书可以起到终结诉讼程序的作用,如判决书最终确定被告人的刑事责任。因此,法律文书写作能力的培养在学生实务技能中具有重要地位。文书写作要有案件基础,模拟法庭的卷宗为学生提供了基本条件,从错综复杂的卷宗材料中独立分析案件证据、独立思考以解决被告人的刑事责任。在一审普通程序审理过程中常用的诉讼文书包括:起诉书、公诉意见书、辩护词、判决书,这几种主要的诉讼文书写作技能从控辩审三个角度训练学生的写作能力。

第二节 刑事模拟法庭的教学设计

刑法诊所教学以学生为中心,模拟法庭更是如此。除非特殊情况,模拟法庭的所有角色扮演均由学生完成。因而,模拟法庭的教学模式就是在教师统领下的由学生完成的最接近人民法院审理实务的沉浸式模拟教学,教学设计要综合考虑学生现有知识结构和刑法诊所的教学特点,培养学生实务能力、独立解决问题的能力和创新能力。

一、刑事模拟法庭的教学组织及实施

按照刑法诊所的教学特点和课程设置,刑事模拟法庭是刑法诊所课程的一个环节,要与刑法诊所之前教学内容紧密相关。按照本教材对刑法诊所的教学方案的设计,多师同堂、小班教学和具体实务技能的培训均可以在模拟法庭中充分加以呈现。

(一)刑事模拟法庭相关设施准备

进行刑事模拟法庭,一般应在学校专门的刑事模拟法庭教室进行,学校应配备法官袍、法槌、检察官的检徽、律师袍、法警制服等,从教学环境上按照真实庭审环境准备,但是,需要注意的是,学校在定制上述制服时,要考虑模拟的特点,在细节上避免与司法机关的真实制服完全相同。

(二)刑事模拟卷宗的选取

用作模拟法庭的卷宗要以真实卷宗为基础,但不建议全面采用原始卷宗的内容,主要原因在于原始卷宗涉及保密问题,不宜直接拿来使用,且原始卷宗的证据和争议焦点或过于简单或过于复杂,不一定适合课堂教学。因此,教师在选取卷宗时要以原始卷宗做基础,在此基础上做一定的修改,使之适合教学需要,但不建议做非常大的修改。

刑事模拟卷宗的选取要考虑以下因素:

1. 难易程度适当。作为多数学生参加的模拟法庭,卷宗的选取不宜过难或过于简单,要考虑所在班级同学的基本素质和知识水平。

2. 证据种类全面。便于学生在模拟法庭中了解和掌握证据的使用规则。

3. 要存在明显的争议焦点。涉及卷宗存在明显的争议焦点,尤其是实体法上的争议焦点,且案件内容和证据使控辩双方都有辩论的余地,避免使用观点"一边倒"的卷宗。

4. 庭审时间控制。模拟法庭的庭审时间要考虑课程时间和学生的注意力保持时间,过长的庭审教学效果不好且没有意义,一般应控制在3个小时之内。

5. 被告人的人数。被告人的人数与庭审程序和庭审时间密切相关,用于模拟法庭的卷宗被告人人数以1~2人为宜。过多的被告人人数可能使学生审判长难以把控庭审程序和节奏,作为模拟,被告人人数众多导致的某一个程序的重复也会在一定程度上冲淡学生对其他程序的关注。

(三)设定适用于模拟法庭的规则

为了保证模拟法庭程序的完整顺利进行,教师应在模拟法庭开始之前设定一些规则。

1. 起诉书收到的时间。按照刑诉法的规定,开庭审理时,被告人应于开庭10日前收到起诉书，且收到的起诉书副本与当庭宣读的起诉书一致，在模拟庭审时，要推定被告人收到起诉书副本的时间已经超过 10 日。当然，在模拟法庭正式开庭之前，指导教师要组织学生提前交换证据和起诉书，以保证学生有充分的时间准备庭审。

2. 回避申请。为保障模拟法庭程序的完整性，中间不因程序异议中断，应将模拟程序设计为当事人不申请回避。

3. 证据真实性。要推定所有证据的提取均视为提取程序合法，所有讯问、询问均视为已经告知权利；所有鉴定意见均视为已经告知相关人员；诉讼过程符合法律规定的程序；证据合法性和真实性不作争点。

4. 管辖问题。推定侦查、检察以及审判的管辖均无争议。

以上规则的设立均是为了使模拟法庭顺利进行，不在细枝末节上产生争议而导致庭审中断。关于非法证据排除、管辖权的审查、回避申请的提出和审查等问题可以在单独的训练中完成。

（四）学生模拟角色分配

模拟法庭的模拟角色应全部由学生担任，教师应在模拟法庭组织时提前根据学生的情况做好学生模拟角色的分配。刑事模拟法庭可以将学生分成三组：审判组、公诉组和辩护组。审判组的学生角色包括一名审判长，两名审判员，一名书记员，两名法警；公诉组的学生角色包括：两名公诉人、一名证人；辩护组的学生角色包括：两名辩护人、一名被告人。教师组织三组学生抽签确定各组担任的角色，并注意在下次模拟法庭时更换学生的角色分组。在确定各组承担的模拟任务后，由各组小组长组织组内成员进行角色分配和诉讼方案的讨论，不管是否上场，所有学生均应该参与讨论。

（五）教师庭前指导及注意事项的提示

由于模拟法庭的所有模拟角色均由学生担任，教师在庭前要对学生进行指导。指导的内容包括文书写作、举证质证规则、法庭辩论规则、庭审指挥流程以及模拟法庭的基本规则等，除此之外，还要提指导学生处理在模拟法庭进行过程中可能出现的突发性问题和学生易犯的错误。如当事人不听审判长指挥随意发言、法庭发问违反发问规则、质证和法庭辩论混淆、审判长指挥错误导致程序混乱等。另外，如果被告人为二人以上的，还应指导学生如何组织庭审规划。

二、刑事模拟法庭的评议

模拟法庭结束后，教师要及时组织学生进行评议。评议的方式一般有以下几种：

（一）旁听学生评议

1. 组内未上场的学生评议本组成员场上的表现。
2. 其他组的学生评议非本组同学的表现。

（二）庭上学生自评

1. 被告人点评辩护人表现，从被告人的角度评议辩护人是否称职。

2. 公诉人、辩护人点评审判长表现。
3. 公诉人、辩护人互评。
（三）教师点评
教师对学生庭审表现的点评应重点关注以下几个方面[1]：
1. 对担任法官、检察官、辩护人等角色的同学从以下角度进行点评：
（1）分析案情及准确适用法律的能力；
（2）庭审操作及抓住案件关键使庭审有效进行的控制能力；
（3）庭审语言表达能力，如庭审语言是否规范、得体，对被告人及证人的讯问和询问是否到位；
（4）法庭辩论能力，如辩论思路是否清晰、敏捷，是否有较强的临场应变能力等。
2. 对担任被告人、证人等表演性角色的同学，考查学生的表演能力和揣摩当事人、证人心理的能力。
3. 法律文书写作情况。对学生制作的各种法律文书，包括起诉书、公诉意见书、辩护词、判决书等，从形式、内容以及所反映出来的法律文书写作技能进行评价。对于考评成绩，要重过程而非重结果。
（四）卷宗归档
卷宗归档是司法实务的基本工作，案件审结后，书记员要对卷宗进行归档。刑法诊所模拟法庭结束后，也要进行卷宗归档工作。卷宗归档应对以下材料进行归档：
1. 模拟卷宗。
2. 各种法律文书：起诉书、公诉意见书、辩护词、判决书。
3. 学生的分组和庭上角色分工情况以及对学生的评价成绩。
4. 学生在讨论案件过程中若有不同意见或形成其他意见的文书也一并进行归档。

第三节 一审刑事案件普通程序法庭审理规则

根据《刑事诉讼法》的规定，人民法院审理刑事案件，有不同的诉讼程序，但刑事模拟法庭通常模拟的对象是一审刑事案件普通程序，故本章关于刑事模拟法庭的规则、程序和模拟角色等内容均以一审刑事案件普通程序为模版。

一、一审刑事案件普通程序法庭审理过程[2]

根据《刑事诉讼法》的规定，一审刑事案件普通程序法庭审理分为五个阶段：

---

[1] 陈学权编著：《模拟法庭实验教程》，高等教育出版社2016年版，第15页。
[2] 牛忠志主编：《模拟刑事法庭理论与案例解析》，对外经济贸易大学出版社2015年版，第42~47页。

开庭(包括开庭准备和宣布开庭)、法庭调查、法庭辩论、被告人最后陈述、评议和宣判。

(一)开庭

1. 开庭准备。法官助理或书记员主持开庭前的准备工作,包括核对公诉人、辩护人、诉讼代理人到庭情况,宣读法庭纪律,请审判人员入庭,向合议庭报告庭审准备情况。

2. 审判长宣布开庭。审判长宣布开庭并进行以下工作:

(1)传唤被告人到庭并查明被告人下列情况:姓名、出生年月日、民族、出生地、文化程度、职业。如果是单位犯罪的,要查明单位的名称、住所地、诉讼代表人的姓名、职务。查明被告人是否被采取强制措施以及强制措施的种类、时间;被告人收到起诉书副本的时间(是否距离开庭时间已经超过10日);附带民事诉讼的,附带民事诉讼被告人收到附带民事诉状的日期。

(2)宣布案件来源、起诉的案由,附带民事诉讼原告任何被告人的姓名(名称)以及是否公开审理。对于不公开审理的案件,应当当庭宣布不公开审理的理由。

(3)宣布合议庭组成人员、书记员、公诉人、辩护人、诉讼代理人、鉴定人和翻译人名单。告知案件当事人、法定代理人在法庭审理过程中依法享有以下诉讼权利:①申请合议庭组成人员、书记员、公诉人、鉴定人和翻译人员回避;②提出证据、申请通知新的证人到庭、调取新的证据、重新鉴定或者勘验、检查;③被告人可以自行辩护;④被告人可以在法庭辩论终结后做最后陈述。

(4)分别询问当事人、法定代理人是否申请回避,申请何人回避和申请回避的理由。如果当事人、法定代理人申请回避的,法院应当根据《刑事诉讼法》的规定对申请回避的事项进行处理。

(二)法庭调查

法庭调查的顺序和程序如下:

1. 公诉人宣读起诉书,若有附带民事诉讼的,在公诉人宣读起诉书后,由附带民事诉讼的原告人或其诉讼代理人宣读附带民事诉状。

2. 被告人、被害人陈述。

3. 讯问、询问被告人、被害人和附带民事诉讼原告、被告。

发问程序如下:在审判长主持下,公诉人就起诉书指控的犯罪事实讯问被告人;被害人及其诉讼代理人经审判长许可,就公诉人讯问的情况进行补充发问;附带民事诉讼的原告及其法定代理人或者诉讼代理人经审判长许可,可以就附带民事诉讼部分的事实向被告人发问;被告人的辩护人可以向被告人发问;必要时,审判人员可以向被告人以及被害人、附带民事诉讼当事人发问。

审判长主持发问时,应注意以下几点:①起诉书指控被告人的犯罪事实为两起以上的,应就每一起犯罪事实分别发问;②共同犯罪案件中的被告人,应当分别进行讯问,合议庭认为必要时,可以传唤共同被告人同时到庭对质;③审判长对于控辩双方讯问、发问被告人、被害人和附带民事诉讼原告、被告的内容与本案无关或者讯问、发问方式不当的，应当制止；④对于控辩双方认为对方讯问或者发问的内容与本案无关或者发问方式不当提出异议的，审判长应判明情况予以支持或者驳回。

4. 出示证据和质证。首先由公诉人出示证据，根据证据种类的不同，公诉人可以采用当庭宣读、出示物证让当事人辨认以及申请证人出庭等方式进行。在出示证据时，要说明证据的来源和证据的证明目的，出示证据后，由被告人和辩护人进行质证，控辩双方可以相互质证。其次，由被告人和辩护人出示证据，由公诉人进行质证。

5. 询问证人、鉴定人。控辩双方均可以申请证人、鉴定人出庭。出庭申请要在庭前向人民法院提交，证人、鉴定人到庭后，审判长要首先核对证人、鉴定人的身份、与案件当事人以及本案的关系，告知证人、鉴定人要如实提供证言、鉴定意见以及有意作伪证或有意作假鉴定的，要负法律责任。证人、鉴定人当庭作证或者说明鉴定意见的，要在保证书上签字。为防止庭审对证人、鉴定人的影响，证人、鉴定人不得旁听案件审理。

公诉人、当事人和辩护人、诉讼代理人经审判长许可，可以对证人、鉴定人发问。在发问时，应首先由提请或要求传唤的一方进行，发问完毕后，对方经审判长许可，可以发问。审判人员认为有必要，可以对证人、鉴定人进行补充发问。控辩双方的发问方式不当或者内容与本案无关的，对方可以提出异议，申请审判长制止，审判长应根据情况予以支持或驳回；对方未提出异议的，审判长也可以根据情况对不当发问予以制止。

6. 询问调取新证据申请。审判长应当庭询问当事人和辩护人、诉讼代理人是否要申请通知新的证人到庭、调取新的物证、申请重新鉴定或勘验，如果有上述要求，应提供证人的姓名、证据的存放地点，说明所有证明的案件事实，要求重新鉴定或勘验的理由。

7. 附带民事部分的调查。在刑事诉讼部分调查结束后进行，具体程序依照民事诉讼程序进行。

（三）法庭辩论

法庭辩论在审判长主持下按照下列顺序进行：

1. 公诉人发表公诉词。
2. 被害人及其诉讼代理人发言。
3. 被告人自行辩护。
4. 辩护人发表辩护意见。
5. 控辩双方在审判长主持下进行多回合辩论。

（四）被告人最后陈述

根据刑事诉讼法的规定，审判长在宣布法庭辩论结束后，被告人有最后陈述的权利。

（五）评议和宣判

被告人最后陈述完毕，审判长应宣布休庭，合议庭进行评议，法庭审判进入评议和宣判阶段。

1. 评议。评议，是合议庭组成人员在已进行的法庭审理活动基础上，对案件事实、证据和法律适用进行讨论、分析、判断并依法做出裁判的诉讼活动。合议庭评议由审判长主持，一律不公开进行。

2. 宣判。宣判分为当庭宣判和定期宣判两种。当庭宣判是在合议庭经过评议并做出决定后，立即恢复庭审并由审判长宣布判决结果，当庭宣判后应当在5日内将判决书送达当事人、提起公诉的人民检察院、辩护人和诉讼代理人。定期宣判往往针对重大复杂案件另行确定宣判日期并先期公告宣判的时间和地点，判决宣告后，应立即将判决送达相关机构和人员。宣判时，法庭内的全体人员应当起立，一审人民法院在一审宣告判决时，要告知被告人享有上诉权以及上诉期限和上诉法院。案件不论是否公开审理，宣告判决一律公开进行。

二、一审刑事案件普通程序法庭审理规范

（一）开庭

【开庭准备】

书记员主持。

书记员宣读法庭纪律并向合议庭报告庭审准备情况。

1. 书记员请诉讼参与人入庭：请肃静。请公诉人、辩护人、诉讼代理人入庭。

2. 书记员宣读法庭纪律：下面宣读法庭纪律。（1）诉讼参与人应当遵守法庭规则，维护法庭秩序，不得喧哗、吵闹；（2）诉讼参与人在开庭审判期间的发言、陈述和辩论，需经审判长许可；（3）未经许可，不得录音、摄像和摄影；（4）法庭内不得吸烟、不得随意走动和进入审判区；（5）法庭内禁止使用移动电话；（6）法庭审理过程中，旁听群众不得发言、提问，不得鼓掌、喧哗、吵闹和进行其他妨碍审判活动的行为；（7）未经许可，未成年人不得进入法庭。

对于违反法庭纪律的旁听人员，审判长可以口头警告、训诫、责令退出法庭或者经院长批准予以罚款、拘留，对严重扰乱法庭秩序的人，依法追究刑事责任。

3. 书记员请审判人员入庭：请全体起立，请审判长、审判员、人民陪审员入庭。

4. 书记员报告庭审准备情况：报告审判长，本案公诉人、辩护人、诉讼代理人已经到庭，被告人某某某已提到候审，开庭准备工作已经就绪，可以开庭。

【宣布开庭】

审判长主持。

审判长：（敲击法槌一次），北京市××人民法院刑事审判庭现在开庭。提（传）被告人×××到庭。

审判长：被告人×××，你还用过其他名字吗？你的出生日期、民族、出生地、文化程度、家庭住址、是否曾受过刑事处罚或行政处罚（时间、种类）。

被告人：……

审判长：你什么时间因何事被羁押，什么时间被逮捕？

被告人：……

审判长：你什么时间收到北京市××检察院的起诉书副本？

被告人：20××年10月9日。

（本院于20××年10月9日依法向你送达起诉书副本，由你亲自签收。对此，你是否有异议？）

被告人：……

审判长：辩护人什么时间收到北京市人民××检察院的起诉书副本的？

辩护人：20××年10月10日。

（根据起诉书副本送达回证记载，本院向你送达起诉书副本的时间是20××年10月10日，时间是否准确？）

辩护人：……

审判长：北京市××人民法院依照《中华人民共和国刑事诉讼法》第186条、第188条的规定，公开开庭审理由北京市××人民检察院提起公诉的被告人×××涉嫌犯××罪一案，本案由北京市××人民法院审判员×××担任审判长，会同审判员×××、×××依法组成合议庭，本院法官助理×××、书记员×××担任法庭记录，北京市××人民检察院检察员×××出庭支持公诉，受被告人×××委托，北京市××律师事务所律师×××出庭为被告人×××辩护。

审判长：根据《中华人民共和国刑事诉讼法》第29条、第30条、第31条、第32条的规定，被告人、辩护人享有申请回避的权利。就是说，如果被告人、辩护人认为本合议庭组成人员、书记员、公诉人与本案有利害关系，有权申请上述人员回避。

审判长：被告人，你是否听清？是否申请合议庭组成人员、法官助理、书记员、公诉人回避？

被告人：……

审判长：辩护人是否申请上述人员回避？

辩护人：……

审判长：根据《中华人民共和国刑事诉讼法》第197条、第198条的规定，被告人及其辩护人有权申请通知新的证人到庭、调取新的物证，申请重新鉴定或勘验，公诉人、被告人及其辩护人可以申请法庭通知有专门知识的人出庭，就鉴定人作出的鉴定意见提出意见。公诉人、被告人及其辩护人经审判长许可，可以对证据和案件情况发表意见并且可以相互辩论。被告人除享有上述权利外，还有自行辩护和最后陈述的权利。

审判长：被告人及辩护人，上述诉讼权利你们是否听清？

被告人：……

辩护人：……

（如有被告人认罪认罚的，还需要进行如下程序）

审判长：根据《中华人民共和国刑事诉讼法》第15条、第174条、第190条的规定，对被告人自愿如是供述自己的罪行，承认指控的犯罪事实，愿意接受处罚，同意检察机关所提量刑建议和程序适用，并签署具结书的，可以依法从宽处理。

被告人×××，公诉人在庭前向法庭提出你对指控的犯罪事实和证据没有异议，并自愿认罪认罚，是否属实？

被告人：……

审判长：公诉机关有无告知你们认罪认罚时享有的诉讼权利和认罪认罚的法律规定，是否听取你关于涉嫌的犯罪事实、罪名及适用的法律规定、从宽处罚的建议、认罪认罚后案件审理适用的程序等事项的意见？

被告人：……

审判长：被告人，认罪认罚具结书你是否是自愿签署？

被告人：……

审判长：在法庭审理过程中，你是否自愿认罪认罚？

被告人：……

审判长：开庭前，本庭已将全案证据依法进行了开示和交换，截至开庭前，法庭没有接到重新调取证据的申请，本庭将对以上证据进行开庭质证。

（二）法庭调查

审判长：现在开始法庭调查，首先由公诉人宣读起诉书。

公诉人：（宣读起诉书）

审判长：被告人×××，公诉人宣读的起诉书你是否听清楚？与你收到的起诉书副本是否一致。

被告人：内容一致。

审判长：辩护人，公诉人宣读的起诉书内容，与你收到的起诉书副本的内容是否一致？

辩护人：内容一致。

审判长：被告人×××，你可以坐下。

审判长：被告人，你对公诉机关对你犯××罪的指控有什么意见？

被告人：……

审判长：公诉人就起诉书指控的犯罪事实，对被告人有无讯问？

公诉人：……

审判长：辩护人对被告人有无发问？

辩护人：……

（法庭人员询问，合议庭成员交换意见）

审判长：下面由控辩双方举证质证。首先由公诉人就指控的事实向法庭宣读、出示证据。

审判长：被告人是否有意见？

被告人：……

审判长：辩护人是否有意见？

辩护人：……

审判长：（公诉人申请证人出庭的）请法警传证人到庭。

审判长：证人，你的姓名、年龄、家庭住址、工作单位、与被告人的关系。

证人：……

审判长：根据法律规定，任何知道案件事实的人都有如实作证的义务，如果作伪证或故意隐瞒罪证，要负法律责任，你是否听清？休庭后要在证人保证书上签字。

证人：……

审判长：首先由公诉人对证人发问。

公诉人：……

审判长：被告人对证人×××的证言有无异议？是否有问题发问？

被告人：……

审判长：辩护人对证人有无问题发问？

辩护人：……

审判长：请证人退庭。

审判长：请公诉人继续举证。

（反复，直至举证完毕）

审判长：公诉人是否将全案证据宣读、出示完毕？

公诉人：是的。

审判长：被告人，你是否有证据向法庭提供？

被告人：……

审判长：辩护人有无证据向法庭提供？

辩护人：……

审判长：法庭举证、质证完毕。对以上当庭宣读出示的证人证言、书证等证据，休庭后，合议庭评议本案时再行确认。

审判长：根据法律规定，被告人、辩护人有权申请通知新的证人到庭、调取新的物证，申请重新鉴定或勘验，被告人是否有上述申请？

被告人：……

审判长：辩护人是否有上述申请？

辩护人：……

审判长：法庭调查结束。

（三）法庭辩论

审判长：现在开始法庭辩论。首先由公诉人发表公诉意见。

公诉人：……

审判长：被告人可以为自己进行辩护。

被告人：……

审判长：下面由辩护人发表辩护意见。

辩护人：……

审判长：公诉人有无答辩意见？

公诉人：……

审判长：被告人有无新的辩解？

被告人：……

审判长：辩护人有无新意见？

辩护人：……

审判长：在刚才的法庭辩论过程中，公诉人、被告人和辩护人围绕本案的事实认定、定罪量刑、法律适用等方面，发表了各自意见，法庭已充分听取，并记录在案，合议庭评议时将认真考虑。

审判长：现在法庭辩论终结。

（四）被告人最后陈述

审判长：现在由被告人做最后陈述。

被告人：……

审判长：被告人最后陈述完毕。

审判长：北京市××人民检察院指控被告人×××犯××罪一案，经过法庭调查，法庭辩论，被告人最后陈述，今天的庭审活动结束。合议庭将在休庭后对本案进行评议，判决结果另行宣告；法庭笔录休庭后交被告人、辩护人阅看无误后签字。法警将被告人还押。

审判长：现在休庭。（敲击法槌一次）

三、一审刑事案件普通程序中各主要模拟角色的职责[1]

（一）法官的职责

一审刑事案件普通程序的法官，通常由三人组成，审判长负责组织庭审，审判长的表现好坏，在很大程度上决定了模拟法庭能否顺利进行。

法官的职责依据为：《刑事诉讼法》《关于人民法院合议庭工作的若干规定》《法官行为规范》《人民法院法官袍穿着规定》等。

审判长的具体职责为：

1. 进行庭审的准备工作。包括确定合议庭组成人员、确定案件审理方案、制作庭审提纲以及其他必要的庭审准备工作。

2. 主持庭审。包括：核对被告人身份、告知诉讼参加人的权利义务。按照《刑

---

[1] 陈学权编著：《模拟法庭实验教程》，高等教育出版社2016年版，第16~21页。

事诉讼法》所规定的诉讼程序和法庭规则引导和控制庭审进程。在法庭调查阶段，在公诉人和辩护人结束法庭发问之后可以就案件事实进行补充发问。根据庭审情况决定法庭调查、法庭辩论的开始和终结。确定争议焦点、把握庭审节奏，充分保障诉讼参加人的诉讼权利以及处理法庭上的突发事件等。

3. 作出裁判。庭审结束后，组织合议庭组成人员进行评议并作出裁判。

4. 制作裁判文书、宣判。

5. 正确使用法槌。审判长使用法槌的程序如下：①宣布开庭、继续开庭时，先敲击法槌，后宣布开庭、继续开庭；②宣布休庭、闭庭时，先宣布休庭、闭庭，后敲击法槌；③宣布判决、裁定时，先宣布判决、裁定，后敲击法槌；④其他情形使用法槌时，应当先敲击法槌，后对庭审进程做出指令。审判长在使用法槌时，一般敲击一次。

合议庭其他法官的职责是与审判长一起参与案件审理、评议和裁判，但不享有庭审组织和指挥的权利。在法庭调查阶段，在公诉人和辩护人结束法庭发问之后可以就案件事实进行补充发问。

（二）检察官的职责

检察官的职责依据为：《刑事诉讼法》《检察官法》《公诉人出庭行为规范》等。

检察官的具体职责为：

1. 提起公诉。根据案件事实和法律，在确定案件事实具备起诉条件的情况下，制作起诉书，提起公诉。

2. 进行庭审准备。在开庭前制作讯问被告人提纲、举证提纲、质证提纲；在证人出庭时，制作询问证人提纲、公诉意见书，根据案件事实针对辩护人可能提出答辩意见准备答辩提纲，进行庭审中可能出现的其他问题的准备预案等。

3. 出庭支持公诉。出庭支持公诉是公诉人的主要工作，包括宣读起诉书、讯问被告人、举证质证、询问证人、发表公诉意见、参加法庭辩论等。

4. 进行法律监督。根据刑诉法的规定，出席庭审的公诉人具有法律监督的权力，对法庭审理过程中严重违反法庭诉讼程序、影响司法公正的行为行使法律监督的权力。

5. 进行法治宣传教育。公诉人在开庭支持公诉的还有一项职责就是在庭审中进行法治宣传教育，用证据证明指控犯罪事实，促使犯罪分子悔过自新，警示旁听人员引以为戒，自觉遵守国家法律法规，以达到预防犯罪的目的。

（三）律师的职责

律师的职责依据为：《刑事诉讼法》《律师法》《律师执业行为规范》等。

律师担任被告人的辩护人或被害人的诉讼代理人，维护被告人和被害人的合法权益，为被告人作无罪或者罪轻辩护，其具体职责为：

1. 庭前熟悉案情。通过会见被告人、阅卷、调查取证等方式全面了解案情。

2. 制定诉讼策略。在全面了解案情的基础上，制定诉讼策略，确定辩护方向是作无罪辩护还是罪轻辩护，同时结合法律，分析检察机关指控的罪名是否正确。

3. 庭前指导被告人行使诉讼权利。在开庭前会见被告人告知庭审程序等事项，指导被告人熟悉庭审诉讼流程，合法行使辩护权利。

4. 做庭审准备。开庭前，律师的庭审准备包括制作向被告人和证人的发问提纲，准备质证提纲，准备将要在庭上出示的证据，撰写辩护词等法律文书。

5. 出席庭审。辩护律师出席庭审要在审判长的主持和指挥下，参与完成法庭调查、法庭辩论等诉讼活动。

（四）其他辅助人员的职责

1. 模拟法庭中的被告人。刑事模拟法庭的被告人，是其行为涉嫌犯罪，被公诉机关指控构成某一犯罪的人。被告人的地位虽然不如控辩审三方重要，但是，模拟法庭能否顺利进行，被告人的作用不能忽视。

被告人在模拟法庭中的职责是：

（1）全面了解"自己"的基本情况，包括身份信息、被采取强制措施的时间和种类、接收起诉书的时间等。

（2）全面熟悉了解案情。包括卷宗材料中自己的讯问笔录和其他证据材料。

（3）全面了解刑事案件的诉讼程序。

（4）与辩护律师提前准备开庭并配合律师工作。

（5）根据案情揣摩被告人心理，从被告人的视角做辩护。

2. 模拟法庭中的书记员。

书记员职责的依据：《刑事诉讼法》《法官法》《人民法院书记员管理办法》等法律法规。

书记员的职责如下：

（1）开庭前的准备。送达诉讼文书、接收辩护人提交的委托手续和相关证据材料并递交给法官，张贴开庭公告等。

（2）庭审前的准备。开庭前，请公诉人、辩护人、翻译人、诉讼代理人、被害人等诉讼参与人入座，宣读法庭纪律，请合议庭组成人员入座，向审判长报告开庭前的准备工作已经就绪。

（3）庭审过程中的工作。担任庭审过程的记录工作，庭审结束后请相关人员在笔录上签字。在宣判笔录中要记载：案由、宣判时间、地点和旁听人数；到庭当事人的姓名和身份；宣读的判决书、裁定书的编号，当事人表示的态度和要求等。

（4）结案后的工作。核对、印刷、装订判决书，整理、装订、归档案卷材料。

3. 模拟法庭中的法警。根据《刑事诉讼法》《人民法院法庭规则》《人民法院司法警察条例》等规定，模拟法庭中法警的职责如下：

（1）警卫法庭，维护法庭秩序。

（2）保障参与审判活动的人员安全，对旁听人员进行安全检查。

（3）传唤证人、鉴定人。引导证人、鉴定人到达指定位置。

(4) 传递、展示证据。
(5) 制止妨害审判活动的行为。

司法警察值庭时还需特别注意以下事情：①按照规定穿警服、佩戴警衔专用标志，法警应当遵守法庭纪律，精神集中，举止端庄，行为文明，态度严肃，不得擅离岗位，提押女被告人时，由女法警负责。②司法警察值庭时，应站立于审判台侧面，背向审判台，面向旁听席。根据需要采取立正、站立姿势或坐姿。③司法警察值庭负责看管被告人时，要面向审判席，站或坐在被告人后面的左右两侧。

第四节　模拟法庭模拟示范实例

本节的模拟法庭示范实例来自北京市大学生模拟法庭竞赛揭幕表演的庭审实录，模拟卷宗根据司法实践真实案例改编并加以创作，参与模拟法庭表演的合议庭组成人员、公诉人、被告人均来自法院、检察院和律师事务所，书记员、被告人和证人由中国政法大学学生模拟。本节内容由三个部分组成：模拟卷宗、庭审实录、法律文书。

一、模拟法庭庭审实录[1]

【本模拟法庭使用的卷宗说明】

本模拟卷宗系根据真实案件改编而成，所有相关人员信息、地点信息以及单位信息均为虚构，如有雷同纯属偶然。模拟卷宗仅限学术交流使用。基于模拟卷宗的特点，相关证据内容有所删减，所有证据的提取均视为提取程序合法，所有讯问、询问均视为已经告知权利；所有鉴定意见均视为已经告知相关人员；诉讼过程符合法律规定的程序；证据合法性和真实性不作争点；推定侦查、检察以及审判的管辖均无争议；侦查期限以及移送审查起诉日期、送达被告人起诉书日期不作争议，推定比赛当日开庭时被告人收到起诉书已经超过10日；因属于模拟法庭，被告人所供述内容不得超出供述笔录所载内容；控辩双方亦不得超出卷宗材料申请调取证据，只需在给定的证据范围内准备控辩。被告人及证人在侦查阶段具有多次供述及证言，本卷宗只摘要其中一份，其余多次供述和证言内容推定与本卷宗给出的供述一致。

本案模拟控方以被告人陈晓希的行为触犯我国《刑法》第266条，构成诈骗罪

---

[1] 本案模拟法庭模拟控辩审人员均来自司法实务机关办案人员，在此一并表示感谢。合议庭组成人员：审判长薛春江（原北京市昌平区人民法院院长）、审判员欧春光（北京市昌平区人民法院）、审判员林辛建（北京市第一人民法院）；公诉人：北京市人民检察院第一分院赵鹏、张洋；辩护人：姜志强（北京市大成律师事务所）、高文龙（北京市尚权律师事务所）。模拟卷宗来自北京市大学生模拟法庭竞赛揭幕表演赛的赛题，卷宗制作人为北京市人民检察院第一分院赵鹏、中国政法大学赵天红。因卷宗为模拟卷宗且为模拟法庭比赛模拟赛题，为方便比赛需要，有些部分卷宗内容采用简略写法，卷宗中所有印章均为虚拟。

（既遂）为基础，以北京市人民检察院第一分院名义向北京市第一中级人民法院提起公诉，可以增加罪名，但不能减少或改变指定罪名。本案模拟文号为"京一分检公诉刑诉（2019）第1001号"。辩方自拟角度，以无罪或者轻罪进行辩护。

【模拟卷宗】

(一) 开庭前准备

书记员：请肃静。请公诉人、辩护人入庭。

书记员：下面宣读法庭纪律。①诉讼参与人应当遵守法庭规则，维护法庭秩序，不得喧哗、吵闹。②诉讼参与人在开庭审判期间的发言、陈述和辩论，需经审判长许可。③未经许可，不得录音、摄像和摄影。④法庭内不得吸烟、不得随意走动和进入审判区。⑤法庭内禁止使用移动电话。⑥法庭审理过程中，旁听群众不得发言、提问，不得鼓掌、喧哗、吵闹和进行其他妨碍审判活动的行为。⑦未经许可，未成年人不得进入法庭。对于违反法庭纪律的旁听人员，审判长可以口头警告、训诫、责令退出法庭或者经院长批准予以罚款、拘留，对严重扰乱法庭秩序的人，依法追究刑事责任。

书记员：全体起立，请审判长、审判员入庭。

书记员：报告审判长，本案公诉人、辩护人已经到庭，被告人陈晓希已提到候审，开庭准备工作已经就绪，可以开庭。

(二) 开庭

审判长：请坐下。

审判长：（敲击法槌一次），北京市第一中级人民法院刑事审判庭现在开庭。传被告人陈晓希到庭。

审判长：被告人，你的姓名？

被告人：我叫陈晓希。

审判长：出生日期？

被告人：1984年8月11日出生。

审判长：你的身份证号码？

被告人：110123××××××××2222。

审判长：你的出生地？

被告人：我出生在北京。

审判长：你的民族？

被告人：我是汉族。

审判长：你的文化程度？

被告人：我高中文化。

审判长：你的职业？

被告人：我现在是一个公司的老总。

审判长：你的户籍所在地？

被告人：我的户籍所在地是北京市昌平区马池口镇燕丹村12组1号。

审判长：你之前受过法律处分吗？

被告人：没有。

审判长：你是否参加过党派团体？

被告人：没有。

审判长：你这次是什么时候被羁押的？

被告人：这次是2018年的8月14号。

审判长：你是因为什么原因被羁押的？

被告人：他们说我犯了诈骗。

审判长：你是什么时候被逮捕的？

被告人：是2018年的9月12号。

审判长：你是什么时候收到人民检察院的起诉书副本的？

被告人：十天之前。

审判长：根据《中华人民共和国刑事诉讼法》第188条的规定，本庭依法公开审理北京市人民检察院第一分院提起公诉的被告人陈晓希涉嫌诈骗一案。本案依法适用普通程序，由审判员薛春江也就是我本人，担任审判长，与审判员林辛建、欧春光共同组成合议庭。北京市人民检察院第一分院指派检察员赵鹏、张洋出庭支持公诉，北京市大成律师所律师姜志强、北京尚权律师事务所律师高文龙接受委托，担任被告人的辩护人。

审判长：根据《刑事诉讼法》第29条、第30条、第32条的规定，被告人及辩护人在法庭审理中，对审判人员、书记员、公诉人依法享有申请回避的权利。被告人，你是否申请？

被告人：不申请。

审判长：根据《刑事诉讼法》第197条的规定，当事人和辩护人、诉讼代理人有权申请通知新的证人到庭，调取新的证据，申请重新鉴定或者勘验。被告人听清楚了吗？

被告人：听清楚了。

审判长：辩护人是否听清？

辩护人：听清楚了。

审判长：根据《刑事诉讼法》190、198条的规定，被告人除享有上述权利外，还有自行辩护的权利、最后陈述的权利，被告人听清楚了吗？

被告人：听清楚了。

（三）法庭调查

审判长：现在开始法庭调查，首先由公诉人宣读起诉书。

公诉人：（宣读起诉书）（具体内容详见公诉人向法庭提交的起诉书）。

审判长：被告人，你现在可以坐下（两名值庭法警也坐下）。被告人，刚才公诉人宣读的起诉书，你听清楚了吗？

被告人：我听清楚了。

审判长：公诉人宣读的起诉书和你收到的起诉书副本的内容一致吗？

被告人：一致。

审判长：下面你简要向法庭陈述主要案件事实。

被告人：是这样的，之前我搞了一些工程，陆陆续续地向李元胜借了3000万，之后这笔钱我因为生意头脑不好，全赔进去了。然后这个李元胜，他就喊我还钱，喊我在3月20号之前得把这笔钱还给他，不然的话就向法院去申请强制执行，我又不能让他把我的财产就这么执行了，因为我有资金要周转，所以我就注册了一个公司，这个公司叫帝景阁庭，我想着一方面可以拿着公司作为担保，然后可以让执行缓几天，另一方面的话我也想的是，如果我以后有什么业务，也可以用这个公司来操作，然后我就把这个公司注册下来了，注册的时候，资本我就填了一个3000万，然后他跟我说你可以不用实缴，我也没有实缴。之后我看到了，我跟几个司机在一起聊天，他们说这段时间煤老板很缺钱，可以开一个小额贷款公司，我也琢磨着这个生意挺好的，我也可以做，之后他们就说，你现在都成这穷酸样了，你没有钱，你怎么跟我们做这生意？然后我一时头脑发热，我就说我有这个钱，你等着，然后我就去找了一个专门做过桥服务的人叫徐有新，跟他说了一下这个情况，我说我就用十几分钟，然后你就借我3000万，你就借我一下，这3000万我就打印个余额证明我就把这个钱还给你。徐有新也答应了，我还为这个事儿给了他10万块钱的好处费。15号那天他下午3点的时候按时把这个钱打给了我，然后我还准备打完余额证明，把钱转给他呢，那边就说我的银行账户被冻结了，我也不知道为什么，之后我太愧疚了，因为这些事情本来是我答应，好像还给他没有还上，我一气之下把手机摔了，之后就逃到东北去了。今年8月份我在大连就被抓了。

审判长：说完了吗？

被告人：说完了，审判长。

审判长：下面由公诉人对被告人进行讯问。

公诉人：好的审判长。被告人陈晓希，下面公诉人将就本案的案件事实向你问几个问题。刚才，你向合议庭就案件事实陈述得也相对比较完整了，公诉人再简单问几个关键的问题。如果之前在侦查机关说得不清楚，或者刚才没有说清楚的也可以补充或更正，但一定要实话实说，听见了吗？

被告人：听见了。

公诉人：你是什么时间注册的帝景阔庭公司？

被告人：我在2018年的4月1号的时候注册了这个公司。

公诉人：这个时间和法院裁定冻结你个人账户的时间，哪个在先，哪个在后？

被告人：法院先裁定的是先冻结了我的资产，然后我才去注册的这个公司的。

公诉人：你当时为什么要注册这个公司？

被告人：因为我不能让他把我的账户给冻结了，我要缓两个月，我得把钱凑够了还给他，所以我就想出这个方法，注册一个公司，然后为我的这笔债做一个担保，让他缓期执行。

公诉人：当时你个人有钱吗？

被告人：我没有凑够钱，所以也没有钱还给李元胜。

公诉人：你注册的这个公司有资产吗？

被告人：这个公司暂时没有资产。

公诉人：也就是说你当时个人没有钱，公司也没有资产，你当时注册这个公司，目的就是为了延缓向李元胜的还款，对吗？

被告人：有这个原因，但是还有一方面就是想如果之后我有什么交易的话，有什么生意也可以用这个公司来做。

公诉人：这个公司有实际经营吗？

被告人：现在暂时没有。

公诉人：公司除了你之外还有其他员工吗？

被告人：我找了三个员工来给我打下手。

公诉人：这三个员工都叫什么名字，你能跟法庭说一下吗？

被告人：有一个会计，她的名字叫艳玲，然后还有两个，他们叫小孩儿，因为叫的时间太久了，我也不知道他们真名叫什么了。

公诉人：这三个员工都是从哪儿来的？

被告人：我是从一个四河市的劳务市场找的。

公诉人：他们这三个人在公司都具体负责什么工作？

被告人：艳玲是我们公司的会计，平时给我们公司做一下账，然后给我们做一下财务方面的工作，剩下的两个小孩儿就互相分配一下工作，给我们公司打打杂什么的，因为他们还小，也没办法接触很多事儿。

公诉人：你现在还有这三个人的联系方式吗？

被告人：我后来把手机砸了，那些联系方式都存在手机里了，所以我现在也记不大清了。

公诉人：公司的办公地点在哪儿，再跟法庭说一下。

被告人：地点的话，是在一个四河市的大街上，但是我已经好久都没有回去了，所以我也忘了那个地方在哪儿了。

公诉人：你去过那个地方吗？

被告人：那个地方是我的小孩儿租的，我只有一把钥匙，但是我没有去过。

公诉人：平时都谁在那儿？

被告人：会计和两个小孩儿在那边。

公诉人：你给这三个员工发过工资吗？

被告人：给他们偶尔也发一点儿。

公诉人：发了大概有多少钱？

被告人：每个人就保证他们基本生活，两三千左右。

公诉人：两三千发了有多长时间？

被告人：就发了几个月，后面就出事儿了，我就没有给他们发了。

公诉人：按照你刚才向法庭陈述的内容呢，你当时自己手上没有钱，公司也没有资产，那你当时给他们发工资的钱是哪儿来的？

被告人：我还有一点点小积蓄，零零散散总共有12万，我就花了点钱给他们发点工资，让他们稳定下来，后面也就没有发下去了。

公诉人：下面公诉人再就你和徐有新之间的钱款往来问几个问题。你当时和徐有新谈借款这个事情是什么时间，你还有印象吗？

被告人：是今年的7月1号，我去找了徐有新去谈这个事情。

公诉人：你再回忆一下是哪一年？

被告人：是2018年。

公诉人：你当时跟他谈借款事项的时候，有没有签过什么东西？

被告人：大家都是做这行的，肯定要签个保证书，不然到时候如果真的出什么意外的话，还是得要拿着保证书说事儿的。

公诉人：保证书的内容你还有印象吗？

被告人：保证书的内容大概意思就说，我的这个公司还有我自己是没有涉诉的，如果涉诉的话，他可能就不愿意和我做这笔生意了。

公诉人：当时你签这份保证书的时候，你是否明知帝景阔庭公司，也就是你注册成立的这个公司已经被纳入四河市法院的执行范围之内的呢？

被告人：我知道，但是我没有想到他会这么快，因为我觉得他们也不是24小时盯着那个电脑看，就十几分钟的时间，没想到就好巧不巧就把我的资金给冻结了。

公诉人：你当时有没有把这个情况告诉徐有新？

被告人：我没有告诉他，我觉得如果告诉他这生意做不了，而且就十几分钟的事，应该也不会冻结，我想着。所以就没告诉他。

公诉人：你当时是否明确地知道你的这个账户是有可能被法院冻结的？

被告人：我知道。

公诉人：徐有新有没有按约定向你转款？

被告人：他转了，他15号下午3点的时候按时把这个钱打到了我公司的账户上。

公诉人：钱转完之后发生什么了？

被告人：我打了一个银行证明，然后银行那边就跟我说，说你的账户已经被法院那边冻结了，当时我自己也蒙了。

公诉人：你觉得是什么原因导致的这个情况？

被告人：这个事情只有我和我的会计两个人知道这件事儿，我根本就没有往外说，可能就是我会计她可能没有守住嘴，把这件事情告诉李元胜了，可能被买通了，然后李元胜就通知法院冻结了我的账户。

公诉人：当时你和徐有新谈借款的这个过程当中，会计艳玲参与了吗？

被告人：这个过程她没有参与。

公诉人：那你为什么要把这件事儿单独告诉艳玲呢？

被告人：因为我刚刚也说了，她是我们公司的会计，她之后也要接触到我们公司的账，之后再做账的时候，一旦发现这 3000 万的话，有什么差错，或者来路不明的话，她可能会在外面乱说，所以我要让她提前知道一下。

公诉人：你借这 3000 万是做什么用？

被告人：我借的这 3000 万是想给我的两个合作伙伴展示一下我的实力。

公诉人：这两个合作伙伴都叫什么名字？

被告人：一个叫张龙，一个叫赵虎。

公诉人：还有他们联系方式吗？

被告人：手机都砸了，我也不知道他们联系方式了。

公诉人：你能再跟法院详细说一下你怎么通过借款的方式展现公司实力的吗？

被告人：当时他们说要做一个小额贷款的生意，然后他们问我有没有钱，我说我有，他说那你拿出来给我们看看，然后我就去找徐有新借了这 3000 万，我说只用十几分钟就还给你，他也说好，然后我也按约定给了他 10 万块钱的好处费，那天下午就说我要打个余额证明，我把这余额证明拿给他们看，说我有这个实力，做这个行当，你可以和我一起合伙了，就是这个意思。

公诉人：按你刚才向法庭所说的，这 3000 万到你账户之后，过不了多久就要还给徐有新，你依然没有钱跟他们合作，你怎么跟他们合作呢？

被告人：我打算的就是之后合作的事情，钱款的话我再找别人去借也可以，但是没想到就这么快，我就被冻结了。

公诉人：当你知道这 3000 万的账户被法院冻结之后，你有联系艳玲吗？

被告人：我没有联系，当时我特别的懊悔，然后我一气之下就把手机给砸了。

公诉人：你有联系徐有新吗？

被告人：我不敢联系他。

公诉人：你有联系李元胜吗？

被告人：也没有。

公诉人：你有报警吗？

被告人：没有。

公诉人:你当时有没有想过怎么把这笔钱追回来?

被告人:这笔钱我觉得是追不回来了,他都已经盯着法院盯了那么久了,不可能再把这笔钱从他嘴里要回了,而且也是我该还人家的钱,也不好要。报警了,警察也不会管。

公诉人赵:审判长,我申请补充讯问。

审判长:好。

公诉人赵:陈晓希,我问你几个问题。你刚才在陈述的时候说向徐有新借款是你出面借的是吗?

被告人:是。

公诉人赵:整个手续都是你做的吗?

被告人:是我做的。

公诉人赵:你怎么不让你们公司那个会计去做呢?

被告人:因为我觉得她毕竟是个外人,这件事情也是我谈的,可能她不熟悉。

公诉人赵:不熟悉,你告诉她不就熟悉了吗?

被告人:我当时也没想这么多。

公诉人赵:后来艳玲知道了吗?

被告人:后来艳玲应该是知道这件事儿了。

公诉人赵:谁告诉她的?

被告人:是我告诉她。我说我们这公司有3000万的一个资金的转入,叫她不要往外说。

公诉人赵:你要怕她往外说,你不告诉她不就行了吗?

被告人:但我想她毕竟是我们公司的会计,不知道这事儿可能不太好。

公诉人赵:就是说保不了密对吗?保不了密你就让她去做不就行了吗?这是你们公司开业以后的第一件大事儿吧?你聘了一个会计不让她做事儿吗?

被告人:当时我不想让她插手,也没想这么多。

公诉人赵:我现在问问你公司里边的员工情况。你刚才回答公诉人说你们公司有三个员工,对吗?

被告人:对。

公诉人赵:这三个人叫什么名字都知道?

被告人:有两个叫小孩儿。

公诉人赵:这个你刚才回答了,我问的是你公司一共就三个员工,一个员工的名字都叫不出来,其中有两个不知名,不知姓。艳玲姓燕是吗?

被告人:她不姓燕,就我一直叫他艳玲,然后姓啥我也给叫忘了。

公诉人赵:你是忘了,还是不知道?

被告人:我忘了。

公诉人赵:这三个员工都说不出名字,对吧?这三个员工都干什么,艳玲干什么？

  被告人：艳玲是做会计的。
  公诉人赵：你们公司有业务吗？
  被告人：暂时还没。
  公诉人赵：暂时没有要会计做什么工作呀？
  被告人：就先给我们公司提前预备着，因为筹备阶段，要把这人员都找齐。
  公诉人赵：提前预备做什么工作？
  被告人：她现在没有业务，她要帮我们公司打打杂，打扫卫生。
  公诉人赵：那两个小孩呢？
  被告人：他们是分配工作。
  公诉人赵：有什么工作让他们分配？
  被告人：就是打杂的活。
  辩护人高：审判长，这些问题与案件事实无关。
  公诉人赵：审判长，公诉人所问的每一个问题都和本案的案情息息相关。
  审判长：公诉人继续发问。
  公诉人赵：好。你回答公诉人的问题，那两个小孩做什么？
  被告人：就给我打打杂，然后互相分一下，该打哪片。
  公诉人赵：打什么杂？
  被告人：具体就是打扫一下卫生。
  公诉人赵：你这个公司三个人都打扫卫生，对吗？把办公室打扫得干干净净，你又从来不去，对吗？
  被告人：嗯……
  公诉人赵：好，我问下一个问题。关于借钱，你刚才说借钱是为了做什么？
  被告人：我借钱是为了证明一下我的实力。
  公诉人赵：你是想跟他们合伙做什么事情呢？
  被告人：小额贷款。
  公诉人赵：小额贷款，你当时有本金吗？
  被告人：我当时没有本金。
  公诉人赵：你有债权吗？
  被告人：有。
  公诉人赵：什么债权？
  被告人：我欠李元胜3000万呢。
  公诉人赵：那叫债务，不是债权，你有债权吗？
  被告人：债权我没有。
  公诉人赵：你既没有本金，又没有债权，而且你当时还欠着李元胜3000万，你本身就是一个欠款的人，你怎么去借给别人钱？

被告人：我后面觉得可以有资金。

公诉人赵：怎么有资金呢？

被告人：后面零零散散凑些钱。

公诉人赵：上哪凑啊？

被告人：这个事情我还没有来得及凑，就被抓了。

公诉人赵：说说你这两个合作方，那两个合作方是谁呀？你跟谁展示实力的？

被告人：两个合作方是搞运输的。

公诉人赵：搞运输是指做老板搞运输还是这两个人就是开车的？

被告人：是开车的。

公诉人赵：就是两个司机对吗？

被告人：对。

公诉人赵：你跟两个司机做这个小额贷款，他们有这个资金吗？

被告人：他们工资挺固定的，我觉得应该有。

公诉人赵：他们工资固定，他们一个月工资多少钱呢？

被告人：这个问题我真的不太清楚了。

公诉人赵：他们有什么优势值得你跟他们去合作呢？

被告人：他们有固定的工资，我觉得他们应该也有积蓄，我和他们合作，我觉得应该也不会跑啊。

公诉人赵：展示实力是谁要求的？是他们要求你展示实力？

被告人：对。

公诉人赵：你要求他们展示实力了吗？

被告人：没有。

公诉人赵：你怎么不要求他们展示实力，他万一要没实力，你按你刚才说你自己没实力，你找两个合作方，如果也没实力，你这公司怎么开？

被告人：就我当时也是因为虚荣心吧，也没想这么多。

公诉人赵：你到底是跟他们展示虚荣心呢，还是展示实力？

被告人：都有吧。

公诉人赵：你跟李元胜之间的借款，一共借了多少钱？

被告人：我们前前后后我也记不清到底多少次了，加在一起有三千来万。

公诉人赵：那应该说不是一次借的，对吗？

被告人：对。

公诉人赵：你还过他钱吗？

被告人：我不会做生意，全赔进去了，就没有还上。

公诉人赵：你没还钱，他一次一次地借你钱吗？每次的利息是多少？

被告人：他也没给我说这些。

公诉人赵：李元胜他是做什么的？

被告人：他放贷的。
公诉人赵：他放贷的不跟你说利息吗？
被告人：他可能觉得我这人挺靠谱的。
公诉人赵：三千多万的钱都用来干什么了？
被告人：我做了些市政工程。
公诉人赵：市政工程，是北京市的还是外地的？
被告人：北京市的。
公诉人赵：哪个市政工程是你做的？
被告人：通州的大棚，昌平的草莓，我们都有参与过。
公诉人赵：你用哪个公司做的这个生意？
被告人：我们之前有搞过一个工程队。
公诉人赵：工程队不可能承接市政工程，你承接工程总得有一个公司，公司叫什么名字？
被告人：时间太久了，我也忘了。
公诉人赵：做市政工程这个钱，赚回来了吗？
被告人：我可能没有经商的头脑，全赔进去了。
公诉人赵：你跟政府做生意，政府欠你钱吗，哪级政府？
被告人：这个我不太方便透露。
公诉人赵：好。审判长，公诉人对被告人的讯问暂时到此。
审判长：辩护人对被告人有无发问？
辩护人高：有。被告人陈晓希，辩护人将就跟本案指控有关的事实向你进行核实和发问，你要向法庭如实回答。
辩护人高：徐有新把3000万转到的是你公司的华夏银行的账户，对吗？
被告人：对。
辩护人高：这个华夏银行的账户之前有没有被法院冻结过？
被告人：这个账户是新开的，没有被冻结过。
辩护人高：新开的华夏银行的账户跟你和李元胜之间的纠纷有没有关系？
被告人：这个账户本身和他没有什么太大关系。
辩护人高：新开的华夏银行账户是由你来控制，还是徐有新来控制？
被告人：当时开户的时候银行卡或U盾都在他手上，我操作不了，全是他一个人控制。
辩护人高：他来控制是吧？
被告人：对。
辩护人高：徐有新将3000万转到了华夏银行账户之后，你能不能把这个钱转走或者取出？
被告人：都不行，都他一个人能干。

辩护人高：不可以是吧？你让徐有新给你转3000万的目的是什么？

被告人：我想跟他们说一下，我有资本可以跟他们一起搭伙做小额贷款的生意。

辩护人高：那么为此你付出了什么代价？

被告人：我还给那个做过桥生意的徐有新打了10万块钱的好处费。

辩护人高：是在他跟你打3000万之前还是之后？

被告人：之前我就打给他了。

辩护人高：之前先花了10万给徐有新，这算是什么钱？

被告人：就算是给他一个好处费吧，我账上也没多少钱了。

辩护人高：就是他帮你过桥的好处费10万块钱，是吧？好，听明白了。你开华夏银行的账户，除了你和徐有新，还有其他人知道吗？

被告人：这个账户的事情就没有别人知道了。

辩护人高：好的，账户的事情没有人知道。你新开账户之后是否当时就被法院查封冻结了？

被告人：没有查封、冻结。

辩护人高：你为什么要新开一个华夏银行的账户，而不是用公司之前的工商银行账户？

被告人：就因为我害怕有人在盯着原来的账户，所以我就和他说，咱们就新开一个，反正就用十几分钟，应该也不会被发现。

辩护人高：你是担心这个钱被法院划走，所以新开了一个账户是吧？

被告人：对。

辩护人高：这个也是徐有新要求的吗？

被告人：这个是我和他一起去弄的。

辩护人高：你成立公司的目的是什么？

被告人：我成立公司的目的一方面是为了让我这个执行能够缓一下，让我能够有时间去准备这3000万，然后另一方面我觉得以后有什么生意或者有什么交易可以拿这个公司来做。

辩护人高：这是成立公司的目的？

被告人：嗯。

辩护人高：你跟徐有新之前所说的都属实吗？

被告人：我跟徐有新说的事情都是属实的。

辩护人高：那么后来这个钱被法院冻结之后，为什么不跟徐有新联系？

被告人：我当时真的太懊悔了，我跟人家说我是一个有信用的人，我会把这个钱按时转给他，结果就被冻结了，我没有脸见他了。

辩护人高：因为这个原因不联系的？

被告人：嗯，然后我就走了。

辩护人高：好的。张龙、赵虎的身份属实吗？

被告人：张龙、赵虎就是运货的司机。

辩护人高：为什么会选择和两个司机一起开一个小额贷款公司？

被告人：因为人也挺老实的，然后工资收入也挺固定的，我觉得他们有积蓄。

辩护人高：这是你选择合作伙伴的理由？

被告人：嗯。

辩护人高：张龙、赵虎有没有给你出过钱？

被告人：他们还没出呢。

辩护人高：审判长，第一辩护人发问暂时到此，谢谢。

审判长：好。第二辩护人有无发问？

辩护人姜：有。陈晓希，辩护人补充问你几个问题。

辩护人姜：公司成立之后有几个账户？

被告人：公司成立之后，我有两个账户。

辩护人姜：公司刚刚成立的账户是哪个银行的？

被告人：工商银行的。

辩护人姜：后来为什么又要开一个华夏银行的账户？

被告人：因为我刚开始觉得我们换一个银行，重新开一个账户的话，可能法院的行动还没有那么迅速。

辩护人姜：工商银行的账户是被列入强制执行名单了吗？

被告人：应该是。

辩护人姜：华夏银行的账户有没有被列入进去？

被告人：我这个不太清楚了，应该没有。

辩护人姜：如果被列入强制执行名单的话，这个账户还可以进入资金吗？

被告人：应该是不能进入了。

辩护人姜：资金可以往外流出吗？

被告人：资金因为冻结了肯定也出不去了。

辩护人姜：那就是说华夏银行的账户没有被列入强制执行账户是吗？

被告人：对。

辩护人姜：华夏银行账户的U盾和卡在谁的手里？

被告人：全部都在徐有新的手里。

辩护人姜：徐有新可不可以把华夏银行账户的钱转出去？

被告人：他是有权限的，我没有。

辩护人姜：你能不能够阻止他把钱转出去？

被告人：我不能。

辩护人姜：你在跟徐有新借钱的时候是怎么跟他说的？

被告人：我就跟他说，我就用一下3000万，打一个余额证明，然后我就把这个钱还给你，他也同意了，觉得这事儿不做白不做，后来他就也准备把这个钱打给

第八章 刑事模拟法庭

我了。

辩护人姜：保证书是徐有新要求签的，还是你主动给他签的？

被告人：是他要求签的。

辩护人姜：这是行规吗？

被告人：这是他们那一行的规矩。

辩护人姜：那两个司机是给什么人开车的？

被告人：那两个司机是给一个运煤的大厂开车的。

辩护人姜：大厂是吗？

被告人：嗯。

辩护人姜：大厂的经济实力怎么样，你们知道吗？

被告人：这个我就不太清楚了，他们到底运行怎么样，我也不知道。

辩护人姜：你开这个存款证明是为了跟这两个司机做生意吗？

被告人：对。

辩护人姜：跟他们做什么生意？

被告人：就是一个小额贷款。

被告人：我觉得我是一个老板，我得出点儿大头。

辩护人姜：你后来为什么要去东北？

被告人：我觉得没有脸见他们了，我也想办法得把这个事儿给解释清楚，整清楚，得想办法整点钱，那几天可能东北有个项目，我也顺便逃到东北去避一段时间。

辩护人姜：你把手机都摔掉了，跟徐有新失去了联系，怎么跟他来解决这个事情？

被告人：我想的是，如果我有钱了之后，我回来应该也能在广告上面找到他，因为他会在街边贴小广告。

辩护人姜：审判长，辩护人发问完毕。

审判长：被告人陈晓希，你是在哪儿被抓获的？

被告人：我在大连，在大连被抓获。

审判长：现在由控辩双方开始举证、质证。首先由公诉人向法庭出示相关证据。

公诉人赵：好的审判长，下面公诉人将分组就本案的相关证据进行出示，在出示证据之前，公诉人先简要说明一下，公诉人将要出示的所有证据，均由侦查机关或检察机关依法调取，在证据形式上具有合法性。

首先，公诉人出示被告人陈晓希2019年8月11日在侦查机关所作的供述笔录。鉴于当时供述的主要内容与今天被告人陈晓希当天供述内容基本一致，不再重复宣读该份证据，出示完毕。

审判长：你把这个内容简单说一下。

公诉人赵：公诉人就其中关键的内容简要宣读一下。"从2013年起，我陆陆续续向李元胜借了有3000万元左右。2017年，李元胜和我清算了一下，算出我还欠他本息共计 3800 万元。我就在 2017 年 8 月 1 日写了一张借条，写的是借李元胜人民币 3800 万元，半年后归还。李元胜在 2018 年 2 月 1 日把我起诉到了河北省四河市人民法院。法院审理期间主持了调解，到了 2018 年 3 月 20 日，我还是没能归还欠款，李元胜就在 2018 年 3 月 22 日申请法院强制执行。2018 年 4 月 1 日，我注册了帝景阔庭公司，认缴注册资本人民币 3000 万元，但是我一分钱也没有缴。2018 年 4 月 5 日，法院裁定冻结划拨我名下银行存款 3000 万元，若存款不足，就查封扣押信用价值的财产。2018 年 4 月 6 日，我向四河市法院提出暂缓执行申请，并由帝景阔庭公司向法院出具书面担保。2018 年 4 月 9 日，法院裁定暂缓执行 60 天，到了 2018 年 6 月 9 日，法院又裁定冻结划拨担保帝景阔庭公司银行存款 3000 万元，若银行存款不足，即查封扣押信用价值的财产。2018 年 6 月初，我在大厂附近和几个司机聊天，我们一起商量开一个小额贷款公司，为了展现我的实力，我就想到把帝景阔庭公司的注册资本讲一下，然后向这两个司机展示实力。2018 年 7 月 1 日，我一个人去了徐有新家中，徐有新当时给了我一份保证书，让我在上面签字，我们当时约定的借用人民币 3000 万元就用一天，但其实我和对方说用十分钟就行了。之后，徐有新带我去昌平政府街的一个华夏银行，为帝景阔庭公司开设一个账户，专门用来接受电子款所有账户的相关物品，包括银行卡，U 盾都在徐有新手中。2018 年 7 月 15 日，徐有新按照约定的要求，在当天 15：00 把 3000 万元人民币汇入到了公司华夏银行的账户。五分钟，我收到银行通知，告诉我账户被法院冻结了，我觉得肯定是我公司的会计艳玲把我借用过桥资金的事情告诉李元胜，李元胜去通知法院冻结账户的，我一气之下就把电话摔碎了，之后我觉得没有脸见徐有新就跑到东北去了。"宣读内容完毕。

审判长：被告人陈晓希，你对刚才公诉人宣读的证据，你有没有什么意见？

被告人：我没有意见，但是我想说的一点，因为当时我实在是太愧疚了，我觉得我还不上他的钱，我真的觉得我没脸见他，所以才逃到东北去的。审判长我说完了。

审判长：辩护人对刚才公诉人宣读的证言，有没有什么意见？

辩护人高：审判长，辩护人对于公诉人出示的被告人的供述和辩解的真实性没有异议。在这里要强调两点：第一点被告人的供述和徐有新的证言能够印证证明，开设华夏银行之后，公司所有能够控制这个钱款流入或流出的都在徐有新的掌控之内，陈晓希是不能动用这笔钱的。第二点特别注意的是，陈晓希的供述跟在案的银行流水能够相互印证，能够证明为了得到这 3000 万的过桥资金，其本人已经支付了 10 万元，发表完毕。

审判长：另一个辩护人有意见吗？

辩护人姜：辩护人补充两点质证意见。第一，陈晓希为了接收徐有新这笔过桥资金，专门在公司新开了一个账户，而且把这个账户的 U 盾全部由徐有新来保存，以便徐有新能够及时将这笔钱转出去。第二，这笔钱进入公司账户之后，之所以迅

第八章 刑事模拟法庭

速被法院发现，是因为公司的会计艳玲和这个李元胜两个人相互之间有串通。会计将这笔钱进账的消息告诉了李元胜，导致法院在徐有新没有及时将钱转出去之前，就将账户冻结。

审判长：公诉人继续出示证据。

公诉人赵：下面公诉人申请证人李元胜出庭作证，用以证明其和陈晓希之间债权债务往来关系，以及法院冻结帝景阔庭公司华夏银行账户钱款的情况。证人李元胜已在庭外等候。

审判长：经合议庭商议，允许证人李元胜出庭，请证人李元胜到庭。（法警将证人李元胜带上法庭）

审判长：证人，你的姓名？

证人李元胜：李元胜。

审判长：你的职业？

证人李元胜：我是给别人放贷的。

审判长：你的文化程度？

证人李元胜：我是大学毕业。

审判长：证人李元胜，你要如实提供证言，如有意作伪证或者隐匿罪证将负法律责任，你明白吗？

证人李元胜：明白。

审判长：现在请你在如实供述的保证书上签字。（证人李元胜在保证书上签字完毕）

审判长：好。证人你可以坐下。现在由公诉人对证人李元胜进行发问。

公诉人赵：好的，审判长。证人李元胜，今天法庭公开开庭审理被告人陈晓希涉嫌诈骗罪一案，下面公诉人将围绕本案的案件事实，简要问你几个问题，你不用紧张，如实回答就好，好吗？

证人李元胜：好的。

公诉人赵：你刚才向合议庭说你是做放贷工作的，对吧？

证人李元胜：是的。

公诉人赵：你做这工作做了多长时间了？

证人李元胜：具体的时间我记不得了，但是至少也有十几年了。

公诉人赵：你看看旁边坐的这位被告人，你认识他吗？

证人李元胜：我认识他。

公诉人赵：他叫什么名字？

证人李元胜：他叫陈晓希。

公诉人赵：你和他是什么关系？

证人李元胜：我借给了他3000多万元钱，但是他至今也没有还给我，我是他的债主。

公诉人赵：你大概是什么时间借给他的钱？

证人李元胜：从 2013 年开始吧，他就陆陆续续地找我借，我们 2017 年 8 月的时候清算了一下，他一共欠我有就是 3800 万元。

公诉人赵：你都是怎么把钱借给他的？

证人李元胜：每次都是用现金的方式借给他的。

公诉人赵：他借钱的时候，他有没有说他借钱做什么用？

证人李元胜：他就说他是想用这笔钱来做生意，其他的我也没有多问。

公诉人赵：你这么多年一直给他借钱，他中间有还过吗？

证人李元胜：他陆陆续续地有还过一小部分，但是大部分的钱都没有还。

公诉人赵：大部分钱都没有还，为什么你还一直借给他？

证人李元胜：因为吧，我觉得有的时候人一时失败，不一定代表他一辈子都会失败，我相信他能够把这笔钱给赚回来，结果没想到他竟然是这样的人，至今都没有把这笔钱还给我，我真的是看错他了。

公诉人赵：也就是说一开始你很信任他，对吗？

证人李元胜：是的。

公诉人赵鹏：后来你为什么又起诉他了呢？

证人李元胜：因为我们俩在 2017 年 8 月 1 号的时候，我们写了一张新的欠条，把这么多年他欠我的钱都汇总了一下，他当时一共是欠我本息加一起 3800 万元钱，因为我们也是小本经营，资金回流这么久，我们实在也受不了，所以我就跟他约定好半年之后，他要把这笔钱还给我，结果半年之后他竟然没还钱，我实在是没有办法了才去法院起诉他的。

公诉人赵：这 3800 万元里大概有多少是本金，多少是利息？

证人李元胜：这个我记不太清楚了，因为我们平时做这一行的，资金流量也挺大的。

公诉人赵：你之前借给陈晓希钱的时候，你每次跟他约定的利息大概是多少？

证人李元胜：具体的记不清楚了。

公诉人赵：你知道陈晓希注册了帝景阔庭公司吗？

证人李元胜：这个公司我是 2018 年的 4 月份才知道的，当时我向法院申请向强制执行他的财产，结果这个公司为他出具了一份书面的担保，我是那个时候才知道他注册了这个公司。

公诉人赵：这个公司账户会有钱款进入，你是怎么知道这个情况的？

证人李元胜：这个事是 2018 年 7 月 15 号的时候，他们公司的一个员工告诉我的。

公诉人赵：这个员工叫什么名字？

证人李元胜：这个我真的不能说，因为我答应过人家要帮人家保密。

公诉人赵：你能不能告诉合议庭这个员工是男是女？

第八章　刑事模拟法庭

证人李元胜：这个肯定不行，因为这件事儿如果传出去的话，对人家的影响多不好，毕竟人家以后还是要再找工作的。

公诉人赵：是男是女说出来影响都不好吗？

证人李元胜：我也要为人家的前途考虑，这个真的不能说。

公诉人赵：你和他员工之间是什么关系？

证人李元胜：我们俩是非常要好的朋友。

公诉人赵：你为什么会和陈晓希公司的员工成为特别要好的朋友，你们之间之前有过什么合作吗？

证人李元胜：我们之前没有合作，但是我认识这个朋友也挺久了，是我做生意的时候认识的。

公诉人赵：你做什么生意的时候认识他的？

证人李元胜：我说过，我一直从事的就是个人的放贷业务。

公诉人赵：你这个朋友后来就进到了陈晓希的公司里，是吗？

证人李元胜：是的。

公诉人赵：他去陈晓希公司这件事儿，你当时知道吗？

证人李元胜：我当时不太清楚，是后来他才告诉我的。

公诉人赵：你觉得他这个公司的员工为什么要把账户会进钱这件事情告诉你呢？

证人李元胜：我觉得首先他是知道陈晓希还有这个公司欠我很多钱，其次吧，我觉得他应该是出于哥们儿，不，就朋友之间的义气才这样做的。

公诉人赵：我能不能理解说他公司员工是一名男性呢？

证人李元胜：绝对不是。

公诉人赵：公诉人最后再问你两个问题，你和陈晓希公司的员工之间有钱款往来吗？

证人李元胜：我和他公司员工之间也没有钱款往来，他虽然是我做生意的时候认识的，但是他并没有在我这里借过钱。

公诉人赵：他把这个事情告诉你，他能从中得到什么好处吗？

证人李元胜：都是朋友，谈其他的就伤感情了。

审判长：另一个公诉人有什么发言的？

公诉人：证人李元胜，你说是通过陈晓希公司的一个员工知道的这个消息，对吧？

证人李元胜：是的。

公诉人：员工的情况你不方便告诉我们，今天是在法庭上，我想没有什么不方便的，你为什么不能说呢？

证人李元胜：因为我们生意人平时就是讲究一个以诚信为本，既然答应别人的事情，我是一定会做到的。

公诉人：只要答应别人的事情，一定会做到，对吗？

证人李元胜：这是我的经商之道。

公诉人：好，你刚才答应审判长了，要如实作证，对吧？你刚才签那个如实作证保证书的时候看见上面写着什么吗？看见了吗？

证人李元胜：看到了。

公诉人：上面有一句话，"不要歪曲、不要隐瞒所知晓的案件情况"，你签字了吧？

证人李元胜：签字了。

公诉人：那你现在说吧。

证人李元胜：这个我真的不能说，不管是为了他的前途，还是为了我个人安身立命之本，我都不能说。

公诉人：你刚才答应了审判长，你又签了如实作证保证书，今天在法庭上，你当着这么多人的面签了这个保证书，你自己又说很讲信用，你有什么不能说的呢？你要不要再考虑考虑？

辩护人高：希望法庭能够阻止公诉人再进行这样纠缠性的发问以及引诱性的发问，谢谢。

公诉人赵：我问第二个问题，我确实没有想到，因为你说出的这个情况，如果真的存在这个员工，并且这个员工在违背了被告人陈晓希的意志的情况下，把这个消息告诉了你，那么你现在如果说出来的话，对陈晓希是有好处的，所以我没想到辩护人会反对，但既然反对，我不问那个问题，我现在来跟你说下面的问题。我刚才说的意思你听清楚了，对吧？如果真的存在这样的人，你说出来了，那么被告人陈晓希他就有可能不负刑事责任，所以你现在说出这个人的信息，不仅关系到你个人的信誉问题，也关系到陈晓希是否要承担刑事责任的问题，关系到一个人的清白和自由的问题，这个应该说是更重要的，再功利一点，陈晓希如果坐牢，你的钱他还不了，如果出去也许他还能还，所以现在请你从自身以及从对法律的尊重，还有从对真相负责的角度，能不能告诉我们这个员工是谁？

证人李元胜：我觉得诚信比金钱更重要，这个我真的不能说。

审判长：公诉人这个问题不要再问了。

公诉人赵：好的，审判长。

审判长：下面由辩护人对证人李元胜进行发问。

辩护人高：谢谢审判长，辩护人也要说明一点，并不是辩护人反对与否的问题，今天李元胜是以证人的身份出庭，他并没有义务来决定，以及他希望陈晓希构罪与否，所以刚才公诉人给我们生动地上演了一堂诱导课，但是，李元胜最终还是经受住了诱惑。

李元胜，下面辩护人来对你进行发问。在开始申请法院强制执行时，查封了陈晓希的个人账户和财产，当时冻结了多少钱？

证人李元胜：当时冻结了3000万元。

辩护人高：3000 万，那么陈晓希成立公司这事儿你知道吗？

证人李元胜：我刚刚也说了，我是 2018 年的 4 月份才知道的。

辩护人高：后来知道的是吧？

证人李元胜：对。

辩护人高：陈晓希用公司来提供担保，并且要求延缓执行，这个当时你同意了吗？

证人李元胜：这个是法院做出的裁决，我同不同意，也没有什么办法。

辩护人高：你是否知道这个公司的财产状况？

证人李元胜：这个我不太清楚。

辩护人高：当时法院冻结公司的工商银行账户的时候，里面有没有财产，知道吗？

证人李元胜：这个我也不太清楚。

辩护人高：不清楚，好，你怎么知道的这个公司又有一个华夏银行的账户？

证人李元胜：我是听他们公司的一个员工和我说的。

辩护人高：是别人告诉你的是吧？

证人李元胜：嗯。

辩护人高：那什么时间知道的？

证人李元胜：我是 7 月 15 号知道的。

辩护人高：7 月 15 号当天知道的，是他告诉你下午 15 点打款是吗？

证人李元胜：是的。

辩护人高：当天下午法院把华夏银行账户冻结之后，有没有将这个款项转到了法院的账户，你知道吗？

证人李元胜：不知道。

辩护人高：不清楚是吧，你的笔录中曾说华夏银行这个账户后来又被北京警方冻结了，这是什么意思？

证人李元胜：我是经过打听，法院的人跟我说的，具体怎么回事儿，因为我也不是法院的工作人员，我也不清楚。

辩护人高：你是打听的对吧？

证人李元胜：对。

辩护人高：那么法院冻结这 3000 万之后，你有没有拿到这笔钱？

证人李元胜：没有，这笔钱至今都没有还给我。

辩护人高：法官有没有说从这冻结的 3000 万来执行他对你的这个债务？

证人李元胜：这个因为时间过去挺久了，我记不清楚了。

辩护人高：好，审判长，辩护人的发问暂时到此，谢谢。

审判长：另一个辩护人，有没有发问的？

辩护人姜：没有。

审判长：被告人，你对证人有没有什么要问的？

被告人：审判长，我没有要问的，但我想跟证人说一下，这笔钱我在出去之后会还给他的。

审判长：下面请证人李元胜退庭。庭审后对笔录进行核实、确认、签字。请公诉人继续出示证据。

公诉人赵：好的审判长，下面公诉人将向法庭出示本案被害人陈述以及其他证人证言。首先出示被害人徐有新2018年7月15日在侦查机关所作的陈述，用以证明陈晓希向其借款以及钱款被法院冻结的情况，内容如下："我叫徐有新，从事过桥服务中介业务，就是帮助一些需要短期使用钱款的用户，我自己从中赚取好处费。我在很多媒体上都刊登过广告，2018年6月下旬的一天，一个叫陈晓希的人给我打电话，说要垫资3000万元，我问他干什么用，他说，向生意伙伴展现公司实力，做大生意。我说可以，但是要签订保证书，保证个人以及个人为股东、法人的公司没有民事纠纷，并且收取好处费10万元，同时需要单独设立一个用于垫资的账户，手续都要在我手里，我来操作转款事宜，他答应了。2018年7月1日，我约陈晓希来位于本市昌平区政府街一号我家中见面，陈晓希看完保证书内容后，签了字，我们约定借用人民币3000万元，打入一个叫帝景阔庭的公司账户中，陈晓希当天就把10万元钱款汇入到了我的账户，当时他说，3000万使用期一天，但其实就用十分钟，只要钱到了公司账户上，他去银行打印一张账户余额证明，就可以把余额证明给他的合作伙伴看，然后可以把钱还给我。为了确保资金安全，我带陈晓希去昌平政府街的一个华夏银行为帝景阔庭公司开设了一个账户，专门用来接收电子款，所有账户的相关物品，包括银行卡、U盾都在我手中，我会在向帝景阔亭公司汇款后，在约定的时间使用网银，把钱从公司转回我的账户。2018年7月15日，我按照约定，在当天15：00把3000万元人民币汇入到了帝景阔亭公司华夏银行账户，十分钟后，我给陈晓希打电话，发现他手机已经关机，我感觉不对劲，就赶紧操作转回钱款，但网银操作不成功，说是账户异常，我赶紧到华夏银行柜台询问，得知帝景阔庭公司账户已经被四河市人民法院冻结，我再给陈晓希打电话就联系不上他了，我觉得被骗了，就赶紧报警。陈晓希当天是一个人来我家签的保证书。"

公诉人一并出示证人马宏2019年8月12日在侦查机关所作的证言。宣读内容如下："我叫马宏，是河北省四河市法院执行庭法官。2018年3月22日，李元胜申请强制执行调解书，2018年4月5日，我院裁定冻结划拨陈晓希名下银行存款3000万元，若存款不足，就查封扣押信用价值财产。2018年4月6日，陈晓希向四河市法院提出暂缓执行申请，并由帝景阔庭公司向法院出具书面担保。2018年4月9日，我院裁定暂缓执行60天，到了2018年6月9日，又裁定冻结划拨担保人帝景阔庭公司银行存款3000万元，若银行存款不足，即查封扣押信用价值财产，2018年7月15日上午，李元胜打电话告诉我，帝景阔庭公司华夏银行账户将有3000万元人民币汇入，我问他消息是否准确，李元胜说，肯定准确，并且说时间是下午3：00，我就去了北京昌平区华夏银行，下午3：05左右，我去银行柜台递交了查询手续，果然有3000万元，于是我办理了冻结，第二天我得知帝景阔庭账户又被北京警方刑事冻结了。"被害人徐有新的陈述以及证人马宏的证言向法庭出示完毕。

审判长：被告人，你对这个证言有没有什么意见？

被告人：没有异议。

审判长：辩护人，有没有意见？

辩护人高：审判长，辩护人对于证人马宏的证言没有异议，对于徐有新陈述的真实性没有异议，辩护人想强调两点，第一点，关于新设账户的这个事情，确实是徐有新所提出来的，是他实际控制这个公司相关银行账户的一个行为。第二点，这里面提到一个保证书的问题，当时陈晓希确实签订了保证书，但是他签订保证书的时候还没有划在银行这个账户，也就是说他保证的这个账户是没有被查封、冻结，这是实际的一个情况。质证意见发表完毕。

审判长：另外一个辩护人有没有什么意见？

辩护人姜：好，谢谢审判长。徐有新的陈述和被告人陈晓希的供述，相互印证，证明了两个问题，第一，陈晓希向徐有新借钱的理由就是为了资金过桥，打印一张存款通知单给这两个司机看。在这件事情上，陈晓希没有向徐有新虚构事实，隐瞒真相。第二，徐有新证实，华夏银行账户开通之后，所有的U盾或其他的转账手段都掌握在他的手里，他可以自由地、安全地把钱从华夏银行的账户转移回到自己的账户当中。这是徐有新和陈晓希的供述相互印证的地方，其他的没有，谢谢。

审判长：请公诉人继续出示证据。

公诉人赵：好，下面向法庭出示本案的相关书证。

首先出示借款协议及保证书，内容如下。2018年7月1日，陈晓希和徐有新签订协议，陈晓希任法定代表人的帝景阔庭公司因资金周转困难，向徐有新借款人民币3000万元，期限自2018年7月15日至2018年7月16日，利息人民币10万元。陈晓希保证在协议签署时未发生、也不存在针对自己这一方提起的可能令自己履行协议产生重大不利影响的诉讼、仲裁、行政程序、司法或行政机关的执行程序或其他潜在重大纠纷。

继续向法庭出示《河北省四河市人民法院裁判书材料综述》，内容如下，2018年3月1日，河北省四河市法院出具调解书，陈晓希承诺于2018年3月20日前归还李元胜3000万元。2018年3月22日，李元胜申请河北省四河市人民法院强制执行，四河市法院于2018年4月5日裁定对陈晓希名下个人资产予以执行。2018年4月6日，陈晓希向四河市人民法院提出暂缓执行，并由帝景阔庭公司向法院出具书面担保。2018年4月9日，四河市法院裁定暂缓执行60天。2018年6月9日，四河市法院裁定，冻结划拨担保人帝景阔田公司银行存款3000万元，若银行存款不足，即查封扣押相应价值财产。2018年7月15日下午3：07，四河市人民法院冻结帝景阔庭公司华夏银行账户，账户余额人民币3000万元。

继续向法庭出示陈晓希工商银行账户、帝景阔庭公司工商银行账户、华夏银行账户、徐有新工商银行账户明细。综述内容如下：帝景阔庭公司工商银行账户于2018年4月1日在工商银行河北分行四河支行开户，至2018年7月15日该公司账户没有交易历史。帝景阔庭银行账户于2019年7月4日在华夏银行北京分行昌平支行开户，2018年7月15日收徐有新工商银行账户人民币3000万元，陈晓希工商银行账户于2013年1月3日在工商银行北京分行昌平支行开户，2018年7月15日该账户历史最高余额为人民币12.3万元。2018年7月4日，该账户向徐有新工商银行账户汇入人民币10万元整。

继续向法庭出示帝景阔庭公司工商登记信息，申报税收说明，综述内容如下：帝景阔庭公司于2018年4月1日注册成立，认缴注册资本人民币3000万元，股东陈晓希，法定代表人陈晓希，注册地址河北省四河市幸福路111号。2018年8月12日，该公司未进行税务申报。

继续向法庭出示公安机关出具的工作说明。综述内容如下：因陈晓希和李元胜均称案发期间自己所使用的电话号码为非实名制号码，且无法提供具体电话号码，故无法查询案发期间两人电话通话记录，因陈晓希无法说明被称作"小孩儿"的两人的具体信息及联系方式，故无法进一步工作。民警于2019年8月17日前往注册地址，河北省四河市幸福路111号，也就是帝景阔庭公司的注册地，发现该地址不存在。

上述书证材料出示完毕。

审判长：刚才公诉人提供的材料比较多。被告人，我再跟你说一下，一个是你从徐有新那借款3000万的借款协议，一个是你的保证书，就是说不存在针对保证人一方提起的可能令保证一方履行本协议产生重大不利的诉讼。还有一个是四河市人民法院的《强制执行书》，强制执行的相关情况，另外一个你这两个公司在工商银行和华夏银行的开户的情况，还有你公司的这些背景情况。另外一个就是你和李元胜这个电话非实名号码，现在没法查询你们两个人的通话记录，再一个就是没有艳玲、"小孩儿"的联系方式，就这些。刚才公诉人出示了这些证据，你有没有什么意见？

被告人：我没有异议。

审判长：辩护人有没有什么意见？

辩护人高：好的，审判长。辩护人针对公诉人所出示的书证向法庭发表一下质证意见。首先针对于河北省四河市人民法院裁判文书的质证意见。对于相关的文书的真实性，辩护人没有异议，辩护人特别注意，也提醒法庭注意的是，在2018年6月9日之前，四河市人民法院并没有发现也没有冻结帝景阔庭在华夏银行的账户。

针对银行账户的明细材料，质证意见如下：真实性没有异议，这里面也有特别要注意的。一是陈晓希用自己的账户支付给了徐有新10万元已经得到了印证。二是陈晓希的这个银行卡并没有被法院冻结。三是关于这个公司的材料证明公司是合法成立的。四是关于情况说明，办案机关认为注册地址是不存在的，这点说明其实跟公司的注册地工商登记不一致，应当以工商的注册登记为准。辩护人的质证意见发表完毕。

审判长：另外一个辩护人有没有意见？

辩护人姜：没有。

审判长：公诉人继续出示证据。

公诉人赵：好，最后向法庭出示本案的其他证明材料，具体包括报案记录、到案经过。择要宣读内容如下：2019年7月15日，北京市公安局接被害人徐有新报警称自己被陈晓希诈骗人民币3000万元，后北京市公安局将犯罪嫌疑人陈晓希列为网上在逃人员。2019年8月11日15点，陈晓希在辽宁省大连市被北京市公安局民警抓获归案后被押解回京。犯罪嫌疑人陈晓希在被抓捕过程中无抗拒、阻碍逃跑等行为，一并出示被告人陈晓希户籍信息以及强制措施手续，其内容与起诉书中载明的项内容一致。审判长，所有证据出示完毕。

审判长：被告人对刚才这证据你有没有异议？

被告人：没有异议。

审判长：辩护人对刚才这证据有无异议？

辩护人高：对于综合证据没有异议，谢谢审判长。

审判长：被告人及辩护人是否有证据向法庭出示？被告人，有吗？

被告人：没有。

审判长：辩护人有证据向法庭出示吗？

辩护人高：没有，辩护人没有证据向法庭出示，但是证人李元胜的证言法庭没有组织质证。

审判长：刚才李元胜出庭的时候，问了一些问题，刚才辩护人提到这问题，公诉人你们简单地说明一下？

公诉人赵：因为今天证人李元胜已经出庭了，并且今天当庭陈述的内容和之前在侦查机关所作的证言内容基本一致，所以公诉人没有把证人李元胜之前在侦查机关所作的证言向法庭进行出示，而是以今天他当庭作证的内容为准。

审判长：辩护人，你还有什么补充说明的吗？

辩护人高：辩护人申请对李元胜的当庭证言进行质证，如果李元胜的证言作为定案根据使用的话，根据《刑事诉讼法》的规定，需要经过当庭质证才可以。

审判长：公诉人，你对刚才辩护人说的是什么意见？

公诉人赵：公诉人简要总结一下今天证人李元胜当庭所得证言的内容。通过这个公诉人向证人李元胜的提问以及他当天所做出的回答，可以判断，证人李元胜之前和被告人陈晓希存在债权债务关系，并且约定陈晓希归还人民币3800万元，后来通过一系列的民事诉讼程序，确定了被告人陈晓希个人，以及他注册成立的帝景阆庭公司的账户，都被纳入到四河市法院的强制执行范畴之内，并且在被告人陈晓希从徐有新处借款到达了公司账户之后，李元胜通知执行法官将该账户进行冻结，内容总结到此。审判长,我补充一点,刚才第二公诉人总结的是李元胜在法庭上的当庭证言的主要的内容,那么我们用这个当庭证言证明的事项是李元胜拒不说出消息的来源,这就是公诉人用李元胜出庭的证言所要证明的事项。

审判长:辩护人,刚才公诉人说的,你发表下你的意见?

辩护人高:谢谢审判长,辩护人要说的就是李元胜虽然在他的庭前证言以及当庭的证言当中都没有提供到底是谁向他告诉了华夏银行有一笔钱进账这样一个事实。但是,有一个事实请法庭注意,他向徐有新提供了非常准确的进账时间,7月15号下午的15:00,这个进账时间,如果不是陈晓希公司的人的话,如果不是陈晓希公司的会计的话,别人一定是不知道这个时间了,所以说李元胜虽然没有说是谁告诉他这个消息,但是辩护人相信陈晓希的推定是对的,一定是艳玲告诉了李元胜有钱要进账,所以说法官才可以在第一时间就把这笔钱查封掉,其他的没有,谢谢。

审判长:好的,合议庭听清楚了。被告人你有没有申请新的证人到庭,调取新的物证、申请重新鉴定或者勘验。

被告人:没有。

审判长:辩护人有没有?

辩护人高:没有了。

审判长:法庭调查结束。

(四) 法庭辩论

审判长:现在开始法庭辩论。首先由公诉人发表公诉意见。

公诉人赵:发表公诉意见……(具体内容参见公诉人向法庭提交的公诉意见)。

审判长:被告人,你可以为自己辩护。

被告人:好的。刚刚听了公诉人说了这么多,我还是觉得我没有骗人,我也是这个事情的受害者,对于这个事情我想说两点。第一点,艳玲这个人是真实存在的,我的公司也不是他们说的那样,是个皮包公司。公司是我注册的,艳玲和那两个小孩儿也是我从四河市的一个劳务市场找的,我还花钱租了一个地方给他们办公,还花钱给他们买了办公需要的一些用品。虽然我走了后,这些东西我不知道去哪儿了,但是这都是真实发生过的,我觉得在这事情上我是没有必要去骗法官的。第二点,我也没有想要去骗徐有新的钱。我当时就是跟他说:"就用十多分钟,我就可以把这个钱转给你了。"为了让他更放心一点,我还把U盾和银行卡都交在他的手上,他可以自己去控制财产的转移,我根本就没有办法把钱转给别人,我也不可能把这笔钱给别人用,我不想去骗他的钱,我也不知道我的公司里面有人在捣鬼,就把这个消息告诉了李元胜,是李元胜去冻结这些财产的,这个事情从头到尾我都不知道。审判长,我说完了,我觉得我没有骗人。

审判长:请辩护人发表辩护意见。

辩护人姜:发表辩护词……(具体内容参见公诉人向法庭提交的辩护词)。

审判长:请公诉人继续发表公诉意见。

第八章 刑事模拟法庭

公诉人： 公诉人针对刚才被告人和辩护人提供的辩护意见做如下几点回应：

首先，按第一辩护人提到说，如果被告人陈晓希从一开始就想非法占有这3000万钱款的话，那么他完全可以让徐有新把钱款打入到自己的个人银行账户，或者是帝景阔庭公司在注册成立之时注册的那个基本户。公诉人想说，其实辩护人说的这个结论是没有办法实现的，因为从被害人徐有新的陈述当中，我们可以知道，徐有新做这一行过桥钱款的这一行当，其实风险是非常大的，他们会想尽一切办法来规避掉可能产生的财产损失风险，那么他们最后采取的方式是什么？也就是在借款人、债权人和债务人共同在场的情况之下，为垫资款专门成立一个新的银行账户。而这新的银行账户从注册成立之时，所有相关的材料，不管是U盾还是账户基本信息都要控制在债权人手中。被害人徐有新也是通过这种方式，按照他们这一行规的一般要求，要求被告人陈晓希重新为帝景阔庭公司开立了一个新的华夏银行账户，以保证他能够完全掌控该账户钱款的进出，进而最大限度保障自己出借3000万元钱款的资金安全。即便是被害人徐有新采取了如此周密、看似完美无缺的一个保证资金安全的计划，但仍然有一个漏洞或出口，第三方公权力的介入，也就是如果被告人陈晓希或者被告人陈晓希担任法人的公司之前有过其他的诉讼，或者已经被列入被执行人名单之后，那么即便徐有新采取了一系列复杂的操作，他仍然没有办法保证资金完全在他的掌控控制下，因为一旦司法机关介入的话，资金他就没有办法再控制了。这也是为什么徐有新在最开始和陈晓希谈借款事宜之时，就要求陈晓希一定要签署保证书，而保证书上的内容也是为了将这一出口或漏洞堵住，即陈晓希以及陈晓希所在的公司不存在任何对应的民事纠纷，那陈晓希恰恰是因为隐瞒了这一重大事实，导致徐有新相信他能够完全掌控钱款的进出以及该账户的资金安全，所以才错误地相信了陈晓希，并导致之后的有可能发生的财产损失。所以这就是为什么陈晓希没有要求徐有新把钱款打到其他账户，因为打到其他账户徐有新是不会同意的。

第二个问题，第一辩护人还提到，法院裁定冻结的是帝景阔庭公司的基本账户，并不包含在裁定作出之后帝景阔庭公司所开设的其他账户，这一点公诉人也是没有办法认同的。因为我们通过仔细阅读四河市法院出具的裁判文书材料，可以得出这样的结论，四河市在陈晓希将帝景阔庭公司作为担保人为个人债务进行担保之时，并没有明确提出帝景阔庭公司的哪些资产，哪些账户是列入被执行的范畴，而是笼统地把帝景阔庭公司的账户和资产一并列为担保人，作为被执行的对象，而四河市人民法院所出具的裁定书中也没有明确的结论，得出哪一些账户，哪些资产可以被执行，而哪一些账户不可以被执行。也就是说，按照第一公诉人在首轮发表公诉意见时所提到的，即便是裁定作出之后，帝景阔庭公司又重新注册了其他的公司账户，那么该公司账户里面的存款，以及裁定作出之后帝景阔庭公司重新获得的其他资产都会自动地被纳入到四河市人民法院所执行的清单之中，所以法院裁定冻结的是帝景阔庭公司所有的账户，而不仅仅是基本账户。

第三点，辩护人提到说借钱3000万是陈晓希以及他的帝景阔庭公司开展业务的第一步，公诉人认可辩护人对陈晓希做出的这种肯定以及期盼。但是我们看看本案的事实是什么，如果说3000万元可以作为公司的启动资金的话，那么3000万元如果仅仅停在公司账户上十分钟，只是在打出银行账户余额之后，就要退还给陈有新的话，这3000万元通过什么方式能够作为公司的启动资金，他又如何能够帮助公司开展其他的业务？它除了为陈晓希平添了10万元利息新的债务之后，对于整个帝景阔庭公司开展后续业务没有起到任何积极正向的作用，所以辩护人的这一推断是站不住脚的。

第四点，辩护人提到，徐有新的3000万元，因为进到了帝景阔庭公司的账户，而帝景阔庭公司账户的所有材料以及手续都在徐有新手中，陈晓希无法控制这个账户，也无法转出钱款，所以陈晓希就没有办法非法占有这笔钱。那么，公诉人想说的是，诈骗罪的非法占有目的不仅仅包含被告人为自己占有的非法占有目的，也包括为他人非法占有的非法占有目的。那么，本案当中，如果没有公安机关的介入，如果没有之后的刑事诉讼程序，那么当钱款进入帝景阔庭公司华夏银行账户之后，再被四河市人民法院冻结之后，那么接下来会发生什么，大家可以预想一下，自然而然会产生的结果就是，四河市人民法院会把冻结的这笔钱款划拨给之前民事纠纷的原告，也就是李元胜，那么通过这一系列的操作以及法院的介入之后，这笔钱款如果最终没有被刑事诉讼程序，没有被司法机关追回的话，那么它自然就成为了李元胜的个人所有的钱款，而陈晓希正是通过这种方式，为李元胜非法占有这3000万元，所以说非法占有目的成立。最后辩护人还提到3000万，徐有新对这3000万元没有损失，刚才公诉人其实在说上一点的时候也说到这个意思，就是说如果没有司法机关介入的话，这件事情的结果，钱款最后必然的流向是进入李元胜的公司账户，钱款一旦进入李元胜公司账户，那么司法机关再想追回可能就是非常困难了。所以，我们虽然欣慰地看到被害人徐有新是完全有可能把他损失的3000万元通过司法救济的途径拿回来，但是在这个过程当中，我们更应该感谢的是我们司法机关的高效的工作效率，而不应该把这一点作为陈晓希出罪的理由。第一公诉人在发表公诉意见时已经提到了陈晓希虚构事实、隐瞒真相，非法占有目的十分明显，被害人徐有新依据错误认识，将钱款交付给陈晓希的账户当中，陈晓希的诈骗犯罪成立。

审判长：被告陈晓希，刚才公诉人说的，你有没有什么辩解的？

被告人：审判长，我只有一点想说的。就是我没有想要去让李元胜摸到这笔钱，因为我当时特意开了个账户，我觉得如果开了个账户，就追不到这笔钱的存在了，我就可以光明正大地开完余额证明，然后把这笔钱退回去，不然这样的话我多设立这样的一个银行账户也是一个多此一举的行为，我不想让李元胜摸到这笔钱，我也不敢告诉他。这全过程，我只是想要借了这笔钱打个银行的余额证明，就还给徐有新了，我真的也不是想要把这笔钱还给李元胜。审判长，我就说这么多。

审判长：辩护人还有没有辩护意见？

辩护人姜：谢谢审判长。在第二轮的法庭辩护中，辩护人想强调四点，也是对

第八章 刑事模拟法庭

刚才公诉人意见的回应。第一点，刚才公诉人说，当时在法院做执行措施的时候没有查到华夏银行账户，我们也不能够推定华夏银行也在法院的掌控之中。第二点，关于李元胜怎么就成了非法占有的这个"目的"问题。刚才第二个公诉人提到了这个问题。当然第一公诉人是做了一些说明和解释，认为可能是也可能不是，最后呢，不是。其实我们现在也是糊涂的，这个李元胜到底是不是一个共犯的问题，他在这过程中到底起到了什么样的作用，我想作为出证机关的公诉人，并没有给我们一个满意的、清楚的解释和说明。所以李元胜的身份问题，恰恰在本案中是一个重大的事实不清。第三点，我们今天反复谈目的。既然说目的的话，那么辩护人也来说一下目的。就是我们今天指控的被告人陈晓希，他为什么要诈骗？我们发现在这个案件中有两个3000万：第一个，陈晓希欠李元胜的3000万；第二，徐有新借给了陈晓希3000万。那么如果假定说，从这个徐有新那儿拿的3000万，就是为了偿还李元胜的3000万的话，那么从右手拿回来的3000万给到了左手的3000万，对于陈晓希来讲，没有什么变化，他只能是说还欠人3000万，债务没有少，那为什么要这么做呢？如果按照公诉人的演绎的话，它是帮助李元胜实现了自己的债权。如果这样的话，李元胜是不是今天的第一被告人？到底是什么，我们现在都没听清楚，但是对于被告人陈晓希来讲，如果法院对其民事案件中采取了执行措施，比如说对他采取了限制高消费措施，比如说已经准备对他进行司法拘留15天这样的强制执行措施，那么这好歹还是一个理由，就是我为什么要这么做的问题。但是陈晓希为什么这么做呢？除了刚才我们听到的公诉人可能是为了帮助李元胜来非法占有这3000万之外，陈晓希有这样的目的和动机吗？恰恰是没有，如果这样的动机和目的没有的话，我们又怎么能够推断出他具有非法占有的主观动机和目的？显然也没有。第四点，特别重要的就是，在这个案件中，先是人民法院冻结了3000万，后是公安局又冻结了3000万，那么这3000万的去向应该对于本案的刑事定性，给出一个答案。一个是如果这3000万在民事执行案中发还给了李元胜，那么法院就认定了从徐有新那拿到的这个钱，属于被告人陈晓希通过合法借贷的个人资产，通过这一点，我们恰恰能够证明陈晓希就不构成犯罪。第二点，这个钱有没有发还所谓的被害人徐有新，到现在为止我们也不知道，因为公诉人没有告诉我们这个事实。如果发还了，损失在不在？如果没发还，这笔钱到底属于什么？其实法院的这种冻结并不是为了刑事案件的需要。辩护人的回应四点发表完毕，谢谢审判长。

审判长：好，第二辩护人发表辩护意见。

辩护人高：谢谢审判长。辩护人说两点意见。第一，证人马宏就是四河人民法院的法官，他证实了一个特别重要的事情，7月15号那天是李元胜告诉他将会有一笔钱进入到华夏银行的账户，然后马宏法官就去了银行，递交了查询手续，查询到银行账户里边果然有3000万，然后通知银行对这个账户进行冻结。马宏的证言证明这笔钱不是银行依据之前法院给他查封冻结命令冻结的，而是依照马宏法官现场提交的手续冻结的。也就是说，如果没有马宏法官去查询提交冻结手续的话，这笔钱将在几分钟之后非常安全地返回到徐有新的手中,即徐有新这笔钱遭受损失完全是由于一个意外事件造成的,而这个意外事件是因为马宏法官事先得知了一个信息,这个账户将要进到一笔钱,这个信息的来源是李元胜,我们现在庭审中的一个争议焦点就是这个事情到底是谁告诉李元胜的。刚才公诉人对这个事情进行了非常长篇大论的推理,但是辩护人要提醒法庭的是,根据《刑事诉讼法》的要求,对于一切定罪量刑的事实都要有证据证明,而不能依靠推理来确定这样的一个核心事实。更重要的是从经验法则来判断,被告人陈晓希没有任何理由冒着无期徒刑的风险去偿还一笔3000万的民事债务,不管这笔钱有多大,都不会导致他被关进看守所或者监狱里边一天。但是如果他实施了诈骗行为的话,这个特别巨大的数额将会导致他被判处无期徒刑,所以说陈晓希他不会做出这样愚蠢的事情来,这是第一。第二,刚才公诉人提到,陈晓希在向徐有新借钱、签保证书的时候虚构事实、隐瞒真相。辩护人认为,虽然说陈晓希在保证书上签了字,但是并不是刑法意义上的虚构事实,隐瞒真相。首先,陈晓希向徐有新签订委托书的时候,法院只冻结了工商银行的账户,没有冻结华夏银行的账户,陈晓希为了让这笔钱安全地返回到徐有新的手里,还单独设立了一个账户。其次,如果说陈晓希真的想让这笔钱进入到公司账户,进而返还给李元胜的话,他完全可以签一个保证书之后让徐有新把钱直接打到工商银行的账户里,没必要再单独去开立一个账户。所以说,陈晓希单独开立账户的唯一目的就是为了让这个钱安全的返回到徐有新的手里。另外,更重要的是,陈晓希签这个保证书的目的不是为了非法占有这3000万,而是为了使用这3000万,所以说陈晓希在本案当中没有虚构事实,没有隐瞒真相,只有民事上的欺诈行为。徐有新遭受的3000万元损失,纯属是一个意外事件,与陈晓希没有任何关系,谢谢。

审判长:公诉人还有没有新的公诉意见?

公诉人赵:公诉人进行四点回应。第一点和第二点是纠正一下辩护人在发表辩护意见的时候,对公诉人公诉观点的一个错误的援引,为了辩护人更好地发表辩护意见,公诉人要进行一下说明。第一,关于李元胜是否是共犯的问题,辩护人说,公诉人一会儿说是,一会儿说不是,最后说不是。公诉人从来没有这么表达过,公诉人只是说有两种可能,至于他是否是共犯,目前事实不清,所以不对李元胜进行刑事追诉,但是不管是什么情况,不影响对被告人陈晓希犯罪事实的认定和刑事责任的追究,这是第一点需要说明的。第二点需要说明的是,辩护人说,公诉人提到的推理是陈晓希把信息告诉了法院,那么这一点公诉人也从来没有说过。公诉人主张的是,陈晓希把这一信息告诉了李元胜,从而使李元胜告知法院,这是第二点。第三点,关于法院,人民法院能不能被人利用成为犯罪工具的问题,辩护人认为公诉人没有明确说清楚,那么公诉人现在可以明确地说,人民法院可以被他人利用成为犯罪的工具,不仅仅人民法院,人民检察院、公安机关、辩护人,甚至任何其他人都有可能被犯罪分子利用,成为他人实施犯罪的工具。但是,这并不意味着这些被利用的主体和犯罪人形成共犯关系。间接正犯是解决这样问题的理论,而虚假诉讼和三角诈骗正是实践中层出不穷的案例。而被告人陈晓希,他的主观动机恰恰是希望利用人民法院正常的执法行为和司法行为来实现自己归还欠款 3000 万元或者其他不可告人的秘密,这正是他的动机所在。如果今天我们没有追究陈诉晓希诈骗罪刑事责任的话,那么陈晓希的动机就实现了,他的如意算盘就达成了,这就是公诉人为什么要对他的行为提起公诉的原因。第四点,辩护人提到被害人的钱款在司法机关的控制之下就没有存在损失,对这一点公诉人不能接受。公诉人认为钱款只有在自己手里才能肯定地说没有损失。审判长,审判员,公诉人补充发表的公诉意见暂时到此。

审判长:被告人,你还有说的吗?

被告人:没有了。

审判长:辩护人还有新的意见吗?

辩护人姜:有一点,关于被告人陈晓希做这件事情的社会危害性问题。如果按照公诉人的这种指控,从徐有新那里骗来 3000 万,然后还给了李元胜,那么我们就看一下这个案件中谁得到了实惠,谁获得了什么的问题。在民事执行案件中,被告人陈晓希他免除了自己的债务偿还;对于李元胜来讲,他获得了自己应该得到的资金,显然这并不是非法占有;而对于徐有新来讲,你借了我的钱,签了借款协议,拿走我的钱,没还给我,他完全可以通过民事诉讼来解决。所以辩护人认为,在这个案件中的指控,诈骗罪是不能够成立的,辩护意见发表完毕,谢谢。

审判长:公诉人还有没有新的公诉意见?

公诉人赵:没有了。

审判长:辩护人还有没有新的意见?

辩护人姜:没有了。

审判长:公诉方和辩护方的意见合议庭已经听清并记录在案,法庭辩论结束。

(五)被告人最后陈述

审判长:现在由被告人陈晓希做最后陈述,被告人陈晓希你站起来。

被告人:审判长,审判员,我刚刚听了他们说了这么多,我知道我自己错了,我觉得我错就错在做生意的时候太过想当然了,没有给自己多留一个心眼儿,导致我现在坐在这里成为被告人。但是审判长,我想说的是,我真的没有骗人,我没有想要把徐有新这笔钱归为己有,或者拿给李元胜,我只是想要满足一下自己的虚荣心,用存款证明向合作伙伴证明我有这笔资金,这个钱我是要还给徐有新的,不然我为什么还要去专门开一个账户,还要专门告诉我的会计艳玲去保密这件事情呢?我没有想要去告诉法院,我也没有想要去告诉李元胜,这件事情完全是超乎了我的意料的。审判长,我欠的钱,我一定尽我最大的可能还,我这个人是讲信用的人,君子一言,驷马难追,我说到做到,审判长,我的话说完了。

审判长:现在休庭。何时宣判,另行公告。(敲法槌)

二、模拟法庭法律文书

（一）起诉书

北京市人民检察院第一分院

起 诉 书

京一分检公诉刑诉〔2019〕1001号

被告人陈晓希，男，1984年8月11日出生，公民身份号码110123……，汉族，高中文化程度，案发前系四河市帝景阔庭公司法定代表人，出生地北京市，户籍所在地北京市昌平区马池口镇燕丹村12组1号。因涉嫌合同诈骗罪，于2019年8月11日被北京市公安局刑事拘留，同年8月17日经北京市人民检察院批准，于同日被北京市公安局逮捕。

本案由北京市公安局侦查终结，以被告人陈晓希涉嫌合同诈骗罪，于2019年9月16日向我院移送审查起诉。本院受理后，于同日已告知被告人有权委托辩护人，已告知被害人有权委托诉讼代理人，依法讯问了被告人，审查了全部案件材料。

经依法审查查明：

2017年8月1日，被告人陈晓希签订借条，答应归还从李元胜处借款共计人民币3800万元。2018年2月1日，李元胜向河北省四河市人民法院提起民事诉讼，要求陈晓希归还欠款。四河市法院作出《民事调解书》后，李元胜于2018年3月22日申请法院强制执行。2018年4月1日，陈晓希注册成立四河市帝景阔庭公司（以下简称"帝景阔庭公司"），并于2018年4月6日向四河市法院申请以该公司资产为其上述个人债务提供担保。2018年6月9日，四河市法院裁定冻结、划拨帝景阔庭公司银行存款人民币3000万元，若银行存款不足，即查封、扣押该公司相应价值的财产。

2018年7月1日，被告人陈晓希在本市昌平区政府街1号，隐瞒帝景阔庭公司已被法院裁定冻结、划拨账户钱款的事实，在帝景阔庭公司从未正常经营的情况下，以开展业务需展示公司实力为由，向被害人徐有新借款人民币3000万元，并承诺1天即归还。2018年7月15日，徐有新将3000万元人民币汇入帝景阔庭公司账户后，该账户随即被四河市法院冻结。此后，陈晓希不再联系被害人徐有新。

被告人陈晓希于2019年8月11日被民警抓获。

认定上述事实的证据有：借款协议、保证书等书证，证人马宏等人证言，被害人徐有新陈述，被告人陈晓希的供述和辩解等。

本院认为，被告人陈晓希以非法占有为目的，虚构事实、隐瞒真相，骗取他人财物数额特别巨大，其行为触犯了《中华人民共和国刑法》第二百六十六条，犯罪事实清楚，证据确实、充分，应当以诈骗罪追究其刑事责任。根据《中华人民共和国刑事诉讼法》第一百七十六条之规定，本院提起公诉，请依法判处。

此致

北京市第一中级人民法院

检 察 员：赵 鹏
代理检察员：张 洋

2019 年 10 月 10 日

附：
1. 被告人陈晓希现被羁押在北京市第一看守所。
2. 案卷材料和证据 10 册。
3. 证人名单 1 份。

（二）公诉意见

北京市人民检察院第一分院

公诉意见书

被告人：陈晓希

案由：诈骗罪

起诉书：京一分检公诉刑诉［2019］1001 号

尊敬的审判长、审判员：

根据《中华人民共和国刑事诉讼法》第一百六十九条的规定，我受北京市人民检察院第一分院的指派，代表本院以国家公诉人的身份出席法庭，支持公诉，并对刑事诉讼实行法律监督。在刚才的法庭调查中，公诉人依法讯问了被告人，并出示了相关的证据，进行了当庭质证，被告人陈晓希也对其犯罪事实进行了当庭供述和辩解，通过法庭的举证、质证，清楚地表明我院指控被告人陈晓希的犯罪事实清楚，证据确实、充分，其应当对其行为担负刑事责任。为了更好的履行公诉人职责，阐明公诉人的观点，公诉人接下来将对本案的证据、事实、法律适用以及被告人应当承担的刑事责任，发表如下公诉意见，供合议庭在对本案评议时充分考虑。

一、对案件基本事实的回顾及案件的定性分析

对于这个案件绝大部分的基本事实，控辩双方是没有争议的。首先，被告人陈晓希和李元胜签订了一个 3800 万的欠条，在陈晓希不归还的情况下，李元胜向法院提起了诉讼。在诉讼的过程中，被告人陈晓希在调解时，承诺归还人民币 3000 万元，后来法院依法做出了调解书。在调解书做出后，被告人陈晓希仍不还钱，导致李元胜向法庭提出了强制执行申请。在李元胜提出强制执行申请当天，被告人陈晓希注册成立了帝景阔庭公司。成立帝景阔庭公司后，被告人陈晓希用该公司的资产作为担保，向法院申请暂缓强制执行。在法院裁定划拨帝景阔庭公司资产 3000 万元后，被告人陈晓希找到了本案被害人徐有新，和他签订了一份书面的保证书，保证个人

不存在任何影响协议履行的诉讼或仲裁,并承诺在一天之内归还借款人民币3000万元。之后,徐有新将3000万元的钱款如约汇入到了帝景阔庭公司的公司账户中。但是,由于李元胜提前通知了法院,这笔3000万元的钱款在进入帝景阔庭公司账户几分钟后,就被法院依法冻结,导致被害人徐有新的3000万元钱款无法拿回。最终,被告人陈晓希失去联系并潜逃至东北,之后被抓。就以上事实,控辩双方不存在争议。但是,对于"被告人陈晓希在签订保证书时,帝景阔庭公司在华夏银行的账户是否已经建立"这一事实,控辩双方存在争议。

公诉人不否认在签订保证书时,帝景阔庭公司在华夏银行的账户还没有建立,但是这并不影响被告人陈晓希隐瞒了一个重大事项。因为在被告人陈晓希签订保证书时,河北省四河市法院已经裁定划拨帝景阔庭公司3000万元财产,也就是说,不管帝景阔庭公司之后设立多少个公司账户,都会自动进入这份执行名单中。陈晓希在签订保证书的时候,有义务告知此事项,但是他没有告知,反而在保证书上签字,这是一种隐瞒,这叫做隐瞒真相。当然,公诉人不能仅仅依据这个事项就认定被告人陈晓希的行为构成诈骗罪。问题的关键在于,河北省四河市人民法院究竟是如何知道的"即将有一笔3000万元的钱款进入帝景阔庭公司在华夏银行的账户"这一信息?

对李元胜消息来源的分析:

通过控辩双方对证据的质证,我们已经能够确认是李元胜将这个信息告诉的四河市法院,导致四河市法院对帝景阔庭公司在华夏银行的账户进行了冻结。但问题在于,李元胜是从哪一个渠道知道的这一个信息?李元胜是从哪个渠道了解到的这个信息,对本案的事实以及相应的定性而言,会产生非常重大的影响,所以我们现在要从李元胜的这个情况去入手。

刚才辩护人做了一个排除,说除了被告人的帝景阔庭公司的会计艳玲之外,没有任何人会知道具体的打款时间。公诉人认为辩护人的这个判断其实是不全面的,我们现在把这个判断完善一下,我们来想到底有谁知道,将会有3000万元的钱款打入到帝景阔庭公司在华夏银行公司的账户呢?我觉得可能有这四种人:第一种,被害人徐有新;第二种,银行;第三种,被告人陈晓希;第四种,可能存在的其他人。我们现在分别排除。首先,可不可能是被害人徐有新?我想这个不需要论证,一定不存在这种可能性。其次,会不会是银行?我想这个可能性也是不存在的。我们先跳过被告人陈晓希,我们来看会不会是可能存在的其他人。在这里边我们必须要强调一点,就是这个人必须是有可能存在的人,如果一个人根本就不可能存在的话,我们不需要去考虑这一层因素。今天被告人加上证人,给我们提供了一个可能存在的人,这个人叫艳玲。辩护人刚才在法庭调查阶段,他主张的也是艳玲,那么我们就来看艳玲属不属于"可能存在的其他人"。我们判断一个人在本案中可不可能存在,要秉承一个标准,就是:任何一个人都有两个属性,一个属性是自然身份,一个属性是社会身份,两个属性都有,都有相应的信息,并且让我们足以相信的时候,

第八章 刑事模拟法庭

我们才会认为这个人可能存在。好,我们先来看自然身份。在本案中,无论是被告人陈晓希还是证人,都不能说出艳玲的真实身份。被告人陈晓希自称艳玲是自己的员工,但是却不知道这一名最重要的员工姓什么,也不能说出他的任何个人信息,甚至不能说出她的联系方式。证人李元胜在公诉人的反复询问下,也不能说出任何关于艳玲的信息。那么我们只能得出一个结论,艳玲这个人的信息其实根本不存在,所以两个人根本说不出来,这是自然身份。我们再来看社会身份。我们判断一个人的社会身份仍然应该秉承两个标准:一个是否存在社会身份,也就是看是否有存在的痕迹;另一个是是否有存在的必要,这两个条件都满足了后,我们才能认为一个人的社会身份是存在的。我们先来看存在的痕迹。被告人陈晓希说艳玲是公司的会计,但是我们很惊奇地发现,艳玲在本案中没有留下任何的痕迹,无论是税务机关还是被告人陈晓希的公司。按照被告人陈晓希今天在法庭上对公诉人问题的回答,艳玲和另外两个小孩儿,三个人在公司的所有工作就是搞卫生。对于这样的一个公司而言,如果只是搞卫生,况且被告人还记不住搞卫生的场所在哪儿,我们去查工商注册登记也查无所指,那么说明艳玲根本没有存在的痕迹。没有存在痕迹不要紧,我们看看她有没有存在的必要,我觉得答案也是否定的。存在的必要,我们从两个层面去说。第一个层面是,帝景阔庭公司有没有相应的业务,只有有相应的业务,会计才有存在的必要。刚才在法庭调查过程中,公诉人质问被告人的一组问题足以说明一个根本没有开展任何业务的公司,去花钱雇三个员工,其中还有一个是会计,并且只是用来搞卫生,这个会计根本没有必要聘用到公司中来。更何况在当时,被告人陈晓希作为公司的老板,已经债台高筑,他根本没有聘用会计师艳玲的必要。帝景阔庭公司没有聘用会计的必要,那么帝景阔庭公司到底想不想开展业务呢?我们觉得答案也是否定的,为什么?如被告人陈晓希所说,他成立这个公司之后,聘用了三个员工,他的目的是想做小额贷款,但是在法庭调查中,公诉人的一系列问题也非常清楚地说明,被告人陈晓希在没有任何的债权,也没有任何的资本,反而浑身是债,已经被法院列入执行人名单,划拨个人或公司名下巨额钱款的情况下,还想去和两个根本就不知道收入如何,也没有任何其他背景信息的司机去做贷款业务。这个公司业务能不能开展下去,我想是不需要我们过多地去论证的。被告人陈晓希还要为此付出高额的十万块钱的代价,按他自己说,自己只有积蓄十二万多块钱,能够拿出绝大部分的钱去借 3000 万块钱,导致自己最后一贫如洗,只剩下 3000 万元的债务,显然帝景阔庭公司其实根本不想开展任何的业务。既然帝景阔庭公司不想开展任何的业务,公司也就没有必要聘请任何的员工,包括艳玲在内。由此我们再反推,本案中的艳玲,既没有存在的痕迹,也没有存在的必要,她的自然身份不明,社会身份也不明,艳玲根本就不属于"可能存在的其他人"。既然没有可能存在的其他人,也不属于银行或者被害人徐有新,那么只剩下被告人陈晓希。如果是被告人陈晓希把这一消息告诉的李元胜,会直接影响到我们对事实的判断,有两个重要的方面:

273

第一个方面是，被告人陈晓希和被害人徐有新所签订的保证书，保证一天即归还 3000 万元钱款，这一定是虚构事实。因为一旦被告人陈晓希主动把消息告诉李元胜，必然会导致李元胜通知法院冻结钱款，进而导致这 3000 万元钱款无法如约归还。保证书上所签订的一天即归还，显然是虚构事实，再加上之前陈晓希故意隐瞒公司财产、个人名下的财产和涉诉的公司已经卷入到经济纠纷，这叫虚构事实、隐瞒真相。在虚构事实、隐瞒真相的行为之下，导致被害人徐有新将 3000 万元的钱款汇入到帝景阔庭公司的账户中，这叫基于认识错误处分财产。这里边我们要说明一点，虽然帝景阔庭公司在华夏银行的公司账户的 U 盾、银行卡，都由被害人徐有新占有，但是银行钱款的转账不以你占有一个银行卡或 U 盾为转移。只要钱款从一个账户转到另一个账户，占有即发生移转，这是不需要过多地去说明的。所以，当被害人徐有新把 3000 万钱款从自己的账户转到华夏银行帝景阔庭公司的账户时，其钱款已经发生了转移，这叫因为认识错误而处分财产。最终，因为法院冻结账户，导致这些钱款再也不可能回到被害人徐有新的账户中。并且，被告人陈晓希失去联系并逃匿外省，这种行为反映了被告人陈晓希主观上有非法占有的目的。综合上面的虚构事实、隐瞒真相、导致被害人陷入认识错误而处分财产，被告人陈晓希在主观上又具有非法占有的目的，且非法占有的钱款数额特别巨大，被告人陈晓希的行为构成我国刑法上的诈骗罪。这是第二点公诉意见。

另外，我们要特别说明一点，本案公安机关移送审查起诉的罪名叫做合同诈骗，为什么我们指控的罪名变成了诈骗呢？这是因为，尽管被告人陈晓希和被害人徐有新之间签订了一份保证书，但二人钱款发生转移的主要依据是 3000 万元的借据，这种情况我们在实践中一般应认定为诈骗罪，这是本院在审查起诉的过程中，将罪名从合同诈骗改成诈骗的原因。

二、对本案犯罪形态的分析

首先，公诉人认为被告人陈晓希属于诈骗罪既遂。这是因为，诈骗罪属于财产犯罪，财产犯罪侵犯的法益是被害人的财产所有权，尽管这些钱款因为法院的冻结，没有如约地转移到李元盛的账户中，被李元胜非法占有。但是，因为钱款已经由徐有新的账户转移到了帝景阔庭公司在华夏银行的账户，且由于法院的冻结，徐有新不能拿回自己的 3000 万元欠款，对于徐有新而言，财产损失已经造成。因此，公诉人认为被告人陈晓希的诈骗行为既告既遂。

其次，我们简要说明被告人陈晓希和李元胜的关系。可能会有人疑问，如果按公诉人这样推测的话，为什么不指控李元胜成立诈骗共犯？这里做一点说明，李元胜即使是通过被告人陈晓希得到的这个消息，存在两种可能性：第一种可能性是，整个过程都是被告人陈晓希和李元胜一手策划的，在这种情况下，二人构成共犯没有问题；第二种可能性是，被告人陈晓希自己在和徐有新签订完借款合同后，将这个信息告诉了李元胜。在这种情况下，李元胜和被告人陈晓希之间没有共谋，很难按照诈骗共犯去论处。但是，无论是哪一种情况，被告人陈晓希的行为已经构成诈骗罪。

三、量刑建议

根据《中华人民共和国刑法》第二百六十六条规定，被告人陈晓希的行为构成诈骗罪，已经既遂，且数额特别巨大。但是，毕竟本案所有的钱款，因为司法机关的积极追赃已经全部在案，可以客观弥补被害人徐有新的财产损失。因此，公诉人建议对被告人陈晓希判处有期徒刑14年。

审判长、审判员，公诉人恳请合议庭充分考虑公诉人的意见，对被告人陈晓希作出公正的判决。

检 察 员：赵鹏
代理检察员：张洋
2019年10月28日

（三）辩护词

被告人陈晓希诈骗案辩护词

尊敬的审判长、审判员：

受被告人陈晓希及其家属的委托，北京市大成律师事务所指派姜志强律师作为辩护人参与本案庭审。庭审前辩护人已经多次会见了被告人并与被告人核实了本案的案卷材料。针对公诉指控陈晓希构成诈骗罪一项，辩护人认为：结合本案事实和证据，被告人陈晓希主观上无诈骗的犯罪故意，客观上无诈骗的行为，最终也并未给被害人造成损失，陈晓希的行为不符合诈骗罪的成立条件，依法不构成诈骗罪。具体理由如下：

一、陈晓希并未虚构事实、隐瞒真相

公诉机关指控称："2018年7月1日，被告人陈晓希在本市昌平区政府街1号，隐瞒帝景阔庭公司已被法院裁定冻结、划拨账户钱款的事实，在帝景阔庭公司从未正常经营的情况下，以开展业务需展示公司实力为由，向被害人徐有新借款人民币3000万元，并承诺1天即归还。"辩护人认为该部分描述与事实不符，不能以此认定陈晓希隐瞒事实。

第一，辩护人不否认陈晓希及帝景阔庭公司的账户已经被法院裁定冻结的事实，但是通过在案证据，我们发现陈晓希本人工商银行卡并未被法院冻结。也就是说，虽然李元胜向法院申请了强制执行，法院也查封、冻结了陈晓希的部分个人财产，但是这并不代表着与陈晓希有关的所有财产都被冻结。同理，帝景阔庭公司虽然为陈晓希提供了担保，暂缓执行期间到期后法院直接裁定执行帝景阔庭公司资产。但是在案证据显示，四河法院冻结的是帝景阔庭公司的工商银行账户，而不是华夏银行账户，也就是说华夏银行账户这条财产线索并不被法院知悉，也就不存在被执行的可能。无论陈晓希是否告知徐有新帝景阔庭公司工商银行账户被冻结的事实，都不影响华夏银行账户没有作为涉案账户被冻结的事实，即在账户设立后到操作转款时该账户均属于自由状态，并未被法院冻结。

第二，无论帝景阔庭公司是否实际经营均不属于陈晓希隐瞒事实。根据在案徐有新的证言，徐有新对陈晓希的用款时间和用款事由都是知情的，他知道这3000万最多用1天，甚至说10分钟就足够，而且知道陈晓希的目的是打印一张银行账户余额的证明。这足以说明这3000万并不是用于帝景阔庭公司经营，况且账户转款的相关工具都在徐有新手中，无论帝景阔庭公司经营状况如何都不会影响其到期将3000万元转出。

第三，"开展业务需要，展现公司实力"，这一目的陈晓希都已经告知徐有新。根据在案陈晓希的供述，陈晓希注册的帝景阔庭公司虽然没有实际开展业务，但是其已经有了自己规划的主营业务方向，而使用徐有新的3000万元是陈晓希开展业务的第一步，否则其有可能无法与张龙、赵虎进行合作。辩护人认为：如果陈晓希利用3000万元的余额证明使张龙、赵虎陷入错误认识而处置自己的财产，那么其构成诈骗罪没有问题，但是本案中没有任何证据证明"开展业务需要、展现公司实力"这一情节是虚假的，也就是说徐有新并未陷入错误认识。

第四，陈晓希承诺一天归还并非虚假。根据在案证据，陈晓希并不控制3000万元所进入的账户，归还时间完全是陈晓希和徐有新双方约定，而且到期也不是陈晓希进行还款而是徐有新自己操作还款。另外陈晓希与徐有新虽然约定一天归还，但是在商谈之中已经表示了只需要用十分钟就可以，因此陈晓希并未骗徐有新。虽然徐有新未能如期将3000万元转回，其根本原因在于新设立的华夏账户进账信息被泄露而被四河市法院采取冻结措施，这一结果完全超出陈晓希本人的认识，陈晓希对账户冻结一事之前并不知情。

综合以上四点，辩护人认为陈晓希并没有向徐有新虚构事实、隐瞒真相的行为。

二、陈晓希从未产生过非法占有3000万的主观意思也未实际占有3000万

认定任何犯罪都应当遵循主客观相一致的原则，既不能主观归罪，也不能客观归罪。辩护人认为本案中陈晓希本人从未有过非法占有3000万元的想法，也并未实际占有该3000万元。理由如下：

第一，另立账户证明陈晓希并非想将3000万据为己有。

本案中陈晓希与徐有新的交易要求陈晓希新设账户，而且该账户也不是陈晓希个人的账户，而是帝景阔庭公司的账户。这一行为是徐有新出于保护资金安全的目的而要求陈晓希设立，这与直接打入陈晓希个人账户有本质区别。如果陈晓希想要非法占有该3000万元，其可以要求徐有新将款项打入本人账户，但是陈晓希为了实现展现自己公司实力的目的，花费10万元的高价使用3000万元一天时间，而且听从徐有新的要求将钱转入新设立的账户。这个行为能够直接证明陈晓希并没有非法占有目的。

第二，账户归徐有新控制证明陈晓希不能将3000万据为己有。

根据在案证据，徐有新在帝景阔庭华夏银行账户设立之后，将银行卡、U盾等相关物品都控制在手中，目的就是能够防止陈晓希私自动用3000万元，并且能够在约定时间内第一时间将钱转回自己账户中。这些行为都表明该账户的实际控制人是徐有新而不是陈晓希，陈晓希不仅是没有占有该3000万元的意思，实际上陈晓希根本不可能接触到这3000万元，也不可能实现非法控制。

第三，3000万元被法院冻结表明陈晓希从未对其进行占有。

根据在案证言，该3000万元系四河市人民法院法官在接到当事人李元胜的电话之后才去银行进行查询、冻结。而从3000万元转入到被冻结只有十分钟左右的时间，连账户控制人徐有新都未能及时将钱款转出，何况是不控制账户的陈晓希？无论该3000万元是被四河市人民法院冻结还是被北京市公安局冻结，结果都是陈晓希没有实际占有3000万元。

三、该3000万未能顺利转出应归结于案外因素

辩护人认为：本案中徐有新并未失去对3000万元的所有权，该3000万元未能顺利转出属于意外。

第一，开设帝景阔庭公司新账户一事除了徐有新和陈晓希知晓之外，应当没有其他人知晓，更没有其他人知道在2018年7月15日下午15：00中会有3000万元进账。本案中证人李元胜在证言中并没有透露是谁告知其账户入款情况，且陈晓希只是怀疑是其会计艳玲将该线索提供给李元胜，到底是谁泄露该线索并帮助法院准确执行目前并不清楚，包括陈晓希本人在内。

第二，虽然在李元胜申请的强制执行案件中，法院裁定执行担保人帝景阔庭公司账户及资产，但是该执行裁定并不包括陈晓希后来为帝景阔庭公司设立的新账户。也就是说，新账户在设立之后暂时属于安全状态。徐有新也是基于此向该新账户转款，而不是向帝景阔庭公司的基本账户转款，其目的就是最大程度避免自己的资金风险。

因此，辩护人认为本案中3000万元没能转出的结果属于意外。

四、徐有新在本案中没有任何损失

辩护人认为：本案中徐有新的3000万元虽然被法院冻结，但是在查明案件事实后，该3000万元应当作为涉案财产返还给徐有新，该3000万元并没有被挥霍或者挪用，因此徐有新作为3000万元的所有人，其本人的财产并未受到任何损失。

综合以上四点，辩护人认为陈晓希的行为不属于诈骗，不应认定为诈骗罪，希望法院依法宣告其无罪。

五、从本案的法律关系来看

本案中涉及陈晓希与李元胜、徐有新以及帝景阔庭公司之间的法律关系。其中陈晓希与李元胜之间是借贷关系，帝景阔庭公司与李元胜之间是担保关系，陈晓希与徐有新之间同样也是借贷关系。虽然本案陈晓希的财产被执行在先，但是陈晓希与徐有新之间合法的借贷关系同样应该受到法律的保护，不能因为该款项进入执行

范围就直接将其冻结并且执行。

　　综上所述,希望贵院结合事实和证据,依法宣告陈晓希不构成诈骗罪。

此致

北京市第一中级人民法院

辩护人:姜志强

辩护人:高文龙

北京市××律师事务所

2019 年 10 月 28 日

法律职业伦理

第一节 导论

孙晓楼先生指出:"法律伦理学一课,是教我们于研究法律之外,注意到运用法律时在社会上所应有的态度。尤其是于执行律务时,使知识、技能、品性方面都有相当的准备,明了自身对于法院的责任。如何接受案件、如何应对当事人、如何尽力保障人权、如何接受酬劳,诸如此类,都是指示和训练律师在社会服务的时候,于自身对国家、社会以及当事人所不可不备的道德。诚然我们读了法律,不是希望个个向执行律师的路上走的。不过执行律务,毕竟是我们研究法律的对社会最重要服务之一。"[1] 可以说,法律职业伦理,是在学习法律前、学习法律中和适用法律权过程都应该关注的问题。

一、法律职业伦理的重要性

孟子云:"徒善不足以为政,徒法不足以自行。"制定的法律如果不被贯彻执行,那就沦为了一纸废文。法律的实施,即纸面上的法变成行动中的法,必须要由一定的主体来完成,由此产生了法律职业。但是法律职业的存在并非意味着法律可以得到符合其目的的实施,亦存在法律看似得到实施却无法实现其目的之情形。由于法律职业本身是由人所构成的,人的私欲追求、道德理解等往往会影响法律的具体实施情况。因此,需要制定符合法律职业性质并利于法律实施的职业伦理要求,以便实现法律职业者只要在此伦理要求之下实施法律即能实现法律之目的。从某种意义上来说,法治就是法律职业群体之治。当各法律职业群体遵守相应的法律职业伦理之时,才能真正实现法治政府、法治国家、法治社会一体建设。

涂尔干曾在《职业伦理与公民道德》中说道:"职业道德越发达,它们的作用就

---

[1] 孙晓楼:《法律教育》,中国政法大学出版社1997年版,第33页。

越先进，职业群体自身的组织就越稳定、越合理。"[1] 这段话看似意在说明职业道德对职业群体组织的影响，但是，涂尔干在上述论断作出之前指明了如下事实："一般而言，在其他条件不变的情况下，群体的结构越牢固，适用于群体的道德规范就越多，群体统摄其成员的权威就越大……相反，如果社会很不稳定，人们很容易就能摆脱它的纪律，也很少能够感受到它的存在，社会就只能对其设立的律令产生极其微弱的影响。"[2] 这意味着，职业群体组织的稳定性与合理性决定了职业伦理的发达程度，而我们可以从职业伦理的发达程度中了解职业群体组织的稳定性与合理性。在刑事诉讼中，作为重要主体的检察官、法官自然不必多言，因其属于国家权力所延伸的法律职业而具有天然牢固的组织结构，使得职业伦理较为发达。而作为律师，虽然存在律师协会这一组织，但如果以宏观的历史视角来看的话，如今结构稳定、管理规范的律师协会的建立也不过是近代以来的事情。古代律师并无统一的职业群体组织，松散的组织结构导致其职业伦理混乱，甚至时常出现无故唆讼、颠倒是非、制造纠纷等恶行，这一类律师亦被人们蔑称为"讼棍"。由于法律职业群体的出现，法律职业者的行为不再仅代表个人，个体间的紧密性意味着人们对法律职业的形象认识由职业个体联想到职业群体，法律职业群体对内部个体的约束也就形成了法律职业伦理。面对如今司法改革的大势，无论是法官还是检察官，其承担的职责随着其所归属的组织机构的调整而变动，法律职业伦理如何与法律职业行为相结合成为当今的司法热点。

现如今，很多大学的法学院都设有法律职业伦理课程，本书作为刑法诊所教材，何以要专设一章对法律职业伦理进行论述？对该疑问的回答可以借助韩国李文镐教授的论述："根据临床法学教育方法论即经验、批判性反思、责任伦理、跨学科学习，学生们将根据其处于社会边缘的人们提供援助的法律事务经验，进行批判性思考，最终学会作为律师，应如何在法律制度之中充当这种角色。学生们通过研究并贯通其他领域的知识，将形成对法律与政策的洞察力，在反思法律实务中发生的伦理问题的过程中，最终成长为有助于实现社会正义的、有责任感的律师。"[3] 如果法律职业伦理纯粹以课堂教学为授课形式，学生对其认识往往流于表面。当法律职业伦理与法律援助相结合时，学生可以通过对实践的参与，深化对法律职业伦理的认识。学生往往是最具有正义感的群体，但在步入社会成为法律职业者后，又有部分学生不能完全实现对法律职业伦理的坚守，其根源在于缺乏伦理责任意识。在理论教学中，被害人、被告人往往只是存在于纸面文字的法律形象，当学生参与实践教学时，在法律援助的过程中，努力倾听社会的现实，真实地接触被害人、被告

---

[1] [法] 涂尔干：《职业伦理与公民道德》，渠敬东译，商务印书馆2015年版，第8~9页。

[2] [法] 涂尔干：《职业伦理与公民道德》，渠敬东译，商务印书馆2015年版，第8页。

[3] [韩] 李文镐："法律伦理教育与法律诊所体制"，吴日焕译，载许身健主编：《法律职业伦理论丛》，知识产权出版社2013年版，第217页。

人及其近亲属，明白伦理责任的担当，法律职业伦理才能被内化。因此，本书以专章形式论述法律职业伦理。

二、法律职业伦理与道德

伦理与道德的关系，在理论上既不能将二者完全等同，也不能将二者彻底分离。日常生活中常常会混用道德与伦理，"道德伦理"或"伦理道德"似乎意味着一对通用的同义词概念。但是，细究其中，我们说一个人没有"道德"时，不会以"伦理"替换之；在学科设立上存在"伦理学"却不存在"道德学"之说。[1] 由此来看，二者至少存在一定的差异性，适用不同语境，却又未彻底分离。有学者曾试图将"道德"与"伦理"的作用相区分，认为"法律职业伦理是对法律职业共同体的所有成员提出的共同的道德要求，对于每一个法律职业者而言，它具有群体性、外在性、客观性、普遍性、他律性；而法律职业道德则主要是指法律职业个体的职业道德修养，它具有个体性、内在性、主观性、特殊性、自律性"。"作为法律职业活动的重要保障，法律职业伦理是一种外在机制，法律职业道德则是一种内在机制。法律职业伦理外在于法律职业者，它依靠规则的导引和纪律的强制来保证法律职业活动的有效展开，而法律职业道德则依靠法律职业者对法律职业伦理及其他约束机制的认同和内化，通过自我约束即自律保证法律职业活动的顺利进行"。[2] 将法律职业道德与法律职业伦理作内外之别，看似有效界分，实不尽然。道德往往与规范相区分，在普遍认知中，道德要求是自律性的，规范要求是他律性的。将法律职业伦理视为外在机制，实际上是将其等同于法律职业规范。但是，法律职业伦理本身同样要求法律职业者的认同与内化，从而实现自我约束。在此意义上，法律职业伦理并不与法律职业规范相等同，其表现形式既包括规范形式，也包括非规范形式。另一方面，道德与规范的界限并不绝对。耶林在《法律的目的》中说过："法律是最低限度的道德。"道德可以基于社会公众的共识而上升至规范层面，准确而言，非规范式的道德要求系自律性的，而规范式的道德要求是自律与他律的统一体。对于伦理与道德的关系，有学者指出："在当下的中国学术话语中，'伦理'逐渐成为了伦理学中的一级概念，而'道德'则退居为伦理学中'伦理'概念下的二级概念。它们有着各自相对独立的概念范畴和使用区域。即，'伦理'概念适合用于抽象、理性、规则、公共意志等理论范畴，而'道德'概念适合于具体、情性、行动、个人修养等实践范畴。"[3] 具体到法律职业伦理与法律职业道德，正如李本森教授所指出的："伦理是整体，其含义有二：人际行为事实如何的规律及其应该如何的规范；道德是部分，其含义仅一，即人际行为应该如何的规范。由此，法律职业伦理与法律职业

---

[1] 尧新瑜："'伦理'与'道德'概念的三重比较义"，载《伦理学研究》2006年第4期。

[2] 唐永春："法律职业伦理的几个基本问题"，载《求是学刊》2003年第5期。

[3] 尧新瑜："'伦理'与'道德'概念的三重比较义"，载《伦理学研究》2006年第4期。

道德并不存在本质上区别，只不过前者更重推演的理论性，后者偏重实践的操作性。"[1] 在此，李本森教授所说的行为规范与前面提到的法律职业规范，于具体内涵上有所不同。法律职业规范往往落实于文本，并对其规范的违反规定了相应的惩戒后果，具有强制约束力。李本森教授提到的行为规范并不一定落实于文本，也可能因没有固定的惩戒后果而不具有强制约束力，如在公共交通工具上给老弱病残让座即属于行为规范，但并不具有强制约束力。在厘清伦理与道德的关系基础上，虽然本书的定位是注重实践性的刑法诊所教材，但是依旧应当具有相当的学术性：法律职业伦理本身无论是规范形式还是非规范形式，都包含了庞杂的内容，需要一定的理论梳理。所以，本章多是采用法律职业伦理的概念。

三、本章的编写体例

研究法律职业伦理，首先要明确一点，即法律职业的范围。从广义层面看，法律职业泛指一切从事法律事务工作的人员，包括检察官、法官、律师、从事法律教育和法学研究的法学学者以及法律职业辅助者。其中，法律职业辅助者一般分为四类：法律辅助事务类（如书记员、执行员、司法警察、法医等司法辅助人员），法律执行类（如监狱管理人员、社区矫正教育人员等），基层法律事务类（如基层法律服务工作者等），法律技术类（如司法鉴定技术人员）[2]。从狭义层面看，有学者认为法律职业主要指检察官、法官、律师和法学学者四类，其缘由在于"这四类人基本上主持着法律的运作和循环，并且是法治理念和法律精神的主要载体"[3]。另有学者提出，"一般是指以检察官、法官和律师为代表的，受过专门的法律专业训练，具有娴熟的法律技能与法律伦理的法律人所从事的专门职业。"[4]

作为刑法诊所教材，结合培养法科学生实践技能的角度出发，对于法律职业的界定采取最狭义的学说，即刑事诉讼中的检察官、法官和律师。与刑法诊所的主要实践教学内容和教学目的相适应，本书的重点集中在刑事诉讼程序中的公诉人和律师相关技能的教学，因此，从法律职业伦理的编写体例上，本章有关法律职业伦理的内容并未全部涵括通常范围的法律职业范围，而是结合刑法诊所实务教学内容，有关职业伦理的范围也仅限于检察官和律师。由于刑法诊所中，学生的实践活动均以"准律师"身份提供法律援助，因此，律师职业伦理是本书所重点论述的，其内容相较于检察官职业伦理部分更为详细。

---

[1] 李本森主编：《法律职业伦理》，北京大学出版社2016年版，第10页。
[2] 霍宪丹、王红：《建立统一的国家司法考试制度与法律教育的改革》，载《法学》2001年第1期，第4页。
[3] 张文显等主编：《法律职业共同体研究》，法律出版社2002年版，第193页。
[4] 杨磊主编：《法律职业道德实训》，浙江工商大学出版社2014年版，第3页。

第二节 律师职业伦理

一、律师职业伦理概述

《律师法》第 2 条规定："本法所称律师，是指依法取得律师执业证书，接受委托或者指定，为当事人提供法律服务的执业人员。律师应当维护当事人合法权益，维护法律正确实施，维护社会公平和正义。"可见，资质上而言，取得律师执业证书是成为律师的前提条件；从任务上而言，律师是接受当事人委托，为当事人提供法律服务的人员；从作用上看，律师肩负着提升司法质量、推动社会进步和实现公平正义的作用。正是因为律师具有上述职业特点，律师的职业道德较一般人的道德和一般行业的职业道德均有所不同，其职业伦理规范也具有其独特性。随着我国律师制度的发展，律师职业伦理规范的建设不断完善。司法部、中华全国律师协会和各地的律师协会相继发布了一系列律师职业行为准则，如司法部的《律师和律师事务所违法行为处罚办法》，中华全国律师协会的《律师执业行为规范（试行）》《律师职业道德基本准则》等，以规范律师的执业行为。因此，律师职业伦理，可以说是规制律师及律师事务所执业行为的相关法律、法规以及行为准则，它不仅仅是律师的执业道德层面，而且上升到了执业规则的高度，如果违反了这些规范，将受到一定的处罚。

二、律师职业伦理的特点

律师职业同法官、检察官等法律职业一样，共同在维护社会的公平正义方面发挥作用，但律师的职业特点又与法官和检察官不同，在刑事诉讼中承担着为被告人做无罪或罪轻辩护以及在具体案件中维护犯罪嫌疑人、被告人在程序上和实体上的合法权益的责任，在执业过程中，律师必须具备良好的专业能力和抗压能力。因此，由于主体和职业的特殊性，与一般的社会伦理相比，律师的职业伦理更加复杂和特殊。其主要体现在以下几个方面：

1. 律师职业伦理的严厉性。对于一般社会伦理而言，对于违反者的惩戒一般仅限于道德上的谴责，除非严重危害社会一般秩序，否则很少适用法律，尤其是刑法规制；而律师作为法律服务的提供者和司法过程的参与者，拥有超越一般公民的权限，处在公权力和私权利的界限之间。因而对其职业伦理要求更高，违反律师职业伦理所受到的惩罚也更重。

2. 律师职业伦理的复杂性。由于律师职业的特殊性，律师需要与当事人、法官、检察官、被害人形成不同的关系，这决定了其职业伦理规范的复杂性，如对于当事人的保密义务，甚至包括对当事人不利的一些违法事实的保密义务，这是律师对客户忠诚的必然要求。同时，律师还负有社会义务，如果当事人存在危害公共利益的可能，保密义务则转化为一种报告义务。律师职业伦理的复杂性还在于律师各项伦理义务的冲突。例如，被告人被控诉强奸罪，而律师实际掌握的情况是被告人患有重疾而无法实施性行为，而这属于被告人的个人隐私，或许正是被告人宁愿获罪也不愿宣之于众的原因。面对这一情形，律师的辩护义务与保密义务存在着一定的冲突。如何处理这种伦理冲突，也是律师职业伦理关注的重点所在。

3. 律师职业伦理的双重规范性。我国的律师管理体制体现为司法行政机关监督指导和律师协会行业管理相结合。一方面，司法行政机关对于律师资格具有授予和撤销之权，也有权对律师违反职业道德、执业纪律的行为予以行政处罚，对违法从事律师业务的人员进行行政处罚等。另一方面，律师协会可以对律师的违规行为依照相关规定实施纪律处分。因此，律师职业伦理既具有行政规范性，也具有行业规范性。

三、律师职业伦理的渊源

（一）法律规范

法律规范包括《刑事诉讼法》《律师法》以及相关司法解释。《刑事诉讼法》及其司法解释对律师的辩护权进行了规定，例如《刑事诉讼法》第37条规定："辩护人的责任是根据事实和法律，提出犯罪嫌疑人、被告人无罪、罪轻或者减轻、免除其刑事责任的材料和意见，维护犯罪嫌疑人、被告人的诉讼权利和其他合法权益。"《律师法》是规范律师职业伦理的主要法律，规定了律师的义务规范、辩护限度、利益冲突以及律师与其他司法人员关系的规范、与当事人关系的规范等相关内容。

（二）行政规范

行政规范主要是指由司法部所制定的部门规章，如《律师执业管理办法》《律师和律师事务所违法行为处罚办法》等。如果律师的行为违反此部分规范，将被追究行政责任。另外，《司法部关于进一步加强律师职业道德建设的意见》对于律师职业道德建设提出了具体意见，提出进一步加强律师职业道德建设的主要任务是大力加强以"忠诚、为民、法治、正义、诚信、敬业"为主要内容的律师职业道德建设，教育引导广大律师切实做到坚定信念、服务为民、忠于法律、维护正义、恪守诚信、爱岗敬业。

（三）行业规范

律师行业协会即律师协会，律师协会发布的自律性规范，对于本行业及从业人员具有较强的约束力。律师协会的自律性规范包括2018年发布的《中华全国律师协会律师业务推广行为规则（试行）》、2018年修订的《律师执业行为规范（试行）》、2017年修订的《律师协会会员违规行为处分规则（试行）》、2017年修订的《律师办理刑事案件规范》、2014年制定的《律师职业道德基本准则》、2001年修订的《律师职业道德和执业纪律规范》等。律师作为律师协会的个人会员，其违反自律性规范的，律师协会可以采取训诫、警告、通报批评、公开谴责、中止会员权利1个月以上1年以下、取消会员资格六类纪律处分。

四、律师职业伦理的基本内容

（一）律师与委托人之间关系的职业伦理

1. 忠诚义务。忠诚义务是律师与委托人关系的基础，也是律师对当事人的基础义务。忠诚义务来源于律师职业本身的性质及委托合同的约定。《律师办理刑事案件规范》第5条第3款规定："律师在辩护活动中，应当在法律和事实的基础上尊重当事人意见，按照有利于当事人的原则开展工作，不得违背当事人的意愿提出不利于当事人的辩护意见。"这一规定表明，忠诚义务不仅是律师对委托人的义务，也同样意味着律师对法律的忠诚。只有保持对法律的忠诚信仰，律师才能自觉地为被告人提供有效辩护。对于委托人来说，在刑事诉讼过程中最大的利益即是法律利益，律师只有在法律范围内提供辩护服务，才能真正为委托人实现法律利益。《律师职业道德基本准则》第4条规定："律师应当把维护公平正义作为核心价值追求，为当事人提供勤勉尽责、优质高效的法律服务，努力维护当事人合法权益。引导当事人依法理性维权，维护社会大局稳定。依法充分履行辩护或代理职责，促进案件依法、公正解决。"作为律师要坚守职业道德底线，根据事实和法律，分析案情，告知利弊，提出建议，最终以委托人的意见为准。

委托关系的直接主体是律师事务所和委托人，律师是基于和律师事务所的隶属关系而为委托人提供辩护代理服务。《律师法》第25条第1款规定："律师承办业务，由律师事务所统一接受委托，与委托人签订书面委托合同，按照国家规定统一收取费用并如实入账。"《律师职业道德和执业纪律规范》第15条规定："律师不得以个人名义私自接受委托，不得私自收取费用。"以律师事务所作为委托关系的主体有两个原因。其一，利益冲突避免的延伸。如果以律师个人名义接受委托，那么可能出现同一律师事务所的律师分别接受了原被告双方的委托这一情形。同一律师事务所的律师是同一利益共同体的成员，有着共同的利益目标，而原被告双方的利益追求却是截然相反的，其中的矛盾之处自然不言而喻。因此，以律师事务所名义对外接受委托，实际作用之一在于延伸利益冲突避免义务的范围，使之不仅限于律师本人，也适用于律师事务所。其二，基于保障委托人的需要。相对于律师事务所而言，律师以个人名义接受委托对委托人并不具有保障性。在违反委托合同的情形下，律师事务所更有能力赔偿委托人的损失。同时，这种责任追究至律师事务所可以促使律师事务更加注重对律师工作的指导监督，以免自身利益受损。因此，律师违法执业或者因过错给当事人造成损失的，由其所在的律师事务所承担赔偿责任。律师事务所赔偿后，可以向有故意或者重大过失行为的律师追偿。

忠诚义务的基础在于委托合同，因此，律师忠诚于委托人的具体内容是由委托合同所确定的。委托权限的确定，要求委托人签订委托代理合同及授权委托书时，应当记明具体的委托事项和在实体法上及程序法上的权限。《律师职业道德和执业纪律规范》第32条规定："律师应当在委托授权范围内从事代理活动，如需特别授权，应当事先取得委托人的书面确认。律师不得超越委托人委托的代理权限，不得利用委托关系从事与委托代理的法律事务无关的活动。"律师接受委托后，只能在委托权限内开展执业活动，不得擅自超越委托权限；律师在进行受托的法律事务时，如发现委托人所授权限不能适应需要时，应及时告知委托人，在未经委托人同意或办理有关的授权委托手续之前，律师只能在授权范围内办理法律事务。例如，如果委托人仅授权律师对一审程序进行辩护代理，在一审判决作出后，律师不得擅自提起上诉。委托合同由两个部分的内容构成：代理范围和代理权限。通过清晰地划分代理范围和代理权限，明确双方的权利义务，明确律师在何种程度上负何种忠诚义务，减少代理过程中的纠纷。代理范围主要涉及代理目标与实现手段的确定问题。一般而言，在法律的范围内维护委托人的合法权益，是律师的代理目标。对此，律师代理目标的限制条件有两个：一是在法律范围内；二是委托人的合法权益。对于前者，《律师职业道德和执业纪律规范》第27条第2款规定："对委托人拟委托的事项或者要求属于法律或律师执业规范所禁止的，律师应告知委托人，并提出修改建议或予以拒绝。"例如，犯罪嫌疑人要求辩护律师帮助毁灭、伪造罪证的，辩护律师应当予以拒绝，否则将构成帮助毁灭、伪造证据罪，依法追究其刑事责任。对于后者，《律师职业道德和执业纪律规范》第25条规定："律师不应接受自己不能办理的法律事务。"律师不得为谋取代理或辩护业务而向委托人作虚假承诺，接受委托后也不得违背事实和法律规定作出承诺；通过刑事辩护证据不足以否认有罪指控，律师不得承诺经过辩护必然获得无罪的结果等。《中华全国律师协会律师业务推广行为规则（试行）》对律师推广业务的方式作出了禁止性规定，其第10条第5项规定，律师、律师事务所进行业务推广时，不得承诺办案结果。

忠诚义务的首要内涵就是有诺必应。当事人寻求律师的帮助，愿意交由律师为其进行辩护，往往是由于律师的专业性，以及律师在交流过程中以专业性为基础对委托人作出的辩护承诺。如果允许虚假承诺的存在，可能出现律师为了律师费而作出虚假承诺，变相夸大自身能力致使当事人选择其作为辩护人，而在审判时却无法实现委托人对其的最初期待，同时使委托人失去了寻找更好的辩护人的可能，这显然是有损委托人利益的。在刑事辩护中，有罪或者无罪的裁断者是法官而非律师，辩护风险始终存在。检察机关的起诉往往是基于有罪证据进行的，在确定委托代理期间，律师往往是通过当事人的陈述了解案件事实，未经调查取证如何能够获取关键否认有罪指控的证据？因此，律师应当从自身的专业判断出发，作出相对可靠的辩护承诺，以满足当事人的合理期待，保障当事人的合法权益。

如何处理律师和当事人之间的关系是极为复杂的，也是律师职业伦理的核心问题。《律师职业道德和执业纪律规范》第27条第1款规定："为维护委托人的合法权益，律师有权根据法律的要求和道德的标准，选择完成或实现委托目的的方法。"在这一规定下，律师享有独立辩护权，基于维护委托人合法权益之目的，律师可以自由选择辩护策略。但是，也存在着辩护律师与当事人之间的意志矛盾。例如，基于现有证据，辩护律师提出最好采取罪轻的辩护策略，但委托人不同意，坚持采取无罪思路，律师是否能够自行采取罪轻辩护？再比如，美国20世纪90年代晚期的"凯辛斯基邮包案"中，凯辛斯基通过实施爆炸犯罪批判工业文明对人类社会的侵害。他的辩护律师认为，唯一的、有可能避免死刑的途径是做被告精神有障碍的辩护，但是凯辛斯基坚决反对被描述为精神上有疾病，他认为这样的描述是对他人格的侮辱。[1] 那么，辩护律师能否基于维护当事人权益之目的而直接选择精神疾病的辩护策略呢？也就是说，可能会出现当事人认为无罪，辩护律师认为有罪的情况，也可能会出现辩护律师认为无罪，但是当事人坚持有罪的情况。辩护策略的选择既关系到律师自身的专业判断，同时也关系到当事人是否同意及其合法权益。一般而言，律师在为当事人服务的过程中会出现两种情况。一种情况，当事人及其家属由于缺乏法律知识，往往会对律师提出相对过分的要求。但是实质上，律师由于职业特征和对法律知识的了解，在为当事人服务的过程中处于优势地位。其一，律师由于其职业身份，充当了被限制人身自由的当事人及其家属之间的桥梁；其二，律师为缺乏法律知识的人解释法律条文，发现案件问题；其三，律师在当事人的诉讼过程当中，起到了主导作用。由此，律师可能产生一种精英式的优越感，导致与当事人之间无法坦诚相待，使辩护效果大打折扣。另一种情况，律师完全依附于当事人，缺乏自身独立性，完全依照当事人的意愿进行辩护，不考虑实际的辩护效果，当然这种情况下，能够最大限度地避免律师与当事人之间的冲突。但是从实质上而言，单纯的顺从并不能够为当事人提供有效的辩护，最终仍然是在损害当事人的利益。

由此就产生了委托人中心主义与律师中心主义两种情形，那么，如何协调二者之间的关系呢？应当说，从《刑事诉讼法》与《律师法》来看，《刑事诉讼法》第45条规定："在审判过程中，被告人可以拒绝辩护人继续为他辩护，也可以另行委托辩护人辩护。"《律师法》第32条第2款规定："律师接受委托后，无正当理由的，不得拒绝辩护或者代理，但是，委托事项违法、委托人利用律师提供的服务从事违法活动或者委托人故意隐瞒与案件有关的重要事实的，律师有权拒绝辩护或者代理。"一旦委托合同成立，律师在非特殊情况下无拒绝辩护的权利，但委托人可以随意终止委托代理关系、变更辩护律师。从这一点来说，如果辩护律师的辩护策略无法符合委托人的意愿，辩护律师可被强制退出。

信赖是相互的，如果律师采取了绝对的律师中心主义而擅作主张，其必然损害与委托人之间的信赖关系，委托人就会对律师能否真正维护自己的利益而心生疑虑，进而可能触及委托关系。但是，这并不意味着律师的辩护不具有相对独立性。律师中心主义本身意味着律师在专业上的判断往往优于委托人，而委托人中心主义则蕴含了委托人对自身利益的考量。刑事辩护的根本目的在于维护委托人的合法利益，什么是合法利益需要交由委托人进行判断。例如，在"凯辛斯基邮包案"中，以辩护律师的视角来看显然是生命利益高于一切，因此建议采取精神疾病的辩护策略。但是在委托人看来，精神疾病的辩护策略带有人格侮辱性，相较而言，人格尊严比

---

〔1〕 韩旭："被告人与律师之间的辩护冲突及其解决机制"，转引自程滔、杨云善："解决委托人与律师之间分歧的考量因素——从'桑兰跨国天价官司'谈起"，载许身健主编《法律职业伦理论丛》，中国政法大学出版社2017年版，第10页。

生命更为重要。显然，委托人对什么是自己合法权益可能与律师存在不一致的理解。权益的主体是委托人，应当对其意愿予以尊重。律师的本职在于为委托人提供专业的法律服务，使委托人充分了解刑事辩护各行为的利益和风险，从而更好地对自身利益作出选择。例如，对于罪轻和无罪的辩护策略，律师应当尽可能地向委托人阐明其辩护策略选择所带来的风险，以便交由委托人充分考虑该如何选择。在这一过程中，律师应当尽可能说服委托人相信自己的专业判断并选择由律师的专业判断所作出的辩护策略，委托人最终坚持无罪辩护策略的，律师应当尊重委托人的意愿。在此基础上，律师基于职业素质在法律规定的范围内为委托人制定最符合委托人利益的辩护策略，替委托人在诉讼过程中进行表达。辩护律师更应该明白一切从现实出发的道理，绝不可为了追求更高、更圆满的目标而使本应可以实现的目标落空。因此，律师在进行辩护活动的过程中应当在坚持事实和法律的基础上，尊重委托人的意愿，履行忠诚义务。

但是，实践中会经常涉及一个普遍的困惑：律师明知被告人有罪且拒不认罪，并要求律师作无罪辩护时，律师能否违背其意愿作有罪辩护？虽然当前法律法规、司法解释以及全国性的律师行业自律文件都没有对律师的忠诚义务及相应的惩戒措施作出明确的规定，而且《律师办理刑事案件规范》第5条第1款规定："律师担任辩护人，应当依法独立履行辩护职责。"但是，基于忠诚义务，律师应当尊重被告人的意愿作无罪辩护。能够作无罪辩护的场合是控方尚未拿出排除合理怀疑的证据，刑事辩护的举证责任在于控方而不在律师，律师只是基于控方所提出的证据而提出质疑。一旦因无罪辩护而致使错判，其责任在于公诉人的不尽职守、在于法官的失察。[1] 所谓的"明知道被告人有罪"是律师的一种内心确证，即便是被告人亲口说的也未必就是事实。《刑事诉讼法》第12条规定："未经人民法院依法判决，对任何人都不得确定有罪。"律师基于内心确证所得出的结论依旧不是其有罪的根据，应当始终贯彻无罪推定之理念。

2. 沟通义务。沟通义务具有双重属性，具体表现为：一方面，沟通义务是忠诚义务的前提，只有律师与潜在委托人进行有效沟通，建立起初步信赖后才会形成委托关系；另一方面，沟通义务也是忠诚义务的内涵，忠诚义务要求律师以委托人的利益优先，刑事辩护中的价值判断与价值实现是委托人在充分了解法律风险后所作出的自我选择。因此，沟通义务的具体内容往往与忠诚义务相重合。但是，律师的沟通义务也是有限度的，在沟通时不能违反现行法律的规定。

沟通义务的限度包括如下规范：

---

[1] 贺小虎：《思·辩——刑事辩护思维与技术》，中国法制出版社2016年版，第7页。

第九章 法律职业伦理

规范名称	规范内容
《刑事诉讼法》第44条	辩护人或者其他任何人，不得帮助犯罪嫌疑人、被告人隐匿、毁灭、伪造证据或者串供，不得威胁、引诱证人作伪证以及进行其他干扰司法机关诉讼活动的行为。 违反前款规定的，应当依法追究法律责任，辩护人涉嫌犯罪的，应当由办理辩护人所承办案件的侦查机关以外的侦查机关办理。辩护人是律师的，应当及时通知其所在的律师事务所或者所属的律师协会。
《刑事诉讼法》第39条第4款	辩护律师会见在押的犯罪嫌疑人、被告人，可以了解案件有关情况，提供法律咨询等；自案件移送审查起诉之日起，可以向犯罪嫌疑人、被告人核实有关证据。辩护律师会见犯罪嫌疑人、被告人时不被监听。
《刑法》第306条	在刑事诉讼中，辩护人、诉讼代理人毁灭、伪造证据，帮助当事人毁灭、伪造证据，威胁、引诱证人违背事实改变证言或者作伪证的，处三年以下有期徒刑或者拘役；情节严重的，处三年以上七年以下有期徒刑。 辩护人、诉讼代理人提供、出示、引用的证人证言或者其他证据失实，不是有意伪造的，不属于伪造证据。
《律师法》第40条	律师在执业活动中不得有下列行为： （一）私自接受委托、收取费用，接受委托人的财物或者其他利益； （二）利用提供法律服务的便利牟取当事人争议的权益； （三）接受对方当事人的财物或者其他利益，与对方当事人或者第三人恶意串通，侵害委托人的权益； （四）违反规定会见法官、检察官、仲裁员以及其他有关工作人员； （五）向法官、检察官、仲裁员以及其他有关工作人员行贿，介绍贿赂或者指使、诱导当事人行贿，或者以其他不正当方式影响法官、检察官、仲裁员以及其他有关工作人员依法办理案件； （六）故意提供虚假证据或者威胁、利诱他人提供虚假证据，妨碍对方当事人合法取得证据； （七）煽动、教唆当事人采取扰乱公共秩序、危害公共安全等非法手段解决争议； （八）扰乱法庭、仲裁庭秩序，干扰诉讼、仲裁活动的正常进行。

续表

规范名称	规范内容
《律师办理刑事案件规范》第37条	律师参与刑事诉讼获取的案卷材料，不得向犯罪嫌疑人、被告人的亲友以及其他单位和个人提供，不得擅自向媒体或社会公众披露。 辩护律师查阅、摘抄、复制的案卷材料属于国家秘密的，应当经过人民检察院、人民法院同意并遵守国家保密规定。律师不得违反规定，披露、散布案件重要信息和案卷材料，或者将其用于本案辩护、代理以外的其他用途。
《律师办理刑事案件规范》第21条	辩护律师会见犯罪嫌疑人、被告人时，应当事先准备会见提纲，认真听取犯罪嫌疑人、被告人的陈述和辩解，发现、核实案件事实和证据材料中的矛盾和疑点。
《律师办理刑事案件规范》第26条	辩护律师会见在押犯罪嫌疑人、被告人应当遵守看守所依法作出的有关规定。未经允许，不得直接向犯罪嫌疑人、被告人传递药品、财物、食物等物品，不得将通讯工具提供给犯罪嫌疑人、被告人使用，不得携犯罪嫌疑人、被告人亲友会见。 辩护律师可以接受犯罪嫌疑人、被告人提交的与辩护有关的书面材料，也可以向犯罪嫌疑人、被告人提供与辩护有关的文件与材料。
《律师执业管理办法》第41条	律师应当按照有关规定接受业务，不得为争揽业务哄骗、唆使当事人提起诉讼，制造、扩大矛盾，影响社会稳定。
《律师职业道德和执业纪律规范》第22条	律师应依法取证，不得伪造证据，不得怂恿委托人伪造证据、提供虚假证词，不得暗示、诱导、威胁他人提供虚假证据。
《律师职业道德和执业纪律规范》第23条	律师不得与犯罪嫌疑人、被告人的亲属或者其他人会见在押犯罪嫌疑人、被告人，或者借职务之便违反规定为被告人传递信件、钱物或与案情有关的信息。

从上述规范可以看出，律师沟通义务的限制主要体现为两个方面。

第一，不得教唆委托人及其近亲属实施违法犯罪行为，包括教唆其提供虚假供述证言、教唆其向司法人员行贿等。正如忠诚义务所要求，律师对委托人利益的优先保障以合法利益为基础，教唆违法犯罪行为不仅不利于保障委托人的合法利益，影响司法公正，同时也将导致律师本人身陷法律问题。特别是在委托人自己产生干扰司法公正秩序的违法犯罪想法时，律师不能积极主动地帮助委托人完成违法犯罪活动，而应当努力说服委托人放弃该想法，以维护司法公正。如果无法说服，则提出由委托人变更辩护律师，以达到放弃辩护的目的；如果委托人不变更辩护律师，律师应当保持消极姿态，对外保密，但同时不以委托人及其近亲属的虚假供述证言为辩护内容。

第二，不得向委托人及其近亲属透露与案件相关信息。在我国法律语境下，这一沟通义务限制规则的出发点是将犯罪嫌疑人、被告人作为重要的证据来源。通过沟通义务限制，防止犯罪嫌疑人、被告人因案件相关信息而被影响，保持被告人供述的稳定性，避免无故翻供。同时，卷宗相关信息通常被认定为国家秘密，向委托人及其近亲属透露则可能涉及泄露国家秘密罪，2000年的"于萍案"虽然被判无罪，但给刑辩律师带来的阴影始终挥之不去。那么，如何理解《刑事诉讼法》第39条第4款中律师向犯罪嫌疑人、被告人核实有关证据的规定呢？这些证据有哪些？就现状而言，通说观点及司法实践均普遍认为辩护律师只能将有罪的实物证据告知犯罪嫌疑人、被告人，包括证人证言、同案犯供述在内的言词证据以及无罪证据是不能告知的，从而避免诱导供述，实现"自由陈述"原则。[1]

3. 保密义务。在英美法系国家，由于律师和委托人的关系被视为一种律师职业的特权，这种特权被视为证据规则的内容，联合国《关于律师作用的基本原则》第22条规定："各国政府应确认和尊重律师及其委托人之间在其专业关系内所有联络和磋商均属保密。"因此，律师的保密义务更多地被视作为一种权利。在我国，律师的保密义务是律师的基本职业道德规范，这不仅是一种职业伦理道德，同时也是一种法律义务。《律师职业道德基本准则》第5条规定："律师应当牢固树立诚信意识，自觉遵守执业行为规范，在执业中恪尽职守、诚实守信、勤勉尽责、严格自律。积极履行合同约定义务和法定义务，维护委托人合法权益，保守在执业活动中知悉的国家机密、商业秘密和个人隐私。"在为当事人提供辩护的过程中，律师被动成为诸多秘密的知悉者，《律师法》也明确规定，律师应当保守在执业活动中知悉的国家秘密、商业秘密、个人隐私和其他秘密，此外根据《律师办理刑事案件规范》第37条第2款："辩护律师查阅、摘抄、复制的案卷材料属于国家秘密的，应当经过人民检察院、人民法院同意并遵守国家保密规定。律师不得违反规定，披露、散布案件重要信息和案卷材料，或者将其用于本案辩护、代理以外的其他用途。"保密义务成为律师职业的根基，没有保密义务，委托人对律师的信赖也就荡然无存。保守秘密是律师与当事人互相信任的基础，也是律师顺利展开辩护的保障。

应当注意保密义务的时间属性。律师对委托人保密义务的存续时间不仅包括委托关系存续期间，也包括委托关系建立前以及委托关系终止之后。对于委托关系终止之后，《律师职业道德和执业纪律规范》第39条规定："律师对与委托事项有关的保密信息，委托代理关系结束后仍有保密义务。"在委托关系建立之前，律师需要和

---

[1] 纽约大学法学院亚美法研究所："辩护律师的沟通义务——律师职业伦理中美比较分析系列案例（二）"，李璇译，载许身健主编《法律职业伦理论丛》，中国政法大学出版社2017年版，第330~332页；朱孝清："刑事诉讼法实施中的若干问题研究"，载《中国法学》2014年第3期。

潜在委托人进行交谈并对案件事实有所了解后才可能选择接受委托。在这期间，对案件的了解可能包括了解委托人的相关秘密信息。这些秘密的获悉是基于委托人对律师的初步信任，律师可能正是因这些秘密而对案件作出较为准确的判断从而接受委托。即便洽谈不成功、委托关系未能建立，无论潜在委托人是否提出保守秘密的明确要求，律师依然应当为潜在委托人保守秘密，否则有损其信赖，从而产生律师在判断是否接受委托时的执业障碍。

（1）秘密的种类。

第一，国家秘密。《中华人民共和国保守国家秘密法》第2条规定了国家秘密的性质，并对国家秘密进行了三个等级的区分，即"国家秘密是关系国家安全和利益，依照法定程序确定，在一定时间内只限一定范围的人员知悉的事项。"国家秘密又具体分绝密、机密和秘密三种类型："绝密"是最重要的国家秘密，泄漏之后会导致国家安全和利益遭受特别严重的损害；"机密"是重要的国家秘密，泄漏会使国家的安全和利益遭受严重的损害；"秘密"是一般的国家秘密，泄露会使国家的安全和利益遭受损害。但是对于不同等级的信息所要求的保密程度和保密期限以及法律后果的规定却相对模糊。律师担任某些涉及"国家秘密"案件的被告人的辩护人时，会在办理案件尤其是阅卷时接触到"国家秘密"，对于这类案卷，办案机关会在案卷中标注秘密等级，法院对证人、鉴定人、被害人采取"不公开真实姓名、住址和工作单位"的保护措施的，也需标明密级，单独成卷，辩护律师在签署"保密承诺书"之后才可查阅。对国家秘密的保守不但是一项伦理道德义务，同时也是法定义务，如有泄露，将被追究刑事责任。

第二，案件的卷宗。阅卷，是律师办理案件的必经程序，对于非涉密的一般刑事案件，刑事卷宗材料不会标明秘密等级，但这并不意味着律师对卷宗就没有保密义务。"于萍案"虽然最后被判无罪，但在一定程度上也给律师严格遵守对于卷宗的保密义务敲响了警钟。

第三，商业秘密。根据我国《反不正当竞争法》第9条第4款："本法所称的商业秘密，是指不为公众所知悉、具有商业价值并经权利人采取相应保密措施的技术信息、经营信息等商业信息。"商业秘密作为一种无形财产，如果被泄露，就会使商业秘密的所有人丧失因商业秘密带来的经济利益和竞争优势，同时也会扰乱正常的竞争秩序。律师在刑事诉讼过程中，有机会接触到被告人单位或被害人单位的商业秘密，尤其是在侵犯商业秘密罪案件中，为保护权利人的商业秘密，经权利人申请，案件会采取不公开审理方式，律师在办理类似案件中不能泄露权利人的商业秘密，否则不仅会损害商业秘密权利人的利益，严重的甚至会构成犯罪。

第四，个人隐私。个人隐私是指与公共事件无关、公民个人生活中不愿公开的生活事项。在刑事案件中可能涉及的公民个人隐私大概包括：公民的财产状况、婚姻关系或其他关系中不愿意公开的事项、私人的文件、日记、身体健康情况以及其他与公民个人身份、利益等相关的不愿公开的信息。因行使辩护权而获得的当事人的个人隐私不得对外泄露。

第五，其他秘密。《律师法》第 38 条第 2 款规定："律师对在执业活动中知悉的委托人和其他人不愿泄露的有关情况和信息，应当予以保密……"《刑事诉讼法》第 48 条规定："辩护律师对在执业活动中知悉的委托人的有关情况和信息，有权予以保密……"这里所指的有关情况和信息，主要包括三种情况：一是律师参与不公开审判时所知悉的其他人不愿泄露的情况和信息；二是律师在调查取证中知悉的证人、被害人等其他诉讼参与人不愿泄露的情况和信息；三是律师在执业过程中获取的被告人的排除保密例外事项之外的其他事项，甚至包括被告人的违法犯罪情况。这就是通常所说的"律师执业秘密赦免权"，即律师对于其执业过程中知悉的有关案件情况、委托人秘密，享有拒绝向司法机关透露、作证的权利。律师保密的对象，既包括一般公众，也包括司法机关，如侦查机关、人民检察院和人民法院。当上述机关要求律师披露这些秘密时，辩护律师有权拒绝。

（2）保密义务的限制。律师的保密义务并非绝对而是具有相应的限制。《刑事诉讼法》第 110 条第 1 款规定："任何单位和个人发现有犯罪事实或者犯罪嫌疑人，有权利也有义务向公安机关、人民检察院或者人民法院报案或者举报。"《刑事诉讼法》明确了犯罪举报义务，律师虽然具有保密义务，其因执业活动而知悉委托人或其他人的犯罪活动时举报义务的履行亦不例外，只不过这种举报义务的履行与普通公民不同，存在限制条件。《律师法》第 38 条第 2 款规定："律师对在执业活动中知悉的委托人和其他人不愿泄露的有关情况和信息，应当予以保密。但是，委托人或者其他人准备或者正在实施危害国家安全、公共安全以及严重危害他人人身安全的犯罪事实和信息除外。"《刑事诉讼法》第 48 条规定："辩护律师对在执业活动中知悉的委托人的有关情况和信息，有权予以保密。但是，辩护律师在执业活动中知悉委托人或者其他人，准备或者正在实施危害国家安全、公共安全以及严重危害他人人身安全的犯罪的，应当及时告知司法机关。"《律师办理刑事案件规范》第 6 条规定："辩护律师对在执业活动中知悉的委托人的有关情况和信息，对任何单位和个人有权予以保密。但是，委托人或者其他人准备或者正在实施危害国家安全、公共安全以及严重危害他人人身安全的犯罪事实和信息除外。"上述法律规范规定律师因执业活动而获悉委托人或者其他人准备或者正在实施危害国家安全、公共安全以及严重危害他人人身安全的犯罪的，不再对此信息负有保密义务。应当注意的是，这一规定具有两个特殊的前提条件：一是犯罪的严重性，将涉及的犯罪限定于危害国家安全、公共安全以及严重危害他人人身安全的犯罪，需要注意的是，危害国家安全、公共安全的犯罪没有情节的限定，而危害他人人身安全的犯罪需要达到情节"严重"之程度，如果没有达到这一程度则依旧负有保密义务。二是时间的未来性，要求这些犯罪必须是准备或者正在实施的，如果危害国家安全、公共安全以及严重危害他人人身安全的犯罪是已经发生了的，律师亦应对其负有保密义务。这些限定条件是对价值判断的考量，犯罪的严重性考虑的是一旦发生则难以补救的法益侵害。时间的未来性则是因为法益已经受损，律师的披露无助于预防未来犯罪发生，反而使律师职责与公安机关、检察机关的职能相混淆，律师不承担侦查职能和审查起诉职能。而且基于委托代理关系，律师也负有保密义务，律师与委托人之间应当相互信任，这种信任的基础就是律师对保密义务的遵守。如果坚持绝对的保密义务，明明可以预防犯罪的发生的而因律师的知情不报最终发生，一般社会民众基于情感也是不可接受的。

　　由保密义务的限制可以引申出以下问题：如果律师怀疑委托人提供的陈述或证据可能是假的，应该怎么办？如果律师明知道委托人提供的陈述或证据是假的，或事后知道是假的，该如何处理？对于上述问题，相关法律规范、行政规范或行业规范还有待完善，仅能从理论上对其进行伦理探讨。前一问题较为容易解决，基于律师判断的有限性，对证言、证据的怀疑无法替代法院对证据真实性的审查。这种怀疑只能存在于律师的内心之中，但对外应当推定证言证据的真实性而提供辩护服务。正如美国律师协会《执业行为示范规则》的规定，如果律师仅仅是怀疑委托人会虚假陈述，依旧需要让他去陈述，因为怀疑不等于明知，只有明知的情况下，律师才可以阻止这一项证据走向法庭。[1] 对于后一问题，律师可以选择拒绝继续代理，而在无法退出的庭审过程中，律师虽然不能阻止委托人的陈述，但也不能选择积极作为，即为其虚假陈述提供积极掩护。在此，律师虽然基于保密义务不得向检察机关、审判机关告知证据的虚假性，但可以选择消极不作为的方式：在庭审过程中不采取问答形式让委托人陈述，而是采取委托人自我陈述的方式，律师对陈述内容不作补充，并且在辩护词和后续程序中，律师不得以此虚假陈述作为辩护理由。[2]

　　4. 利益冲突避免义务。所谓利益冲突，是指律师在代理委托人的过程中，律师对委托人的代理将对律师自身的利益、律师现行委托人的利益、律师前委托人的利益或者第三人的利益可能产生重大不利影响的情况。律师的利益冲突避免义务即是基于利益冲突的复杂局面而制定的关于如何协调利益冲突问题的相关规则。利益冲突避免义务的理论前提是忠诚义务与保密义务，其根本目的在于防止忠诚义务和保密义务的相互冲突或自我冲突。

　　由于利益内容的复杂性，根据不同的标准可以进行不同的分类。

　　（1）根据利益冲突发生的时间可以分为同时性利益冲突和连续性利益冲突。同时性利益冲突时包括两种情形：其一，律师或律师事务所同时与多名委托人建立委托关系，而多名委托人之间的利益是矛盾或冲突的。《律师办理刑事案件规范》第13

---

　　[1] 纽约大学法学院亚美法研究所："律师对法庭的坦诚义务和对委托人的忠实义务——律师职业伦理中美比较系列案例（三）"，王馨仝译，载许身健主编：《法律职业伦理论丛》，中国政法大学出版社2017年版，第345页。

　　[2] 纽约大学法学院亚美法研究所："律师对法庭的坦诚义务和对委托人的忠实义务——律师职业伦理中美比较系列案例（三）"，王馨仝译，载许身健主编：《法律职业伦理论丛》，中国政法大学出版社2017年版，第347~348页。

条第 2 款规定:"同一律师事务所在接受两名或两名以上的同案犯罪嫌疑人、被告人的委托,分别指派不同的律师担任辩护人的,须告知委托人并经其同意。"因此同一律所同时接受被告人和被害人的委托,或共同犯罪案件当中,同一律所律师同时代理不同被告人的情况下,都属于这种情况,出于利益冲突的考虑,应当告知委托人,并得到委托人的许可。以共同犯罪中律师同时代理多名被告人为例,其利益冲突表现在,共同犯罪的主从犯认定问题上,基于忠诚义务的考量,律师应竭力说服法庭将其所代理的被告人认定为从犯,但从犯的认定可能导致另一名相同代理的被告人被认定为主犯,从而违反对另一被告人的忠诚义务,这就会造成利益冲突与逻辑矛盾。其二,律师本人与委托人之间的利益冲突。如《律师法》第 39 条规定:"律师不得在同一案件中为双方当事人担任代理人,不得代理与本人或者其近亲属有利益冲突的法律事务。"连续性利益冲突的情形包括两类:其一,律师代理的委托人或潜在的委托人与前委托人或利害关系人之间存在利害关系。如同一律师或同一律师事务所,在第一审阶段担任被告人的辩护人,在第二审中担任被害人的代理人。在这一情形下,连续性利益冲突关注的是律师的保密义务。律师既不能因对前委托人的保密义务而使现委托人的利益得不到保障,同时也不能为了彻底维护现委托人利益而损害前委托人的利益。因此,《律师执业行为规范(试行)》第 52 条第 1 款第 5 项规定,在委托关系终止后一年内,律师又就同一法律事务接受与原委托人有利害关系的对方当事人的委托的,律师应当告知委托人并主动提出回避,但委托人同意其代理或者继续承办的除外。其二,律师前职业所造成的司法公正利益冲突。例如《律师执业行为规范(试行)》第 51 条第 1 款第 3 项规定,曾经亲自处理或者审理过某一事项或者案件的行政机关工作人员、审判人员、检察人员、仲裁员,成为律师后又办理该事项或者案件的,律师及律师事务所不得与当事人建立或维持委托关系。

(2)根据利益冲突的影响范围,可以分为个人性利益冲突和推断性利益冲突。个人性利益冲突是指利益冲突规则的影响仅及于应受该利益冲突规则制约的律师本人的情形。推断性利益冲突则是指利益冲突规则的影响不仅及于应受该利益冲突规则规制的律师本人,还及于该律师所在律师事务所的其他律师的情形。[1]《律师执业行为规范(试行)》第 51 条第 7 项规定,在委托关系终止后,同一律师事务所或同一律师在同一案件后续审理或者处理中又接受对方当事人委托的,不得与当事人建立或维持委托关系。其中便涉及推断性利益冲突。推断性利益冲突是将律师所在的律师事务所视为一个整体,推断律师可能与同律师事务所的其他律师之间存在交流,了解案件信息,避免其他律师由此将该信息运用于为对方当事人服务。

(3)根据利益冲突的容许与否区分为可以容许的利益冲突和不可容许的利益冲突。可以容许的利益冲突是指因受影响的委托人就利益冲突的限制,知情以后仍然

---

[1] 王进喜:《法律职业行为法》,中国人民大学出版社 2014 年版,第 64 页。

同意，而可以继续进行辩护或者代理的情形。不可容许的利益冲突是指即使受影响的委托人或者前委托人就利益冲突的限制，知情后仍然同意其进行辩护，但是由于法律职业行为法的明确限制而不能继续进行辩护或者代理的情形。[1] 一般而言，利益冲突的潜在损害对象是委托人或前委托人利益，因此只要他们同意，律师无需承担利益冲突避免义务。但是，在特定情形下，利益冲突还涉及他人利益、司法公正等公共利益，即便律师征得委托人或前委托人同意仍然无法免除利益冲突避免义务。对于何种情形属于可以容许的利益冲突，《律师执业行为规范（试行）》第52条第1款规定，有下列情形之一的，律师应当告知委托人并主动提出回避，但委托人同意其代理或者继续承办的除外：①接受民事诉讼、仲裁案件一方当事人的委托，而同所的其他律师是该案件中对方当事人的近亲属的；②担任刑事案件犯罪嫌疑人、被告人的辩护人，而同所的其他律师是该案件被害人的近亲属的；③同一律师事务所接受正在代理的诉讼案件或者非诉讼业务当事人的对方当事人所委托的其他法律业务的；④律师事务所与委托人存在法律服务关系，在某一诉讼或仲裁案件中该委托人未要求该律师事务所律师担任其代理人，而该律师事务所律师担任该委托人对方当事人的代理人的；⑤在委托关系终止后一年内，律师又就同一法律事务接受与原委托人有利害关系的对方当事人的委托的；⑥其他与本条第①项至第⑤项情况相似，且依据律师执业经验和行业常识能够判断的其他情形。

对于利益冲突避免义务，《律师法》第39条规定："律师不得在同一案件中为双方当事人担任代理人，不得代理与本人或者其近亲属有利益冲突的法律事务。"《律师办理刑事案件规范》也在第13条对该情况进行规定："同一名律师不得为2名或2名以上的同案犯罪嫌疑人、被告人辩护，不得为2名或2名以上的未同案处理但涉嫌的犯罪存在关联的犯罪嫌疑人、被告人辩护……"司法部发布的《律师和律师事务所违法行为处罚办法》第7条进行了更为具体的规定，有下列情形之一的，属于《律师法》第47条第3项规定的律师"在同一案件中为双方当事人担任代理人，或者代理与本人及其近亲属有利益冲突的法律事务的"违法行为：①在同一民事诉讼、行政诉讼或者非诉讼法律事务中同时为有利益冲突的当事人担任代理人或者提供相关法律服务的；②在同一刑事案件中同时为被告人和被害人担任辩护人、代理人，或者同时为2名以上的犯罪嫌疑人、被告人担任辩护人的；③担任法律顾问期间，为与顾问单位有利益冲突的当事人提供法律服务的；④曾担任法官、检察官的律师，以代理人、辩护人的身份承办原任职法院、检察院办理过的案件的；⑤曾经担任仲裁员或者仍在担任仲裁员的律师，以代理人身份承办本人原任职或者现任职的仲裁机构办理的案件的。《律师执业行为规范（试行）》采用列举式和兜底的方式做了进一步规定，第51条规定，有下列情形之一的，律师及律师事务所不得与当事人建立或维持委托关系：①律师在同一案件中为双方当事人担任代理人，或代理与本人或

---

[1] 王进喜：《法律职业行为法》，中国人民大学出版社2014年版，第65页。

者其近亲属有利益冲突的法律事务的;②律师办理诉讼或者非诉讼业务,其近亲属是对方当事人的法定代表人或者代理人的;③曾经亲自处理或者审理过某一事项或者案件的行政机关工作人员、审判人员、检察人员、仲裁员,成为律师后又办理该事项或者案件的;④同一律师事务所的不同律师同时担任同一刑事案件的被害人的代理人和犯罪嫌疑人、被告人的辩护人,但在该县区域内只有一家律师事务所且事先征得当事人同意的除外;⑤在民事诉讼、行政诉讼、仲裁案件中,同一律师事务所的不同律师同时担任争议双方当事人的代理人,或者本所或其工作人员为一方当事人,本所其他律师担任对方当事人的代理人的;⑥在非诉讼业务中,除各方当事人共同委托外,同一律师事务所的律师同时担任彼此有利害关系的各方当事人的代理人的;⑦在委托关系终止后,同一律师事务所或同一律师在同一案件后续审理或者处理中又接受对方当事人委托的;⑧其他与第1项至第7项情形相似,且依据律师执业经验和行业常识能够判断为应当主动回避且不得办理的利益冲突情形。

在接受委托之前,律师及其所属律师事务所应当进行利益冲突查证。只有在委托人之间没有利益冲突的情况下才可以建立委托关系。对于不可容许的利益冲突,律师应当拒绝委托或退出代理;对于可以容许的利益冲突,律师应当主动提出回避,但是委托人同意代理的不在此限制内。如果律师在代理过程当中发现利益冲突,律师应当采取补救措施,避免利益冲突的继续和扩大。律师应当及时通知委托人,如果能够达成利益的一致,在取得相关当事人的书面同意后继续代理,如果不能达成一致,应当退出代理,并告知当事人结束代理关系的理由。

对于利益冲突处理的具体流程,《律师执业行为规范(试行)》第52条第2款规定:"律师和律师事务所发现存在上述情形的,应当告知委托人利益冲突的事实和可能产生的后果,由委托人决定是否建立或维持委托关系。委托人决定建立或维持委托关系的,应当签署知情同意书,表明当事人已经知悉存在利益冲突的基本事实和可能产生的法律后果,以及当事人明确同意与律师事务所及律师建立或维持委托关系。"第53条规定:"委托人知情并签署知情同意书以示豁免的,承办律师在办理案件的过程中应对各自委托人的案件信息予以保密,不得将与案件有关的信息披露给相对人的承办律师。"

(二) 律师与其他法律职业人员之间的职业伦理

律师与其他法律职业人员之间的职业伦理,一般包括律师与公安机关侦查人员之间、律师与法官之间、律师与检察官之间以及律师与律师之间的职业伦理,相关规定在各种法律法规中都有涉及,本处结合本书的总体框架,只就律师与法官、律师与检察官之间的关系做简要说明。

1. 律师与法官之间关系的职业伦理。律师和法官都是法律共同体的成员,是国家法治建设的重要力量。虽然两者工作的内容和形式上有所区别,但是根本目标都是推动司法公正,维护人民的利益。《律师职业道德基本准则》第3条规定:"律师应当坚定法治信仰,牢固树立法治意识,模范遵守宪法和法律,切实维护宪法和法律尊严。在执业中坚持以事实为根据，以法律为准绳，严格依法履责，尊重司法权威，遵守诉讼规则和法庭纪律，与司法人员建立良性互动关系，维护法律正确实施，促进司法公正。"如果律师和法官之间存在着一些客观的不正常关系，这种关系不但使当事人利益得不到保障，破坏了正常的司法秩序，同时也会毁掉律师和法官的职业生涯。

（1）律师不得违法规定单方面会见法官。根据《律师办理刑事案件规范》第250条第1款规定："律师与办案机关及其工作人员接触交往，应当遵守法律及相关规定。"律师与法官应当保持适当距离，因此不得单独违反规定会见法官，影响法官对案件的裁决。但是，如果律师按照规定会见法官，即律师因为证据问题或法律问题，在司法机关内的指定场所与法官进行交流，这种行为是允许的。

（2）律师不得明示或者暗示法官为其介绍代理、辩护等法律服务业务。根据《律师办理刑事案件规范》第250条第2款规定："不得违反规定会见办案机关工作人员，向其行贿、许诺提供利益、介绍贿赂，指使、诱导当事人行贿，或者向其打探办案机关内部对案件的办理意见，承办其介绍的案件，利用与其的特殊关系，影响依法办理案件。"由于法官作为中立的裁判者，律师一旦利用法官为其介绍代理，则其公正性的形式特征即被破坏。

（3）律师应当自觉遵守法庭礼仪，尊重法官权威，依法履行辩护职责。我国现阶段对律师礼仪的监督机制与监督处置环节正在完善，律师在法庭上得体的律师礼仪对于建立律师权威，处理好与法官之间的关系，促进庭审工作顺利完成都具有重要意义。

（4）律师应当依法调查取证，不得向司法机关提交明知是虚假的证据。刑事诉讼案件中律师具有调查取证权，但是对这一权利必须审慎行使。严格遵守调查取证的法律和相关规范操作，避免伪证和其他职业风险。

（5）严格遵守回避规则。《法官法》第36条规定："法官从人民法院离任后2年内，不得以律师身份担任诉讼代理人或者辩护人。法官从人民法院离任后，不得担任原任职法院办理案件的诉讼代理人或者辩护人，但是作为当事人的监护人或者近亲属代理诉讼或者进行辩护的除外。法官被开除后，不得担任诉讼代理人或者辩护人，但是作为当事人的监护人或者近亲属代理诉讼或者进行辩护的除外。"这是由于离职法官在原单位进行律师工作可能会导致案件审理的不公正，因此，离职法官担任律师时一定要注意相关的回避规定。

2. 律师与检察官之间关系的职业伦理。从刑事诉讼的结构而言，律师和检察官作为控辩双方，呈现出对立关系，但是从二者的本质特征来看，二者都是为了厘清案件事实，使当事人获得公平的审判，其最终效果都是为了实现司法正义。因此，律师和检察官之间并不是完全对立的，就律师的角度而言，律师与检察官之间的伦理应该包括以下几个方面：

（1）律师不得违规与检察官单独会见。同法官一样，律师也应当和检察官保持一定距离,不得以任何形式干扰检察官的正常工作。在刑事诉讼的过程当中,除非有证据或法律适用的问题,应当在检察机关指定场所进行交流,一般不得私下与检察官进行会见。

(2) 严格遵守回避规则。《检察官法》第 37 条规定:"检察官从人民检察院离任后 2 年内,不得以律师身份担任诉讼代理人或者辩护人。检察官从人民检察院离任后,不得担任原任职检察院办理案件的诉讼代理人或者辩护人,但是作为当事人的监护人或者近亲属代理诉讼或者进行辩护的除外。检察官被开除后,不得担任诉讼代理人或者辩护人,但是作为当事人的监护人或者近亲属代理诉讼或者进行辩护的除外。"为了保证司法公正,保障司法公信力,曾经担任检察官的律师应当严格遵守回避规定。

(3) 严格遵守刑事诉讼中的程序规则。刑事诉讼过程中,律师进行会见、阅卷、调查证据等往往都需要经过办案机关的同意,这不但是律师职业伦理的要求,体现了对检察机关的尊重,同时也是律师规避职业风险的要求。因此,律师在这一过程当中,应当遵守这些程序性的规定。

(三) 律师与社会公众之间关系的职业伦理

律师与社会公众之间的职业伦理主要包括慎言义务和法律援助义务。

1. 慎言义务。慎言义务包括两个方面,一是律师在案件审理前和审理过程中对公众的慎言义务;二是律师在进行自我宣传时应遵守的慎言义务。

律师作为社会活动的参与者,与社交媒体的交往较为密切,需要注意谨慎发表对公众的、与案件相关的意见和信息。司法部发布的《律师执业管理办法》第 38 条规定,律师应当依照法定程序履行职责,不得以下列不正当方式影响依法办理案件:①未经当事人委托或者法律援助机构指派,以律师名义为当事人提供法律服务、介入案件,干扰依法办理案件;②对本人或者其他律师正在办理的案件进行歪曲、有误导性的宣传和评论,恶意炒作案件;③以串联组团、联署签名、发表公开信、组织网上聚集、声援等方式或者借个案研讨之名,制造舆论压力,攻击、诋毁司法机关和司法制度;④违反规定披露、散布不公开审理案件的信息、材料,或者本人、其他律师在办案过程中获悉的有关案件重要信息、证据材料。第 40 条规定:"律师对案件公开发表言论,应当依法、客观、公正、审慎,不得发表、散布否定宪法确立的根本政治制度、基本原则和危害国家安全的言论,不得利用网络、媒体挑动对党和政府的不满,发起、参与危害国家安全的组织或者支持、参与、实施危害国家安全的活动,不得以歪曲事实真相、明显违背社会公序良俗等方式,发表恶意诽谤他人的言论,或者发表严重扰乱法庭秩序的言论。"《律师办理刑事案件规范》第 37 条第 1 款规定:"律师参与刑事诉讼获取的案卷材料,不得向犯罪嫌疑人、被告人的亲友以及其他单位和个人提供,不得擅自向媒体或社会公众披露。"就此来看,律师有权向外对其代理的案件公开发表言论,但应当依法、客观、公正、审慎,不能夸大案件事实与处理,不能试图利用舆论影响司法的公正审判。律师可以对案件审判过程中法官、检察官的处理行为发表意见、表达不满，但不应采取人身攻击或否定审判制度的方式，应当坚持自己对法律的忠诚信仰，谦抑慎言。如果律师在执业过程中不遵守相关规定，将遭受《律师协会会员违规行为处分规则（试行）》所规定的不同程度的处分。实践中，时有律师为实现某些诉讼目的，利用各种媒体，在"庭外造势"，尽管有的律师会将庭外造势作为一种诉讼策略，但如果不遵守一定的慎言义务，可能会产生一定的法律风险。那么，律师庭外造势会带来哪些法律风险？

与在法庭上发表的代理或辩护意见不同，律师庭外言论不在豁免保障之列，律师在庭外就未决案件进行陈述，法律风险主要来自以下几个方面：

（1）客户保密义务。客户保密义务要求，律师不能在审理之外公开客户信息，否则将面临纪律处分。即便客户豁免保密义务，指示律师进行信息披露，律师也该有一个独立判断，一是需要衡量信息披露对于客户的全面影响，将可以预见的不利后果明确告知客户，指导客户做出理性决策；二是在任何情况下都不能豁免依据职业伦理和法律规定应当负有的义务。

（2）名誉侵权。律师要进行庭外造势，一定会突破审判规则披露信息，而舆论关注有着不同于法庭的视角和偏好。出于造势需要，选择性披露是必然的，夸张、渲染、失实、情绪性表达也极有可能出现。可以预见，轻率的造势言论会损害相关人士的名誉。

（3）刑事责任。如因信息不当披露或者伴有相应的扰乱社会秩序的行为，根据情节的不同，可能构成寻衅滋事罪、扰乱公共秩序罪。另外，因律师泄露依法不公开审理的案件中涉及商业秘密、个人隐私等不应当公开的信息，可能构成泄露不应公开的案件信息罪。

慎言义务的第二个方面，是律师在进行自我宣传时应遵守的慎言义务。

《律师职业道德和执业纪律规范》第42条规定："律师应当尊重同行，相互学习，相互帮助，共同提高执业水平，不应诋毁、损害其他律师的威信和声誉。"第44条规定，律师不得以下列方式进行不正当竞争：①不得以贬低同行的专业能力和水平等方式，招揽业务；②不得以提供或承诺提供回扣等方式承揽业务；③不得利用新闻媒介或其他手段向其提供虚假信息或夸大自己的专业能力；④不得在名片上印有各种学术、学历、非律师业职称、社会职务以及所获荣誉等；⑤不得以明显低于同业的收费水平竞争某项法律事务。律师对外可以正面宣传自己的特长，但不应贬损同行，不得夸大自己。《中华全国律师协会律师业务推广行为规则（试行）》第10条对律师宣传作出了具体的禁止性规定，律师、律师事务所进行业务推广时，不得有下列行为：①虚假、误导性或者夸大性宣传；②与登记注册信息不一致；③明示或者暗示与司法机关、政府机关、社会团体、中介机构及其工作人员有特殊关系；④贬低其他律师事务所或者律师的；或与其他律师事务所、其他律师之间进行比较宣传；⑤承诺办案结果；⑥宣示胜诉率、赔偿额、标的额等可能使公众对律师、律师事务所产生不合理期望；⑦明示或者暗示提供回扣或者其他利益；⑧不收费或者减低收费（法律援助案件除外）；⑨未经客户许可发布的客户信息；⑩与律师职业不相称的文字、图案、图片和视听资料；⑪在非履行律师协会任职职责的活动中使用律师协会任职的职务；⑫使用中国、中华、全国、外国国家名称等字样，或者未经同意使用国际组织、国家机关、政府组织、行业协会名称；⑬法律、法规、规章、行业规范规定的其他禁止性内容。同时文件也对律师进行宣传的方式进行了具体规定。第11条规定，禁止以下列方式发布业务推广信息：①采用艺术夸张手段制作、发布业务推广信息；②在公共场所粘贴、散发业务推广信息；③以电话、信函、短信、电子邮件等方式针对不特定主体进行业务推广；④在法院、检察院、看守所、公安机关、监狱、仲裁委员会等场所附近以广告牌、移动广告、电子信息显示牌等形式发布业务推广信息；⑤其他有损律师职业形象和律师行业整体利益的业务推广方式。

如果律师违反上述规定，律师协会应当责令律师和律师事务所限期改正，并可根据《中华全国律师协会会员违规行为处分规则》予以查处。

【邱某犯辩护人、诉讼代理人毁灭证据、伪造证据、妨害作证罪】

【于萍故意泄露国家秘密案】

【周某某律师泄露不公开审理案件信息案】

2. 法律援助义务。所谓法律援助，是指在国家设立的法律援助机构的指导和协调下，律师、基层法律工作者等法律服务人员为经济困难或特殊案件的当事人提供减免收费的法律帮助的一项法律制度。律师是社会法律服务人员，不仅要为委托人提供有偿服务，还应当具有社会责任感，推动社会的公平正义。《律师职业道德基本准则》第2条规定："律师应当始终把执业为民作为根本宗旨，全心全意为人民群众服务,通过执业活动努力维护人民群众的根本利益,维护公民、法人和其他组织的合法权益。认真履行法律援助义务,积极参加社会公益活动,自觉承担社会责任。"参与社会责任活动是律师的使命,也是推动社会主义法治进程的重要体现,这不但有利于实现律师个人价值,也有利于改善律师形象,赢得社会对律师的尊重。律师最常见的社会责任承担方式是参与法律援助。《律师法》第42条规定:"律师、律师事务所应当按照国家规定履行法律援助义务,为受援人提供符合标准的法律服务,维护受援人的合法权益。"2021年颁布的《法律援助法》第16条规定:"律师事务所、基层法律服务所、律师、基层法律服务工作者负有依法提供法律援助的义务。律师事务所、基层法律服务所应当支持和保障本所律师、基层法律服务工作者履行法律援助义务。"可见,提供法律援助不仅是一种道德义务,同时也是一种法律义务。应当说明的是,刑法诊所的学生所从事的法律援助是一种不完整的法律援助服务,其仅具备提供法律咨询、法律文书的撰写等帮助资格,由于我国现行的诉讼制度限制,学生不能担任辩护人为犯罪嫌疑人或被告人提供法律援助。

在刑事诉讼领域,法律援助一般有两种方式,一种是当事人申请法律援助,另一种是法院通知法律援助机构提供法律援助。

可以向法律援助机构申请法律援助的情况包括:①刑事案件的犯罪嫌疑人、被告人因经济困难或者其他原因没有委托辩护人的,本人及其近亲属可以向法律援助机构申请法律援助;②刑事公诉案件的被害人及其法定代理人或者近亲属,刑事自诉案件的自诉人及其法定代理人,刑事附带民事诉讼案件的原告人及其法定代理人,因经济困难没有委托诉讼代理人的。

法院通知法律援助机构提供法律援助的情况包括:其一,法院应当通知法律援助机构指派律师为其提供法律援助。包括:刑事案件的犯罪嫌疑人、被告人属于①未成年人;②视力、听力、言语残疾人;③不能完全辨认自己行为的成年人;④可能判处无期徒刑、死刑的人;⑤申请法律援助的死刑复核案件被告人;⑥缺席审判案件的被告人;⑦法律法规规定的其他人员。强制医疗案件中的被申请人或者被告人没有委托诉讼代理人的,人民法院应当通知法律援助机构指派律师为其提供法律援助。其二,法院可以通知法律援助机构指派律师提供法律援助。包括:①共同犯罪案件中,其他被告人已经委托辩护人的;②案件有重大社会影响的;③人民检察院抗诉的;④被告人的行为可能不构成犯罪的;⑤有必要指派律师提供辩护的其他情形。

此外,根据《法律援助法》的规定,值班律师应当依法为没有辩护人的犯罪嫌疑人、被告人提供法律咨询、程序选择建议、申请变更强制措施、对案件处理提出意见等法律帮助。

律师的法律援助义务不仅仅是作为辩护人免费为被告人提供法律援助,还需要提供高质量的、符合法律援助质量标准的法律援助。法律援助律师作为法律服务人员,应当以维护当事人的合法权益为职业目标,遵守律师职业伦理的底线,保持敬畏之心，而不是将法律援助作为沽名钓誉的途径。在刑事辩护全覆盖的改革之下，法律援助律师更应该保持敬畏之心，使法律援助彰显其本来的价值。

第三节　检察官职业伦理

一、检察官职业伦理概述

（一）检察官职业的特点

从法律共同体的角度而言，检察官同法官、律师一样，具有法律职业共性，即受过系统的法律职业教育和训练，有着共同的知识背景和独特的推理方法，有以维护社会正义和自由、维护法律权威为价值追求的职业意识。与此同时，检察官因职业特点有其特殊性，这种职业特性决定了检察官职业伦理的具体内容。

1. 检察官具备"主动追诉"的职权。无论是检察官、法官还是律师，都承担着维护法秩序统一的职能，但是法官和律师基于职业定位的原因，对法秩序的维护都是"被动的"：法官需遵循不告不理原则，对于没有经过当事人诉讼请求的行为，不能主动予以纠正；律师的活动必须基于其委托人的授权，只能在当事人允许的范围内维护其合法权益，从而维护法秩序。但作为代表国家的公诉人，检察官被赋予了主动对违反法秩序的犯罪行为进行追诉、并对诉讼中的其他违法行为进行纠正的职能，不必基于当事人的请求便可以发动追诉，从这一点上看，检察官是法律共同体内唯一的"能动主体"，是法秩序的积极维护者。

2. 职务活动的客观、公平性。检察官、法官、律师都要通过适用法律来履行维护法治的义务，恪守法律的客观性，坚持用法律标准衡量法律事实是他们共同的要求。但是，不同职业角色对其法律的适用也有所不同。裁判角色要求法官在发生争议的各方当事人中保持一种中立的、超然的地位，平等地、无差别地对待各方当事人，即应给予各方当事人平等的参与机会和对各当事人提出的主张、意见和证据予以同等的尊重和关注。辩护角色则要求律师以法律手段来最大限度地实现委托人的合法利益，律师对法律的忠实在具体执业活动中首先表现为对委托人合法利益的忠诚。而检察官则是不仅代表国家对犯罪进行追诉，维护法律秩序，而且还负有保护人权之责。这就使检察官负有客观、公平地履行职责的义务。检察官在任何时候和任何情况下，对犯罪行为都要严格按照法律的规定进行追究，对法律的实施既不能使犯罪者逃避法律的制裁，又不能让无罪的人受到错误的追究。对国家和社会来讲，检察官的行为是实现法律秩序，保持社会稳定的一个极为重要的方面；对个人而言，检察官又肩负保护个人权利，实现法律公正之责，因此对检察官来说，不但要查明被告人有罪的情况，还要查明被告人无罪方面的情况，不单单要追诉犯罪，更要收集有利于被告人的证据，并注意被告人诉讼上应有的程序权利。就是说，检察官为了发现真实情况，不应仅站在被害人的立场上，而应站在客观的立场上进行活动，以使案件得到公正的处理。[1]

3. 检察官的"一体性"。检察官、法官和律师由于职业性质和诉讼角色不同，在执业活动中采取不同的职权行使和管理原则。法官作为裁判者，在诉讼中应保持中立公正，其职权行使奉行独立原则，并在管理体制上通过各项制度保障法官独立的实现，各级法院之间也并不存在隶属关系；律师作为自由职业，本身具有较大的独立性，虽然律师在提供法律服务时，应根据委托人的意思表示，在委托授权范围内从事业务活动，其独立性多少受到当事人的约束，但这并不影响律师主体之间相互独立、互不依存的特征；与法官律师不同，检察官实行的是一体化原则，全体检察官在法律上被视为一个整体的存在。在内部，检察官之间存在上命下从的等级关系，上级检查官有权监督指挥下级检察官；在外部，任何一个检察官在诉讼中所作的生效处分决定，全体检察官应当确认并维护该决定的地位和效力。同时，检察官之间的工作也具备可承继性、可转移性，诉讼过程中更换检察官，并不导致程序上的更新。"一体性"是检察官区别于法官、律师的鲜明特征，将检察机关视为一个整体，更有利于在全国范围内统一追诉的适用标准，从而维护法治的统一。

（二）检察官职业伦理的渊源

由于检察官职业具有国家权力属性，其职业伦理多数以规范文本的形式被固定下来，包括具有惩戒后果的强制规范和无惩戒后果的道德规范。从渊源来看，包括以下几类：

1. 国际法规范。1990年9月7日，第八届联合国预防犯罪和罪犯待遇大会审议通过了《联合国关于检察官作用的准则》。该准则是基于联合国会员国在检察官职业伦理问题上的共识所形成的，其内容是对检察官职业伦理的底线规范，各会员国应在此基础上设定检察官职业伦理的具体内涵。该准则对于检察官职业伦理的要求包括以下七点内容：一是根据法律和法律授权，检察官要尽职尽责、积极发挥其应有作用；二是要公正依法行事，尊重和保护人权，确保法定诉讼程序的开展；三是要客观公正地履行职责；四是要保障公共利益，充分考虑被害人和被告人的立场；五是要保守职业秘密；六是要维护法治权威；七是要在充分尊重人权的基础上起诉或不起诉等。这些行为准则是检察官发挥作用的最基本的保障，是不同制度的国家、不同制度下的检察官必须共同遵守的基本准则。[2]

2. 法律规范。法律规范包括《宪法》《刑事诉讼法》及其司法解释、《检察官法》《人民检察院组织法》。《宪法》规定了检察制度的运作机制。检察官作为检察系统中的一员，其职业伦理必然受其约束。例如，《宪法》第137条第2款规定："最高人民检察院领导地方各级人民检察院和专门人民检察院的工作，上级人民检察院领导下级人民检察院的工作。"由于工作的实际主体是检察官，这实际意味着检察

---

[1] 张森年主编：《司法职业道德概论》，广西师范大学出版社2009年版，第148~149页。

[2] 张智辉、杨诚编著：《检察官作用与准则比较研究》，中国检察出版社2002年版，第5页。

官在工作过程中对上级检察首长指示与领导需服从。

《刑事诉讼法》及其司法解释对于检察官职业伦理的限制主要集中于诉讼回避制度的规定。《刑事诉讼法》规定了诉讼回避制度，对检察官诉讼回避制度的具体落实规范是《人民检察院刑事诉讼规则》，《检察官法》具体规定了检察官的任职条件、任职限制、惩戒后果等内容。

3. 纪律规范。为规范检察人员行为，严肃检察纪律，最高人民检察院先后制定了《检察人员执法过错责任追究条例》《最高人民检察院关于对检察机关办案部门和办案人员违法行使职权行为纠正、记录、通报及责任追究规定》等一系列规范性文件。另外，《检察人员纪律处分条例》对检察人员违反职业道德和职业纪律的行为种类及处罚方式进行了规定，以确保检察人员在受到违纪处分时其合法权益不受侵犯。这些规范性文件在检察官职业道德规范的基础上，吸收了《检察官法》的相关内容，成为追究检察官纪律责任的主要依据。在论述检察官职业伦理规范时需注重的是检察官所独具的职业伦理，应有所区分。

4. 行业规范。上述两者都是具有惩戒后果的强制性规范，此外，最高人民检察院还发布了无惩戒后果的道德规范，包括2010年9月3日最高人民检察院检察委员会第十一届第四十二次会议讨论通过的《检察官职业行为基本规范（试行）》、2016年11月4日最高人民检察院第十二届检察委员会第五十七次会议通过的《检察官职业道德基本准则》、2010年发布的《检察机关文明用语规则》等。

二、检察官职业伦理的基本内容

（一）检察官职业伦理类型

检察官职业伦理，是指检察官在行使检察权、履行检查职责，或者在从事与之相关的活动中，应当遵守的职业操守、职业态度、职业纪律和职业作风，是法律职业伦理的有机组成部分，是国家和人民对检察官这个特殊职业的特殊要求。检察官是公平正义的守护者，其职业素质和道德水平的高低直接决定了公平正义这一目标能否实现，因此对检察官作出职业道德上的具体要求，不仅有利于推进检察队伍的建设，全面提高检察官素质，提高执法水平，而且有利于树立检察官良好的职业形象，提高法律的权威性。根据我国《宪法》的规定，检察官是法律的监督者，担负着维护国家法律统一正确实施的重要职责，基于这种国家公权力属性，检察官的职业伦理需要通过相应的规范性文件予以明确。

2016年11月4日，最高人民检察院召开第十二届检察委员会第五十七次会议，通过了《检察官职业道德基本准则》，将检察官职业道德的核心内容确定为忠诚、为民、担当、公正、廉洁五个关键词，其中，"忠诚"强调在忠于党的基础上，突出忠于法律、信仰法治；"为民"突出让人民群众在每一个司法案件中都感受到检察机关在维护公平正义；"担当"突出敢于对司法执法活动的监督、坚守防止冤假错案的底线；"公正"突出维护法制的统一、权威和尊严；"廉洁"突出监督者更要接受监督。

检察官的职业伦理基于活动对象而区分内外两类检察官职业伦理。检察官的外部伦理,是指检察官基于职务行使及其特殊身份而在对外联系中需要遵循的行为准则;检察官的内部伦理,是指检察官在检察机关内部工作中应当遵循的行为准则。区分检察官外部伦理和内部伦理的主要依据在于:前者旨在约束检察官的对外行为,包括检察官在职务行使过程中应当恪守的行为准则,以及检察官因为其特殊身份而在私人活动和社交活动中应当遵守的行为准则;而后者旨在约束检察官在检察机关内部的行为,包括检察官与上级检察首长的行为关系准则,以及检察官与同僚的行为关系准则。理论上区分并研究检察官的外部伦理与内部伦理,在于提醒检察官:检察官(包括整个司法职业),是一个强调名誉、尊严的职业。检察官个人的名誉与整个检察体系的尊严相关。为更好地履行职责,检察官应当时刻注意自身的言行举止,不仅是职务内的行为应当恪守伦理准则而不得逾越,职务外的行为包括检察官个人的私生活和社交生活,更应当内敛低调、谦冲自牧、避免招惹是非。这是因为,检察官的职务外行为虽然属于个人的私生活和社交生活范畴,但若检察官在私生活和社交生活中言行不够注意,同样会对其公正、正直形象造成玷污,进而损害公众对检察官独立性的信赖。[1]

以内部伦理和外部伦理为两大模块,内部伦理包括服从与合作,外部伦理包括忠诚、公正、廉洁、为民担当、谨慎五类伦理。

(二)内部伦理

1. 服从。《宪法》第137条第2款规定:"最高人民检察院领导地方各级人民检察院和专门人民检察院的工作,上级人民检察院领导下级人民检察院的工作。"《人民检察院组织法》第10条第1款规定:"最高人民检察院是最高检察机关。"

最高人民检察院领导地方各级人民检察院和专门人民检察院的工作,上级人民检察院领导下级人民检察院的工作。据此,检察机关属于"上命下从、上下一体"的组织构造,上级检察首长对于下级检察官在检察事务的处理上拥有指挥命令权,对于上级检察首长的指令,下级检察官有服从的义务。[2] 2019年修订的《检察官法》第9条规定:"检察官在检察长领导下开展工作,重大办案事项由检察长决定。检察长可以将部分职权委托检察官行使,可以授权检察官签发法律文书。"该条明确了检察官应当服从检察长的领导。同时根据《人民检察院刑事诉讼规则》第4条第2款规定:"检察官在检察长领导下开展工作。重大办案事项,由检察长决定。检察长可以根据案件情况,提交检察委员会讨论决定。其他办案事项,检察长可以自行决定,也可以委托检察官决定。"该规定更加详细地规定了检察官服从检察长的领导。但是,服从不代表盲从,关键在于检察官的相对独立性。

《宪法》第136条规定:"人民检察院依照法律规定独立行使检察权,不受行政机关、社会团体和个人的干涉。"《检察官法》第6条规定:"检察官依法履行职责,

---

[1] 万毅:"检察官职业伦理的划分",载《国家检察官学院学报》2014年第1期。
[2] 万毅:"检察官职业伦理的划分",载《国家检察官学院学报》2014年第1期。

受法律保护，不受行政机关、社会团体和个人的干涉。"《人民检察院组织法》第47条规定："任何单位或者个人不得要求检察官从事超出法定职责范围的事务。对于领导干部等干预司法活动、插手具体案件处理，或者人民检察院内部人员过问案件情况的，办案人员应当全面如实记录并报告；有违法违纪情形的，由有关机关根据情节轻重追究行为人的责任。"检察系统的运作需要个体的参与，检察权最终需要落实于具体的检察官。在具体案件的参与中，检察官代表检察机关行使检察权，没有检察官的相对独立，就没有检察权的独立行使。[1]因此，检察系统内的独立存在两种含义，一是检察机关对外的绝对独立，二是检察机关内部的相对独立。如今正在进行的检察官办案责任制改革正是基于对检察官相对独立的要求下展开的。根据《人民检察院组织法》第8条："人民检察院实行司法责任制，建立健全权责统一的司法权力运行机制。"此外，《最高人民检察院关于完善人民检察院司法责任制的若干意见》第1条进行了具体规定："完善人民检察院司法责任制的目标是：健全司法办案组织，科学界定内部司法办案权限，完善司法办案责任体系，构建公正高效的检察权运行机制和公平合理的司法责任认定、追究机制，做到谁办案谁负责、谁决定谁负责。"如果检察官在实际办案过程中没有相对独立的状态，无法对案件独立作出相应的判断与决定，那么所谓的"谁办案谁负责，谁决定谁负责"就无法落实，可能出现不办案、不决定亦负责的司法乱象，司法责任认定、追究也就难谓公平合理。

那么当上级检察首长直接作出决定要求下级检察官服从，下级检察官认为命令有误时，应该如何处理？"检察一体化"原则与检察官独立办案制度并非一对矛盾存在。为了解决上述问题，《人民检察院刑事诉讼规则》第7条第2款规定："检察官执行检察长决定时，认为决定错误的，应当书面提出意见。检察长不改变原决定的，检察官应当执行。"该规定明确检察官可以向检察长提出书面意见，同时，《最高人民检察院关于完善人民检察院司法责任制的若干意见》第10条更加具体规定了："检察长（分管副检察长）有权对独任检察官、检察官办案组承办的案件进行审核。检察长（分管副检察长）不同意检察官处理意见，可以要求检察官复核或提请检察委员会讨论决定，也可以直接作出决定。要求复核的意见、决定应当以书面形式作出，归入案件卷宗。检察官执行检察长（分管副检察长）决定时，认为决定错误的，可以提出异议；检察长（分管副检察长）不改变该决定，或要求立即执行的，检察官应当执行，执行的后果由检察长（分管副检察长）负责，检察官不承担司法责任。检察官执行检察长（分管副检察长）明显违法的决定的，应当承担相应的司法责任。"检察官的相对独立意味着检察官有权表达自己对案件处理的意见，这种意见的表达是基于自身对刑事诉讼的理解和公平正义之心所作出的。虽然服从本身是行政化的行为选择，但意见的表达却是检察官相对独立的集中体现。这种服从以命令是否违法为基本分界，一旦涉及违法命令，检察官却固守于"检察一体化"原则而选

---

[1] 阮祝军："检察官职业伦理的内涵与建构"，载《人民检察》2016年第24期。

择服从,即便存在异议,亦应当承担相应的司法责任。

2. 合作。合作伦理的基本内容包括:检察官应当热爱集体,团结协作,相互支持、相互配合,力戒独断专行,共同营造健康、有序、和谐的工作环境。[1] 这主要体现为两个方面:一是检察官与检察官助理的合作,二是检察官办案组的合作。

检察官助理的职责在于协助检察官履行检察职责。检察官有效行使检察权要兼顾效率和公正,对于检察官而言,检察官助理的配备是必要的。《检察官法》第68条明确:"人民检察院的检察官助理在检察官指导下负责审查案件材料、草拟法律文书等检察辅助事务。人民检察院应当加强检察官助理队伍建设,为检察官遴选储备人才。"检察官的实际工作具有相当的繁复性,检察官助理的存在分担了大量的重复性文书工作,使得检察官能够更加集中精力对其中的法律疑难问题进行分析判断。合作伦理的要求意味着检察官应当对检察官助理存在相当的信任,这种信任的基础是双方面的,既需要检察官助理的学习精神,也需要检察官对检察官助理的悉心指导,二者的合作有利于案件的高效处理。

检察官办案组是《最高人民检察院机关司法办案组织设置及运行办法(试行)》规定的基本组织形式,其中检察官办案组负责人为主任检察官。因此,在检察官办案组内部,合作伦理要求检察官之间的精诚合作。虽然存在主任检察官,但并不意味着其他的检察官就只是完成主任检察官交代安排的任务。检察官之间的合作体现在两个方面:一是在具体的工作事务处理上,大家合理分工,提升检察权的运行效率;二是在对法律适用的分析判断上,检察官办案组往往因案件的疑难复杂而组建,检察官之间无论主次关系,一律以平等合作的姿态各抒己见,在讨论中有助于指出各自存在的思路盲区,从而更加准确地对案件事实进行法律定性。

(三) 外部伦理

1. 忠诚。《检察官法》第3条规定:"检察官必须忠实执行宪法和法律,维护社会公平正义,全心全意为人民服务。"《检察官职业道德基本准则》第1条要求检察官"坚持忠诚品格,永葆政治本色"。

忠诚之所以成为检察官职业伦理之一,根源在于检察官的特殊职责。犯罪是对法益的侵害,法益包括了国家法益、社会法益、个人法益。检察官的重要职责正在于打击犯罪、惩治犯罪,从而保护法益不受侵害。在这一认识下,忠诚成为检察官形象的基础内涵。

忠诚分为了四个方面,包括:忠于党、国家和人民;忠于宪法和法律;忠于事实真相;爱岗敬业、恪尽职守。

(1) 忠于党、国家和人民。忠于党、国家和人民是统一的,三者不能割裂。党和国家、人民是不同的法律范畴,但在具体执行中,三者又是统一的。党是国家的领导核心,是人民意志的集中代表。在我国,党作为国家的领导核心是具有宪法和

---

[1] 万毅:"'模范检察官'与检察官职业伦理",载《检察日报》2011年10月25日,第7版。

法律依据的，而且实际生活中，党在国家生活中实际发挥着领导作用。从人民的角度看，国家是人民的国家，人民是国家的主人，党又是人民利益的忠实代表，因此，三者联系密切，很难将它们割裂开。具体到检察官履行"忠诚"道德义务时，自然也不能分开。[1]

(2) 忠于宪法和法律。《检察官法》第 3 条规定："检察官必须忠实执行宪法和法律，维护社会公平正义，全心全意为人民服务。"第 10 条将对于宪法和法律的严格遵守内化为了检察官所必须履行的义务内容。应当说，忠于宪法和法律在实质上与忠于党、国家和人民是相通的。因此，忠于宪法和法律就是在忠于党、国家和人民。

(3) 忠于事实真相。应当说，忠于宪法和法律与忠于事实真相具有紧密联系，是相辅相成的。《检察官法》第 5 条第 1 款规定："检察官履行职责，应当以事实为根据，以法律为准绳，秉持客观公正的立场。"检察工作的基本原则是"以事实为根据，以法律为准绳"。因此，忠于法律必须首先做到忠于事实，落实到检察官的职务行为中，就是要注意查明并忠实于案件事实真相，处理案件，要切实做到事实清楚，证据确实、充分。忠于事实又必须同时忠于法律，要求检察官在查明事实真相的基础上，准确理解和执行法律，处理案件时做到程序合法，适用法律无误。[2]

(4) 爱岗敬业、恪尽职守。爱岗敬业、恪尽职守实际上表达的是一种顺承关系，恪尽职守的前提是爱岗敬业。爱岗敬业要求检察官以负责任的姿态认真审视每个案件的处理过程和处理结果，不因疏忽而导致检察工作制造不公，不因敷衍而致使犯罪被放纵。检察官是否爱岗敬业、恪尽职守，既不以言语的表达为准，也不以表面工作和姿态为准，而是需要一个实质性的判断标准。因此，司法绩效被视为检察官爱岗敬业、恪尽职守的体现，办案效率与办案质量的统一是爱岗敬业、恪尽职守的真正表现。

(5) 保守秘密。《检察官法》第 10 条第 5 项规定，检察官应当履行"保守国家秘密和检察工作秘密，对履行职责中知悉的商业秘密和个人隐私予以保密"的义务。基于此义务，检察官不得泄露案件秘密，或者为案件当事人及其近亲属、辩护人、诉讼代理人、利害关系人等打探案情、通风报信。为保护举报人、控告人、申诉人、批评人免遭打击报复，不得对外透露其相关信息。甚至在检察系统内部亦应当遵守保密原则。例如，列席审判委员会的检察长、副检察长对于审判委员会讨论内容应当保密。在当今信息化时代下，数据信息的窃取变得更加容易，检察官应严守保密纪律，保守在工作中掌握的国家秘密、商业秘密和个人隐私，加强网络安全防范，妥善保管涉密文件或其他涉密载体，坚决防止失密泄密。保密义务是与忠诚伦理紧密相关的，其本身是忠于党、忠于国家和人民、忠于宪法和法律、爱岗敬业、恪尽

---

[1] 李本森主编：《法律职业伦理》，北京大学出版社 2016 年版，第 151 页。
[2] 杨磊主编：《法律职业道德实训》，浙江工商大学出版社 2014 年版，第 66 页。

职守的共同延伸。

2. 公正。《检察官职业道德基本准则》第4条要求检察官"坚持公正理念,维护法制统一"。公正伦理的体现表现为对检察官任职资格的限制,也表现为检察官在办案过程中严格遵守法律法规,查明案件真相,坚持程序正义和实体正义。

(1) 对检察官的任职资格限制。对检察官的任职资格限制首先体现在对检察官专业能力的要求。专业能力的要求包括了两个方面,一是法律专业知识,二是法律实务经验。《检察官法》对检察官的专业能力的要求体现在第12条第1款第5项规定:"具备普通高等学校法学类本科学历并获得学士及以上学位;或者普通高等学校非法学类本科及以上学历并获得法律硕士、法学硕士及以上学位;或者普通高等学校非法学类本科及以上学历,获得其他相应学位,并具有法律专业知识。"第6项的规定:"从事法律工作满五年。其中获得法律硕士、法学硕士学位,或者获得法学博士学位的,从事法律工作的年限可以分别放宽至四年、三年。"

法律专业能力并不仅仅体现在学位。初任检察官采用考试、考核的办法,按照德才兼备的标准,从通过国家统一法律职业资格考试取得法律职业资格并且具备检察官任职条件的人员中择优提出人选。除此之外,为了拓宽检察官来源,优化队伍结构,《检察官法》规定,人民检察院可以从律师、法学专家等从事法律职业的人员中公开选拔检察官,具体而言,除应当具备检察官任职条件并取得法律职业资格外,参加公开选拔的律师应当实际执业不少于5年,从业声誉良好;参加公开选拔的法学专家应具有讲师及以上职称,从事教学或者科研5年以上,有突出研究能力和优秀研究成果等。

检察官的任职资格还体现在对人格品性的要求。《检察官法》第13条规定:"下列人员不得担任检察官:(一)因犯罪受过刑事处罚的;(二)被开除公职的;(三)被吊销律师、公证员执业证书或者被仲裁委员会除名的;(四)有法律规定的其他情形的。"

(2) 依法独立行使检察权。《检察官法》第6条规定:"检察官依法履行职责,受法律保护,不受行政机关、社会团体和个人的干涉。"检察官于检察系统内部的相对独立,公正伦理所延伸的独立是检察官于检察系统外部的绝对独立。检察官的绝对独立往往与检察系统本身的独立性相关。但检察官依法独立行使检察权是有限度的,即检察官独立行使检察权不能排斥国家权力机关的监督,检察官独立是在人民代表大会监督范围之内的独立。此外,检察官独立行使检察权不排斥检察机关的内部领导,检察官不能脱离上级的领导而独立[1]。

(3) 两个回避与一个限制。两个回避分别指的是诉讼回避与任职回避,一个限制指的是兼职限制。

诉讼回避主要集中规定于《刑事诉讼法》及司法解释中。诉讼回避的本意是保

---

[1] 李本森主编:《法律职业伦理》,北京大学出版社2016年版,第157页.

证案件的公正处理，消除当事人的疑虑，树立司法权威。无论是何种回避事由，原则上都应当由检察官提出自行回避，以保证公正。但是根据《人民检察院刑事诉讼规则》第 28 条的规定："在开庭审理过程中，当事人及其法定代理人向法庭申请出庭的检察人员回避的，在收到人民法院通知后，人民检察院应当作出回避或者驳回申请的决定。不属于刑事诉讼法第二十九条、第三十条规定情形的回避申请，出席法庭的检察人员应当建议法庭当庭驳回。"检察官在面对回避申请，如果符合规定，则应当回避以保证案件公正审理，提高司法公信力，如果申请不符合刑事诉讼法中的回避情形，则有权向法庭提出驳回建议，既保证案件审理质量，又保证案件审理效率。

根据《检察官法》的规定，任职回避的内容见下表：

表 9-1　任职回避

检察系统内的任职限制	检察官之间有夫妻关系、直系血亲关系、三代以内旁系血亲以及近姻亲关系的，不得同时担任下列职务： (1) 同一人民检察院的检察长、副检察长、检察委员会委员； (2) 同一人民检察院的检察长、副检察长和检察官； (3) 同一业务部门的检察官； (4) 上下相邻两级人民检察院的检察长、副检察长。
离任后的从业限制	检察官从人民检察院离任 2 年内，不得以律师的身份担任诉讼代理人或者辩护人。 检察官从人民检察院离任后，不得担任原任职检察院办理案件的诉讼代理人或者辩护人，但是作为当事人的监护人或者近亲属代理诉讼或者进行辩护的除外。 检察官被开除后，不得担任诉讼代理人或者辩护人，但是作为当事人的监护人或者近亲属代理诉讼或者进行辩护的除外。
亲属间的从业限制	检察官的配偶、父母、子女有下列情形之一的，检察官应当实行任职回避： (1) 担任该检察官所任职人民检察院辖区内律师事务所的合伙人或者设立人的； (2) 在该检察官所任职人民检察院辖区内以律师身份担任诉讼代理人、辩护人，或者为诉讼案件当事人提供其他有偿法律服务的。

检察系统内的任职限制旨在避免因亲属关系而形成职务履行中的派系或偏袒，在集体表决的情形下有助于防止因亲属关系形成附和意见而影响对案件处理的公正判断。从表面上看，离任后的从业限制似乎并不属于检察官的公正伦理之内容。但

是应当注意到的是，检察官离任后的从业范围大部分是律师，此规定意在防止检察官利用自己任职时的人际关系导致其他在任检察官徇私执法。亲属间的从业限制更是如此，要避免为亲属牟利而枉法。

有关兼职限制，《检察官法》第 23 条规定："检察官不得兼任人民代表大会常务委员会的组成人员，不得兼任行政机关、监察机关、审判机关的职务，不得兼任企业或者其他营利性组织、事业单位的职务，不得兼任律师、仲裁员和公证员。"因此，所谓兼职限制是指检察官不得兼任人民代表大会常务委员会的组成人员，不得兼任行政机关、审判机关以及企业、事业单位和其他营利性组织的职务，不得兼任律师、仲裁员和公证员。这些兼职要么存在法律利益关系，要么存在经济利益关系，无论是何种利益关系，均存在影响公正之可能。另一方面，兼职是以时间精力的投入为代价的，兼职工作分散精力和时间，影响检察官公正处理案件。但是存在一种例外情形，《检察官法》第 38 条规定："检察官因工作需要，经单位选派或者批准，可以在高等学校、科研院所协助开展实践性教学、研究工作，并遵守国家有关规定。"这是因为教学、研究工作无涉利益关系，属于公益性兼职，其兼职行为有利于实现法学理论与实践的相互结合，亦有利于检察官自身理论水平、业务水平的不断提高。

3. 廉洁。《检察官职业道德基本准则》第 5 条要求检察官"坚持廉洁操守，自觉接受监督"。检察官在办理案件过程中，不得收受案件当事人及其亲友、案件利害关系人或者单位及其所委托人以任何名义馈赠的礼品礼金、有价证券、购物凭证以及干股等；不得接受其提供的各种费用报销，出借的钱款、交通通信工具、贵重物品及其他利益；应当避免与律师、所办理案件之当事人或其他利害关系人有借贷、合伙或其他金钱往来关系。[1] 要坚持法律至上的理念，正确处理好法律与人情、法律与权力之间的关系，不得有不当收入。

4. 为民担当。《检察官职业道德基本准则》第 2 条要求检察官"坚持为民宗旨，保障人民权益"。第 3 条要求检察官"坚持担当精神，强化法律监督"。虽然《检察官职业道德基本准则》区分了"为民"与"担当"，但是我们认为"担当"的目的本身就是"为民"，法律监督的目的本身就是保证法律的正确实施以免侵害人民的合法权益。为民担当的伦理要求可以体现为以下三个方面：

（1）积极推动公益诉讼。《检察官法》第 7 条对检察官的职责进行了规定，将开展公益诉讼工作纳为检察官的职责。公益诉讼的重点之一在于环境公益诉讼。由于环境公益诉讼存在取证难等问题，一般的个人、团体组织难以进行此类诉讼活动。环境权作为民众的一项权益，检察官应当积极推动环境公益诉讼的推进，以保障民众之权益。环境公益诉讼所涉及的企业往往因对政府政绩的促进作用而使环境公益

---

〔1〕 万毅："论检察官职业伦理"，载许身健主编：《法律职业伦理论丛》，知识产权出版社 2015 年版，第 139 页。

诉讼存在一定阻力，这就要求检察官时刻以人民利益为出发点，保持公正独立的立场，不畏艰难险阻，实现环境公益诉讼对保护环境的积极作用。

（2）积极平反冤假错案。《检察官法》第7条第1款第4项规定检察官职责包括"开展对刑事、民事、行政诉讼活动的监督工作"。在法律的实施过程中，可能因各种原因而导致冤假错案的发生，特别在刑事诉讼领域居多。发现冤假错案并予以纠正是检察官职责的重中之重，如果不秉持为民宗旨，被告人的权利就难以得到保障。此外，冤假错案的平反需要担当。冤假错案的经手人可能是自己熟识的法官，或是身边共同作战的同事，检察官在平反这些案件的过程中所遭受的是情面的阻碍。此时就需要检察官的担当精神，敢于跨越情面的阻碍，积极履行法律监督职责予以平反，保障人民权益、维护公平正义。

（3）切实保障民众合法权益。根据《人民检察院刑事诉讼规则》第42条规定："人民检察院办理直接受理侦查案件和审查起诉案件，发现犯罪嫌疑人是盲、聋、哑人或者是尚未完全丧失辨认或者控制自己行为能力的精神病人，或者可能被判处无期徒刑、死刑，没有委托辩护人的，应当自发现之日起三日以内书面通知法律援助机构指派律师为其提供辩护。"该规定进一步明确了检察机关应当保障犯罪嫌疑人的合法权益，检察官在办案过程中发现符合规定的情形，应当主动告知犯罪嫌疑人。除了犯罪嫌疑人的合法权益，检察官也应当注重被害人权益保障，根据《人民检察院刑事诉讼规则》第55条第1款规定："人民检察院自收到移送起诉案卷材料之日起三日以内，应当告知被害人及其法定代理人或者其近亲属、附带民事诉讼的当事人及其法定代理人有权委托诉讼代理人。被害人及其法定代理人、近亲属因经济困难没有委托诉讼代理人的，应当告知其可以申请法律援助。"

5. 谨慎。谨慎伦理应当是检察官工作当中应有的态度。检察官不仅应当在工作中秉持谨慎的工作作风，认真办案，在私人活动中也应当遵循社会基本道德，谨言慎行、低调内敛，在公众场合及新闻媒体上，不得发表有损法律严肃性、权威性、有损检察机关形象的言论。[1] 未经批准，不得对正在办理的案件发表个人意见或者进行评论。对自己正在办理的案件发表意见不利于最终案件公正的处理，一旦案件处理结果发生变化，前后不一致的表态则可能引发舆论质疑为何检察系统存在分歧。对于他人正在办理的案件，同样不应发表意见。

《检察官法》第10条第7项规定："通过依法办理案件以案释法，增强全民法治观念，推进法治社会建设。"该项规定表明，检察官在办理案件的过程中，即使进行普法宣传的以案释法活动，也应当依法进行。同时，《最高人民检察院关于实行检察官以案释法制度的规定》对以案释法进行了更加详细的规定，其中第4条规定，以案释法应当遵循以下原则：①合法规范原则。检察官以案释法应当严格依照法律规

---

[1] 万毅："论检察官职业伦理"，载许身健主编《法律职业伦理论丛》，知识产权出版社2015年版，第139页。

定和司法解释进行，做到事实准确，说理清晰，程序规范。②及时有效原则。检察官以案释法应当把握时机，讲求方法，坚持情、理、法相统一，增强及时性、针对性和实效性。③协同配合原则。检察官以案释法应当坚持办案部门与新闻宣传部门、检察环节与其他法治工作环节的协同配合，形成普法合力。④保守秘密原则。检察官以案释法不得泄露国家秘密、商业秘密，不得违反规定披露个人隐私以及涉案未成年人的身份信息和依法应当封存的犯罪记录等不应公开的信息。

【美国律师职业伦理第一案】